영어 말하기 능력
8시간 완성방법

영어 말하기 능력 8시간 완성방법

초판 1쇄 발행 2020년 5월 21일
지은이 김성중
펴낸이 김미영
펴낸 곳 언어사랑교육
삽화 신연지
디자인 제이로드
영문감수 Mr. Raphael Joseph Akiki

교재인쇄 새한문화사
언어사랑교육 경기도 고양시 일산동구 고풍로 72-41
전화 031-811-7260
팩스 031-908-3537
전자우편 lve_kimmiyoung@naver.com
홈페이지 http://www.languageloveeducation.com

ISBN 979-11-966276-8-3

저작권법:
이 교재의 내용은 저작권법에 의해 보호받습니다. 이 교재 내용의 전부 또는 일부를 사용하시려면, 반드시 저자와 언어사랑교육의 서면동의가 있어야합니다.

영어 말하기 능력
8시간 완성방법

학습자 용

김성중 지음

도서출판 언어사랑 교육

목차

책을 시작하면서 ··· 09
교재 활용법 ··· 14

이해단계　19

- 의사소통 상황의 4개의 절차적 단계 ································· 22
- 목표 지향적 의사소통 ··· 25
- 의사소통에서의 보편적 핵심 ··· 28
- 이해단계 결론 ··· 35

목표 지향적 의사소통 연습　37

- **상품 구매 상황에서의 의사소통** ······································· 39
  - 첫 번째 단계: (1) 인사 ·· 39
  - 세 번째 단계: (3) 보상 ·· 40
  - 네 번째 단계: (4) 인사 ·· 41
  - 두 번째 단계: (2) 상품 구매 ······································· 41
  - 옷/신발구매 ··· 44
  - 꽃 상품 구매 ··· 54
- **서비스 구매 상황에서의 의사소통** ··································· 61
  - 식(음료) 서비스 구매하기 ·· 62
  - 식당 예약하기 ·· 74

- 음료 서비스 구매하기 ·· 78
- 관람(오락)서비스 구매하기 ································· 84
- 이(미)용 서비스 구매하기 ···································· 89
- 이발소에서 서비스 구매하기 ······························ 90
- 미용실에서 서비스 구매하기 ······························ 99
- 병원에서 의료 서비스 구매하기 ······················· 107
- 신분 확인하고 서비스 구매하기 ······················· 118
- 도서관에서 책 대출하기 ···································· 119
- 은행에서 신분확인하고 서비스 이용하기 ········ 123
- 목표 지향적 의사소통 연습 결론 ······················ 130

심화단계   133

- 영어 의사소통능력은 자연적 순서를 거쳐 완성 ·········· 134
- 어린이 학습자의 언어학습 특징 ································ 136
- 성인 학습자의 영어 학습 특징 ·································· 150
- 의사소통 상황도 언어의 의미를 결정할 수 있다 ········· 164
- 목표 지향적 의사소통 ·· 185
- 대화의 책임은 참여자들 모두에게 있다 ···················· 188
- 영어 학습과 영어 의사소통은 "목표 지향적"이어야 한다 ········· 209
- 언어는 소리와 문자를 포함하고 있다 ························ 216
- 심화단계 결론 ·· 221

실용단계   223

- **사교 목적의 영어능력 향상 방법** 224
- **하루일과 영어로 표현하기** 225
- **사교 영어능력을 위해 하루 업무일과 표현하기** 228
- **학술 목적의 의사소통 능력 완성을 위한 영어 학습** 239
- **책을 활용한 학술 영어능력 완성방법** 247
  - 영어읽기 활동에 음성을 도입한다 253
  - 언어자료를 장기 기억 속에 저장하려는 노력을 기울인다 257
  - 영어의 수용적 기술과 생산적 기술을 결합해야 한다 262
- **실용단계 결론** 266

심층단계   268

- **영어 학습과 영어 습득에서의 정서적 요인 이해** 269
  - 언어 긴장감과 언어 습득과의 관계 274
  - 언어 긴장감의 성격 274
  - 언어 자아와 언어 긴장감의 관계 282
  - 영어로 의사소통하려는 자발적 의지 287
- **심층단계 결론** 291
- **책을 마치면서** 294
- **참고문헌** 299

책을 시작하면서

　교재 "영어 말하기 능력 8시간 완성방법: 학습자용"은 첫 번째 교재 "해외여행을 위한 영어 말하기 능력 1시간 완성"에 이어 "영어능력 8시간 완성방법: 말하기 편" 두 번째 교재로서 영어학습자를 위한 교재이다. 이 교재에 이어 세 번째 교재 "영어 말하기 능력 8시간 완성방법: 영어 전공자용"을 출간하겠다.

　교재의 제목을 "완성방법"이라고 결정한 것은, **효과적인 영어 학습법을 소개하여, 학습자들이 자기 주도적으로 영어능력을 점진적으로 발전시켜, 마침내 영어능력을 완성할 수 있도록 도움을 주기 위한 선택**이다. 학습자들이 독립적으로 영어 말하기 능력을 완성할 수 있도록 도움을 주는 것이 영어교육의 궁극적 목적이며, 이 교재의 궁극적 목적이기도 하다. 부연설명 하자면, 영어발달 과정에서 선생님, 동료학생, 번역기, 또는 교재에 의존(Dependence)하며 영어 의사소통 하면서, **점차 영어능력을 발전시켜 주변의 도움 없이도 학습자 스스로 영어로 의사소통할 수 있는 독립성(Independence)을 성취하도록 학습자에게 도움을 주자**는 것이다. 영어교육뿐만 아니라, 모든 교육의 궁극적 목표도 학습자들의 독립적인 학습능력의 완성이다. 수많은 교육 중에 우리가 쉽게 확인할 수 있는 수학교육을 한 예로 들자면, 최고의 수학선생님은 뛰어난 지식과 화려한 문제풀이능력으로 학습자에게 수많은 수학문제들을 풀어 보일 수 있는 선생님이 아닐 것이다. 이보다는 학습자에게 효율적인 문제풀이 접근법을 알려주어, 학습자가 수학문제를 스스로 해결할 수 있는 능력을 성공적으로 완성할 수 있도록 도와주는 선생님이다. 교육과 관련하여, 우리가 "자기주도 학습" 또는 "스스로 학습법"에 많은 관심을 갖는 이유도, **훌륭한 교육은 결국 학습자의 독립된 능력을 완성할 수 있도록 도와주는 것**이라는 사실을 너무도 잘 알고 있기 때문이다.

효과적인 영어 학습방법을 소개하는 방식 대신에, 영어 말하기 의사소통 완성을 위해 영어 학습자에게 필요하다고 생각되는 문장패턴들을 소개할 수도 있었다. 시중에 판매되는 대부분의 교재들은 이러한 방식을 선택하였다고 생각한다. 학습자들에게 의사소통 상황 설명 없이 문장패턴들을 소개하고 학습자들이 암기하도록 유도하는 방식이다. 이러한 영어 학습방법은 행동(습관)주의 학파(Behaviorists)의 영어 습득 견해에 바탕을 둔 학습법이다. 습관주의 학파들은 언어습득은 목표 언어의 습관형성(Habit formation)이라고 하였다. 학습자를 수동적이고 무능한 존재로 여겼던, 습관주의 학파들은 목표언어의 습관을 가장 빠르게 형성하는 방법은 원어민 화자의 이상적인 발화 문장패턴들을 반복적으로 따라하여 암기하는 것이라고 하였다. 그들의 견해를 구체화한 영어 학습방법이 바로 청화식 학습방법(Audiolingual method)이다. 1940-50년대 유행했던 청화식 방법은, 영어능력을 완성하기 위한 학습방법으로는 충분하지 않다는 것이, 영어교육 분야에서 1950-60년대에 이미 합의된 결론이다. 이 교재 "심화단계"와 "심층단계"에서도 설명하였듯이, 학습자에게 의사소통 상황 설명 없이 수동적으로 문장을 암기하도록 유도하는 청화식 방법은, **언어사용의 사회성과 창의성에 부합하지 않기에, 영어 의사소통능력을 성공적으로 완성할 수 있도록 도와주기에는 충분하지 않은 것이다.**

청화식 학습법에 바탕을 둔 우리나라 영어 교육결과도 마찬가지이다. 2017년 한 해 우리는 영어 사교육비로 5조 4000억 원을 사용하였다. 이렇게 **많은 비용과 노력을 기울였음에도** 불구하고, 우리의 영어 의사소통 능력은 세계적으로 하위권을 벗어나지 못하고 있다. 10년 이상 열심히 영어 학습을 하였는데 영어 말하기 의사소통 능력을 완성하지 못하였다면, 그것은 한국 영어 학습자의 노력이 부족해서가 아니라 어쩌면 영어 학습방법의 문제일 수 있다. 20세기 중반 1950-60년대 이미 실패한 영어교육방법이라고 평가받은, 청화식 교육법이 21세기 한국사회에서 여전히 활용된다는 사실에 영어교육전문가로서 매우 안타까운 마음뿐이다. 우리나라 영어교육의 여러 세대를 거치면서, 청화식이라는 영어교육방법 자체가 개선되고 발전된 것이 아니다. 우리나라에 처음 소개되었을 때는, (영국식/미국식) 영어회화 교재를 보며 카세트 플레이어에 흘러나오는 (영국식/미국식) 영어문장을 정확하게 따라하며 암기하였다. 카세트 플레이어를 대신한 CD를 이용한 청화식 방법이 한 때 유행하였고, 최근에는 CD를 대신한 MP3가 청화식 방법에 사용되는 가장 일반적인 학습도구가 되었다. MP3와 함께 또는 인터넷 (유튜브) 동영상 강의를 시청하며, 문장을 반복해서 따라하며 외우는 영어학습이 된 것이다. 가장 최근에는 번역기(펜)를 이용한 문장 암기 방식의 청화식 학습법이 시작되었다. 이처럼 여러 세대를 거치면서 청화식 교육방법보다는 수업도구만이 바뀐 것이라 말할 수 있다.

청화식 교육방법을 요리법과 비교하면 다음과 같을 것이다. **많은 음식을 먹어 살찌우는 것이 건강을 보장할 수 없는 것처럼, 많은 문장을 외운다고 해서 성공적으로 영어 능력을 완성할 수 있는 것은 아니다.** 요리사가 아무리 훌륭한 음식(문장)들을 준비하였다 하더라도, 체질에 따라 또는 식이요법에 따라 먹지 못하는 음식이 있을 것이다. 아무리 다양한 맛있는 음식을 준비하였더라도, 포트럭 디너(Potluck dinner)에 참여한 것처럼 자신이 원하는 음식이 없을 수 있다. 이런 이유로 자신이 먹고 싶은 음식을 주문하고, 주문한 음식을 조금이라도 더 자신의 입맛에 맞게 추가 주문하는 것이다. "너무 맵게 하지 마세요!" "새우 앨러지(Allergy)가 있으니까 새우는 빼고 요리해 주세요!" **원하는 음식 그리고 필요한 음식만 주문하여 음식을 낭비하지 않겠다**는 것이다. 유사한 이유로 영어 교육에서도 학습자의 영어 학습목표에 맞게 설계하는 "특정 목적을 위한 영어교육(English for Specific Purposes)"이라는 프로그램이 있다. 요리사가 많은 노력과 시간으로 요리한 음식을 고객이 먹지 않으면 엄청난 비용과 시간의 낭비인 것처럼, **자신의 영어 학습 목표에 불필요할지도 모르는 수많은 문장패턴들을 암기하는 것은 영어 말하기 능력 완성에 도움이 되지 않을뿐더러, 어쩌면 요리사처럼 엄청난 시간과 노력의 낭비가 될 수 있다**는 것이다.

비용과 시간을 낭비하지 않고 자신의 체질과 입맛에 맞는 음식을 자신이 원하는 시간에 건강하게 섭취하는 방법은 자신이 직접 요리하는 것이다. 재료 손질과 조리하기까지 많은 시간과 노동을 투자해야만 하는 고단한 일이지만, 요리하는 사람의 특혜는 자신의 입맛에 맞는 음식을 자신이 먹고 싶을 때 먹을 수 있다는 사실이다. "너무너무 배고파요! 대충해서 주세요!" "조금만 기다리세요. 거의 다 됐어요." "음식이 너무 맵고 짜요!" "어! 내 입맛엔 괜찮은데..." 누가 요리를 하고 있는 사람인 줄 바로 판단할 수 있다. 자신의 입맛에 딱 맞는 음식을 자신이 원하는 시간에 먹을 수 있다면, 원치 않는 시간에 억지로 먹지 않아도 되고, 궂은 날씨에 식당에 갈 이유도 없는 것이다. 맛집을 찾아 이곳저곳을 다니며 시간 낭비를 할 이유도 없다. 영어 학습도 마찬가지이다. **필요할 때 음식을 만들어 먹듯이, 단어들을 조합하여 문장 또는 표현을 만들어 발화할 수 있다면, 의사소통 상황에서 필요한 표현(문장)들을 만들어 효율적으로 의사소통 할 수 있는 것이다.** 그리고 궂은 날씨에 식당 같은 학원에 가서 영어를 배울 필요성도 없는 것이다. 결정적으로 요리법을 모른다면 평생 자신의 입맛에 안 맞을 수도 있는 음식을 자신이 원하지도 않는 시간에 먹어야만 하고, 어쩌면 평생 식당에 의존해야만 할지도 모른다. 같은 맥락으로, 효과적인 영어 학습법을 모른다면 자신의 학습목표에 필요치 않은 또는 자신이 원하지도 않는 문장을 평생 수동적으로 외워야만할지도 모른다. 중요한 것은 문장을 암기하도록 유도하는 청화식 영어학습법은, 학습자를 무능하고 수동적이라 여겨 학습자의 언어사용의 독립성을 인정하지 않는다고 하였다. 다시 말해, **청화식 학습법은 학습자가 독립적으로 의사소통 할 수 있는 능력을 완성할 수 있도록 도움을 주지 못한다**고 할 수 있다.

요리법을 배우면 정말 좋을 것 같은데, 왜 사람들은 요리배우는 것을 선택하지 않고 자신의 입맛에 맞을 것 같은 맛집을 찾아다니는 것일까? 귀찮아서 또는 시간이 없어서라는 일반적인 이유를 제외한다면, 요리를 배우기까지 시간과 노력이 필요하기 때문이다. 훌륭한 요리사가 요리법을 아주 쉽게 설명하더라도, 한 번의 조리 경험만으로 그 요리법을 만족하게 완성할 수 있는 실습생은 없을 것이다. 그 요리법을 완성하기까지 실습생은 그 요리법에 따라 여러 번에 걸쳐서 직접 요리해 봐야한다. 그 과정에서 당연하게 자신이 만족하지 못하는 결과에 실망하는 경험도 하게 될 것이다. **반복되는 실망에도 끝까지 요리법을 완성하는 사람들도 있지만, 요리법 배우는 것을 포기하고 다시 맛집을 찾아다니는 사람들도 분명 있을 것이다.** 요리사의 입장에서도, 요리법을 가르쳐 주는 것보다 음식을 요리하는 것이 더 빠르고 쉬울 수 있다. 영어 학습도 마찬가지이다. 효율적인 영어 학습법을 알고 있다하더라도 하루 만에 영어 말하기 의사소통 능력을 완성할 수 있는 것이 아니다. 요리와 마찬가지로 영어 학습과정에서 한 두 단어로 의사소통하는 발달단계를 거칠 것이며, 그 과정에서, 자연스런 현상이지만, 한 두 단어로 의사소통 하는 자신의 모습에 실망한다면, 차려진 음식을 먹듯이 다시 완벽한 문장을 암기하는 학습법을 선택하는 영어 학습자가 될 것이다. 실망하지 않고 꾸준한 노력으로 영어 말하기 의사소통 능력을 완성한다면, 번역기 또는 주변사람의 도움 없이도 자신이 원하는 사고를 자유롭게 표현할 수있는 자신의 영어 능력에 매우 만족해 할 것이다. 또한 유창한 영어 의사소통 능력과 함께 한국사회에서 그리고 세계에서 많은 혜택을 분명하게 누릴 수 있다.

정리하자면, 영어 의사소통이란 영어를 이용하여 자신의 전하고자 하는 사고나 정보를 전달하는 것이다. 모든 사람이 똑같은 사고와 똑같은 정보를 전달한다면, 정해진 문장패턴들을 모방하거나 암기만하더라도 성공적으로 의사소통 할 수 있을 것이다. 또한 모든 상황에서 같은 사고와 정보만을 전달하는 것이라면, 암기한 문장들만으로 성공적으로 의사소통 할 수 있을 것이다. 그러나 사람마다 그리고 상황마다 전하고자 하는 사고나 정보가 모두 다를 수 있기에, 문장의 모방이나 암기만으로 의사소통을 할 수 없다. 의사소통 상황에 따라 자신이 진하고자 하는 사고나 정보가 다르다면, 상황에 따라 필요한 문장들을 만들어(Create) 낼 수 있는 창의적인 영어능력이 필요하다. 의사소통 상황을 이해함이 없이 단순히 문장패턴들을 암기하는 방식은, 언어사용의 사회성과 창의성을 고려할 때 절대 적절하지도 효과적이지도 않은 영어 학습방법이다. 암기와 모방이 중심인 청화식 학습방법이 실패한 이유도, 언어사용의 사회성과 창의성 그리고 학습자의 독립성(자의성)을 인정하지 않았기 때문이다. 시작에서 밝혔듯이, 이 교재는 학습자에게 영어 문장을 소개하여 암기하도록 유도하기 보다는, 상황에 따라 자신이 전하고자 하는 사고를 자유롭게 표현할 수 있는 창의적인 영어 의사소통 능력을 완성할 수 있도록, 도와줄 수 있는 효과적인 영어 학습법을 소개하였다. 이 교재에서 소개한 효과적인 영어 학습방법과 함께, 한국의 일상생활 속에서 능동적으로 영어 말하기 의사소통 연습을 실행한다면, 효율적으로 그리고 성공적으로 영어 말하기 능력을 완성할 수 있을 것이다.

교재 활용법

    영어 말하기 의사소통 능력 완성을 위한 효과적인 영어 학습방법을 소개하기 위한 이 교재는 (1) 이해단계, (2) 심화단계, (3) 실용단계, 그리고 (4) 심층단계로 구성되었다. (1) 이해단계에서는 일상생활에 필요한 영어 의사소통 능력(생존 영어: Survival English)을 가장 효율적으로 완성할 수 있는 가능성을 설명하였다. 첫 교재 "해외여행을 위한 영어 말하기 능력 1시간 완성"에서도 소개하였듯이, **1) 의사소통 4개의 절차적 단계에 필요한 표현들, 2) 목표 지향적 의사소통, 그리고 3) 보편적 핵심의 개념을 이해하고 활용한다면 일상생활에 필요한 의사소통 능력을 가장 빠르고 효율적으로 완성**할 수 있다. 이 교재의 여러 곳에서 강조하였듯이, 생존 영어능력을 발전시켜 사교적 목적의 영어 의사소통 능력을 완성할 수 있고, 사교적 목적의 영어 의사소통 능력을 더욱 발전시켜 학술적 목적의 능력을 완성할 수 있다고 하였다. 그러므로 **1) - 3)의 개념을 활용하여 일상생활에 필요한 의사소통 능력(Survival English)을 완성한다면, 훨씬 더 효율적으로 영어 말하기 의사소통 능력을 완성할 수 있을 것**이다.

    이 교재의 목차에서 확인할 수 있듯이, 이해단계의 내용을 확인하며 실제로 영어 말하기 의사소통 연습을 위해, "**목표 지향적 의사소통 연습**"이라는 단계를 두었다. 첫 교재 "영어 말하기 의사소통 능력 1시간 완성"에서도 설명하였지만, 사교적 또는 학술적 목적으로 의사소통하는 상황이 아니라면, 일상생활에서 우리의 의사소통은 4개의 절차적 단계로 진행된다. 넓은 의미의 보편적 핵심(Macro common core)에 따라, 한국에서뿐만 아니라 세계 어디를 가든 이러한 4개의 절차적 단계에 따라 의사소통할 것이다. 언어적 측면에서 보편적 핵심은 우리나라에서 가격을 묻는 표현 "How much?"는 세계 어느 나라에서든 같은 의미로 통용된다. 첫 교재에서도 설명하였지만, 4개의 절차적 단계 중, 만날 때 인사, 용무에 따른 보상, 그리고 헤어질 때의 인사는 각각 "Hello!" "How much?" "Bye-bye!"라는 간단한 표현으로 성공적으로 의사소통 할 수 있다. 따라서 **성공적인 의사소통은 "용무"를 해결할 수 있느냐 없느냐로 결정된다. 그리고 "용무"를 해결할 때 "목표 지향적 의사소통"을 활용한다면, 영어 발달단계에서도 자신의 부족한 영어능력에 상관없이 성공적으로 의사소통 할 수 있는 것이다.**

첫 교재에서 "해외여행에서 필요한 생존영어"라고 하였지만, 교재의 내용은 우리 일상생활에 필요한 의사소통 능력을 완성하는데 충분하다고 확신한다. 이 교재에서는 첫 교재에서 확인하지 않은 우리의 일상생활에서 경험할 수 있는 내용을 목표 지향적 의사소통에 따라 "용무 해결" 중심으로 전개하였다. 예를 들면, 해외여행 중에 이(미)용 서비스 또는 은행에서 대출 서비스를 받는 사람은 흔치 않을 것이다. 용무 해결 중심으로 구성한 이유는 앞서 언급하였듯이, 4개의 절차적 단계에서 "시간에 관계없이 만날 때 하는 (1) 인사(Hello! 또는 How are you?)," "용무에 따른 (3) 보상(How much?)," 그리고 "시간에 관계없이 헤어질 때 하는 (4) 인사(Bye-bye)"는 간단한 표현으로 의사소통 할 수 있기 때문이다. 일상생활에 필요한 의사소통 능력을 효율석으로 그리고 빠르게 완성하고 싶다면, 그래서 원어민 발음과 함께 실제로 대화를 연습하고 싶다면, 첫 교재와 교재의 음원으로 의사소통 연습하기를 권고한다. 그리고 **상품을 구매하든 서비스를 구매하든 대부분의 용무는 서비스가 포함되기에 "원하는 상품, please!" 또는 "원하는 서비스, please!"라는 간단한 표현으로 용무를 해결할 수 있을 것이다.** 편의점에서 상품을 구매할 때, "초콜릿 주세요!"라는 표현으로 초콜릿을 구매할 수 있듯이, 해외 편의점에서도 "Chocolate, please!"라고 하면 구매할 수 있는 것이다. 편의점도 기본적으로 서비스를 포함하기 때문이다. 이와 같이 의사소통에 통용되는 특징을 이해한다면, 영어 말하기 의사소통 능력이 부족하더라도 아주 간단하게 성공적으로 의사소통 할 수 있다. 따라서 이 교재의 내용과 함께 "목표 지향적 의사소통"에 바탕을 두어 "용무 중심"으로 의사소통연습을 한다면, 유학이나 이민 또는 장기간 출장으로 영어권 국가에 오랫동안

머무르는 사람들에게 필요한 영어 의사소통능력을 효율적으로 그리고 성공적으로 완성할 수 있을 것이다.

"**목표 지향적 의사소통 연습**"에 이어, ⑵ 심화단계에서는 우리 일상생활에 필요한 의사소통 능력인 생존 영어능력(Survival English)을 더욱 발전시켜, **사교 목적의 영어능력(Social English)으로 발전시키고, 그리고 결국에는 학술 목적의 영어능력(Academic English)으로 완성하기에, 유용하고 필수적인 영어교육 지식과 정보를 소개**하였다. 모든 학습이 그러하듯이, 자신이 학습하는 지식 또는 학습방법의 특징을 이해한다면, 효율적으로 학습하여 훨씬 더 만족스러운 결과를 얻을 것이다. 예를 들면, "영어 의사소통 상황 이해 없이 영어 문장을 암기하는 방식으로는 영어 의사소통 능력을 완성할 수 없습니다."라고 설득하는 것보다는, "**의사소통의 가장 기본적인 기능은 의미 전달입니다. 의사소통 상황도 의미를 결정할 수 있기에 의사소통 상황 이해 없이 문장 암기만으로는 성공적으로 의사소통 할 수 없습니다.**"라고 영어 학습자에게 설명한다면, 학습자는 영어 말하기 능력 완성을 위한 영어 **학습에서 의사소통 상황을 포함할 것**이다. 그리고 의사소통 상황을 포함한 영어 의사소통 연습을 위해 어떠한 학습방법이 적절한지도 이해할 수 있을 것이다. 목차에서 확인할 수 있듯이, 심화단계에서는 생존 영어능력을 시작으로, 사교 목적의 영어능력, 그리고 학술 목적의 능력으로 순차적으로 발전시키는 것이 왜 중요한지를 설명하였다. 그리고 **영어 의사소통에서 대화 상황을 이해하고, 대화의 책임을 공유하며, 목표 지향적 의사소통 연습을 하는 것이 영어발달단계에서 왜 효율적인 영어 학습법이 될 수 있는지도 설명**하였다. 이어서 영어는 소리와 문자로 구성되었고, 이러한 특징을 영어 발달단계에서 적절하게 활용한다면, 훨씬 더 효율적으로 영어의 4개의 능력(말하기, 듣기, 읽기, 쓰기능력)을 완성할 수 있는 이유에 대해서도 설명하였다. **심화단계의 내용을 이해한다면, 영어 학습을 효율적으로 진행할 것이며, 결국에는 좀 더 성공적으로 영어 말하기 의사소통 능력을 완성할 수 있을 것**이다.

⑶ 실용단계에서는 사교 목적의 영어능력을 발전시키기 위해 어떠한 영어 학습이 필요하고 어떠한 방식으로 접근해야하는지를 설명하였다. **사교 목적으로 주변사람들과**

대화한다면 당신은 주로 당신의 하루 일과 또는 하루 업무에 관해 이야기 할 것이다. 일상 의사소통에 필요한 생존 영어능력이 사교 영어능력의 밑바탕이 될 수 있는 근거가 바로 이러한 이유 때문이다. 물론 주변사람들을 만나 하루 일과보다는 정치, 경제, 또는 사회에 관한 주제에 관해 토론하거나 자신의 견해나 주장을 표현할 수 있는 기회도 있을 것이다. 이러한 토론과 자신의 견해를 자유롭게 표현하기 위해서는 학술 목적의 의사소통이 필요하다. 그리고 이 교재에서 학술 목적의 의사소통능력은 사교 영어능력이 확장된 것이라고 하였다. 그 이유는, 전문적 학술 지식이 있는 의사와 의학지식이 없는 환자가 의사소통이 가능한 것은, 의사가 전문 의학지식을 일반인인 환자가 쉽게 이해할 수 있게 일상의 표현으로 설명하기 때문이다. (3) 실용단계의 내용은 사교 영어능력과 학술 영어능력이 어떻게 관련성이 있는지를 설명하였고, 그 관련성을 활용하여 영어 말하기 의사소통 연습을 진행한다면, 효율적으로 그리고 성공적으로 영어 말하기 의사소통 능력을 완성할 수 있을 것이다.

마지막으로 (4) 심층단계에서는 영어 말하기 의사소통(영어수행: English performance) 참여에 영향을 주는 정서적 요인들에 관해 설명하였다. 이 교재는 가장 빠르게 영어 의사소통능력을 완성할 수 있는 효과적인 영어 학습법을 소개한다고 하였다. 그리고 요리법과 비교하여 설명하기를, 성공조건은 효과적인 영어 학습법(요리법)을 활용하여, 한국의 일상생활에서 적극적이고 능동적으로 영어수행(요리연습)에 참여하는 것이라고 하였다. 그렇다면 적극적이고 능동적인 영어수행에 영향을 주는 요인들은 무엇인지, 영어 학습자는 반드시 이해하고 그 요인들을 통제할 수 있어야한다. 예를 들면, 영어 학습자가 자신의 영어 능력이 의사소통에 참여하기에는 충분하지 않다고 인지한다면, 의사소통에 참여할 가능성은 낮을 것이다. 자신의 의사소통 능력이 낮다고 하여도, 대화의 상황을 이용하거나 대화의 책임을 공유하며, 자신이 전하고자 하는 의미를 나누어 전달하겠다는 마음가짐을 갖는다면, 분명 영어 의사소통에 대한 자신감은 높아질 것이다. 그리고 높아진 자신감은 적극적인 의사소통 참여로 이어질 것이다. 이와 같이 (4) 심층단계의 내용을 바탕으로 영어수행에 영향을 주는 요인들을 이해하고, 그 요인들을 통제하기 위해 어떠한 학습방법 또는 영어수행 방식이 필요한지를 이해할 수 있다면, 영어 학습자는 영어수행에

보다 더 적극적으로 그리고 능동적으로 참여하여 영어 말하기 의사소통능력을 성공적으로 완성할 수 있을 것이다.

이외에도 교재 중간 중간에 에피소드를 넣어 학습자가 잠시 쉬어갈 수 있도록 내용을 구성하였다. 에피소드는 영어 학습에 관련된 내용도 있고, 내가 직접 경험한 미국 문화에 관련한 내용도 있어, 독자들은 미국문화를 간접적으로 경험하여 이해할 수 있는 기회가 될 수 있을 것이다. 끝으로 "영어 말하기 의사소통 완성"을 위한 효과적인 영어 학습법을 소개한 **이 교재와 함께, 영어 학습자인 당신은 당신의 오랜 영어 학습의 목표이자 숙원인 영어 말하기 의사소통 능력을 성공적으로 완성할 수 있다고** 저자인 나는 확신한다. 영어교육 전문가인 나의 확고한 믿음이 영어 학습자인 당신의 마음에 전해질 수 있기를 진심으로 소망한다.

이해단계

"모든 사람이 천동설을 믿을 때 지구가 움직인다고 주장하기는 쉽지 않았을 것이다. (중략) 외국어인 영어를 한국의 일상생활에서 100일도 아닌 1시간 만에 영어 말하기 능력을 완성할 수 있다." 이것은 첫 교재 "해외여행을 위한 영어 말하기 1시간 완성"을 출간하면서, 독자들을 설득하기 위해 내가 선택한 문구이다. 이 문구로써 **1) 의사소통의 4개의 절차적 단계에 필요한 표현들, 2) 목표 지향적 의사소통, 그리고 3) 보편적 핵심의 개념을 이해한다면, 한국의 일상생활 속에서도 일상생활에 필요한 영어 의사소통능력(Survival English)을 1시간 만에 완성할 수 있다**는 가능성을 독자에게 알리고 설득하고 싶었다. 가장 효율적인 학습방법이라 할지라도, 독자가 교재를 선택하여 읽지 않는다면 아무 소용이 없다는 것을 잘 알고 있기 때문이다. 두 번째 교재인 **"영어 말하기 능력 8시간 방법"** 교재에서, **나는 생존 영어 능력을 발전시켜 사교 목적의 영어 능력으로, 그리고 사교 영어능력을 더욱 발전시켜 학술 영어능력으로 완성시키는 가장 효율적인 방법을 소개하고자 한다.** "8시간 완성 방법"이라는 제목을 선택한 이유는, 요리책을 읽고 요리법을 이해하듯이 이 책을 읽으면서 **효율적인 영어 말하기 학습방법을 이해하는데 필요한 시간이라고 판단하였기 때문이다.** 첫 교재와 마찬가지로, 독자에게 다른 그 어떤 교재보다 이 교재가 가장 효율적인 방법을 소개하였다는 사실을 알려, 이 교재를 선택하도록 설득할 필요가 있다. 그러기 위해서는 우선 우리나라에서 유행하고 있는 청화식 영어 학습방법의 특징과 문제점을 알릴 필요가 있다. 이렇게 함으로써 청화식 영어 학습법보다는, 한국의 영어 학습자들이 이 교재에서 소개한 효과적인 영어 학습법을 활용함으로써 훨씬 더 성공적으로 영어 말하기 의사소통 능력을 완성할 수 있을 것이다.

"책을 시작하면서" 에서 간략히 언급하였듯이, 현재 우리나라 영어교육은, (최소한 사교육 시장의 영어교육은), 행동(습관)주의 견해에 바탕을 둔 청화식 학습법을 활용하고 있다. 습관주의 학파들은 반복과 암기에 의한 습관형성이 언어습득이라고 보았다.

외국어 습득과 관련해서, 모국어는 나쁜 습관이고, 목표언어(영어)는 좋은 습관이라고 하였다. 따라서 영어 능력을 습득하기 위해서는 모국어의 나쁜 습관을 극복하고 영어 습관으로 대체해야한다고 주장하였다. **모국어는 나쁜 습관이기에 영어습득을 위해서는 오직 영어만(Only English)을 사용해야 한다고 주장하거나, 어순이 다르기 때문에 영어를 습득할 수 없다고 주장한다면, 습관주의 견해에 바탕을 둔 것**이다. 습관주의 학파들은 가장 효율적인 언어학습은, 반복적 학습으로 문장을 암기하는 것이며, 그 문장을 무의식적(또는 잠재의식적)으로 발화할 수 있을 때 비로소 습득이 발생하였다고 주장하였다. 학습자들은 수동적이고 무능력한 존재이기에, 문법에 대한 설명을 하더라도 학습자는 이해할 수 없기에, 가장 빠르고 효과적인 영어 학습은 반복에 의한 암기라고 주장하였던 것이다. 반복에 의한 암기와 함께, **습관주의 학파들에 바탕을 둔 청화식 학습법은 오류가 없는 문장패턴을 암기하고, 문장패턴을 대체 활동(Substitution drill)을 통하여 영어능력을 확장하여 영어 말하기 능력을 완성할 수 있다고 믿었다.**

"모국어와 영어사이의 어순 차이"로 인한 모국어의 부정적인 간섭(Negative L1 interference) 영향으로 영어습득이 어렵다는 견해, 모방과 반복을 통한 습관형성이 영어습득으로 이끌 수 있다는 견해, 학습자는 무능력하고 수동적이라는 견해와 같이, 습관주의 학파의 대부분의 견해들은 영어습득과 학습자의 특징을 설명하기에는 충분하지 않다는 문제점들이 1960년대부터 이미 꾸준히 제기되었다. 그리고 이러한 잘못된 견해들에 바탕을 둔 청화식 영어교육법도 영어 말하기 의사소통능력을 완성하기에는 충분하지 않다는 합의된 견해가 있다. **청화식 영어 교육법의 가장 큰 문제점은, 영어 학습자가 잘못된 영어 학습습관을 형성하도록 한다는 것이다. 영어 습득이 영어식 습관형성이라고 주장한 습관주의 견해에 바탕을 둔 청화식 영어교육법은, "오류가 없는 완벽한 문장을 영어 학습자가 원어민 발화 속도로 원어민답게 정확하게 따라하도록 설계된 영어 교육방법이다." 이러한 영어 교육방법은, 영어발단단계 초기부터 "영어 원어민처럼 영어 원어민답게 의사소통해야한다"라는 잘못된 영어 학습습관을 영어 학습자가 갖도록 하는 원인이 될 수 있다.**

갓난아이의 부모가 갓난아이에게 처음부터 완벽한 문장으로 의사소통할 수 있기를 기대하지 않는 것이 당연하다는 것을 성인 영어학습자들은 알고 있지만, **영어 학습에서만큼은 청화식 영어교육방법으로 학습한 습관에 따라, 영어라는 새로운 언어를 배우는 갓난아기 같은 초보 영어학습자라고 인식하기보다는, 완벽한 영어 문장으로 영어 원어민처럼 의사소통을 할 수 있다는 착각을 하게 된다.** 그러나 실제 영어 의사소통 상황에서 그 것이 불가능하다는 것을 깨닫고 영어 말문을 닫아버리는 것이다. **10년 넘게 영어 학습을 하였는데, 왜 영어 원어민 앞에만 서면 영어 한마디 못하게 되는 걸까?** 잘못된 영어 학습습관을 형성하여 **영어 원어민 앞에서는 영어 말문을 닫아버리게 하는,** 청화식 영어교육방법은 영어 말하기 의사소통 능력을 완성하기 위해 큰 방해 요인이 될 수 있는 것이다. 여러 차례 강조하였지만, 영어 말하기 의사소통 능력을 완성하기 위해서는, 영어 학습자는 적극적이고 능동적인 영어 말하기 의사소통에 참여할 필요가 있기 때문이다. 이 밖에도 **청화식 영어교육법이 영어발달과정에서 영어능력을 발전시키고 결국에는 완성하는데 왜 방해 요인이 될 수 있는지 이 교재 "심화단계"와 "심층단계"에서 자세하게 설명하였다.**

다시 한 번 확인하자면, 2017년 한 해 우리는 영어 사교육비로 5조 4000억 원을 사용하였다. 그러나 이렇게 많은 비용을 투자하고 엄청난 노력을 기울였음에도 불구하고, 우리의 영어 의사소통 능력은 세계적으로 하위권을 벗어나지 못하고 있다. **아무리 노력해도 결과가 좋지 않다 하더라도, 대부분의 영어학습자들은 자신의 노력 또는 영어 능력이 부족하다고 생각할 것이며, 결코 잘못된 영어 교육방법을 탓하지는 않을 것이다. 영어 교육에 대한 배경지식이 없는 영어학습자가 자신이 현재 활용하고 있는 영어 교육방법이 효율적인지 아니면 그렇지 못한지를 판단하기는 쉽지 않기 때문이다.** 그래서 나는 영어 교재 개발자와 영어 교육 전문가들이 특정 영어 교수법을 활용한다면, 그 교수법은 어떠한 이론적 배경에 바탕을 두었는지 설명할 필요가 있다고 생각한다. 그렇게 함으로써, 영어학습자가 자신의 영어 학습 결과를 평가하고 결과가 만족스럽지 못하다면, 다른 영어 교육이론에 바탕을 둔 영어 교수법을 선택할 수 있도록 배려할 수 있기 때문이라고 생각한다. 이러한 믿음을 바탕으로, 이 교재는 어떠한 이론적 배경에 바탕을 두었는지 설명할 것이다. 그 시작으로 **첫 번째 교재에서 소개한 이론들을 다시 한 번 정리하고 소개하겠다.** 이렇게 함으로써, 첫 번째 교재를 확인하지 않은 영어 학습자도 두 번째 교재의 이론적 배경을 쉽게 이해할 수 있을 것이다.

😊 의사소통 상황의 4개의 절차적 단계 ✏️

영어교육 분야에 있어, 앞서 소개한 습관주의의 견해는 언어를 가장 빠르게 습득하는 방법은 성인 모국어 화자의 발화를 모델로 삼아 반복적으로 발화하여 암기하는 것이라고 하였다. 이러한 방식의 영어학습법은 영어 학습자에게 발달단계를 허용하지 않는다는 문제점이 있다. 아기가 언어를 배우기 시작하면서 처음부터 완벽한 문장으로 시작하는 것은 아니다. 또한 아기의 부모들도 언어발달 초기부터 완벽한 문장으로 아기와 의사소통을 기대하며, 처음부터 문장을 발화할 수 있도록 모국어를 가르치지는 않는다. 외국어학습과는 다르게, 주변에 모국어를 가르쳐 줄 사람이 항상 존재하더라도, 한 단어로부터 시작하여 두세 단어 그리고 문장을 완성할 수 있는 모국어 능력으로 점진적으로 발전시켜 나갈 수 있도록 도와준다. 또한 아이가 친구들과 만나 대화할 수 있는 사교 언어능력부터 아이에게 가르치지 않는다. 아이의 주변에서 발생하는 의사소통 상황, 특히 먹고 마시고 입고(기저귀 차고) 잠을 자는 의식주에 관련된 생존 언어를 우선적으로 그리고 집중적으로 가르칠 것이다. 생존 영어능력을 갖춘 아이가 유치원에 입학하여 또래 아이들을 만나 이야기를 나누며 사회적 교류를 시작할 때에는 사교 언어에 관심을 가질 것이며, 초등학교에 입학해서는 토론이나 발표에서 자신의 사고를 자유롭게 표현할 수 있는 학술 목적의 의사소통능력에 관심을 가질 것이다. 첫 번째 교재에서는 영어 학습자의 영어발달단계를 인정하여, 생존 영어능력을 가장 빠르게 완성할 수 있는 효율적인 영어 학습방법을 소개하였다. 그리고 이 교재에서는 생존 영어능력을 바탕으로, 사교 영어능력 그리고 학술 영어능력으로 자연스럽게 발전시킬 수 있는 효과적인 방법을 소개하려한다. 그러기 위해서, 우선 일상생활 의사소통에 필요한 생존 영어능력 완성을 위한 첫 번째 교재 내용을 다시 한 번 확인해 보자 생존 영어능력을 가장 빠르게 완성할 수 있는 방법을 소개한 첫 교재에서, 우리의 일상생활 대부분의 의사소통 상황은 4개의 절차적 단계로 구성되었다고 하였다. 당신의 일상생활에서 혼자 있거나 친구들을 만나 대화하는 상황이 아니라면, **당신이 누군가를 만나 의사소통이 필요한 상황은 당신이 상품을 구매하거나 서비스를 구매할 때, 즉 당신의 용무를 해결할 때이다. 그리고 당신의 용무를 해결할 때, 당신은 4개의 절차적 단계에 따라 의사소통을 진행한다.** 편의점에 가든 식당에 가든, 우체국 또는 은행에 가든, 당신은 대화 상대자와 (1) 인사를 나눌 것이다. 그리고 당신의 (2) 용무(상품 또는 서비스 구매)를 해결할 것이며, 용무에 따른 (3) 보상을 할 것이다. 그리고 용무를 마치면 그 장소를 떠나며 대화 상대방과 (4) 인사를 주고받는다. 따라서 이 **4개의 절차적 단계에 필요한 영어표현을 알고 있다면, 원하는 상품을 구매할 수도 있고 필요한 서비스도 구매할 수도 있는 것처럼, 대부분의 의사소통 상황에서 성공적으로 의사소통 할 수 있을 것**이다.

위와 같은 견해에 적지 않은 영어학습자들은 강한 의심을 제기할 것이다. 과연 4개의 절차적 단계에 필요한 표현만으로 성공적으로 용무를 마칠 수 있을까? 당신이 능숙한 영어능력을 갖춘 영어 화자가 아니라면, 당연히 영어 의사소통이 어렵게만 느껴질 것이다. 그러기에 4개의 절차적 단계에 필요한 표현만으로, 그렇게 간단하고 쉽게 영어로 의사소통할 수 있다는 사실을 믿지 않을 것이다. 그렇다면, 당신이 능숙하게 의사소통할 수 있는 한국어를 예로 들어보자. **한국의 일상생활에서 4개의 절차적 단계에 필요한 표현만으로 원하는 상품을 성공적으로 구매할 수 있을까?** 당신이 원하는 상품이 초콜릿이고, 초콜릿을 사기위해 편의점에 갔다. "안녕하세요!" **인사**를 하고, "초콜릿(원하는 상품) 주세요!"라고 하며 구매를 한 후, "얼마에요?"라는 표현으로 **보상**을 하고, 편의점을 나서면서 "안녕히 계세요!"라고 인사하는 4개의 표현만으로 성공적으로 초콜릿을 구매할 수 있을 것이다. 이번에는 4개의 표현만으로 식당에 가서 "비빔밥"을 구매하여 먹도록 하자. "안녕하세요!" "비빔밥(원하는 상품) 주세요!" "얼마에요?" "안녕히 계세요!" **인사하고, 구매하고, 보상하고 헤어질 때 인사하는 이 4개의 표현만으로 당신은 식당에서 성공적으로 비빔밥을 구매하여 먹을 수 있을 것**이다. 편의점과 식당뿐만 아니라, 당신이 상품을 구매하는 어떠한 의사소통 상황에서든 이 4개의 절차적 단계에 필요한 표현들을 알고 있다면, 대부분의 의사소통 상황에서 성공적으로 의사소통 할 수 있는 것이다.

　이번에는 일상생활 속에서 당신이 자주 경험하는 구매 상황에서 이 4개의 표현만으로 구매할 수 없는 상황을 확인해보자. 아마 당신이 감당 못할 정도로 많지는 않을 것이다. 영어 말하기 의사소통도 마찬가지이다. 모국어 말하기 의사소통 능력처럼, 당신의 영어 말하기 의사소통 능력이 충분(유창)하다고 느껴질 때, 당신도 이 4개의 절차적 단계에 필요한 영어 표현만으로, 당신이 "원하는 상품"을 성공적으로 구매할 수 있다는 사실을 확신하게 될 것이다. 영어발달단계 초기에 있는 영어 학습자는, 일상생활에 필요한 영어 말하기 능력을 완성하기 위해, 일상생활 속 의사소통 상황에서 4개의 절차적 단계를 활용한 영어 학습법으로 접근할 필요가 있다. 그렇다면, **의사소통 상황 4개의 절차적 단계를 활용한다면, 기초단계에 있는 학습자에게 효율적인 영어 학습법이 될 것이며, 영어 말하기 학습의 궁극적 목적인 학술 목적의 영어능력을 완성하기 위한 큰 밑거름과 자신감이 될 것**이다.

　영어발달단계 초기에, 4단계 절차적 단계에 의한 영어 의사소통 학습법이 가장 효율적인 학습법이 될 수 있는 또 다른 이유는, 발달단계에 따라 영어 학습자는 절차적 단계를 조절하며 단계적으로 영어 말하기 능력을 발전시켜 나갈 수 있다는 것이다. 이해를 돕기 위해, 다시 한 번 당신이 능숙하게 말할 수 있는 모국어를 생각해보자. 앞서 설정한 편의점에서 초콜릿을 구매하는 의사소통 상황을 생각해 보자. 편의점에 들어가서 (1) 인사를 하지 않고, (3) 보상을 위해 가격을 묻지 않고도, (2) 용무에 필요한 "초콜릿 주세요!"라는 한 마디로 초콜릿을 구매할 수 있을 것이다. 물론 편의점을 나서면서 (4)

인사를 하지 않더라도, 성공적으로 당신이 원하는 초콜릿을 구매할 수 있는 것이다. 또는 당신이 자주 가는 편의점이라서 상품의 위치와 가격을 알고 있다면, 당신은 (1) 인사와 (4) 인사만으로 초콜릿을 성공적으로 구매할 수 있는 것이다. 이와 같이, **당신이 해외여행과 같이 영어권 국가 생활 중에 당신의 영어 말하기 능력에 따라 (2) 용무(상품 또는 서비스 구매)에 필요한 영어 표현만으로 당신이 원하는 상품을 구매할 수 있다**, 그리고 상점 이곳저곳을 다니며 상품의 재고와 위치를 확인한다면 한국에서처럼 (1)번 또는 (4)번 만으로 원하는 상품을 구매할 수 있는 것이다. 정리하자면, **4개의 절차적 단계로 의사소통 상황을 접근한다면, 당신의 영어능력 발달단계에 따라 각각의 의사소통 단계에 필요한 표현만으로 "원하는 상품 또는 서비스를 구매"할 수 있을 것이다.**

😊 목표 지향적 의사소통 ✏️

우리의 일상생활 속에서 의사소통 4단계 절차적 단계에 필요한 표현만으로 모든 상황에서 의사소통을 할 수 있는 것은 아니다. 의사소통 상황마다 조금씩 차이를 보이기 때문이다. 예를 들면, 편의점에서 "초콜릿 주세요!"라는 한마디로 초콜릿을 구매할 수 있다고 하였다. 그러나 당신이 신발을 구매할 때, "신발 주세요!"라는 한마디로 신발을 구매할 수 없기 때문이다. "이와 같은 차이가 왜 발생할까?" 신발 구매자는 신발의 종류뿐만 아니라 신발 사이즈 그리고 경우에 따라서는 신발의 색상을 결정해서 판매 직원에게 알려줘야 하기 때문이다. **의사소통 상황마다 발생하는 이러한 차이점들은 "목표 지향적 의사소통"으로 해결할 수 있을 것이다. 목표 지향적 의사소통이란, 의사소통 상황을 접하기 전에 의사소통 목표를 설정하는 것**이다. 그리고 설정된 목표에 필요한 표현은 무엇인지 의사소통 전에 확인하는 방식의 의사소통이다. 예를 들면, "신발 가게에 신발 사러 가는데, 신발을 구매할 때 매장 직원이 어떤 질문을 할까? 신발 종류를 물어보겠지? 그리고 신발 사이즈를 물어볼 거야! 혹시 색상을 물어보면 어떤 색상을 달라고 하지?" 이렇게 어떠한 질문이 주어질지 앞서 확인하고, 질문에 대한 대답을 준비해 가는 것이다. 또는 **의사소통 과정에서 직원과의 질문하고 답하고 하는 주고받는 방식(Turn-taking)의**

의사소통이 부담스럽다면, 질문에 대한 답을 하기 보다는 주도적으로 목표에 필요한 표현들(신발 종류, 색상, 그리고 사이즈)**을 판매 직원이 질문하기 전에 판매 직원에게 말해주는 것**이다. "흰색 테니스 화 265(미리) 사이즈 주세요!"

의사소통마다 발생할 수 있는 차이점들을 해결할 수 있다는 장점이외에, **목표 지향적 의사소통의 또 다른 장점들을 확인하자면 다음과 같다. 첫째, 목표 지향적 의사소통은 어떠한 대화가 오고갈지를 의사소통 전에 확인할 수 있기에, 대화에 필요한 표현들을 미리 준비할 수 있다**는 것이다. "해외여행을 위한 영어 말하기 능력 1시간 완성" 교재에서도 언급하였지만, 식당에서 스테이크를 주문하여 먹는다면, 식당직원이 스테이크 굽기를 물을 것이라는 것을 알 수 있다. 그러면, 식당에 가기 전에 굽기 정도를 확인할 수 있으며, 6개의 다른 굽기 정도가 있다는 것을 확인할 수 있다: 1) 블루 레어(Blue Rare), 2) 레어(Rare), 3) 미디엄 레어(Medium Rare), 4) 미디엄(Medum), 5) 미디엄 웰(Medium Well), 그리고 6) 웰던(Well Done). 와인을 곁들여 스테이크를 즐기고 싶다면, 같은 방식으로 식당에 가기 전에 스테이크와 잘 어울리는 와인을 인터넷을 통해서 또는 서적이나 주변 지인의 추천을 받아 결정할 수 있는 것이다. 이와 같이 **목표 지향적 의사소통을 한다면 의사소통 상황 전에 의사소통에 필요한 표현들은 무엇인지 앞서 확인하고 준비할 수 있다는 장점**이 있다. 이러한 장점은 취업면접과 비교할 수 있다. 취업면접이 긴장되고 두렵고 어려운 이유는, 면접관이 어떠한 질문을 할지 모르기 때문이다. 어떠한 질문을 할지 면접 전에 알고 있다면, 질문에 대한 준비를 할 수 있기에 취업준비생이 느끼는 초조함이나 불안감은 훨씬 덜할 것이다. 마찬가지로 **영어 말하기 의사소통 능력이 부족한 사람은, 상대방의 질문에 즉각적으로 반응할 수 없다는 생각 때문에 불안하고 두려워서 대화를 기피하려는 성향을 갖는 것이다.** 마찬가지로, **목표 지향적 의사소통도 의사소통에 앞서 준비된 마음가짐과 준비된 표현으로, 이러한 두려움과 어려움을 최소한으로 줄일 수 있기에, 훨씬 더 적극적으로 능동적으로 의사소통에 참여할 수 있는 것**이다.

목표 지향적 의사소통의 또 다른 장점은, 자신의 영어 말하기 능력에 따라 다양한 방법으로 대화에 참여할 수 있다는 것이다. 예를 들면, 어떠한 질문이 오고갈지를 이미 알고 있기에, 의사소통 참여 전에 필요한 대화를 확인하고 준비할 수 있다고 하였다. 의사소통을 진행함에 있어 상대방과의 대화 주고받기가 불편하고 두렵다면, 어떠한 대화가 발생하고 대화에 필요한 표현이 무엇인지 알기에 필요한 정보(표현)를 한 번에 전해줄 수 있다고도 하였다. 그런데 **자신의 영어 말하기 의사소통 능력이 부족하다면, 필요한 정보를 종이에 적어 상품 또는 서비스 판매자에게 읽어주거나 아니면 종이에 적은 정보를 판매자에게 건네주면 되는 것**이다. 이 교재에서 좀 더 자세하게 설명하겠지만, 언어는 소리뿐만 아니라 문자도 포함하고 있으며, 언어의 소리와 문자는 상호보완적인 관계에 있다고 할 수 있다. 편지를 읽지 못하는 사람은 편지(문자)를 읽기 보다는 주변사람에게 편지를 대신 읽어달라고 하여, 소리에 의존하여 편지의 내용을 이해할 것이다. 소리를 듣지 못하는 사람은 텔레비전 화면의 자막(문자)을 보고 방송 내용을 이해할 것이다. 이처럼 의사소통이 반드시 (말하기)소리로만 가능한 것이 아니며, 의사소통은 (글쓰기)문자로도 가능한 것이다. 말을 하지 못하는 반려견이 반려견주의 심부름을 할 수 있는 것은, 소리보다는 글자(상품 목록)를 이용하여 편의점 직원과 의사소통 할 수 있기 때문이다. 이러한 **의사소통의 특징을 알고 있다면, 자신의 영어 능력에 따라 "의사소통 목표"를 성취하기 위해 적절한 의사소통 방법을 선택하여, 좀 더 효율적인 의사소통을 실행할 수 있을 것**이다.

"목표 지향적" 의사소통의 장점을 다시 한 번 확인하자면, **영어 학습자가 "의사소통 목표"를 설정한다면 그 목표를 완성하기 위해 다양한 방법이 있다는 것을 이해할 수 있을 것이다. 그리고 어떠한 방법이 좀 더 효율적인지도 이해할 수 있을 것이다.** 다시 말해 목표를 설정하면, 자신의 영어 능력에 맞는 좀 더 쉬운 의사소통 방법을 찾을 수 있다는 것이다. 이와 관련하여 한 예를 들어보겠다. 자주 가는 단골 미용실 원장님이 들려준 이야기이다. 최근에 온 손님 중에 교포가 있었다고 한다. 머리를 손질하는 동안에 원하는 머리 모양을 우리말로 표현하기가 쉽지 않았던, 교포 손님은 중간 중간에 지인에게 전화를 걸어, 자신이 원하는 머리 모양을 우리말로 어떻게 표현하는지 물어물어 머리 손질을 마쳤다고 한다. 또 다른 외국인 손님은 자신이 원하는 머리 스타일을 휴대폰에 담아 와서, 머리 손질을 마쳤다고 한다. 위에 소개한 두 손님들이 우리말을 능숙하게 할 수 있다면, 지인의 도움을 받지 않고 자신이 원하는 머리 스타일로 머리 손질을 할 수 있었을 것이다. 우리말이 부족하였지만, 자신의 언어능력을 확인하고 두 손님 모두 자신만의 방법으로 성공적으로 머리손질을 할 수 있었다. 당신은 두 손님 중에 누가 더 효율적으로 의사소통을 하였다고 생각하는가? **교포 손님이 미용실에 오기 전에, "의사소통 목표"를 설정하고, 의사소통 목표에 따라 자신이 원하는 머리 모양을 종이에 적어왔다면 어떠했을까?** 외국인 손님은 "머리 손질 해주세요!"라는 말을 할 수 있었을까? 만약 할 수 없었다면, 외국인 손님이 미용실에 와서 휴대폰의 사진을 보여주었을 때 미용실 원장님은 이 낯선 외국인 손님의 행동을 어떻게 해석하였을까? 외국인 손님처럼 원장님과 대화의 책임을 공유한다면, 아무 말 없이 사진 하나만으로도 의사소통을 할 수 있는 것이다.

정리하자면, **목표 지향적 의사소통은 의사소통 상황 전에 의사소통의 목표가 무엇인지 확인하는 것이다. 그리고 의사소통 목표를 성취하기 위해 필요한 의사소통 방식(소리 vs. 문자)은 무엇인지? 그리고 의사소통에 필요한 표현(들) 또는 수단(들)은 무엇인지? 미리 확인하고 준비하는 효율적인 의사소통 방식이다.** 목표 지향적 의사소통은 영어 학습자가 의사소통을 준비하는 과정에서 자신의 영어 말하기 능력에 따라 의사소통 방식을 준비할 수 있고 필요한 표현이나 수단도 준비할 수 있다는 장점이 있다. 그리고 중요한 것은 영어능력 발달단계에 따라 완벽한 문장으로 의사소통하겠다는 고집보다는, 자신의 영어 능력에 맞게 의사소통하겠다는 마음가짐이 중요하다. 그리고 현재 한 두 단어로 의사소통하더라도 결국에는 완벽한 문장으로 의사소통할 수 있는, 영어 말하기 의사소통능력으로 완성할 수 있다는 자신에 대한 믿음도 중요하다. 어린이가 지금 한 두 단어로 의사소통한다고 해서, 모국어 능력 완성을 걱정하는 아이의 부모가 없는 것처럼 말이다.

😊 의사소통에서의 보편적 핵심 ✏️

4개의 절차적 단계에 따라 목표 지향적 의사소통을 수행하기 위해서는, 참여하는 의사소통 상황에서 어떠한 대화가 진행될지를 인지할 수 있어야 한다. 그런데 **한국의 영어학습자들이 특정 영어 의사소통 상황에서 어떠한 대화가 진행될지를 어떻게 확인할 수**

있을까? 만약 미리 확인할 수 있다면, 취업 면접 전에 면접시험 문제에 대한 답을 준비할 수 있듯이, 영어권 국가에서 실제로 영어 의사소통하기 전까지 한국의 일상생활에서 영어 말하기 학습활동을 할 수 있을 것이다. 그래서 이 교재에서 선택한 것은 "넓은 의미의 보편적 핵심: Macro Common Core"이다. **보편적 핵심이란, "한국의 의사소통 상황과 영어권 국가의 의사소통 상황 사이에 공유하는 특징이 있다."라는 견해이다.** 한국에서든 영어권 국가에서든 사람을 만나면 (1) 인사를 할 것이며, (2) 용무(상품 또는 서비스 구매)를 해결한 후에 (3) 보상을 할 것이다. 그리고 헤어질 때 서로 (4) 인사를 나눈다는 것이다. 또한 사용하는 언어(한국어 vs. 영어)만 다를 뿐이지, 각 절차적 단계에 필요한 표현도 공유하는 특징이 있다.

예를 들면, 한국의 식당과 영어권 국가의 식당 모두에서 고객이 오면 인사를 한 후, 주문을 받고 주문받은 음식을 조리하여 손님에게 제공한다. 손님은 음식을 먹은 후 보상을 하며 식당을 떠날 때 인사를 건넬 것이다. 미국의 식당과 한국의 식당 모두를 경험한 나는, 한국의 식당에서처럼 미국의 식당에서도 손님을 반갑게 인사로 맞이한 후, 첫 질문이 "몇 분이세요?(How many?)"라는 사실에 깜짝 놀랐다. 어쩌면 이때부터 **영어교육에서 "보편적 핵심"을 이용하면, 영어권 국가뿐만 아니라 한국에서도 영어 말하기 연습을 할 수 있다는 가능성**을 생각해 냈을지도 모른다. **미국에서 7년 이상을 머물면서, 일상생활 속 한국의 의사소통 상황들과 미국의 의사소통 상황들이 많은 특징들을 공유한다는 사실을 깨닫고, 그 가능성을 확신하게 되었다.** 한국 식당에서의 의사소통 상황과 미국 식당에서의 의사소통 상황을 4개의 절차적 단계와 함께 아래와 같이 비교해 보았다. "목표 지향적 의사소통"에 따라, 한국의 식당에 가기 전 식당에서 발생할 수 있는 상황을 미리 살펴보자. 그런 후 미국의 식당에서 발생할 수 있는 의사소통 상황과 서로 비교해 보자.

절차	한국의 식당 상황: 가 = 직원, 나, 다 = 고객	미국의 식당 상황: A = 직원, B, C = 고객
인사	가: 어서 오세요. 몇 분이세요?	A: Good evening! How many are you?
	나: 안녕하세요. 두 명이요!	B: Good evening! Two!
	가: 이쪽으로 오세요.	A: This way, please!
	나: 네.	B: Okay.
	가: 메뉴 갖다 드릴게요.	A: I will bring you the menu.
	나: 네. 감사합니다.	B: Okay. Thanks.
용무	가: 주문하시겠어요?	A: Are you ready to order?
	나: 네. 스파게티 주세요.	B: I would like to have a spaghetti, please.
	다: 저도 스파게티 주세요.	C: Me too!
	가: 음료는 뭐로 하시겠어요?	A: What would you like to drink?
	나: 레몬에이드 주세요.	B: I would like a lemonade.
	다: 콜라 주세요.	C: Coke, please!
	가: 애피타이저 드시겠어요?	A: Would you like to have an appetizer?
	나: 아니요.	B: No.
	다: 아니요.	C: No, thanks!
	가: 또 필요하신 것 없으세요?	A: Would you like anything else?
	나: 네. 없어요.	B: No, that's all for now.
	가: 식사 맛있게 하셨어요?	A: Did you enjoy the meal?
	나: 네	B: Yes, I did.
	가: 후식 드시겠어요?	A: What would you like for dessert?
	나: 아니요. 괜찮습니다.	B: No thanks. I am enough.
	다: 저도 괜찮아요.	C: Me neither.
보상	가: 계산서 여기 있습니다.	A: Here is your check.
	나: 네, 전부 얼마에요?	B: Okay, how much is the total?
	가: 전부 46,000원입니다.	A: That will be $38.34
	나: 카드 여기 있습니다.	B: Here is my credit card.
인사	가: 안녕히 가세요!	A: Have a nice day!
	나: 안녕히 계세요!	B: You too!
	다: 안녕히 계세요!	C: Bye-bye!

　　한국 식당에서의 의사소통 상황과 미국 식당에서의 의사소통 상황에서 차이점들도 확인할 수 있을 것이다. 우리의 일상생활 속에서 전식(Appetizer)과 후식(Dessert) 주문을 확인하는 식당은 많지 않기 때문이다. 또한 한국 대부분의 일반식당에서는 식사 주문을 받을 때, 보통 음료선택에 관한 질문을 하지 않는다. 대신, 성인이라면 식당에서 주문할 때 음료선택에 관한 질문보다는 "술은 뭐로 드릴까요?"라는 주류에 관한 질문을 더 많이 받을 것이다. 이와는 다르게, 미국 대부분의 식당에서는 일반적으로 "음료 선택에 관한 질문을 받는다. 그런데 다행이도 탄산음료든 주스든 술이든 음료에 관해서는 보통 "**What would you like to drink?**"라는 질문이 공통적으로 사용된다. "함께 계산하시겠어요? 아니면 따로따로 계산하시겠어요?(Would you like to have **one check or separate checks?**)"라는 표현은, 보통 한 사람이 계산하는 우리문화에 익숙한 많은 한국 영어 학습자들에게는 생소할 수 있다.

　　"위와 같은 소소한 차이점들을 하나하나 좀 더 자세히 확인해보자. 우선 보상에 관련해서, 하나의 계산서로 보상을 하는 우리나라 문화와 개별 계산서로 보상할 수 있는 미국의 식당상황을 예로 들었다. 그러나 이러한 차이점은 점차 줄어들고 있고, 언젠가는 사라질 것이라고 생각한다. 미국에서처럼 우리나라도 개별 계산서를 요구하는 손님들이 있을 것이다. 그리고 현재 개별 계산서를 선택할 수도 있는 미국에서도, 신용카드 수수료 문제 때문에 각 개인의 음식 값을 걷어서 한 사람이 결제하는 문화가 확대되고 있다고 한다. 중요한 것은 계산이라는 큰 맥락에서는 "3) 구매에 따른 보상"이라는 공통점이 될 수 있는 것이다.

또한 주문 상황에서 전식과 후식을 주문하는 상황이 우리의 일상에서 자주 경험하지 못하여 친숙하지는 않겠지만, **우리나라에서도 전식과 후식을 주문하는 식당을 경험할 수 있다. 또한 식당마다의 차이점들은 "목표 지향적 의사소통"으로 최소화 할 수 있다고** 하였다. 예를 들면, "오늘은 양식을 먹고 싶은데, 양식집에는 주식뿐만 아니라 전식 주문도 받는데, 전식으로 뭘 먹지? 그리고 후식으로 아이스크림을 먹을까? 음료는 상큼한 레몬에이드를 마시자." 이와 같이 **식당에 가기 전에 어떤 음식을 주문해야 하는지, 그리고 주문을 위해 어떠한 영어 표현들이 필요한지를 미리 살핀다면 어려움 없이 자신이 원하는 음식을 주문하여 즐길 수 있는 것이다.** 그리고 첫 교재에서도 강조했지만, 서비스가 제공되는 곳에서는 "원하는 서비스, please!"라는 간단한 표현들만으로 모든 것을 해결할 수 있다고 하였다: "Baked buffalo chicken wings, please!" "Ice cream, please!" "Lemonade, please!"

차이점들에 대해 좀 더 논의하자면, 한국의 식당과 미국의 식당 사이에서만 차이점들을 확인할 수 있는 것은 아니다. 한국의 식당들 사이에서도 많은 차이점들이 있다. 예를 들면, 물을 직접 가져다 마셔야 하는 식당이 있고, 종업원이 가져다주는 식당이 있다. 식당 벽에 또는 식탁위에 메뉴가 있어 메뉴를 따로 가져다주지 않는 식당이 있고, 종업원이 메뉴를 가져다주는 식당이 있다. 신발을 신고 들어가는 식당이 있고, 신발을 벗고 들어가는 식당도 있다. 손님이 마실 술의 종류를 묻는 식당이 있고, 음료 종류를 묻는 식당이 있다. 손님이 음식을 직접 가져다먹는 식당이 있고, 종업원이 음식을 가져다주는 식당이 있다. 기계를 이용해 음식을 주문하는 식당이 있고, 종업원이 주문을 받는 식당도 있다. 그리고 이러한 차이점들은 한국의 식당들에서만 발견할 수 있는 것이 아니다. 미국의 식당들 중에서도 이와 같은 다양한 차이점들을 확인할 수 있을 것이다. **두 문화 간에 차이점만을 강조한다면, 차이점은 감당할 수 없을 정도로 많아질 것이고, 차이점들에 의한 다양한 상황에 필요한 수많은 표현들을 확인하고 학습하는데 많은 어려움과 엄청난 학습 부담이 있을 것이다. 반면, 유사점을 강조한다면 의사소통 상황을 이해하고, 필요한 표현들을 미리 확인할 수 있는 목표 지향적 의사소통을 활용할 수 있다. 따라서 공통점을 강조한 "보편적 핵심"을 활용한 영어 학습은 매우 중요하다.**

"보편적 핵심"은 영어 의사소통 능력 발달을 위한 영어학습의 부담을 줄일 수 있다고 하였다. 넓은 의미의 보편적 핵심과 마찬가지로 "좁은 의미의 보편적 핵심(Micro Common Core)"도 학습자의 영어 학습 부담을 상당히 줄일 수 있는 것이다. 편의점, 식당, 문구점, 꽃가게, 마트, 그리고 약국 모두에서 구매가 발생하며, 이 모든 **구매 장소에서 "원하는 상품 + 주세요!"라는 한 마디 표현으로써 원하는 상품을 구매할 수 있다. 물론 영어에서도 우리말 "원하는 상품 + 주세요!"라는 표현처럼, 대부분의 구매상황에서 통용될 수 있는 "I am looking for 원하는 상품." 또는 "I need 원하는 상품."이라는 표현이 있다.** 그리고 이미 확인한 것처럼 우리말 의사소통 상황이나 영어 의사소통 상황 모두 4개의 절차적 단계에 따라 대화가 진행된다는 특징도 공유한다. 좁은 의미의 보편적 핵심의 장점을 활용하지 않고, 학습자가 각각의 대화 상황을 다르게 인지하여, 각각의 대화 상황에 필요한 수많은 표현들을 준비하고 학습해야한다면, 학습자가 느끼는 학습 부담은 크게 늘어난다. 반면, 첫 번째 교재에서도 소개한 것처럼, **유사점을 강조한 "좁은 의미의 보편적 핵심"을 영어 학습에 활용한다면, 영어 학습자의 학습부담은 상당하게 줄어들 것이다. 결론적으로, 효과적인 영어 학습을 위해 "보편적 핵심"을 적극 활용할 필요가 있다.**

지금까지 의사소통의 환경적 측면에서 **"보편적 핵심"**을 소개하고 그 장점을 설명하였다. 그런데 언어학적 측면에서의 보편적 핵심이란, "주문하시겠어요?"라는 의미의 영어표현 "Can I take your order?"는 우리나라에서 그리고 세계 어느 나라에서 사용하든 같은 의미로 통용될 것이다. "얼마에요?"라는 의미의 영어 표현 "How much?"도 우리나라뿐만 아니라 세계 어느 나라에서든 같은 의미로 통용된다. 따라서 "보편적 핵심"을 바탕으로, 한국에서 영어수행을 통해 영어 말하기 능력을 완성한다면, 세계 어느 나라에서든 통용될 수 있는 영어 말하기 능력을 완성할 수 있는 것이다.

"보편적 핵심의 가능성을 확인하기 위해, 이번에는 좀 더 일관성 있게 의사소통을 보여주는 우체국 상황을 확인하겠다. 한국과 미국의 상황을 아래와 같이 4개의 절차적 단계에 따라 비교하였다. 한국과 미국 우체국 모두 4개의 절차적 단계에 따라 의사소통이 발생할 것이다. 아래의 우체국 상황은 편지를 보내는 상황이다. 자신의 영어 의사소통

능력이 부족하다면, 파란색 부분의 표현만을 활용한다면, 좀 더 쉽게 의사소통할 수 있다. 한국과 미국의 우체국을 모두 경험한 나는, 우체국에서 발생하는 대화 순서와 내용이 대부분 일치한다고 확신한다. 즉 한국의 상황이나 미국 우체국 상황의 의사소통 절차는 (1) 인사 – (2) 용무(상품 또는 서비스 구매) – (3) 보상 – (4) 인사로 진행된다는 공통된 특징이 있으며, 각 절차에 필요한 내용도 일치한다고 할 수 있다. 인사하고, 고객의 편지 수신지와 편지 서비스 선택, 그리고 가격을 알리고 요금을 받는 과정과 내용이 일치한다. 물론 "안녕히 계세요(가세요)"와 "Have a nice day!"는 다른 표현이라고 할 수 있지만, 이 정도의 차이점이 있다 하더라도 충분히 의사소통을 할 수 있다고 생각한다. 또한 당신의 의사소통 목적이 (4) 인사가 아니라면 당신은 인사 없이 우체국을 떠날 수 있다. 그렇다고 우체국 직원이 당신을 무례하다고 비난하지는 않을 것이다. 이외에도 7년 이상을 머물면서, 한국과 미국의 일상생활 속 많은 의사소통 상황들이 공통된 특징들을 공유한다는 사실을 깨닫고, "보편적 핵심"의 가능성과 "보편적 핵심"을 영어 학습에서 이용할 수 있다는 가능성을 확신하게 되었다.

절차	한국 우체국 상황: 가 = 직원, 나 = 고객	미국 우체국 상황: A = 직원, B = 고객
인사	가: 어서 오세요.	A: Good morning!
	나: 안녕하세요.	B: Good morning!
용무	가: 무엇을 도와드릴까요?	A: How may I help you?
	나: 서울 친구에게 이 편지를 보내려고요.	B: I'd like to send this letter to my friend in Seoul.
	가: 일반우편으로 보내시겠어요? 아니면 빠른우편으로 보내시겠어요?	A: How would you like to send it, regular or priority?
	나: 일반우편이요.	B: Regular, please.
	가: 네. 다른 필요하신 것 있으세요?	A: I see. Do you need anything else?
	나: 아니요. 그게 전부에요. 얼마에요?	B: That's all. How much is it?
	가: 380원입니다.	A: That will be 55 cents.
보상	나: 여기 있습니다.	B: Here you go.
	가: 여기 잔돈하고 영수증 있습니다.	A: Here are your change and receipt.
	나: 감사합니다.	B: Thanks.
인사	가: 안녕히 가세요.	A: Have a good day!
	나: 안녕히 계세요.	B: Have a nice day!

😊 이해단계 결론 ✏️

지금까지의 내용을 정리한다면, **우리의 일상생활 대부분의 의사소통 상황은**, 가족 또는 지인과 대화하는 상황이 아니라면, **4개의 절차적 단계에 따라 의사소통을 진행한다**. 편의점에 가든, 식당 또는 카페에 가든 우리는 먼저 상대방과 인사를 한 후 용무를 해결한다. 그리고 용무에 따른 보상을 하고, 헤어지면서 다시 인사를 나눈다. 따라서 각 절차에 필요한 표현을 알고 있다면, 우리의 일상생활 속 대부분의 상황에서 성공적으로 의사소통 할 수 있는 것이다. 그러나 모든 의사소통 상황이 일치하진 않는다. 한 예로서, 우리가 편의점에서 "초콜릿 주세요!"라는 표현만으로 초콜릿을 구매할 수 있지만, 신발을 구매할 때는 "신발 주세요!"라는 표현뿐만 아니라, 신발사이즈 그리고 색상까지 말할 필요가 있다. 이러한 차이점은 "목표 지향적 의사소통"으로 해결할 수 있다. 신발을 구매하러 간다면, 어떠한 대화가 발생하며 **필요한 표현이 무엇인지 신발 구매 상황에 앞서 미리 확인하고 준비하는 것이 "목표 지향적 의사소통"이다**.

"목표 지향적 의사소통"을 활용한다면 취업면접에서 면접질문을 미리 확인하고 준비하는 효과가 있다고 하였다. 그렇다면 의사소통에서 겪어야 하는 불안감을 최소화하고 자신이 원하는 표현을 좀 더 성공적으로 상대방에게 유창하게 전달할 수 있을 것이다. 또한 **자신의 영어 말하기 의사소통 능력에 따라, 필요한 표현만을 준비하여 좀 더 효율적으로 의사소통 할 수 있는 것**이다. 편의점에서 구매할 때, 판매 직원에게 만남의 인사를 하지 않더라도 그리고 현금 또는 신용카드를 건네면서 "얼마에요?"라고 묻지 않더라도 또는 헤어질 때 인사를 하지 않더라도 당신은 당신이 원하는 상품을 구매할 수 있는 것이다. 인사를 하지 않았다고 해서, 얼마인지 묻지 않았다고 해서, 당신이 무례하다하여 판매직원이 상품을 판매하지 않겠다고 하지는 않을 것이다. 결국 성공적인 구매를 결정하는 것은 "용무"를 해결하기 위해 당신이 사용하는 영어 표현에 달려있다.

　　마지막으로, "목표 지향적 의사소통"에 바탕을 두어 한국에서의 영어 의사소통 연습이 가능한 것은, **한국과 영어권 국가의 의사소통 환경이 서로 공유하는 특징이 있기 때문이다. 이 교재에서는 공통된 특징을 "보편적 핵심"이라고 하였다.** 한국과 영어권 국가 모두 4개의 절차적 단계로 의사소통이 진행되며, 각 단계에 필요한 표현의 내용도 유사하다고 할 수 있다. 언어적 측면에서의 보편적 핵심은, 한국에서의 "얼마에요?"라는 표현인 "How much?"는 세계 어느 곳에서든 같은 의미로 통용된다는 것이다. 보편적 핵심에 바탕을 둔, 4개의 절차적 단계를 활용한 목표 지향적 의사소통은, 한국 영어 학습자들이 한국에서도 성공적으로 영어 말하기 능력을 효과적으로 발전시킬 수 있도록 큰 도움을 줄 것이다.

목표 지향적 의사소통 연습

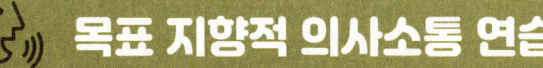

"보편적 핵심"에 바탕을 두어, 4개의 절차적 단계에 따라 "목표 지향적" 영어 의사소통 연습을 해보자. **우리가 일상적으로 경험하는 다양한 의사소통 상황을 "좁은 의미의 보편적 핵심"에 따라 분류하면 아래와 같다.** 앞서 설명한 것처럼, 4개의 절차적 단계에서 만날 때 (1) 인사, 구매에 따른 (3) 보상, 그리고 헤어질 때 하는 (4) 인사는 어느 정도 고정된 표현이 있기에 영어 학습자가 충분히 의사소통 할 수 있다. 그리고 **성공적인 의사소통은, 결국 자신이 해결하고자 하는 용무에 필요한 영어 표현을 할 수 있느냐로 결정된다.** 따라서 각 의사소통 상황에서 용무를 해결할 때 필요한, 중요한 표현을 중심으로 정리하였다. 다시 한 번 확인하자면, 상품 구매라는 용무를 해결할 때는 **"I'm looking for 원하는 상품." 또는 "I need 원하는 상품."이라는 표현을 사용할 수 있으며, 서비스 구매할 때는 "원하는 서비스, please!"라는 간단한 표현을 사용하수 있다.** 그리고 자신의 영어발달단계에서 영어 의사소통 능력이 충분하지 않다면, "원하는 상품, please!"이라는 간단한 표현을 사용할 수 있다. 상품을 판매할 때, 기본적으로 서비스도 포함되었기 때문이다. 결론적으로, **"좁은 의미의 보편적 핵심"을 바탕으로 아래 표현들을 각 구매상황에서 적절하게 활용한나면, 일상생활 대부분의 상황에서 성공적으로 영어 의사소통 할 수 있을 것이다.**

구매상황	보편적 핵심	용무에 필요한 중요한 표현: A = 판매자, B = 구매자
교통	버스, 택시, 지하철, 철도, 선박	A: Where would you like to go? B: Is this for(to) 목적지?
		*택시: 목적지, please!
상품	편의점, 서점, 마트	A: May I help you? B: I am looking for 원하는 상품, please.
	신발 또는 의류	A: What are you looking for? B: I am looking for 원하는 상품.
		A: What color would you like? B: I would like 원하는 색상, please.
		A: What size would you like? B: I would like 원하는 사이즈, please.
		A: What size do you wear? B: 원하는 사이즈, please.

식음료	식당 또는 카페	A: Can I take your order? B: I would like 원하는 메뉴, please.
		A: What would you like for appetizer? B: 원하는 메뉴, please.
		A: What would you like for dessert? B: 원하는 메뉴, please.
		A: What would you like to drink? B: 원하는 음료, please.
관람 (오락)	극장, 박물관, 미술관, 놀이공원	A: May I help you? B: I need 인원 수 ticket(s), please.
		B: What time show would you like? B: 원하는 시간, please.
		A: Which seat(s) would you like? B: 원하는 좌석, please.
이(미)용	미용실, 이발소	A: What can I do for you? B: 원하는 서비스, please.
배달	각종 배달 서비스	A: Can I take your order? B: I'm calling from 주소지.
숙박	호텔 또는 모텔	A: May I help you? B: I would like to check in, please.
의료	병원	A: What can I do for you? B: I would like to see a doctor in 진료과.
우편	우체국, 택배	A: How may I help you? B: I'd like to send 우편물 to 수령인 in 장소.
기타	도서관 또는 은행	A: Can I help you? B: Check out, please. / Cash a check, please.

위에 정리한 의사소통 상황이외에도, 당신의 하루 일과에서 경험할 수 있는 의사소통 상황이 있을 것이다. 정리한 상황이외의 그 어떤 의사소통 상황에서도, 4개의 절차적 단계에 따라 "목표 지향적 의사소통"을 한다면 성공적으로 의사소통 할 수 있을 것이라고 확신한다. 위의 정리한 각각의 의사소통 상황 중에서, 의사소통하기에 좀 더 복잡하거나 어렵다고 느껴지는 상황만 다시 한 번 확인하겠다. 예를 들어, 앞서 설명한 것처럼 편의점에서 상품 구매하는 상황보다는 옷 또는 신발을 구매하는 상황이 영어학습자의 입장에서는 좀 더 어렵게 느껴질 것이다. 또한 표를 구매하면 관람할 수 있는 박물관(또는 미술관과 놀이공원)에서의 의사소통 보다는, 관람시간과 좌석을 선택해야 하는 극장에서의 의사소통이 조금은 더 어렵게 느껴질 것이다. 이 밖에도 "해외여행을 위한 영어 말하기 능력 1시간 완성" 교재에서 다루지 않았던 이(미)용 서비스 구매 상황에서의 의사소통 상황도 "용무" 중심으로 확인하도록 하겠다.

 **상품 구매 상황에서의 의사소통**

우리가 일상적으로 경험하는 의사소통 상황 중 하나는, 상점에서 상품을 구매하는 상황일 것이다. 우리의 일상생활 속 대부분의 상황처럼, 상점에서의 구매 상황도 4개의 절차적 단계로 의사소통이 진행된다. 앞서 우리는 4개의 절차적 단계 중 (1) 인사, (3) 보상, 그리고 (4) 인사의 절차적 단계에 필요한 표현은 어느 정도 결정되었다는 사실을 확인하였다. 우선 첫 번째 교재에서 소개한 세 개의 각 절차적 단계에 필요한 표현들을 다시 한 번 확인하도록 하자. 아래와 같이 확인한 내용은, **상품 구매 상황 어디에서든 통용될 수 있는 "좁은 의미의 보편적 핵심"**이라고 할 수 있다.

● 첫 번째 절차적 단계: (1) 인사

구분	판매직원	고객
일상적 인사	Hello!	Hi!
	How are you?	How are you?
	How is it going?	How is it going?
	How are you doing?	How are you doing?
	What's going on (with you)?	What's going on (with you)?
	What's up?	Not much! What's up?
시간에 따른 인사	Good morning!	Good morning!
	Good afternoon!	Good afternoon!
	Good evening!	Good evening!
	Good night!	Good night!

첫 번째 단계인 (1) 인사에서, 시간에 관계없이 활용할 수 있는 일상적 인사가 있고, 시간에 따라 달리 표현하는 인사가 있다. 모든 표현들을 기억하기 어렵다면, 자신이 가장 쉽게 기억할 수 있는, 시간에 관계없이 사용할 수 있는 표현을 기억하면 될 것이다. 그리고 위에서 정리한 (1) 인사는 상품 구매 상황뿐만 아니라, 서비스 구매 상황에서도 사용할 수 있는 표현이다. 즉 우리의 일상생활에서 누군가를 만났을 때 사용할 수 있는 표현이다. 그런데, **"What's up?"**이라는 표현은 우리말로 "무슨 (좋은)일 있니?"라는 표현이다. 특별한

일이 없다면, "Not much!" 또는 상대방과 같이 "What's up?"이라고 표현하면 될 것이다. 첫 교재에서도 확인한 것처럼 "How are you?"라는 상대방의 인사에 같이 "How are you?"라고 하면 되는 것과 같은 맥락이다.

● 세 번째 절차적 단계: (3) 보상

상품수량	우리말	영어
단수물품	이거 얼마에요?	How much is this?
	그거 얼마에요?	How much is it?
	저거 얼마에요?	How much is that?
	구매상품 얼마에요?	How much does 구매상품 cost?
	구매상품 얼마에요?	How much should I pay for 구매상품
복수물품	이것들(모두) 얼마에요?	How much are these?
	그것들(모두) 얼마에요?	How much are those/they?
	저것들(모두) 얼마에요?	How much are they?
	구매상품들 얼마에요?	How much do 구매상품들 cost?
	구매상품들 얼마에요?	How much should I pay for 구매상품들
모든 상황	대화의 책임을 공유한다면	How much?

세 번째 단계인 (3) 보상에서, 구매 상품의 위치에 따라 가격을 묻는 표현은 달라질 것이다. 예를 들면, 구매 상품이 판매자와 구매자 모두로부터 떨어져 있다면, 구매자는 "저거 얼마에요?"라고 상품가격을 물을 수 있다. 구매 상품이 구매자와 가까운 곳에 있다면, 구매자는 "이거 얼마에요?"라고 할 수 있으며, 구매자보다는 판매자 근처에 있다면 "그거 얼마에요?"라고 할 것이다. 상품위치에 따라 달리 표현하는 우리말처럼, 영어도 다르게 표현할 수 있으니, "목표 지향적 의사소통"에 따라 우리말 표현에 해당하는 영어 표현들을 확인하고 연습하면 되는 것이다. 모든 표현들을 기억하기 어렵다면, 대화의 책임을 공유하여 "얼마에요?"라는 의미를 가진 "How much?"라는 간단한 표현을 사용할 수 있다. 대화의 책임을 공유한다는 것은, 당신이 어떠한 상품을 구매하는지 상대방이 알고 있다고 생각하듯 가격을 확인하는 것이다.

● 네 번째 절차적 단계: (4) 인사

구분	판매 직원	고객
일상적 인사	Good bye!	Bye-bye
	See you again!	See you!
시간에 따른 인사	Have a good day!	Have a nice day!
	Have a good evening!	Have a nice evening.
	Have a good night!	You too!

4개의 절차적 단계 중 마지막 단계는, 헤어질 때 판매 직원과 주고받는 (4) 인사이다. 헤어질 때의 인사도 일상적 인사가 있고, 시간에 따라 다르게 표현할 수 있는 인사법이 있다. 시간에 따라 다르게 표현한다면, 해질 무렵 전까지는 "Have a good(nice) day!"라는 표현을 시간에 관계없이 사용할 수 있다. 그리고 일몰 이후에는 "Have a good(nice) evening!"이라고 인사할 수 있다. 그리고 **첫 번째 교재에서도 설명하였듯이, 늦은 저녁시간에 헤어질 때 또는 헤어진 후 상대방이 잠자리에 들 것이라는 확신이 있을 때, "Have a good night!"이라는 표현을 사용할 수 있다.** 그리고 헤어질 때 주고받는 (4) 인사는 상품 구매할 때뿐만 아니라, 서비스 구매 그리고 모든 의사소통 상황에서 헤어질 때 사용할 수 있는 표현이다. 상대방이 먼저 인사한 상황이라면, 간단하게 "You too!"라는 표현을 사용할 수도 있다.

● 두 번째 절차적 단계: (2) 상품 구매

두 번째 절차적 단계인 (2) 상품 구매를 마지막으로 확인하는 이유는, 앞서 밝혔듯이 4개의 절차적 단계 중 (1) 인사, (3) 보상, 그리고 (4) 인사는 어느 정도 정해진 관용적 표현이 있기 때문이다. 그리고 이 세 개의 절차에 필요한 표현들을 전부 확인하고 학습하기에 부담스럽다면, 자신에게 가장 쉬운 간단한 표현만을 기억하더라도, 이 세 개의 절차적 단계에서 성공적으로 의사소통 할 수 있다. 예를 들면 (1) 인사에서는 "Hello!"라는, (3) 보상에서는 "How much?" 그리고 (4) 인사에서는 "Bye-bye"라는 표현 하나만으로 성공적으로 의사소통 할 수 있는 것이다. 따라서 **구매 상황에서 성공적인 의사소통은 (2) 용무(상품 구매)로 결정된다.** 그래서 (2) 용무를 좀 더 자세하게 살펴볼 필요가 있다. 또한

상품 구매에서 (2) 용무는 어떠한 상품(예: 초콜릿 vs. 신발)을 구매하느냐에 따라 필요한 표현이 달라질 수가 있다. 그럼 두 번째 단계 상품 구매라는 (2) 용무에서 발생할 수 있는 대화 상황과 필요한 표현들을 확인해 보자.

우선 **상품 종류에 관계없이 모든 구매 상황에서 통용되는 표현을 살펴보자.** 모든 구매 상황에서 판매 직원과 고객 사이에서 발생할 수 있는 상황과 표현은 다음과 같을 것이다.

상황	A: 판매 직원	B: 고객
구매 의사	A: May I help you?	B: I am looking for 원하는 상품, please!
	A: What can I do for you?	B: I need 원하는 상품, please!
	A: What are you looking for?	B: Do you have 원하는 상품, please?
상품 위치	B: I'm looking for 원하는 상품.	A: Go to aisle 8, and you can find 원하는 상품 there.
	B: Where can I find 원하는 상품?	A: Go to aisle 7, and you can find 원하는 상품 there.
	B: Where are 원하는 상품들?	A: Go to aile 6, and you can find 원하는 상품들 there.
상품 확인 후 구매	A: Can I help you?	A: I am just looking around, thanks.
	A: What are you looking for?	A: I am just browsing.
	A: Are you being helped?	A: I am just looking around, thanks.

대형 마트에서 고객이 상품위치를 묻는다면 판매직원은 상품위치를 "Go to aisle 번호."라는 표현으로 알려줄 것이다. 단어 "아일(Aisle)"은 상품을 진열해 놓은 선반들로 구성된 복도 열이다. 우리나라의 규모가 큰 마트에서도 상품을 진열한 복도 열에 번호로 표시하여 고객들이 필요한 상품을 쉽게 찾을 수 있도록 한다.

지금까지 상품 구매에서 발생할 수 있는 의사소통 상황을 4개의 단계 절차로 확인하였고, 각 단계에 필요한 영어 표현들도 확인하였다. 이제 당신은 **원하는 상품을 4개의 절차적 단계에 따라 성공적으로 구매할 수 있을 것이다.** 아래의 구매 목록을 보고 "필요한 상품"을 구매해 보자. 아래의 구매 목록에서와 같이 구매 상품의 "원하는 양 또는 개수"가 정해졌다면, "I need 원하는 상품의 양(개수)."라는 표현이 좀 더 적절할 수 있다.

[A shopping list]

Merchandise	Aisle	Price	Merchandise	Aisle	Price
2 pounds Apples			1 pound Spinach		
1 2-pint Milk			3 pounds Tomatoes		
2 pounds Beef			2 bags of Pasta		
1 bottle Spaghetti source			750ml Olive oil		
1/2 pound Mushroom			1/2 pound Garlic		

단계	A: 판매 직원	B: 고객
인사	A: How are you! B: Hello!	
용무	A: May I help you? B: I'm looking for olive oil, please. A: Go to aisle 3, and you can find it there. B: Okay. Thanks. I also need some pasta. A: You can find it on the top shelf in Aisle 8. B: One more thing! Where can I find spaghetti source, please? A: You can find it on the middle shelf in Aisle 8 too. B: Thank you. A: You're welcome.	
보상	B: How much in total? A: That will be $28 in total. B: Here is my credit card. A: Here are your receipt and credit card.	
인사	B: Have a nice day. A: Have a good day. Please, come again!	

위의 상품 구매 상황에서 발생할 수 있는 표현들은, 식료품점뿐만 아니라, 전자제품 판매점, 철물점, 문구점, 잡화점, 반려동물 용품점, 등등 **4개의 절차적 단계로 진행되는 대부분의 구매 상황에서 유용하게 활용할 수 있는 표현들이다. 이것이 바로 "좁은 의미의 보편적 핵심(Micro Common Core)"**이라고 할 수 있다. 보편적 핵심과 함께 상품 구매에 필요한 의사소통 상황을 한국의 일상생활 속에서 연습한다면, 영어권 국가에서도 원하는 상품을 성공적으로 구매할 수 있는 영어 의사소통 능력을 완성할 수 있을 것이다. 그리고 **구매와 관련된 의사소통 상황을 일상적으로 연습할 수 있는 한 방법은 역할극(A role play)**으로써, 친구 또는 가족 구성원과 함께 역할을 정하여 4개의 절차적 단계에 따라 영어로

의사소통하며 구매활동 연습을 하는 것이다. 역할극 방법의 한 예를 소개하자면, 가족(친구) 중 한 명은 판매원의 역할을 하며 물품재고 목록과 상품 위치(Aisle 위치)와 가격을 정확히 알고 있다. 다른 한 명은 고객이 되어 구매를 원하는 상품 목록을 결정한 후, 4개의 절차적 단계에 따라 상품을 영어로 구매하는 것이다. **판매원이 알려준 상품 재고와 상품 위치 그리고 가격을 정확하게 확인하고 쇼핑목록에 적을 수 있다면, 영어권 국가의 상품구매 상황에서도 성공적으로 원하는 상품을 구매할 수 있다는 것을** 의미한다. 당신이 실제로 판매업에 종사한다면, 그래서 판매원의 역할을 하며 의사소통 연습을 한다면, 당신의 직장에서 영어를 사용하는 외국인을 응대하여 판매로 이끌 수 있을 것이다.

● **옷/신발 구매**

상품 구매를 의사소통 상황에서, "원하는 상품 + 주세요!"라는 표현 하나만으로 원하는 상품을 대부분의 일반 상점에서 구매할 수 있다고 하였다. 그런데 일반 상점에서와는 다르게, 옷가게와 신발가게에서 발생할 수 있는 의사소통 상황은 좀 더 복잡할 수 있다. **"좁은 의미의 보편적 핵심"**에 따라 4개의 절차적 단계에서 (1) 인사, (3) 보상, 그리고 (4) 인사는 다른 상점에서와 같은 표현들이 통용될 수 있지만, **(2) 용무와 관련하여 옷가게와 신발가게에서는 원하는 상품이외에 원하는 색상과 사이즈도 함께 확인하는 의사소통이 필요하기 때문이다.** 지금까지 확인하였듯이, **(2) 용무에서 발생할 수 있는 차이점들은 "목표 지향적 의사소통"으로 최소화할 수 있다고** 하였다. 그리고 특정 상황에 필요한 **"의사소통**

목표"는 "넓은 의미의 보편적 핵심"에 바탕을 두어, 우리의 일상생활에서 확인할 수 있다고도 하였다. 그렇다면 먼저 한국의 옷가게 상황을 4개의 절차적 단계에 따라 살펴보자.

절차적 단계	판매 직	고객
인사	안녕하세요! 어서 오세요!	안녕하세요!
상품구매	찾으시는 물건 있으세요?	티셔츠 있어요.
	예, 있습니다.	티셔츠 어디 있어요?
	이쪽으로 오세요.	네. 감사합니다.
	어떤 색상 찾으세요?	하늘색이요.
	사이즈는 뭐 입으세요?	중간(Medium/90) 사이즈요.
	여기 있습니다.	입어 봐도 될까요?
	예. 탈의실은 저쪽에 있습니다.	감사합니다.
보상	손님! 아주 잘 어울리네요.	이걸로 할게요. 얼마에요?
	28,000원입니다.	여기 있습니다.
인사	영수증 여기 있습니다. 감사합니다.	네. 안녕히 계세요
	안녕히 가세요. 또 오세요.	

당신이 옷가게에 가는 목적은 티셔츠를 사기 위한 것이다. 4개의 절차적 단계 중, (1) 인사, (3) 보상, 그리고 (4) 인사는 대부분의 구매 상황에서 통용된다고 하였다. 그리고 식료품점에서 확인하였기에, 이제는 이 절차적 상황들에 대해 어려움 없이 영어로 의사소통 할 수 있을 것이라고 믿는다. 또한 **각 절차에 필요한 다양한 많은 표현들을 외우기보다는 자신이 쉽게 사용할 수 있는 하나의 표현만 기억하더라도, 이 세 개의 절차에서는 큰 어려움 없이 의사소통할 수 있다.** 결국 성공적인 의사소통은 (2) 용무를 성공적으로 해결할 수 있느냐로 결정된다. 그리고 용무를 해결하기 필요한 표현들은 "목표 지향적 의사소통"에 바탕을 두어 구매 상황 전에 확인할 수 있다. 그렇다면 옷가게에서 티셔츠를 구매한다면 어떤 대화내용이 발생하고 그 대화에 필요한 표현은 무엇이라고 생각하는가? 보편적 핵심에 바탕을 두어, 우리나라에서 확인한 대화 상황은 영어권 국가에서도 통용될 수 있기에, 친숙한 한국의 티셔츠 구매상황에서 다시 한 번, (2) 용무 단계에서 발생하는 표현들을 확인해보자. 아래와 같이 티셔츠를 구매한다면 최소한 **1) 사이즈와 2) 색상 결정이**

필요하며, 사이즈와 색상 결정에 필요한 표현을 알고 있다면, 영어로 성공적으로 의사소통하며 원하는 티셔츠를 구매할 수 있다.

용무(상품구매)	판매직원	고객
상품 재고 확인	찾으시는 물건 있으세요?	티셔츠 있어요.
	예, 있습니다.	티셔츠 어디 있어요?
	이쪽으로 오세요.	네. 감사합니다.
	어떤 색상 찾으세요?	하늘색이요.
상품 사이즈 확인	어떤 사이즈 입으세요?	중간(Medium/90) 사이즈요.
상품 확인	여기 있습니다.	입어 봐도 될까요?
	예. 탈의실은 저쪽에 있습니다.	감사합니다.

상품 재고 확인은 첫 교재에서도 확인한 것처럼 "Do you have 원하는 상품?"이라는 표현을 사용할 수 있다. 그리고 상품 위치 확인은 상품이 단품일 때, "Where is 원하는 상품?"이라고 표현할 수 있으며, 상품이 여러 개일 때는 "Where are 원하는 상품들?"이라고 표현한다. 좀 더 다양한 표현들을 원한다면, 또는 듣기능력 향상을 위해 다양한 표현을 학습할 필요가 있다면, 다음과 같은 표현도 확인할 필요가 있다: "Where can I find 원하는 상품?" 또한 좀 더 정중하게 상품의 위치를 확인하고자 한다면, "Do you know where I can find 원하는 상품?" 또는 "Do you know where 원하는 상품 is?" "Do you know where 원하는 상품들 are?"라는 표현을 사용할 수 있다. 상품 재고와 위치를 확인할 수 있고 원하는 티셔츠의 색상과 사이즈를 판매 직원에게 전할 수 있다면, 자신이 원하는 티셔츠를 구매할 수 있는 것이다. 아래와 같이 색상과 사이즈를 확인하는 의사소통상황에서 발생할 수 있는 표현들을 확인하자.

절차적 단계	판매 직원	고객
상품 색상 확인	What color would you like?	I would like (What color = sky blue), please.
상품 사이즈 확인	What size are you?	I am (What size = a medium), please.

위에서 소개한 것처럼 문장으로 표현하는 것이 부담스럽다면, "영어 말하기 능력 1시간 완성" 교재에서 소개한 것처럼 "**원하는 색상, please!**" 그리고 "**원하는 사이즈, please!**"라고 간단하게 표현할 수 있다.

지금까지의 내용을 정리하여 다시 한 번 확인하자면, 의사소통 상황의 4개의 절차적 단계 중 (1) 인사, (3) 보상 그리고 (4) 인사 단계에서는 이제 능숙하게 의사소통할 수 있다. 일상생활에서 발생하는 대부분의 의사소통을 성공적으로 완성할 수 있느냐 없느냐는, 두 번째 단계인 (2) 용무 단계에서 의사소통을 성공적으로 수행할 수 있느냐로 결정될 것이다. **티셔츠를 구매하는 (2) 용무에서 상품의 재고와 위치확인 그리고 티셔츠의 색상과 사이즈를 표현할 수 있다면 자신이 원하는 색상과 사이즈의 티셔츠를 성공적으로 구매할 수 있다.** 티셔츠 구매할 때 용무에 해당하는 내용만 정리하면 아래와 같다.

용무(상품구매)	판매 직원	고객
상품 재고 확인	May I help you?	Do you have T-shirts in stock?
상품 위치 확인	Yes, we have.	Where can I find T-shirts?
	Please, this way.	Thank you!
상품 색상 확인	What color would you like?	I would like sky blue, please.
상품 사이즈 확인	What size are you?	I'm a medium, please.
상품 확인	Here you go!	Can I try on?
	Sure. Here is the fitting room.	Thanks!

첫 번째 교재에서도 소개하였지만, 서비스를 구매하는 **대부분의 상황에서 "원하는 서비스, please!"**라는 표현만으로 성공적으로 의사소통을 할 수 있다고 하였다. 옷을 구매할 때, 옷이라는 상품뿐만 아니라 서비스도 함께 구매하기 때문에, "**원하는 서비스, please!**"라는 표현만으로 자신이 원하는 것을 구매할 수 있는 것이다. 이 교재에서 자세하게 설명하겠지만, "**원하는 서비스, please!**"라는 표현은 언어의 유창성(Fluency: problem-solving)에 중점을 둔 의사소통이다. 유창성에 중점을 둔다면, 당신이 느끼는 의사소통의 어려움은 줄어든다. 또한 **구매상황에서는 판매 직원이 대화를 주도하고, 당신은 판매 직원의 질문에 답을 하는 경우가 대부분**일 것이다. 이때의 의사소통 상황에서 **정확성(Accuracy)**에 중점을 두더라도, 상대방의 질문에 대한 답을 하는 것은 쉬울 수 있다. 그

이유는 질문에 이미 어떻게 답을 해야 할지 결정되었기 때문이다. 위의 옷의 색상과 사이즈를 묻는 상황을 다시 한 번 확인하면서 아래와 같이 예로 들어보자.

절차적 단계	판매 직원	고객
상품 색상 확인	What color would you like?	I would like (What color = sky blue), please.
상품 사이즈 확인	What size are you?	I am (What size = a medium), please.

정확성에 중점을 둔 고객의 대답을 확인한다면, 판매직원의 질문을 반복한 수준이라는 것을 알 수 있다. 즉 판매 직원의 질문에서 어떻게 대답을 해야 할지를 알 수 있기에, 정확성에 중점을 두더라도 상대방의 질문에 대답하기는 쉬울 수 있는 것이다. 따라서 **이 교재에서 자세하게 설명하겠지만, 대화의 책임을 상대방에 더 많이 허용한다면, 자신의 영어능력이 부족하더라도 성공적으로 영어 말하기 의사소통을 할 수 있는 것이다.**

다시 옷 구매 상황으로 돌아와서, 옷을 구매하는 고객이 기본적으로 결정해야하는 것은 옷의 색상과 사이즈이다. 먼저 옷 사이즈 결정에 관해서 확인해 보자. 판매 직원은 당신의 옷 사이즈를 아래와 같이 다양한 표현으로 확인할 수 있다. **다양한 표현이지만 공통적으로 "size"를 포함하기에, 판매 직원이 당신의 어떤 정보를 필요로 하는지 쉽게 이해할 수 있을 것**이다.

판매 직원	고객
What size are you?	I am an extra large, please!
What size do you wear?	I wear a small, please!
What size do you need?	I need a medium, please!
What size would you like?	I would like a large, please!
What size are you looking for?	I'm looking for a two extra large, please!
What size do you take?	I take an extra small, please!

사이즈를 확인하는 질문 "What size would you like?" 또는 "What size are you looking for?"에 당신은 어떻게 답을 할 수 있을까? 당신이 방문하는 영어권 국가에서 사용하는 사이즈가 다를 수 있기에, **목표 지향적 의사소통에 따라 옷가게 방문 전에 옷**

사이즈를 확인하는 것이 필요하다. 아래 인터넷 링크는 구글 사이트(www.google.com) 검색 엔진(Sizes in English)을 이용하여 찾은 웹 사이트이다. **옷 사이즈가 복잡하여 기억하기 어렵다면, "목표 지향적 의사소통"에 따라 당신의 옷 사이즈를 메모지에 적어 판매 직원에게 보여주거나 건네주면 될 것**이다.

옷 사이즈 참조: https://en.wikipedia.org/wiki/Clothing_sizes

방문 전에 당신의 옷 사이즈를 확인하였다면, "**I would like** 당신의 사이즈 (예: medium(large, X-large, XX-large)." 또는 "I am looking for (당신의 사이즈)."라고 하면 "원하는 사이즈"의 상품을 구매할 수 있다. **사이즈에 확신이 없다면, "입어 봐도 될까요?"라는 표현인, "Can I try on this 구매하는 옷?"** (예 – 청바지, 티셔츠, 블라우스, 원피스, 반바지 등등)라고 하면 된다. 또는 대화의 책임을 공유한다면, 간단하게 "**Can I try on**?"라고 표현할 수 있다. 또는 탈의실 위치를 확인하기 위해, "Where is **the fitting room**(dressing room, changing room, 또는 trial room)?" 또는 "Where are the fitting rooms?"라고 표현한다면 상대방은 당신이 옷을 직접 입어보고 결정하고 싶다는 의도로 이해할 것이다. 또는 대화의 책임을 공유하여, 간단하게, "**Fitting rooms?**"라고 직원에게 묻는다면 친절하게 당신을 탈의실로 안내할 것이다. 옷 사이즈는 나라마다 다를 수도 있지만, 상표마다 다를 수가 있다. 그래서 혹시라도 입어 본 옷 사이즈가 맞지 않는다면 당신에게 맞는 사이즈를 찾아갈 필요가 있다. 당신이 입어본 옷의 **사이즈가 작은 경우**에는 "**Do have** a bigger size(더 큰 옷 있어요)?"라고 할 수 있다. **반대로 사이즈가 크다면** "Do you have **a smaller size**(더 작은 옷 있어요)?"라고 할 수 있다. "약간 작은 옷 있어요?"는 "Do you have **a little bit** smaller size?"라고 할 수 있으며, 약간 큰 옷 있어요?"는 "Do you have a little bit bigger size?"라고 할 수 있다. 대화의 책임을 공유한다면, 간단하게 **파란색 표현만 사용**하여도 성공적으로 의사소통할 수 있다.

고객	판매 직원
This is too small for me. Do you have a bigger size?	
This is too tight for me. Do you have a bigger size?	
This is too big for me. Do you have a smaller size?	Let me check if we have.
This is too loose for me. Do you have a smaller size?	
This looks small for me. Do you have a little bit bigger size?	
This looks big for me. Do you have a little bit smaller size?	

　옷 사이즈 결정과 함께, 옷의 색상도 결정할 필요가 있을 것이다. 판매 직원은 다양한 표현으로 당신이 원하는 색상을 물을 수 있다. 위의 옷 사이즈를 확인하는 표현들 "**What size ... ?**"에서 "**What size**" 대신에 "**What color ... ?**"를 사용한다면, 옷의 색상을 묻는 다양한 표현들이 된다. 한 예를 들자면, "**What size would you like?**" 대신에 "**What color would you like?**"라고 묻는다면, 옷의 사이즈보다는 옷의 색상을 묻는 질문이 되는 것이다. 색상을 확인하는 "**What color would you like?**" 또는 "**What color are you looking for?**"라는 판매 직원의 질문에 당신이 원하는 색상을 영어로 표현할 수 있는가? 만약 표현할 수 없다면, 같은 방식으로 목표 지향적 의사소통에 따라 옷을 구매하기 전, 원하는 색상을 미리 확인한다면 원하는 색상의 옷을 성공적으로 구매할 수 있을 것이다. 아래 인터넷 링크는 구글 사이트(www.google.com) 검색 엔진(**colors in English**)을 이용하여 찾은 웹 사이트이다. **아래 웹 사이트에서 당신이 원하는 색상을 영어로 어떻게 표현하는지 확인하자.** 그리고 당신이 원하는 색상을 찾았지만 기억하기가 쉽지 않다면, 같은 방식으로 원하는 **색상을 종이에 적어가서 읽거나 또는 판매 직원에게 보여주면 될 것**이다.

　색상 참조: https://simple.wikipedia.org/wiki/List_of_colors

　당신이 원하는 색상의 옷을 판매 직원이 가져왔지만, 당신이 원하던 색상과 차이점을 보인다면 원하는 색상으로 찾아갈 필요가 있을 것이다. 예를 들면, 첫 교재에서도 확인한 것처럼, 주문한 색상이 당신이 선택한 색상보다 실제로는 너무 화사하다면, 당신은 "This is **too colorful(bright)**."라고 하면 된다. 반대로 옷이 너무 어둡거나 칙칙하다면, "This is **too dark(dull** 또는 **plain)**."이라고 하면 된다. 당신이 선택한 색상이 결국에는 맘에 들지 않아 다른 색상을 원한다면, "Do you have this in **another color?**"라고 하면 될 것이다. 같은 방식으로 대화의 책임을 판매직원하고 공유한다면, 파란색 부분의 표현만을 사용하여 의사소통할 수 있다.

위와 같이 옷 가게에서 옷의 사이즈와 원하는 색상을 당신이 말할 수 있다면, 당신이 원하는 옷을 구매할 수 있는 것이다. 이밖에도 당신이 기억하면 옷 구매할 때 도움이 될 수 있는 표현을 아래에서 살펴보자.

원하는 색상에 특별히 원하는 무늬(patterned)의 옷을 구매하기 위해 필요한 표현은, "Do have a **blue dress patterned with yellow flowers**(dogs/stars/cats/bugs)?"라고 할 수 있다. 또는 "I am looking for a **blue dress patterned with dogs**."라고 할 수 있다. "I am looking for a **flower-patterned blue dress**."라고도 할 수 있다. 즉 특정 무늬의 옷을 구매하고자 한다면, "a (색상) shirt (또는 구매하고자 하는 옷 종류) patterned with (원하는 무늬)"를 옷가게 직원에게 구두로 또는 메모지로 전달하면 되는 것이다. 그리고 술무늬 옷을 원한다면, "Do you have **a dress with yellow and green stripes?**" 노란색과 녹색 대신에 원하는 색상의 줄무늬를 얘기하면 된다. 예를 들어 당신이 원하는 옷이 흰색과 검은색 줄무늬라면, "Do you have **a dress with black and white stripes?**"라고 옷가게 직원에게 말하면 되는 것이다. 특별하게 원하는 제품은 없지만, 옷 가게 직원에게 당신이 입고 있는 옷과 어울리는 옷을 추천해주기를 원한다면, "**Do you have shirts that can match my blue jean?**(제 청바지와 어울리는 셔츠 추천해 주실래요?)"라고 할 수 있다. 또는 당신의 셔츠와 잘 어울리는 청바지를 추천해주기를 원한다면, "**Do you have blue jeans that can match my shirts?**"라고 하면 되는 것이다.

일반 상점에서 상품을 구매하는 것보다, 옷을 구매할 때의 대화가 좀 더 길고 복잡할 수 있다. 그래서 판매 직원과 대화를 주고받기 하는 것이 부담스럽다면, "**I am looking for a blue medium size T-shirt (patterned with dogs/cats),**" "**I am looking for a medium size T-shirt (with black and white stripes),**" 또는 "**Do you have shirts that can match my blue jean?**"라는 한 문장으로 **원하는 상품 구매의사를 구두로 또는 종이에 적어 직원에게 한 번에 전달하면 원하는 상품을 구매할 수 있을 것이다. 목표 지향적 의사소통에 따라, 상품 구매상황에서 어떤 대화가 오고갈지를 예상하고 필요한 표현을 미리 확인하고 준비한다면, 판매직원과의 긴 대화가 필요한 구매상황에서도 당신은 성공적으로 의사소통할 수 있을 것**이다. 다시 한 번 확인하자면, 당신이 옷가게를 방문한 목적이 티셔츠를 구매하는 것이며, 원하는 티셔츠를 구매하기 위해 **티셔츠 사이즈와 원하는 색상**을 밝힐 필요가 있다는 사실을 알고 있다고 하자. 그렇다면, 당신은 옷가게 방문 전에 당신의 사이즈와 원하는 색상을 묻는 판매 직원의 질문에 대답할 수 있는 표현들을 준비할 것이다. 그리고 앞서 설명했듯이, 의사소통 상황에서 유창성에 중점을 또는 정확성(Accuracy)에 중점을 두더라도, 상대방의 질문에 대답하는 것은 쉬울 수 있다. 정확성에 중점을 두더라도, 질문에 이미 어떻게 대답해야 할지 결정되었기 때문이다. 또한 유창성에 중점을 둔다면, "**원하는 선택, please!**"라는 간단한 표현만으로도, 당신이 원하는 상품을 성공적으로 구매할 수 있는 것이다.

위의 내용을 이해하였다면, 다음의 구매 목록과 함께 옷가게에서 실제로 구매해 보자. 긴소매는 "**long-sleeved**," 짧은 소매는 "**short-sleeved**"라고 표현할 수 있다. 그리고 좀 더 실감나게 영어 의사소통 상황을 경험하고 싶다면, 앞서 소개했던 역할극 방식으로 가족 또는 친구와 함께 영어 말하기 의사소통 연습을 하도록 하자. 뿐만 아니라, 당신이 실제로 옷 매장에서 근무한다면, 그래서 판매자의 역할을 한다면 한국을 방문하는 외국인 고객을 영어로 응대하여 판매로 이끌 수 있을 것이다. 파란색 부분의 표현을 중심으로 유창성에 중점을 두어 의사소통 연습을 한 후에, 영어 의사소통에 자신감이 생겼다면, 문장 전체를 사용하는 정확성에 중점을 두어 영어 의사소통 연습을 하도록 하자. 그러면 당신의 영어 말하기 의사소통 능력에 대해 더 큰 자신감을 얻을 수 있을 것이다.

Shopping list		
	Jeans	Shirts
Size	32 (waist) / 34 (length)	XX Large
Color	black	White
Patterned	Not patterned	Eagle
		long-sleeved

단계	판매 직원	고객
인사	Good evening!	Good evening!
용무	May I help you?	I am looking for [ ], please.
	What size would you like?	I would like [ ], please.
	What color would you like?	I would like [ ], please.
	Here you are?	Can I try on this [ ].
	Sure. Here is the dressing room.	Thanks.
	Would you like anything else?	I am also looking for a long-sleeved [ ].
	What size would you like?	I would like [ ], please.
	What color would you like?	White one patterned with [ ], please.
	Here you go!	Can I try on this [ ]
	Sure.	I will take this [ ] and this [ ], please.
보상	That will be $58. Are you paying by cash or credit card?	How much are they? (By) credit card. Here you go!
	Here are your receipt and credit card.	Thanks.
인사	Thank you. Have a nice day.	Have a nice day.

정리하자면, 옷가게에서의 구매상황도 (1) 인사 – (2) 용무 (상품구매) – (3) 보상 – (4) 인사라는 보편적 핵심으로 이루어졌다. 일반 상점에서의 구매 상황과 다른 점은, **옷을 구매할 때 기본적으로 옷의 사이즈와 색상을 결정**해야한다. 또한 경우에 따라서는 문양(pattern) 또는 (줄)무늬에 관해서도 의사소통 할 수 있어야 한다. (넓은 의미의)보편적 핵심에 바탕을 둔다면, 한국의 옷가게에서 당신에게 맞는 사이즈 그리고 원하는 색상의 옷을 당신이 구매할 수 있다면, 영어권 국가의 옷 구매 상황에서도 원하는 상품을 구매할

수 있을 것이다. 또한, **좁은 의미의 보편적 핵심에 바탕을 둔다면, 옷 구매상황에 필요한 의사소통능력은 사이즈와 색상을 결정해야 하는 모든 구매상황(예: 신발구매 상황)에서도 통용될 수 있다.** 옷 사이즈와 신발 사이즈 표기가 다를 수 있으므로, 이러한 차이점은 목표 지향적 의사소통으로 최소화 할 수 있다. 다시 말해서, 신발매장 방문 전에 인터넷 또는 다른 방법으로 사이즈를 확인할 필요가 있다는 것이다. 끝으로 옷 구매상황을 좀 더 실감나게 경험하고 싶다면, 가족 또는 친구와 함께 역할극을 활용하여 영어 말하기 의사소통 연습하기를 권고한다. 또한 **사이즈와 색상을 결정해야하는 매장에서 실제로 근무하여 판매자의 역할로서 의사소통 연습을 한다면, 영어 의사소통이 가능한 국제적인 판매자가 될 수 있는 것**이다.

● 꽃 상품 구매

옷 구매 그리고 신발 구매와 함께 색상과 관련된 상품 구매는, 꽃(다발/바구니) 구매도 포함된다. 첫 번째 교재에서는 꽃다발 구매에 관해 간략하게 소개하였다. 좀 더 자세하게 설명하지 않은 이유는, 여행 중에 꽃을 구매하는 것이 일반적이지 않다고 판단했기 때문이다. 그러나 우리의 일상생활에서 다양한 꽃 상품(꽃다발/꽃바구니/화환)을 종종 구매한다. 그렇다면 화원에서 발생할 수 있는 의사소통을 확인하기 전에, 스스로 자신의 영어 의사소통능력을 점검해보자. 지금 화원에 가서 자신이 원하는 (꽃) 상품을 구매할 수 있겠는가? 좀 더 구체적으로, 당신은 지금 화원에 가서 보라색 도라지꽃 10송이를 성공적으로 구매할 수 있겠는가? 꽃(상품)을 구매할 때에도 4개의 절차적 단계에 따라 구매할 것이다. 그리고 4개의 절차적 단계를 확인한다면, 이제 당신은 (1) 인사, (3) 보상, 그리고 (4) 인사 단계에서는 유창하게 의사소통 할 수 있다고 확신한다. 그렇다면 **(2) 용무(꽃 상품 구매)에 필요한 표현을 "목표 지향적 의사소통"에 따라 화원 방문 전에 확인하고 준비한다면, 당신이 원하는 꽃(상품)을 구매할 수 있다.** 그리고 보편적 핵심에 바탕을 두어 한국의 화원에서 발생하는 대화 상황은 영어권 국가에서도 같은 대화 절차와 대화 내용으로 발생하므로, 한국의 화원 상황에서 대화의 내용을 확인하고 연습하면, 영어권 국가에서 영어로 의사소통하며 원하는 상품을 성공적으로 구매할 수 있을 것이다.

앞서 제시한 보라색 도라지 꽃 10송이를 구매하는 것을 예로 들어보자. 화원에 들어가 만날 때 (1) 인사는 "안녕하세요?(Hello!)"라는 인사만으로, 그리고 상대방과 대화의 책임을 공유한다면, (2) 보상 단계에서는 "얼마에요?(How much?)"라는 표현만으로 의사소통 할 수 있다. 끝으로 (4) 인사 단계에서는 "안녕히 계세요!(Good bye!)"라는 표현만으로 의사소통할 수 있다고 하였다. 성공적인 의사소통을 위해, 상품 구매라는 **(2) 용무 단계에서 당신이 확인하고 준비할 표현들은 1) 꽃의 종류인 "도라지 꽃," 2) 꽃의 색상인 "보라색" 그리고 3) 꽃의 수량인 "열 송이"이다.** 이와 같은 (2) 용무에 관련된 의사소통상황만을 확인하면 아래와 같다.

용무	화원직원	손님
상품 확인	How may I help you?	Do you have balloon flowers?
수량 확인	Yes, we have.	Can I have 10, please?
색상 확인	Sure. What color would you like?	I would like purple, please!

상품을 구매할 때 사용할 수 있는 표현을 다시 한 번 확인하자면, "**I am looking for 원하는 상품**," 또는 "**I need 원하는 상품**"이라는 표현이 있다. 재고를 확인한 후 상품 구매의사를 밝힐 때 사용할 수 있는 표현은 "**Do you have 원하는 상품?**"이라고 하였다. 그리고 상대방의 질문에 답을 하는 것은 정확성에 중점을 두든, 유창성(Fluency)에 중점을 두든 쉬울 수 있다고 하였다. 유창성에 중점을 둔다면, 문장의 파란색 부분만을 표현하여

판매 직원과 의사소통할 수 있다. 직원과 대화를 주고받는 것이 부담스럽다면, 다음과 같이 당신이 원하는 상품을 한 번에 표현할 수 있다: "I would like 10 purple balloon flowers, please!" 상품 종류, 수량, 그리고 색상에 필요한 표현들을 확인하고 발화할 수 있다면, 화원에서 발생할 수 있는 아래와 같은 상황에서 영어로 의사소통 할 수 있는 것이다.

용무	화원직원	손님
인사	Good afternoon!	Hello!
용무	How may I help you?	Do you have balloon flowers?
	Yes, we have.	Can I have 10, please?
	Sure. What color would you like?	I would like purple, please!
	I see. . . . Here you go!	How much?
보상	That will be $7.50.	Here is my credit card.
인사	Here are your card and receipt.	Thanks. You have a nice day!
	Have a good day!	

보라색 하나의 색상이 아니고 색상을 혼합하고 싶다면, 원하는 색상들과 수량을 함께 전달하면 될 것이다. 예를 들면 "보라색 3송이 그리고 흰색 7송이 주세요!"를 영어로 어떻게 주문할 수 있을까? 다음과 같이 주문할 수 있다: "I would like 10 balloon flowers, three purples and seven whites, please!"

그런데 한국의 일상생활에서 확인할 수 있듯이, 화원에서는 1) 꽃을 송이로 판매할 뿐만 아니라, 2) 꽃다발과 3) 꽃바구니 그리고 4) 화환 형태로도 판매한다. 화환은 보통 결혼축하 화환 그리고 장례식 화환이 있다. 그렇다면 꽃(상품) 구매가 복잡하고 어렵다고 생각할 수도 있다. 그러나 첫 교재에서도 주장했듯이, (2) 용무 단계에서 발생할 수 있는 차이점들은 "목표 지향적 의사소통"으로 해결할 수 있다고 하였다. "목표 지향적 의사소통"에 따라 1) 꽃송이라면 위의 예에서 소개한 것처럼 꽃 이름을 사용할 수 있고, 2) 꽃다발이라면 "a bouquet of 원하는 꽃, please!"이라는 표현을 사용할 수 있다. 3) 꽃바구니라면 "an arrangement of 원하는 꽃, please!"이라는 표현을 사용할 수 있고, 4) 화환이라면 "a wreath of 원하는 꽃, please!"이라는 표현을 사용할 수 있다. 좀 더 구체적으로 결혼 화환은 "a wedding wreath of 원하는 꽃, please!" 그리고 장례 화환은 "a funeral wreath of 원하는 꽃, please!"이라는 표현을 사용할 수 있다. 지금까지의 내용을 정리하면 아래와 같다.

[꽃 상품종류 결정하기]

용무	화원직원	손님
꽃송이	How may I help you?	I would like eight roses, please!
꽃다발	What are you looking for?	I am looking for a bouquet of lilies, please!
꽃바구니	What can I get you?	Can I have an arrangement of carnations, please!
화환	How can I help you?	I would like a funeral wreath of chrysanthemums, please!
	How may I help you?	I would like a wedding wreath of roses, please!

꽃(상품) 종류를 결정하면, 그 다음으로 화원직원은 꽃(상품)을 어디에 사용할 것인지 꽃(상품)의 용도에 관해 질문할 것이다. 이와 같은 절차는 우리나라의 화원에서도 경험할 수 있다. "어디에 쓰실 거예요?"라는 질문에 우리는 "생일이요!" "결혼식이요!" "졸업식이요!" "입학식이요!"라고 말한다. 꽃(상품)의 용도를 영어로 물을 때에는 아래와 같이 다양한 표현을 사용할 수 있다.

[꽃 상품용도 결정하기]

판매 직원	고객
Is this bouquet for any particular occasion?	Yes, it is for my friend's birthday.
What occasion is this arrangement for?	It is for my parents' wedding anniversary.
What occasion are you buying this bouquet for?	It is for my brother's entrance ceremony.
What is the occasion?	It is for my friend's wedding ceremony.
What is this arrangement for?	It is for my sister's commencement.
What event are you buying this wreath for?	It is for my grandfather's funeral.

1) 꽃(상품) 종류와 2) 용도를 결정하였다면, 이제 꽃(상품)을 구매자의 요구대로 꾸밀 차례이다. 예를 들어, 화원에서 생일기념으로 장미 꽃다발을 선택하였다면, 구매자는

꽃다발을 받는 사람의 성격이 보수적(Conservative)인지, 외향적(Outgoing)인지, 아니면 창의적(Creative)인지 알려주고, 받는 사람이 선호하는 색상이 무엇인지 화원직원에게 말해 줄 수 있다. 그러면 직원은 이에 맞게 추가 재료를 섞어 꽃다발을 장식하여 상품을 완성한다고 한다. 받는 사람의 성격을 영어로 어떻게 표현하는지 알 수 없다면, "**목표 지향적 의사소통**"에 따라 확인하고자 하는 성격을 사전 또는 번역기를 이용해서 준비하면 될 것이다. 성격에 관련된 모든 단어를 지금 확인하고 외운다 하여도, 꽃(상품)을 구매하는 때에 당신은 분명히 다시 한 번 확인할 것이다. 지금 모든 단어표현을 외우는 것보다는, 필요할 때마다 확인하는 것이 좀 더 효율적이다. 그리고 외우기보다는 종이에 적어 화원을 방문한다면 훨씬 더 효율적일 것이다. 많은 구매물품들을 달달 외우기보다는 구매물품들 목록을 작성하여 마트에 가는 것이 훨씬 더 효율적이라는 것을 우리 모두가 잘 알고 있는 것과 같은 맥락이다.

꽃(상품)을 받는 사람의 성격과 선호하는 색상을 알 수 없다면, 그래서 어떤 상품이 좋을지 선택하기가 쉽지 않다면, 화원에 준비되어 있는 상품 목록(A catalogue)을 참고할 수 있다. **화원에서 준비한 상품 목록 중에 당신이 선택할만한 상품이 없다면, 상품 선택 지침 책자(A selection guide)를 참조할 수도 있다**. 상품 목록과 상품 선택 지침 책자와의 차이점은 다음과 같다. 상품 목록은 화원에서 준비된 상품을 담고 있다. 따라서 상품 목록에 있는 상품은 화원에서 바로 구매할 수 있는 것이다. 반면 상품 선택 지침 책자에 포함된 상품은 계절에 따라 화원에 있는 재고 꽃들이 다를 수 있기에, 소개된 상품을 완벽하게 재현할 수 없고, 단지 상품과 유사한 결과물을 재현하여 판매할 수 있다고 한다. 상품 목록 또는 선택 지침 책자 모두에서 원하는 상품을 찾을 수 없다면, **당신이 원하는 제품과 유사한 제품의 사진을 화원직원에게 직접 보여 주는 것도 현명한 방법이라고 한다**. 이밖에도 꽃(상품)을 놓는 위치에 따라 꽃(상품)을 구성하는 것이 다를 수 있다고 한다. 예를 들어 모든 사람들의 시선을 끌 수 있는 위치에 놓을 장식용(A centerpiece)의 꽃(상품)인지, 아니면 벽면 한 쪽에 위치하는 장식용(A side table)의 꽃 상품인지에 따라 구성하는 색상과 재료 선택이 다를 수 있으니, 화원직원에게 알릴 필요가 있다는 것이다. 한편, 결혼식 화환 또는 장례식 화환을 우리나라 식으로 꾸미고 싶다면, 각각 "**I would like a wedding wreath of roses on an easel stand.**" 그리고 "**I would like a funeral wreath of chrysanthemums on an easel stand.**"라고 표현할 수 있다.

화원의 의사소통 상황에서 발생하는 두 번째 단계 (2) 용무에서, 1) 꽃(상품) 종류와 2) 꽃(상품)의 용도를 결정하였다면, 당신이 원하는 꽃(상품)을 구매할 수 있다. 그리고 (2) 용무가 끝나면 용무에 따른 (3) 보상을 해야 한다. **상대방과 대화의 책임을 공유한다면, 간단한 표현 "How much?"을 사용할 수 있다.** 그러나 한국의 화원에서 꽃(상품)을 준비할 때, 추가 재료를 얼마나 넣느냐에 따라 상품가격은 달라질 수 있다. 그래서 보통 우리는 상품을 구매한 후에 가격을 묻기 보다는, "3만원으로 해 주세요!" 또는 "5만원어치로 해주세요!"와 같이 보통 구매 전에 확인한다. 영어권 국가의 화원에서도 마찬가지이다. 당신이 원하는 재료를 꽃(상품)에 모두 포함하였는데, 결과물인 꽃(상품)이 너무 비싸다면 난처한 상황에 빠질 수도 있다. 이러한 문제를 예방하기 위해, **당신의 구매능력을 주문 전에 알려주는 것도 현명한 구매방법이 될 것이다.** 이에 필요한 표현으로는, "I have 구매 능력 액수 for 원하는 상품."이 될 수 있다. 또는 "I would like to spend 구매 능력 액수 on 원하는 상품."이 있다. 예를 들어, 장미꽃 다발을 사기위해 5만원을 준비하였다면, "**I have $50 for a bouquet of roses.**"라고 표현할 수 있으며, "**I would like to spend $50 on a bouquet of roses.**"라고도 표현할 수 있다. 지금까지의 내용을 이해하였다면, 화원에서 발생할 수 있는 꽃 상품 구매 상황에서 의사소통하여 원하는 상품을 구매해 보자.

단계	화원직원(Florist)	고객(Customer)
인사	Good evening!	Good evening!
용무	How may I help you?	I would like a bouquet of roses, please!
	What color would you like?	I would like 7 reds and 13 whites.
	I see. What occasion is it for?	It is for my boy friend's birthday.
	Okay. Do you have anything in your mind?	No. Do you have a catalogue that I look at?
	No we don't, but we have a selection guide.	Okay. Can I take a look at?
	Sure. Here you go!	Let me see.... I'd like this one, please!
	Would you like it with balloons and a card?	Just a card to write on, please!
	Do you have anything else?	I'd like to tell that he is kind of outgoing.
	Okay. Is that all?	I have $50 for the bouquet.
	All right.... Here you go!	Looks great! Thanks.
보상	Are you paying by cash or credit card?	Card, please!
인사	Here are your receipt and card.	Okay.
	You have a good day.	Good day.

위의 대화상황은 화원을 직접 방문한 경우에 발생할 수 있는 의사소통상황이다. 혹시라도 전화 주문하는 상황이라면, 대화의 내용은 조금은 달라질 수 있다. 첫 교재 "해외여행을 위한 영어 말하기 능력 1시간 완성"에서도 소개하였듯이, 전화 주문할 때 당신이 추가적으로 확인해야하는 표현은, "**I am calling from** 당신의 위치(주소)."이다. 그리고 "화원에서 찾아가시겠어요?(Would you like to pick it up?)" 또는 "계신 곳으로 배달해 드릴까요?(Would you like it delivered to you?)"라는 표현에 답을 할 수 있어야 한다. 전자를 선택하였다면, "I would like to pick it up." 그리고 후자를 선택하였다면, "I would like it delivered to 원하는 곳(주소지)."라고 표현할 수 있다. 배달을 선택한다면, 배달에 따른 추가비용이 발생할 수 있고, 배달하는 사람에게 팁을 주어야한다. 이러한 상황을 고려하여, 당신이 원하는 선택을 할 수 있다. 다시 한 번 확인하자면, "**I am calling from 당신의 위치(주소).**"라는 표현은 "좁은 의미의 보편적 핵심"에 따라, 피자배달, 세탁물 배달, 렌터카 서비스배달 같은 배달서비스(또는 택시 요청)가 필요한 모든 의사소통상황에서 사용할 수 있다.

지금까지 상품구매 상황에서 발생할 수 있는 대화 내용과 대화 내용에 필요한 표현들을 확인하였다. 대부분의 구매상황은 4개의 절차적 단계로 의사소통이 전개된다. 각 단계에 필요한 표현들을 영어로 말할 수 있다면, 대부분의 상황에서 의사소통 할 수 있다. 다시 말해서, ⑴ 인사, ⑶ 보상, 그리고 ⑷ 보상 단계는, "⑴ Hello! ⑶ How much? 그리고 ⑷ Good bye!" 간단한 표현 하나만으로 성공적으로 의사소통 할 수 있는 것이다. 따라서 **구매상황에서 성공적인 의사소통은, ⑵ 용무에 필요한 의사소통을 할 수 있는 지로**

결정될 것이다. 우리는 "원하는 상품 주세요!"라는 표현 하나만으로 상품을 구매할 수 있다. 영어는 "**I'm looking for** 원하는 상품!" 또는 "**I need** 원하는 상품!"이라는 간단한 표현만으로 원하는 상품을 구매할 수 있다. 그러나 "초콜릿 주세요!"라는 표현 하나만으로 원하는 상품을 구매할 수 있는 상황과 신발을 구매하는 상황은 다르다. 신발을 구매할 때는 자신이 필요한 신발 사이즈와 원하는 색상까지도 표현할 수 있어야하기 때문이다. 이러한 차이점은 "목표 지향적 의사소통"으로 해결할 수 있다. 이 교재에서 소개한 **가장 복잡한 "옷 구매" 상황과 "꽃(상품) 구매" 의사소통 상황에서 원하는 상품을 구매할 수 있다면, 모든 상품 구매상황에서 성공적으로 의사소통 할 수 있을 것**이라고 확신한다. 끝으로, "보편적 핵심"에 근거하여 한국의 일상생활 속에서 영어로 의사소통 상황을 연습한다면, 영어권 국가에서도 원하는 상품을 성공적으로 구매할 수 있을 것이다.

😊 서비스 구매 상황에서의 의사소통 ✏️

당신의 하루 일과를 확인한다면, 상품구매만큼 당신이 일상적으로 경험하는 것은 식당에서 음식 서비스를 구매하는 것과 카페에서 커피 같은 음료 서비스를 구매하는 것이다. 지금부터 당신이 일상적으로 경험하는 음식 주문과 음료 주문에 대해 확인하도록 하자. 앞서 확인한 것처럼, 음식 서비스 구매와 음료 서비스 구매가 발생하는 **식당과 카페에서도 공통적으로, 4개의 보편적 절차로 의사소통이 발생한다. 그리고 "보편적 핵심"과 함께 "목표 지향적 의사소통"에 바탕을 둔다면, 어떠한 대화가 발생할지를 미리 확인할 수 있고 대화에 필요한 표현들을 미리 준비할 수 있다**고도 하였다. "목표 지향적 의사소통"에 바탕에 둔다면, 자신의 영어능력에 따라 의사소통 목표를 조절할 수 있고, 목표를 조절함에 따라 필요한 표현들도 함께 조절할 수 있다고도 하였다. "보편적 핵심"과 "목표 지향적 의사소통"의 장점을 활용하여 각각의 상황을 확인해보자.

● **식(음료) 서비스 구매하기**

식(음료) 서비스 구매에서의 의사소통 상황도 4개의 보편적 절차로 진행된다. 그리고 상품 구매 의사소통 상황에서처럼, 식(음료) 서비스 구매 의사소통 상황에서도 4개의 보편적 절차 중 (1) 인사, (3) 보상, 그리고 (4) 인사는 일관된 표현이 있으며, 자신에게 가장 쉬운 표현 하나만으로 성공적으로 의사소통 할 수 있다. 그래서 성공적인 식(음료) 서비스 구매 의사소통도, 식(음료) 서비스 구매라는 (2) 용무를 성공적으로 해결할 수 있느냐로 결정될 것이다. **일관된 보편적 표현이 있는 세 개의 절차적 단계와는 다르게, (2) 용무 단계는, 상품 구매와는 다르게 식(음료) 서비스 구매상황에서 차이를 보일 수 있기 때문이다.** 차이점들은 "목표 지향적 의사소통"으로 최소화하여 해결할 수 있다고 하였다. "보편적 핵심"에 바탕을 두어, **특정 영어 의사소통 상황을 실제로 경험하기 전에, 그 특정 영어 의사소통 상황에서 어떠한 대화내용이 발생하고, 대화에 필요한 표현들이 무엇인지, 한국의 일상생활 속에서 미리 확인하고 준비한다면, 실제의 영어 의사소통 상황에서 성공적으로 의사소통 할 수 있다.** 따라서 식(음료) 서비스 구매 의사소통 상황에서도, "목표 지향적 의사소통" 그리고 "보편적 핵심"에 바탕을 두어, (2) 용무에 관련된 표현들만 확인하고 연습하도록 하자.

"**목표 지향적 의사소통**"에 따라, 식당에서의 의사소통 목적은 자신이 원하는 음식과 음료를 주문하여 먹고 마시는 것이다. 식당에서 최소한으로 주문하는 것은 주식(Main dish/Main course)과 음료(물은 무료일 수 있다)이며, 고객의 기호에 따라 전식(appetizer/starter) 또는 후식(dessert), 아니면 둘 다를 주문할 수 있다. 따라서 **식당에서 1) 주식과 2) 음료, 그리고 3) 전식과 4) 후식을 주문할 수 있다면 성공적으로 의사소통 할 수 있는 것**이다. 1) 주식, 2) 음료, 3) 전식, 그리고 4) 후식을 주문할 때 어떠한 대화가 발생하고 어떠한 표현들이 필요한지, 식당방문 전에 확인하도록 하자.

주문 항목	질의	응답
1) 주식	주문하시겠어요?	카르보나라 주세요.
2) 음료	음료는 무엇으로 하시겠어요?	레몬에이드 주세요.
3) 전식	전식은 무엇으로 하시겠어요?	까프레제 주세요.
4) 후식	후식은 무엇으로 하시겠어요?	아이스크림 주세요.

식당에서 식(음료) 서비스를 구매할 때, 주문이라는 절차를 통해 구매가 이루어진다. 1) 주식, 2) 음료, 3) 전식, 그리고 4) 후식을 주문할 때 어떠한 표현들이 필요한지 확인하자. 우선 직원이 손님에게서 **1) 주식을 주문받을 때 아래와 같이 다양한 표현을 사용할 수 있다.** 다양한 표현이지만 단어 "order (주문하다)"라는 단어를 일반적으로 사용한다. 그리고 "좁은 의미의 보편적 핵심"에 바탕을 두어 "Can I take your order?"라는 주문을 통해 서비스 또는 상품을 구매하는 모든 의사소통 상황에서 사용할 수 있다.

[주식 주문하기]

식당 직원	고객
Are you ready to order?	Yes, I am./No, not yet.
Can I take your order?	Yes, I would like to have the steak, please.
What would you like to order?	I would like a Carbonara spaghetti, please.
What would you like to have?	I would like to have a grilled salmon, please.
What can I get you?	I would like a bacon and cheese burger, please.

주문 전 메뉴를 보고 싶다면, "Would you bring me (the) menu, please?" 또는 간단하게 "Menu, please!"라고 할 수 있다. 첫 번째 교재 "해외여행을 위한 영어 말하기 능력 1시간 완성"에서도 설명하였지만, 정확성에 중점을 두어 주문을 하는 방법은 두 가지가 있다고 하였다. 첫째는 "I would like 원하는 선택."이며, 두 번째는 "I would like to have 원하는 선택."이라고 하였다. 유창성에 중점을 두어 식당 직원의 주문에 관한 질문에 대답한다면, 파란색 부분 또는 "원하는 선택, please!"라고 말하면 된다. 주문할 준비가 되지 않았다면, "I'm not (ready), yet." 또는 "I need more time to look at the menu."라고 할 수 있다. 메뉴 선택에 확신이 없다면 식당 직원에게 추천을 부탁할 수 있다, "**What would you recommend?**" "**Is there anything you can recommend?**" 또는 그날의 특별한 메뉴를 묻고자 한다면, "What is **the special, today?**"라고 질문할 수 있다.

주문을 했는데, 주문을 바꾸고 싶다면, 예를 들면 짬뽕을 시켰는데, 짜장면으로 바꿔 주문하고 싶다면, "Can I **change my order?**" 또는 "Can I **change my mind?**"라고 할 수 있다. 주문할 때 음식 앨러지(Food allergy) 같은 특별한 주문사항이 있다면, 식당 직원에게 알려주어야 한다. 예를 들면, "**I am allergic to** shrimps(peanuts/peaches/seafood)." 또는 "**I cannot eat** shrimps."라고 할 수 있다. 영어 표현 "**I cannot eat** … ."은 "생선 못 먹어요." 또는 "너무 매운 음식 못 먹어요." "**I cannot eat** too spicy food."와 같이 선호하지 않는 음식 또는 맛과 함께 쓸 수 있다. 또는 간략하게 "**No shrimps, please!**" "**No fish, please!**" "**No (pea)nuts, please!**"라고 표현할 수 있는 것과 같이 "**No + 원치 않는 것, please!**"라고 간단하게 표현할 수도 있다. 너무 강한 맛을 원치 않을 때는 "**Not too spicy, please!**"라고 표현할 수 있는 것처럼, "**Not too 원치 않는 맛, please!**"으로 표현할 수 있다. 예를 들면 "너무 짜지 않게 해주세요!"라는 표현은 어떻게 할 수 있을까? "**Not too salty, please!**"라고 표현할 수 있다. 그럼 "너무 달지 않게 해주세요!"라는 표현은 어떻게 할 수 있을까? "목표 지향적 의사소통"에 따라 번역기 또는 사전을 이용하여 확인하도록 하자.

주식 메뉴를 결정하면, 식당 직원은 당신에게 **2) 음료 주문**을 요청할 것이다. 음료 선택을 묻는 식당 직원의 질문은 아래의 표현들 중 하나가 될 수 있다. 공통적으로 단어 "**drink**"가 포함되기에 직원이 무엇에 관해 질문하는지 쉽게 이해할 수 있을 것이다.

[음료 주문하기]

식당 직원	고객
What **would you like to** drink?	I **would like (to drink)** a lemonade, please!
May I get you anything to drink?	Orange juice, please!
Would you like something to drink?	A glass of draft beer, please!

전식보다 음료를 먼저 주문받는 이유는 준비 시간이 필요한 음식보다 더 빨리 준비가 되는 음료를 가져다주면, 손님은 음료를 마시며 메뉴 결정을 할 수도 있고, 빈자리에 아무 음식도 없이 기다리는 것보다 심리적으로 안정되기 때문이라고 한다. 또한 식당입장에서는 매상을 올릴 수 있기 때문에 손님이 음료를 주문하는 것을 좋아한다고 한다. 서빙을 보는 직원도 팁을 조금 더 받을 수 있기 때문에 손님의 음료주문을 반긴다고 한다. **재정적 여유가 있다면, 그냥 물을 주문하기보다는 자신이 즐길만한 음료를 주문하는 것도 좋을 듯하다.** 음료선택이 끝나면, 식당 직원은 당신이 3) **전식(starter 또는 appetizer)**을 원하는지 확인할 것이다. 전식과 후식 주문을 함께 확인할 수 있고, 후식을 식사 후반부에 주문할 수도 있다. 먼저 식당직원이 전식 주문을 요청할 때 사용할 수 있는 표현이다. 다양한 표현들이지만, 공통적으로 "appetizer" 또는 "starter"가 포함되기에 무엇에 관한 질문인지 알 수 있다.

[전식 주문하기]

식당 직원	고객
Would you like an appetizer?	I would like a tuna salad, please.
Would you like to have a starter?	I would like to have a tomato soup, please.
What would you like to start with?	Veg mixed salad, please.
What would you like for a starter?	I would like baked buffalo chicken wings, please.
Would you like to start with an appetizer?	No thanks, but I'm ready to order.

주문한 음식이 나오면, 당신이 주문한 음식이 맞는지 확인할 필요가 있다. 만약 당신이 주문한 음식이 아니라면, 식당 직원을 호출하여 "**This is not what I ordered.**"라고 할 수 있다. 당신의 음식을 확인하고 음식을 먹는 동안에 발생할 수 있는 음식에 대한 다양한 불만사항이 발생할 수 있다. 대표적인 것을 아래와 같이 정리하였다. 정리한 불만사항 중에 당신이 한국식당에서 경험한 불만사항이 포함되지 않았다면, "**목표 지향적 의사소통**"에 따라 당신이 경험한 불만사항을 영어로 어떻게 표현하는지 지금 확인한다면, 나중에 영어권 국가 식당에서 당신의 불만사항을 성공적으로 식당 직원에게 전달할 수 있을 것이다.

[불만 사항 표현하기]

고객	식당 직원
Excuse me! This is not what I ordered.	I'm terribly sorry. I'll change it for you right away.
Excuse me! This food is not hot enough.	I'm sorry. Let me take it back for you.
Excuse me! I just found a hair in my food.	I'm sorry. I'll take it back and bring a new one.
Excuse me! This is too spicy for me.	I'm sorry. I'll take it back and bring a new one.
Excuse me! This food is not salty enough.	I'm sorry. I will bring you the salt.
Excuse me! I said I am allergic to nuts.	I'm sorry. I'll take it back and bring a new one.

이와 같은 불만 사항을 전달하기 위해서는 음식의 맛을 표현할 수 있어야 한다. 아래의 음식 맛을 확인하고 너무 과한 맛이면 "This is too 맛 (for me)."이라고 표현할 수 있다. 예를 들면 "음식이 너무 짜요."라는 표현은 "This is too salty (for me)."라고 할 수 있다. 그리고 "음식이 너무 매워요."라는 표현은 "This is too spicy (for me)."라고 할 수 있다. 반대로 원하는 맛이 충분하지 않다면 "This is not 맛 enough (for me)."라고 할 수 있다. 예를 들면, "음식이 싱거워요."라는 표현은 "This is not salty enough."라고 할 수 있다. 그리고 매운 음식을 시켰는데 맵지가 않다면, "This is not spicy enough."라고 할 수 있다. 아래의 맛에 대한 표현을 확인하고 자신이 선호하는 맛이 없다면, "목표 지향적 의사소통"에 따라 선호하는 맛을 영어로 어떻게 표현하는지 확인하자.

한국어	영어	한국어	영어
맵다	spicy, hot	고소하다	(a) nutty (taste) / (a) nutty (flavor) a sesame seed taste
짜다	salty	떫다	astringent, bitter, sour
싱겁다	not salty enough, bland	느끼하다	oily, greasy
달다	sweet	비리다	fishy
너무 달다	too sweet	담백하다	(a) light (taste) / (a) clean (taste)
시다	sour	쫄깃쫄깃하다	chewy
쓰다	bitter	고기가 부드럽다	juicy, tender
타다	burned	고기가 질기다	tough

특별한 불만사항이 없이 주문한 음식을 먹고 있다면, 식당 직원은 당신이 식사하는 식탁으로 가끔씩 와서 음식과 그 이외 서비스가 만족스러운지 확인할 것이다. "Is everything okay?" 아무 문제점이나 불만사항이 없다면, 간단히 "Yes, thanks!" 또는 "(It's) perfect, thanks!" "(It's) fine, thanks!"라고 할 수 있다. 원하는 것이 있다면, 간단하게 "원하는 것, please!"라고 하면 된다. 예를 들면, 마실 물이 더 필요하다면, "More water, please!"라고 할 수 있다. "샐러드드레싱 더 주세요!"는 어떻게 표현할 수 있을까? "More salad dressing, please!"라고 하면 된다. 이 밖에 자신이 원하는 것이 있다면, "(I would like) more 원하는 것, please!" 또는 "(I would like to have) more 원하는 것, please!"라고 연습해 보자.

전식과 주식을 마칠 때쯤 식당직원은 당신의 식탁으로 와서 좀 더 필요한 것이 있는지 확인할 것이다. 주식과 전식을 주문할 때 후식에 관해 묻지 않았다면, 후식을 먹을 것인지도 확인할 것이다. 후식에 관해 질문한다면, 전식을 주문받을 때처럼 아래와 같이 다양한 방법으로 식당 직원은 확인할 수 있다. 다양한 표현이지만, 공통적으로 단어 "dessert"를 포함하고 있기에 무엇에 관한 질문인지 쉽게 이해할 수 있다. 후식으로 무엇이 있는지 확인하기 위해, "What do you have (for desserts)?"라고 표현할 수 있다. 또는 메뉴를 직접 보고 결정하고 싶다면 후식메뉴를 다음과 같이 요구할 수 있다. "Can I see the dessert menu, please?" 후식을 원하지 않는다면, "No, thanks. (I am full)." 또는 "No, thanks. (I am enough)."라고 표현하면 된다.

[후식 주문하기]

식당 직원	고객
Would you like a dessert?	I would like a vanilla ice cream, please.
Would you like to have a dessert?	Yes, may I see the dessert menu, please?
What would like for a dessert?	I would like to have a cinnamon waffle, please.
Do you want a dessert?	Yes, what do you have for desserts?
Did you save room for a dessert?	No, thanks. I'm full.

식사를 마친 후 이제 서비스 구매에 따른 (3) 보상을 할 차례이다. 계산서를 요구하기 위해 손을 들어 식당 직원의 주의를 끌어 식당직원을 호출한다. 첫 번째 교재에서도 확인하였지만, 식당 직원에게 계산서를 청구할 때 아래와 같은 대화가 발생할 것이다.

[보상하기]

식당 직원	고객
Yes, what can I do for you?	Bring me the check, please.
Yes, I will get it for you. How would you like to pay, cash or card?	I would like to pay by card.

계산서라는 의미의 단어 "bill" 또는 "check"이외에도 "tab"이라는 단어를 사용하여, 다음과 같이 계산서를 요구할 수 있다. "Can I pick up the tab?" 이와 같이 단어 "tab"을 이용한 표현은 특히 누군가를 대신하여, 음식 값을 지불할 때 쓸 수 있는 표현이다.

식당 손님이 직원을 호출하기 전에, 식당 직원이 상황을 판단하고 손님이 식사를 마칠 때쯤 계산서가 필요한지를 아래와 같은 표현들로 확인할 수 있다. 어떠한 표현이든 "bill" 또는 "check"을 포함하고 있기에, 직원이 어떠한 질문을 하고 있는지 알 수 있을 것이다.

[계산서 필요 요구 확인]

	A: 식당 직원	B: 고객
A: Can I get you anything else, or are you ready for the check?		
B: Bring me the check, please.		
A: Can I get you anything else, or are you ready to pay the bill?		
B: I think I'm ready to pay the bill.		
A: Can I get you anything else, or should I bring you the check?		
B: Bring me the check, please.		

　계산서를 요구하면서 혹시라도 남은 음식을 가져가고 싶다면, 식당 직원에게 담아갈 수 있는 포장 용기를 다음과 같이 "Can I have a doggie bag, please?" 또는 "Can I have a to-go box, please?" 요청할 수 있다. 직원이 포장 용기까지 갖다 주거나 아니면 음식을 주방으로 가져가서 직접 포장해 왔다면, 감사의 표시로 팁을 좀 더 생각해서 주면 될 것이다.

　첫 번째 교재에서도 확인하였지만, 대부분의 영어권 국가에서는 서비스를 제공하는 직원에게 팁을 주는 문화가 있다. 직원에게 음식 값의 15-20%를 팁으로 준다. 세금이 포함된 음식 값의 15%는 최소한의 팁이며 서비스가 만족스럽지 못하다고 생각될 때의 팁이다. 서비스가 만족스러웠다면 18%는 적당한 액수의 팁이며, 20%는 서비스가 아주 만족스럽다고 생각될 때이다. 팁을 식탁에 남겨둘 수도 있다. 그런데 팁을 식탁에 남기기 전에 계산서에 팁이 포함되었는지 확인할 필요가 있다. 일부 식당에서는 팁을 음식 값과 함께 청구한다고 한다. 계산서에 "Gratuity included"라는 문구가 있다면, 팁이 포함된 가격이다. 잔돈이 없어 또는 다른 이유 때문에, 당신의 탁자에 팁을 남겨둘 수 없다면, 원하는 비율(15%, 18%, 또는 20%)의 팁을 계산서에 포함해 달라고 다음과 같이 요청할 수 있다. "Please, add a 20%(15% 또는 18%) tip to the bill/check."

　지금까지의 내용을 모두 이해하였다면, 주어진 메뉴를 확인하고 원하는 음식을 식당에서 주문하여 즐길 수 있는지 확인하자. 다시 한 번 확인하자면, (2) 용무를 해결할 수 있느냐에 따라 성공적인 의사소통이 결정된다고 하였다. 그리고 식당에서의 **(2) 용무는 주식과 음료 그리고 기호에 따라서 전식과 후식을 주문하는 것**이다. 메뉴를 살피면서 식당에서 발생할 수 있는 대화 상황을 4개의 절차적 단계에 따라 확인하자.

Starters		Main dishes		Desserts		Drinks	
Tomato Soup	$2.00	German Sausage & Chip	.... $6.50	Fruit salad & Cream	.... $2.25	Spring water	.... $1.00
Onion soup	$2.50	Grilled fish & potatoes	.... $6.25	Ice cream	.... $2.00	Fresh orange juice	.... $1.25
Tomato salad	$2.90	Italian cheese pizza	.... $4.85	(choose from Vanilla, strawberry, lemon, chocolate)		Soft drinks	... $1.30
Chicken salad	$3.30	Thai Chicken & rice	.... $5.95			Lemonade	.... $2.00
Tuna salad	$4.00	Vegetable pasta	.... $4.85	Apple pie	.... $2.25	Irish tea	.... $.90
Veg mixed salad	$4.50	Roast chicken & potatoes	.... $5.95	Lemon cake	.... $2.25	Irish cream coffee	.... $.90
		Bacon & cheese burger	.... $6.95	Chocolate cake	.... $2.25		
		Boness buffalo wings	.... $8.95	Cheese & biscuits	.... $2.50		
				Cinnamon waffle	...$3.00		

단계	식당 직원	고객A, 고객B
인사	Good evening!	A: Good evening!　　B: How are you?
	How many are you?	A: We are two.
	Do you have a reservation?	B: No, we just walk in.
	I will take you to a table. This way, please!	A: Okay.
용무	Hello, I'm John. I will be your server.	A: Hi. Could you bring us the menu, please?
	Sure. Here you go.	B: Thanks.
	Can I get you anything to drink.	A: I will have a lemonade, please.
		B: The same for me. Also, some water, please.
	I will be right back with your drinks.	A: Okay
	Are you ready to order?	A: Yes, I will have the grilled fish and potatoes.
	What would you like to have?	B: I would like to have the Italian cheese pizza.
	Would you like an appetizer?	A: I would like the veg mixed salad, please.
		B: For me, the tomato soup, please.
	What would you like to have for dessert?	A: Apple pie, please.
		B: I would like to have a lemon ice cream.
	Would you like anything else?	A: That's all for now.
		B: Me too.
	Here are your meals. Grilled fish and veg salad?	A: That's for me.
	Italian cheese pizza and tomato soup?	B: That's my order.
	Is everything okay?	A: It's perfect.
		B: Fine, thanks, Oh, more water, please!
	Sure. I will be right back.	
	Here are your desserts. Apple pie?	A: Yes, here!
	And lemon ice cream?	B: That's for me.
	Can I get you anything else, or are you ready to pay the bill?	A: Yes, we are ready to pay the bill.
		B: Yes.
보상	Would you like one check or separate checks?	A: One check, please. How much?
	That will $27.92. How would you like to pay, cash or card?	A: Card, please! Here is my card.
		B: Please, add a 20% tip to the check.
	Oh, thank you!	
인사	Here are your receipt and card.	A: Okay.
	You have a good night.	A & B: Good night.

정리하자면, 일반적으로 식당에서의 용무는 전식, 주식, 후식, 그리고 음료를 구매하여 먹고 마시는 것이다. 따라서 이 식사와 음료를 주문할 수 있다면 식당에서 성공적으로 의사소통 할 수 있는 것이다. 그리고 "좁은 의미의 보편적 핵심"에 바탕을 두어, 어떠한 식당 상황에서도 음식을 구매하여 즐길 수 있을 것이다. 물론 차이점이 있다면, "목표 지향적 의사소통"으로 해결할 수 있다. 예를 들면, 첫 번째 교재에서는 패스트푸드 점과 식당에서 와인을 곁들인 스테이크를 주문하는 상황을 설명하였다. 지금 이 교재에서 소개한 식당에서 주문한 음식들과 차이점이 있다면, 스테이크 주문 상황에서는 굽기 정도를 말해야 한다는 것이다. 식당 방문 전에 식당에 가는 목표가 스테이크를 먹는 것이라면, 식당 직원이 스테이크 굽기 정도를 물을 것(How would you like your steak?)이라는 것을 알 수 있고, 이 질문에 대한 답을 준비해 가면 될 것이다. "넓은 의미의 보편적 핵심"에 바탕을 두어, 한국의 식당에서 스테이크 굽기를 묻는 것처럼 영어권 국가에서도 스테이크를 주문하면 당연히 스테이크 굽기 정도를 묻는다. 그리고 첫 번째 교재에서는 스테이크 굽기 정도는 6가지 선택이 있다고 하였다.

또한 스테이크와 와인을 곁들인다면, "What would you like to drink?"라는 음료 선택 질문에 대한 답변으로, "I would like a lemonade, please!"라는 표현 대신에 "I would like a glass of wine, please." 또는 "I would like a bottle of wine, please."라고 하면 될 것이다. 또 다른 차이점이 있다면, 방문 식당에서 어떤 와인을 마실 수 있는지 확인하고 결정하기 위해 "와인 목록"이 필요할 수도 있다. 이때에는 "Can I have the wine list, please?"라는 추가 표현이 필요하다. 그리고 식당에서 와인을 곁들인 스테이크를 먹는 것이 식당에서의 용무라면 "목표 지향적 의사소통"에 따라, 식당 방문 전에 식당에서 구비하는 있는 일반적인 와인 종류를 인터넷이나 와인 관련 서적을 통해 확인할 수 있다. 예를 들면, 인터넷 www.google.com의 검색 창에 "식당에서 인기 있는 와인(popular wines in restaurants)"이라는 문구를 넣으면, 스테이크와 함께 마실 수 있는 추천 와인을 확인할 수 있다. 스테이크와 함께 할 수 있는 레드 와인은, 조던(Jordan), 스택스 립 와인 셀러스(Stag's Leap Wine Cellars), 그리고 소노마-커츄러(Somoma-Cutrer)가 요즘 미국의 식당가에서 인기 있는 와인이라고 소개되고 있다. 그리고 관심 있는 와인을 좀 더 자세히 알고 싶으면 같은 방식으로 정보를 검색할 수 있다. 예를 들면, "스택스 립 와인 셀러스(Stag's Leap Wine Cellars)"를 네이버에서 검색하니, www.wine21.com의 사이트를 소개하였고, 이 와인에 대한 그 사이트의 내용은 다음과 같다.

> "체리, 딸기, 바닐라, 로즈마리의 아로마와 계피와 넛맥(Nutmeg 육두구)의 느낌이 튀어나오고, 입에 머금으면 체리, 크랜베리, 모카의 느낌이 젠틀하며, 중간 맛은 견실하며 잘 익은 라즈베리와 진한 쵸콜렛의 맛이 느껴지는 와인이다."

당신이 원하는 레드 와인이라면, 이 와인을 선택하면 될 것이다. **그렇다면 당신이 레스토랑을 방문하는 목적이 "스택스 립 와인 셀러스" 와인을 곁들인 스테이크를 즐기는 것이라 하자.** 그리고 스테이크의 굽기 정도는 미디엄이라면, "스테이크(A steak), 중간(medium), 한 잔 [a glass(또는 한 병: a bottle)] of 스택스 립 와인 셀러스(Stag's Leap Wine Cellars)"를 머릿속에 기억하면, 당신이 원하는 식사를 할 수 있을 것이다. 이 **모든 것을 외우기가 부담스럽다면, 메모지에 적어 직원에게 건네주면 된다.** 혹시라도 원하는 와인이 레스토랑에 없다면 앞서 소개한 것처럼, "**와인 목록 부탁해요(Wine list, please)!**"라고 하면 직원은 와인 목록을 가져다 줄 것이다. 혹시라도 주어진 와인 목록에 찾고 있는 와인 종류가 없다면, "**와인 하나 추천해주세요(Recommend a wine, please!)**"라고 하면, 식당 직원은 당신의 스테이크에 맞는 와인을 추천해 순다.

결론으로, "목표 지향적 의사소통"에 따라 **식당에 가기 전 당신이 원하는 음식(주식, 전식, 후식)과 음료를 결정하여, 주문에 필요한 표현들을 준비할 수 있다면, 당신은 한국뿐만 아니라 영어권 국가의 식당에서 성공적으로 음식을 주문**하여 즐길 수 있다. 주문과정에서 당신의 영어 말하기 능력이 충분하지 않다면, "원하는 것 + please!"라는 간단한 표현으로 주문할 수 있다. 식당은 식음료 상품뿐만 아니라 서비스도 같이 판매하기 때문에 이 간단한 표현만으로 당신이 원하는 것을 주문할 수 있다. 또한 주문과정에서, 영어 발음하기가 부담스럽다면 메뉴에 적힌 각각의 음식 명칭을 손가락으로 가리키면서 "**This (one), please!**"라고 하면, 당신이 원하는 음식을 주문할 수 있을 것이다. 그렇지만 주문과정에서 대화의 특징인 주고받기(turn-taking)가 부담스럽다면, 당신이 원하는 것을 식당 직원에게 한 번에 전할 수 있다. "**(I would like to have) a tomato soup, a grilled fish and potatoes, an ice cream,** and **an orange juice, please.**"를 식당 직원에게 주문하면 되는 것이다. 또한 이 모든 것을 기억하기가 쉽지 않다면, 메모하여 읽거나 아니면 메모를 식당 직원에게 전달하면 될 것이다. 우리나라에서도, 많은 사람이 방문하여 식당직원이 모든 메뉴를 확인하는 것이 부담스러울 것이라고 판단하면, 주문하고 싶은 음식들을 종이에 적어 식당 직원에게 건네는 장면을 흔히 목격할 수 있다. 이와 같은 의사소통 특징이 있는 식당상황에서, "목표 지향적 의사소통"에 바탕을 두어, 역할극 방식으로 친구 또는 가족 구성원과 함께 영어 말하기 의사소통 연습을 하자.

- **식당 예약하기**

상품 구매할 때와 식당에서 음식(음료) 서비스를 구매할 때의 차이점은, 편의점하고는 다르게 식당에서는 식당 직원이 손님에게 예약여부를 확인한다는 것이다. 예를 들면, 당신이 치약을 사기위해 편의점에 가더라도, 직원이 당신에게 편의점 방문 예약여부를 묻지는 않을 것이다. 반면 식당에서는 직원이 당신에게 "Do you **have a reservation?**"라는 질문으로 예약 여부를 확인할 수 있다. 예약을 하였다면, "**Yes, (I have a reservation).**"이라고 하면 될 것이며, 예약 없이 방문했다면, "**No, I just walk in.**" 또는 동반인원이 있다면, "**No, we just walk in**"이라고 하면 된다. 그런데 예약을 하지 않은 상태에서 식당을 방문한다면, 많은 시간을 기다릴 수 있다는 것을 우리는 일상생활 속 경험을 통해서 알 수 있다. 따라서 예약이라는 서비스를 이용한다면, 기다리지 않고 바로 식탁에서 식사를 즐길 수 있다.

"목표 지향적 의사소통"에 따라, 우리나라에서 식당에 전화를 걸어 예약을 한다면 어떤 정보가 필요한지 확인해보자. 우선 직원은 당신이 예약하고 싶은 **1) 요일과 시간**을 물을 것이다. 그리고 **2) 동반인원**을 묻고, 예약을 마치면 **3) 예약자**인 당신의 이름을 확인할 것이다. 이정보가 전부라면, 영어권 국가에서도 같은 정보로 예약할 수 있다. 4개의 절차적 단계로 식당예약을 하도록 하자.

[식당 예약하기]

단계	식당 직원	고객
인사	Good afternoon! Mama's Diner.	Good evening!
용무	How may I help you?	I would like to make a dinner reservation.
	What evening would you come?	I would come on Friday evening at 7:00, or 7:30.
	How many people are in your group?	We need a table for four.
	Yes, we have a table for four at 7:30.	That's great.
	May I have your last name, please?	My last name is Kim, K-I-M.
	Mr. Kim, we are expecting you to come this Friday at 7:30.	That's right.
보상	Thank for using our place.	Thanks for the reservation.
인사	I will see you then. Have a good day!	See you then. Have a nice day!

지금까지 확인하였듯이, 우리나라에서의 식당예약과 영어권 국가에서의 식당예약에 필요한 정보는 일치한다고 할 수 있다. **파란색을 중심으로 유창성에 바탕을 두어 식당예약을 한다면, 어렵지 않게 성공적으로 식당예약을 할 수 있을 것**이다.

식당에서의 의사소통 상황과 관련하여 교재를 쓰다 보니 미국의 식습관에 관해 내가 경험했던 기억이 떠오른다. 미국 유학 가기 전 영어 능력 발달을 위해 미국 시카고로 영어연수를 간 적이 있다. 영어연수를 가기 전까지, 미국 사람들의 음식문화에 대해 모르는 것도 많았고, 그들의 음식문화에 대한 선입견도 갖고 있었다. 미국 영어연수 생활, 그리고 유학 생활동안 미국 사람들의 음식문화에 대해 내가 직접 겪었던 경험을 소개하고자 한다.

에피소드 1:

대학 재학 중 미국 시카고로 영어 연수를 떠났다. 나는 그 곳 시카고에서 미국 친구 폴(Paul)을 만나게 되었다. 폴을 만난 것은 기숙사 옆방 친구를 통해서 알게 되었는데, 취미생활인 축구를 함께 하면서 옆방 친구보다 더 친하게 되었다. 미국에서 친구를 사귀고 싶다면, 취미활동(특히 스포츠)을 함께 하거나 종교 활동을 함께 하면 쉽게 친구를 사귈 수 있을 것이다. 아무튼 폴과 나는 매주 토요일 오후 3시에, 내가 영어 연수를 하였던 시카고 ELS 학생들과 함께 축구를 하였다. 폴은 축구를 잘하지는 못하였지만, 축구를 무척이나 배우고 싶어 했고 열정적으로 즐기려고 노력하였다. 축구장이 내가 살던 아파트 근처(우리나라 5층 이내의 빌라)에 살고 있었기에, 폴은 축구장으로 가기 전 내 아파트에 들르곤 하였다.

한 번은 토요일 오후 12:30쯤 폴이 내 점심시간에 찾아왔다. 점심을 막 먹으려던 참이었기에, 내 집에 온 손님인 폴에게 함께 점심을 먹자고 제안하였다. 나는 폴이 거절할 줄 알았는데, 함께 먹겠다는 말에 조금은 당황하였다. 내 식탁에 2-3개의 밑반찬이 있었지만, 그날 나의 주 메뉴는 미역국과 고등어조림이었다. 폴이 나와 함께 점심을 먹겠다고 하였을 때, 내가 당황한 이유는 미국 사람들은 생선요리와 미역을 먹지 않는다고 들었기 때문이다. 내가 미국으로 영어 연수를 오기 전, 내 주변 사람들 대부분이, 미국 사람들은 생선 비린내를 싫어하여 생선을 먹지 않는다고 하였다. 미국에서의 생활 경험이 없는 나는 주변사람들의 말을 의심 없이 믿었던 것이다. 내 믿음과는 다르게 다행이도 폴은 고등어조림과 미역국을 아주 맛있게 먹었다. 특히 고등어조림에 있던 감자를 아주 맛있게 먹었던 것으로 기억한다. 또한 폴이 미역국의 미역을 아주 맛있게 먹는 것을 보고, 나는 기절할 뻔했다. 미국 사람들은 미역의 미끌미끌한 식감이 싫어 미역을 먹지 않는다고 들었기 때문이다. 폴과 함께한 점심 식사 경험을 통해서 내가 깨달은 것은, "미국사람들 중에도 생선과 미역(국)을 좋아하는 사람이 있겠구나!"라는 가능성이 있다는 사실과, 선입견이 사람을 전혀 다르게 볼 수도 있다는 사실이다.

시카고에서의 폴과의 기억이 있지만, 미국 유학생활 중에도 나는 여전히 미국사람들이 생선과 해산물 요리를 싫어할 것이라고 생각했다. 그래서 가끔 미국 친구하고 한국 식당에 가면, 생선찌개와 같은 해산물 요리는 주문하지 않았다. 그런데 차츰 적지 않은 미국 사람들이 해산물 요리를 좋아할 수도 있겠다고 생각하기 시작했다. 한국식당에서 함께 식사한 미국친구들이 반찬으로 나오는 해산물 요리를 맛있게 먹는 것을 보았기 때문이다. 어쩌면 내가 생각한 그 이상으로 해산물 요리를 즐길지도 모른다고 생각하기 시작한 것은, 칼라마리(Fried Calamari)라고 하는 오징어튀김을 즐겨먹는 것을 확인하고부터이다.

오징어튀김뿐만 아니라 오징어초무침도 아주 맛있게 먹는 모습을 보고 솔직히 기절할 뻔 했다. 예전에 가졌던 생각, "**미국사람들은 생선과 해산물 요리를 먹지 않을 것이다.**"라는 생각을 달리하기 시작했다.

그런데 내가 신기하게 생각했던 것은, 나와 함께 한국식당에 간 미국 친구들 모두 공통적으로 멸치볶음을 먹지 않았다는 것이다. 다른 해산물은 맛있게 먹으면서 왜 멸치볶음은 먹지 않는지 몹시도 궁금하였다. 내가 유학생활 할 당시, **우리나라와는 다르게 피자 토핑으로 멸치(Anchovy)를 사용하기에 나는 더욱 궁금하였다.** 그래서 한국 식당에서 나와 함께 식사했던 미국친구들에게 멸치볶음을 먹지 않았던 이유를 물었더니, 모두들 공통적인 대답을 하였다. "**멸치가 두 눈을 동그랗게 뜨고 쳐다보는데 (무서워서? 가엾어서?) 차마 먹을 수가 없다.**"라는 것이었다. 그와 같은 대답을 듣고 나는 웃기기도 하였고, 어떤 때는 정말 멸치가 섬뜩한 공포영화의 주인공처럼 두 눈 동그랗게 뜨고 날 노려보는 것 같다고 생각하기도 했다. 결론은 미국사람 중에도 생선과 해산물을 즐겨 먹는 사람들이 있다는 것이다. 멸치볶음을 먹을 때는 멸치의 무시무시한 눈들을 외면하며 먹는 식사법을 적극 추천하고 싶다.

● 음료 서비스 구매하기

식당에서 식사를 하는 것처럼, 우리의 일상생활에서 빼놓을 수 없는 것이 커피를 마시는 것일지도 모르겠다. 우리나라의 커피 시장은 연간 11조 7000억 원이며, 개인이 1주일에 마시는 커피는 평균 9.3잔이라고 한다. 물론 가정에서도 커피를 즐겨 마시겠지만, 카페에서 커피를 마시는 것도 이제 평범한 일상이 되었다고 하겠다. 커피를 좋아하는 우리는 해외여행 중에 또는 체류 중에 아마도(아니면 반드시) 한 번쯤은 카페에 가서 커피를 마실 것이다. 그렇다면 해외 체류 중에 카페에 가서 영어로 의사소통하며 커피를 어떻게 주문할 수 있는지 확인하자.

첫 번째 교재에서 확인한 것처럼, 카페에서의 (2) 용무인 커피를 주문할 때 필요한 정보는 1) 장소 선택으로 카페에서 마실 것이지(for here) 아니면 매장 밖(to go)에서 마실 것인지를 우선 확인할 것이다. 그리고 2) 음료를 선택해야 하며 3) 선택한 음료의 온도를 차갑게(Iced) 또는 따뜻하게(Hot) 할 것인지를 결정해야 한다. 그리고 이 밖에 커피를 선택했다면 커피를 진하게, 그리고 커피에 들어가는 우유 종류를 선택하고, 단맛을 결정하는 시럽 선택과 같은 4) 추가 주문사항이 있을 것이다. 그러면 (2) 용무에서 각각에 필요한 선택을 어떻게 주문할 수 있는지 확인해 보도록 하자.

선택 사항	식당 직원	고객
장소 선택	Would you like to order for here or to go?	I would like to order for here, please.
음료 선택	What would you like to have?	One Americano, please.
온도 선택	Would you like it hot or iced?	Iced, please.
사이즈 선택	What size would you like?	I would like a grande, please.
기타 선택	Would you like anything else?	I would like an extra shot, please.

커피음료를 선택할 때, 진한 커피를 원한다면 우리는 "진하게 해주세요." 또는 "샷 추가해 주세요!"라고 요구할 수 있다. 미국 같은 경우에도 에스프레소(Espresso)를 추가해서 커피 맛을 진하게 요청할 수 있다. "Extra shot, please."라고 하면 일반 커피에

에스프레소를 추가하여 커피 맛을 진하게 요청할 수 있다. 추가 에스프레소로 인해 가격이 상승할 수 있는지 확인하고 주문할 필요가 있다. 처음부터 에스프레소 양을 결정하여 다음과 같이 주문할 수 있다. "I would like a double shot Mocha, please!" 또는 "I would like to have a triple shot Mocha, please!"라고 주문할 수 있다. 카페인이 없는 커피를 원한다면, "I would like to have a decaf Latte, please!" 또는 "I would like a Latte without caffeine, please!"이라고 주문할 수 있다.

음료 온도에 관해서, 아주 뜨거운 커피 음료를 원할 때는 "Extra hot, please!"라고 주문할 수 있다. 찬 음료에 관해서는 얼음을 원하지 않는다면 "No ice, please!" 또는 "Without ice, please!"라고 주문할 수 있다. 적은 양의 얼음을 원한다면, "Easy on ice, please!"라고 주문하면 되는 것이다.

사이즈 선택에서, 사이즈는 카페마다 다를 수 있기 때문에 스타벅스 또는 다른 브랜드 카페를 방문하기 전에 사이즈를 미리 확인하는 것도 현명한 방법이라고 생각한다. 인터넷에서 확인한 스타벅스의 사이즈는 다음과 같다.

Short	Tall	Grande	Venti	Trenta cold
8 온스 = 227 ml	12 온스 = 340 ml	16 온스 = 454 ml	20 온스 = 567 ml	31 온스 = 879 ml

이외의 카페매장에는 **손님이 음료 사이즈를 쉽게 이해할 수 있도록 커피 사이즈 옆에 온스를 표시한다.** 아니면 **모형 컵을 주문 계산대에 전시하여 손님이 음료 양을 쉽게 이해할 수 있도록 한다.** 드립 커피 컵 사이즈는 8 온스에서 10 온스(약 283 ml)가 이상적이라고 한다. 그리고 사람의 기호에 따라 다양한 커피 맛을 내기 위하여, 컵 사이즈는 15 온스(약 425 ml)가 될 수도 있고 그 이상이 될 수 있다. 그리고 **커피 종류에 따라 알맞은 컵 사이즈가 다르다**고 한다. 에스프레소(Espresso)에 이상적인 사이즈는 1.7 온스(약 48 ml)와 3.4 온스(약 96 ml) 사이라고 한다. 에스프레소 사이즈는 2 온스(약 57 ml), 3 온스(약 85 ml), 3.5 온스(약 99 ml), 그리고 4 온스(약 113ml)가 있다고 한다. 카푸치노는 5 온스(약 142

ml)에서 6 온스(170 ml) 사이즈가 적당하고, 라떼는 15 온스(약 425 ml)가 적당하다고 한다. 이 밖에도 **자신의 취향에 따라 다양한 부재료를 넣을 수 있는 라떼를 위해, 20 온스 그리고 25 온스(약 709 ml) 이상의 사이즈를 선택할 수도 있다고** 한다.

추가 주문사항에 관해 확인하자면, 커피는 우유를 넣는 제품이다. 커피에 넣는 우유의 지방함량을 선택할 수 있다. **보통의 우유는 "Full fat"이라고 하며, 당신이 우유에 관해 특별한 요구를 하지 않으면 카페 직원은 "Full fat" 우유를 사용할 것이다.** 지방함량이 절반만 들어간 우유는 "Half fat" 또는 "Semi-skimmed"라고 하며, 지방함량을 모두 제거한 우유는 "Skinny" 또는 "Skimmed"라고 한다. **커피의 단맛을 내기위해 시럽(Syrup)을 원하는지 확인할 수 있는데, 캐러멜(Caramel), 헤이즐넛(Hazelnuts), 그리고 바닐라(Vanilla) 중에서 선택할 수 있다.** 시원한 커피에 생크림(Whipped cream)을 얹을 수 있으니, 원치 않으면 "No whipped cream, please!"라고 할 수 있다. 또는 적은 양의 생크림을 원한다면 "Easy on whipped cream, please!"라고 주문할 수 있다. 이 밖에 커피 음료에 많은 거품을 원한다면 "Extra foam, please!"라고 할 수 있고, 적당한 거품을 원한다면 "Easy on foam, please!"라고 할 수 있다. 이 모든 것을 요구하지 않았다면, 당신은 보통(regular)의 커피를 주문한 것이다.

위의 모든 사항을 주문하는 과정에서 카페 직원과 대화를 주고받는 것(Turn-taking)이 익숙하지 않거나 다른 이유로 불편하다면 당신이 원하는 커피를 한 번에 주문할 수 있다. "I would like a hot, venti, double shot, hazelnut, skinny Cappuccino, please!"라고 할 수 있다. 그리고 미처 전달하지 못한 추가 주문사항이 있다면, "추가 주문사항 + please!"라고 하면 될 것이다. 예를 들면, "Extra hot, please!" "Extra foam, please!" "Easy on foam, please!" 등등. 지금까지 거듭 확인했듯이, 결정한 주문사항들을 발음하기가 쉽지 않다면, 메모지에 적어 카페 직원에게 전달하면 자신이 원하는 음료를 구매하여 즐길 수 있다.

지금까지 카페에서 발생할 수 있는 용무에 관련된 의사소통 상황을 확인하였다. 주문 상황에서 발생할 수 있는 의사소통은 고객이 주도할 수도 있고, 카페 직원이 주도할 수 있다. 당신의 영어능력이 아직은 충분하지 않다면, 카페 직원이 의사소통을 주도해 갈 것이다. 그러면 주문에 관한 카페 직원의 질문에 답변할 수 있다면 당신은 성공적으로 당신이 원하는 음료를 주문할 수 있다. 상대방의 질문에 답을 할 때는 정확성에 중점을 두든, 유창성에 중점을 두든 쉬울 수 있다고 하였다. 정확성에 중점을 둔다하더라도, 카페 직원의 질문은 고객이 어떻게 대답해야 하는지를 알려줄 수 있기 때문이다. 그리고 유창성에 중점을 둔다면, "자신이 원하는 선택 + please!"라는 표현만으로 성공적으로 주문할 수 있기 때문이다. 이러한 의사소통의 특징을 다시 한 번 확인하고, 아래 메뉴를 보며 4개의 절차적 단계에 따라 원하는 음료를 주문하도록 하자. 영어 말하기 의사소통을 좀 더 실감나게 경험하고자 한다면, 가족 구성원 또는 주변 사람들과 함께 역할극을 이용하여 의사소통 연습을 하도록 하자. 또한 자신이 실제 카페를 운영하거나 알바를 한다면, 손님 역할보다는 직원 역할로 영어 말하기 연습을 통해 영어 말하기 능력을 발전시킨다면 당신의 직장에서 유용하게 활용할 수 있을 것이다.

[카페 메뉴]

	Tall	Grande	Venti		Tall	Grande	Venti
ESPRESSO				COFFEE			
Latte	$2.75	$3.25	$3.55	Drip Coffee	$1.25	$1.50	$1.75
Mocha	$3.25	$3.75	$4.25	*Au Lait	$1.75	$2.15	$2.45
Caramel Macchiato	$3.25	$3.75	$4.15				
Cappuccino	$2.75	$3.25	$3.65	TEA & COCOA			
Americano				Hot Tea	$1.25	$1.50	$1.75
				Iced Tea		$1.50	$.175
ICED & FROZEN				Hot Chocolate	$2.50	$3.00	$3.50
Iced Latte		$3.65	$4.20	**Steamer	$2.50	$3.00	$3.50
Iced Mocha		$4.00	$4.50				
Iced Americano		$2.50	$3.00	CHAI			
Iced Coffee		$1.75	$2.00	Hot Chai Latte	$2.75	$3.25	$3.75
Iced Au Lait		$2.75	$3.00	Iced Chai Latte		$4.00	$4.50
Frozen Latte		$3.50	$4.00	Frozen Chai Latte		$4.00	$4.50
Frozen White Mocha		$4.00	$4.50				
Smoothie		$4.00	$.50				

절차	질의	응답
인사	Good afternoon!	Good afternoon!
용무(주문)	Would you like to order for here or to-go?	I would like to order for here.
	What would you like to order?	I would like to order [ ].
	Would you like it, hot? or iced?	I would like it [ ].
	What size would you like to have?	I would like to have [ ].
	You have ordered [ ].	That's correct.
	Is there anything else you would like to order?	That's it.
보상	That will be $5.10.	Here you go.
인사	Have a nice day!	Have a nice day!
	Please, come again!	

카페 상황에서 발생할 수 있는 대화를 마치면서, 내가 경험한 특별한 미국 카페 음료문화를 간략하게 소개하고자 한다. 지금은 한국에서도 흔히 볼 수 있는 상황이 될 수 있겠지만, 미국 카페에서 계피가루(Cinnamon powder)를 커피에 넣어 먹는 모습을 처음으로 보고 참으로 신기하게 생각하였다. 나도 유학 생활 중 커피에 계피가루를 넣어 마셔본 경험이 있는 것도 같은데, 지금 그 맛에 대한 기억은 없다. 내일이라도 한국의 카페에 들러 커피를 마신다면, 계피가루를 커피에 넣었을 때 맛이 어떠한지 다시 한 번 확인해 보겠다. 그리고 내가 미국에서 겪었던 또 다른 카페 경험은, 학교 근처에 있는 한 카페에서는 텀블러(tumbler)를 사면, 단돈 25센트(약 250원)만으로 텀블러 가득 아메리카노를 구매할 수 있었다. 커다란 텀블러에 들어갈 수 있는 커피 양을 얼마나 싼 가격인지 금방 알 수 있을 것이다. 어떤 때는 너무 미안해서 그 카페에 못 갈 정도였다.

잠시 쉬어가는 의미에서, 대학원 입학 후 첫 학기 개강 전에 미국 동부지역 여행 중에 겪었던 경험담을 들려주고 싶다. 지금도 유학 생활 중 후회스러운 것이 있다면, 유학 생활 중 세계 각국의 다양한 음식을 경험하기 보다는, 내가 익숙한 음식만을 먹었다는 것이다. **미국에는 다양한 인종과 다양한 국가사람들이 살고 있다. 그래서 미국은 다양한 인종과 다양한 국가의 음식을 먹을 수 있는 국가이다.** 다양한 음식과 문화를 경험할 수 있는 이 기회를 충분히 만족스럽게 경험하지 못한 것이 아직도 후회가 된다. 해외여행이나 유학 중 외국에 있다면, 한국 식당에서 한국 음식만을 즐길 것이 아니고 그 지역 음식을 경험할 것을 적극 권고한다. 한국으로 돌아오면 마음껏 먹을 수 있는 한국음식을 여행 중에 먹기보다는 그 지역 음식을 맛보는 것은 여행 중에 더 큰 기억과 추억으로 남을 것이다.

에피소드 2:

내가 다녔던 학교의 학제는 1년 4학기제였으며, 9월 셋째 주 가을 학기가 시작되었다. 대학원 입학허가서를 받은 지 1주일 후에 종교단체에서 초대장을 받았다. 학기 시작 전 새내기 학생들과 9박10일간 미국 동부로 함께 여행을 가자는 초대장이었다. 여행경비가 워낙 저렴하여 고마운 마음과 함께 초대에 응하였고 여행경비를 송금하였다. 여행경비가 저렴한 이유는 점심 식사비와 교통비 그리고 여행지의 입장료 정도만이 포함되었다. 여행지의 기독교 가정에서 저녁 잠자리 그리고 아침식사를 제공하였기 때문에, 여행경비가 저렴하였다고 생각된다. 아무튼 필라델피아 아미쉬(Amish) 공동체 방문을 시작으로 9박 10일간의 여행이 시작되었다. 필라델피아를 시작으로 워싱턴 그리고 뉴욕 엠파이어스테이트 빌딩까지 여행하는 동안 우리 (한국 학생 5-6명이 여행에서 함께 했던 것으로 기억한다)는 3-4일 정도 한국음식을 먹지 못하였다. 아침과 저녁은 호스트 패밀리에서 미국식 식사를 하였고, 여행 중 점심에는 우리에게 익숙한 햄버거를 주로 먹었기 때문이다.

엠파이어스테이트 빌딩 관광을 마치고 점심식사를 위한 1시간의 자유시간이 주어졌다. 우리 네 명은 너나할 것 없이 한국식당을 찾자고 했다. 유명 관광지이기에 주변에 분명 한국 식당이 있다고 확신했기 때문이다. 우리는 엠파이어스테이트 빌딩 뒤편쪽으로 걷기 시작했다. 쭉 뻗은 도로 뒤편으로 식당골목이 형성된 듯 보였다. 그런데 난생 처음으로 거리계산을 잘못하였다. 쭉 뻗은 도로라서 그런지 5-10이면 갈 수 있는 거리라고 생각했다. 그러나 식당은 찾지도 못했는데, 벌써 20-25분 정도가 훌쩍 지나간 것이다. 지금 식당을 찾는다고 해도 돌아가는 시간을 생각한다면, 점심을 먹을 시간이 충분하지 않다는 것이다. 포기하고 만나는 장소로 돌아가기 위해 발걸음을 돌렸다.

오던 길이 오른편이라면, 엠파이어스테이트 빌딩 왼편 길로 돌아오기 위해 골목을 가로지르자 마자 길 옆에 한국식당을 찾은 것이다. 우리는 잠시 망설였다. 음식을 주문하고 음식을 기다리다가 음식도 못 먹고 돌아갈 수 있다는 생각 때문에 잠시 망설였다. 하지만 주문하고 한국음식 냄새만 맡더라도 일단 들어가서 한국음식 구경이라도 하자고 했다. 들어가서 테이블에 앉아 가장 빨리 나올 것 같은 "우거지 갈비탕"을 주문했다. 모두 같은 음식을 주문했다. 식당에서 5분 만에 음식을 먹기는 처음이다. 돌아가는 시간을 계산했기 때문에 우리에게 주어진 식사시간은 5분 이내였으며 불만족스럽다하더라도 무조건 자리에서 일어나자는 의견에 합의했다.

이 경험에서 얻은 3가지: 첫째, 관광지에 가기 전에 주변지역을 확인하기. 둘째, 쭉 뻗은 길은 예상보다 도착지에 이르기까지 예상보다 더 많은 시간이 필요하다는 것. 셋째, 엠파이어스테이트 빌딩 뒤편 도보로 30-40분 거리에 코리아 타운이 있다는 것. 여러분에게도 좋은 정보가 될 수 있기를 소망한다. 그런데 무엇보다도 **가장 중요한 것은 여행 중 다양한 문화와 음식을 경험하는 것이 나중에 큰 추억이 될 수 있다는 사실**이다.

● 관람(오락)서비스 구매하기

우리가 일상적으로 경험하는 것은 아니지만, 여가시간이 있을 때마다 또는 주말이나 휴일에 한 번쯤은 경험하는 활동이 있다. 관람(오락)서비스이다. 가족이나 친구와 함께 또는 혼자서 박물관이나 고궁 또는 미술관을 찾는 사람들이 있고, 영화관에서 영화 관람을 즐기는 사람들도 있다. 영화보다는 연극이나 음악 공연 관람을 즐기는 사람도 있을 것이며, 스포츠 경기장에 가서 운동경기 관람을 즐기는 사람도 있을 것이다. 또는 놀이공원에 가서 놀이기구를 타며 즐거운 시간을 보내며 새로운 삶의 활력을 재충전하는 사람들도 있을 것이다. **이 모든 활동들을 이 교재에서는 관람(오락)서비스라고 하겠다. 이렇게 분류한 것은, 이러한 대부분의 활동들은 관람(오락)이라는 공통된 특징이 있을 뿐만 아니라, "좁은 의미의 보편적 핵심"에 따라 입장권(표)을 구매하여 즐긴다는 공통점이 있기 때문이다.** 영화관에서 영화를 보든 놀이공원에서 즐거운 시간을 보내든 아니면 스포츠 경기장에서 스포츠 경기를 관람하든, 이와 같은 활동이 발생하는 대부분의 장소는 입장권 또는 관람권을 구매해야 한다는 공통점이 있다.

차이점들이 있다면, 일부는 관람시간이 정해진 장소가 있고 그렇지 않은 장소가 있다는 것이다. 또한 영화 또는 경우에 따라서는 스포츠 관람처럼 관람시간뿐만 아니라 정해진 장소(좌석)에서 관람해야한다는 차이점들이 있다. 우선 "좁은 의미의 보편적 핵심"에 따라 관람(입장)표를 구매하는 공통된 특징부터 확인하고, **1) 관람(입장)표를 구매**하기 위해 필요한 표현은 무엇인지 확인하겠다. 그리고 **2) 관람시간을 결정**해야하는 서비스 구매 상황과, **3) 관람 좌석을 선택**해야하는 서비스 구매 상황을 차례로 확인하겠다. 먼저 **1) 관람(입장)표 구매 상황이다.** 이 상황은 표를 구매하여 관람할 수 있는 모든 관람(오락)서비스에 해당된다.

[관람(입장)표 구매하기]

용무	A: 표 판매원	B: 고객
관람(입장)표 구매	A: May I help you?	
	B: Two tickets for children, please.	
	B: **I would like** two tickets for adults, please!	
	B: **I would like to get** four tickets for two adults and two children, please!	
	B: **I need** three tickets for two adults and one child, please!	

관람(입장)표 구매에 필요한 표현은 위와 같이 다양할 수 있다. **자신의 영어 말하기 의사소통 능력에 따라 쉽게 기억하고 사용할 수 표현 하나만 기억하면 된다**. 다양한 표현들이지만, 공통적인 표현은 **구매 관람(입장)표 수와 관람 인원이 일치**한다는 것이다.

다음으로 영화 관람이나 연극 관람처럼 **2) 관람시간을 결정**할 필요가 있는 관람(오락) 서비스 구매 상황이다.

[관람시간 결정하기]

용무	A: 표 판매원	B: 고객
관람(입장)표 구매	A: May I help you?	
	B: I would like two tickets for children, please.	
관람시간 선택	A: What time show would you like?	
	B: I would like the 10:30 show, please.	

끝으로, **3) 좌석 선택**이 필요한 관람 서비스 구매에서 좌석을 선택하는 의사소통 상황이다.

[좌석 선택하기]

용무	A: 표 판매원	B: 고객
관람 표 구매	A: May I help you?	
	B: I would like to have two tickets for adults, please.	
관람시간 선택	A: What time show would you like?	
	B: I would like the 10:30 show, please.	
관람좌석 선택	A: Where would you like to sit, near the front, back, or somewhere in the middle?	
	B: Somewhere in the middle, please.	
	A: Would you like seats K23 and 24?	
	B: Okay.	

지금까지 관람(오락) 서비스 구매라는 용무에 필요한 의사소통 상황과 필요한 표현들을 확인하였다. 관람(오락) 서비스를 구매할 때 공통적으로 **동반인원 수에 필요한 1) 관람(입장)권을 구매**해야하며, 관람(오락)서비스에 따라 **2) 관람시간을 결정**할 필요가

있다. 그리고 영화관 또는 극장(연극. 뮤지컬, 오페라, 스포츠 경기 등등)에서의 관람 서비스를 구매할 때는 3) **좌석을 선택**할 필요가 있다. 따라서 1) 관람권 구매, 2) 관람시간 선택, 그리고 3) 관람좌석 선택하기 위해 필요한 영어 의사소통을 할 수 있다면, 대부분(아니면 모든)의 관람(오락) 서비스 구매 상황에서 성공적으로 필요한 서비스를 구매할 수 있다.

관람(오락) 서비스 구매에서 모든 과정(**표 구매, 시간선택, 그리고 좌석선택**)을 포함하는 영화관에서의 의사소통 상황을 살펴보겠다. 다른 관람(오락) 서비스 구매보다는, 영화관에서의 서비스 구매를 선택한 또 다른 이유는, 연극이나 뮤지컬 또는 오페라 관람하고는 다르게, 영화관에서는 영화 선택까지 포함하기 때문이다. 영화관에서 자신이 선택한 영화를 관람하기 위해, 표를 구매하고 관람시간과 좌석을 선택할 수 있다면, 어떠한 관람(오락) 서비스 구매상황에서도 성공적으로 영어로 의사소통 할 수 있다고 확신한다. 그러면 4개의 절차적 단계에 따라 영화관에서 관람 서비스 구매에 필요한 영어 의사소통을 확인하고 필요한 표현을 아래와 같이 연습해 보자.

절차적 단계	A: 영화관 판매직원	B: 고객
인사	A: Good evening!	
	B: Hi, how are you?	
관람 표 구매	A: May I help you?	
	B: Can I have two tickets for Aladdin, please?	
영화 시간	A: What time show would you like to see?	
	B: I would like to see the 8:20 movie, please!	
	A: All seats for that show are sold out.	
	B: Do you have any tickets available for other times?	
	A: Let me see. Yes, we have many seats available at 9:30 and 10:40.	
	B: Great! Two tickets for the 9:30 show, please.	
관람 좌석	A: Would you like seats at the front, in the middle, or at the back?	
	B: I would like seats in the middle, please.	
	A: Would you like seats K23 and K24?	
	B: That sounds good. I will take them. Is there a discount for students?	
보상	A: No, sorry.	
	B: Then how much should I pay for the tickets?	
	A: That will be $24 for two!	
	B: Here you go!	
인사	A: Here are your tickets. Enjoy the show	
	B: Thanks! Have a nice evening.	

관람(오락) 서비스를 구매할 때, 자신의 영어 의사소통 능력이 충분하지 않을 때는 유창성에 중점을 두어, 파란색의 부분적 표현들만 사용하여도 성공적인 의사소통을 할 수 있다. 관람 표 구매, 영화 시간과 좌석을 선택을 하는 과정에서 영화관 직원과 대화를 주고받는 것이 부담스럽다면 자신이 원하는 것을 다음과 같이 한 번에 전달할 수 있다. "I would like (to have) two tickets for Aladdin at 9:30, please." 그리고 좌석 선택에 관한 판매 직원의 질문에, "원하는 좌석, please!"라는 간단한 표현으로 의사소통 한다면 성공적으로 원하는 서비스를 구매할 수 있을 것이다.

영화관에서 관람서비스를 구매할 때, 기본적으로 확인할 정보는 다음과 같다. 영화관에서 표를 구매할 때, 당신이 제일 먼저 확인할 것은 상영 중인 영화일 것이다. 상영 중인 영화는 "현재 상영 중 (Now Showing)"이라고 표시되며, 상영 예정 영화는 "개봉 예정 영화 (Coming Soon)"로 표기된다. 따라서 관람 서비스 예약구매가 아니라면, "현재 상영 중"이라고 표시된 영화를 관람할 수 있는 것이다. 혹시라도 한국어 말로 번역되어 상영되는 영화를 확인하기 위해서는, "Do you have any movies dubbed in Korean?"이라고 물을 수 있다. 또는 한국어 자막이 있는 영화를 확인하기 위해서는, "Do you have any movies with subtitles in Korean?"이라고 물을 수 있다. 이 밖에도 영화 장르나 영화(관)에 관련된 다양한 영어 단어나 표현을 확인하고 싶다면, 구글 사이트 (www.google.com)에서 "English conversation at the cinema"라는 검색어로써 영화 또는 영화관에 관련된 다양한 영어 표현을 확인할 수 있을 것이다. 다시 한 번 확인하고 결론을 내리자면, 표 구매, 시간선택, 그리고 좌석선택이 필요한 영화관에서 성공적으로 관람 서비스를 구매할 수 있다면, "좁은 의미의 보편적 핵심"에 바탕을 두어 어떠한 관람 서비스 구매상황에서도 성공적으로 영어 의사소통하며 원하는 서비스를 구매할 수 있을 것이다.

● **이(미)용 서비스 구매하기**

"이(미용) 서비스 구매하기"는 첫 번째 교재 "해외여행을 위한 영어 말하기 1시간 완성" 교재에서는 다루지 않았던 서비스 구매이다. 해외여행 중에 이발소 또는 미용실에 들러, 이(미)용 서비스를 구매하는 여행객들은 드물 것(또는 없을 것)이라 판단해서이다. 하지만 이(미)용 서비스는 우리의 생활에서 빼놓을 수 없는 필수적인 서비스이다. 그리고 당신이 영어권 국가에서 장기체류한다면, 이(미용) 서비스를 반드시 구매할 필요가 있을 것이다. 대학시절 시카고 **영어 연수 중 내가 일상생활에서 가장 두려웠던 의사소통 상황은 이(미용) 서비스를 구매하는 것**이다. 자신이 원하는 머리 스타일을 이(미)용사에게 설명하는 것이, 나는 아주 어려운 의사소통이라고 생각했고 실제로 그러했기 때문이다. **미용실에 혼자 갈 자신이 없어, 미용실에 친구와 함께 가서 친구의 도움으로 내가 원하는 이(미)용 서비스를 성공적으로 받을 수 있었다.** 나와 같이 부족한 영어 의사소통 능력으로 영어권 국가에서 장기 체류하는 영어 학습자들이 있다면, 이(미용) 서비스 구매상황에서 성공적으로 의사소통 하는 것은 중요하다.

우선 이발소(Barber shops)에서 이발하는 의사소통 상황을 확인하겠다. 우리가 보통 생각하기에 남성은 이발소에서 이(미)용 서비스를 이용할 것이고, 여성은 보통 미용실[hair (beauty) salons]을 이용할 것이라고 생각할 수 있다. 그러나 최근에는 많은 남성들도 미용실을 이용하는 것으로 알고 있다. 그리고 영어권 국가에서도 이런 현상을 쉽게 목격할 수 있을 것이라 확신한다. 이발소 그리고 미용실 두 상황 모두 **(1) 인사 – (2) 서비스 구매 – (3) 보상 – 그리고 (4) 인사**라는 절차적 단계로 진행된다는 공통된 특징이 있다. "**목표 지향적 의사소통**"과 "**보편적 핵심**"에 바탕을 두어, 먼저 한국의 이발소에서 이(미)용 서비스를 구매하는 상황을 확인하고, 이를 바탕으로 영어권 국가의 이발소에서 이(미용) 서비스를 구매하기 위해 필요한 의사소통 목표를 설정하겠다. 그런 후 의사소통 목표를 성취하기 위해 필요한 영어표현들은 무엇인지 확인하고 의사소통 연습을 하도록 하자.

● 이발소에서 서비스 구매하기

이발소에서의 의사소통 상황도 4개의 절차적 단계로 진행될 것이다. 그리고 다른 의사소통 상황에서와 마찬가지로, 다양한 많은 표현을 기억하기보다는, 자신이 기억하기 쉬운 각 절차적 단계에 필요한 표현 하나만으로도, 이발소에서 발생하는 영어 의사소통을 쉽게 해결할 수 있을 것이다. 다시 한 번 확인하자면, (1) 인사는 "How are you?"라는 표현으로, 그리고 (3) 보상은 상대방과 대화 책임을 공유하여 "How much?"라는 표현 하나만으로 그리고 (4) 헤어질 때 주고받는 인사 표현 "Good bye!" 하나만으로 충분히 의사소통 할 수 있다. **따라서 이발소에서 이용서비스를 구매하는 (2) 용무에 필요한 영어 표현들을 알고 있다면 성공적으로 이용서비스를 구매할 수 있는 것**이다. 그렇다면 이발소에서 (2) 용무를 해결하기 위해 어떠한 대화가 발생할 수 있으며, 그 대화에 필요한 영어 표현들은 무엇인지 확인하도록 하자.

이발소에 가면 손님은 어떠한 서비스가 필요한지 1) **이용서비스 종류**를 확인하고 선택한다. 그리고 이발소를 찾는 대부분의 고객은 **이발을 원할 것**이다. 당신이 이발을 선택한다면, 이발사는 이발 후에 머리감기 서비스를 원하는지 확인한다. 이발이외에도 **면도를 원하는 고객**도 있을 것이며, **머리 염색을 원하는 고객**도 있을 것이다. 아래와 같이 이발소에서 자신이 원하는 서비스를 영어로 표현할 수 있는지 확인하자.

[이용서비스 선택하기]

서비스 종류	이발소 직원	고객
이발	What can I do for you?	I would like to have a hair cut, please.
	Have a seat here, please.	Okay.
	Would you like a shampoo too?	Yes, I would like a shampoo, please!
면도	What are you looking for today?	I would like to have a shave, please!
	Would you like to sit here?	Sure!
염색	What are you looking to do today?	I would like to have my hair colored, please.
	Have a seat here, please.	Okay.
	What color would you like?	Dark grey, please.

위의 표에서 확인한 것처럼, 이발소에서 면도를 하고 싶다면, "I would like to have a shave, please!" 또는 간단한 표현 "A shave, please!"만으로도 서비스를 구매할 수 있을 것이다. 그러나 염색 서비스를 선택한다면 "I would like to have my hair colored, please!" 또는 "I would like to have my hair dyed, please!"라는 표현만으로는 염색 서비스를 구매할 수 없다. 면도 서비스 구매와는 다르게, 염색은 원하는 색상을 선택해야하기 때문이다. 서비스를 구매하는 것이기에, "**원하는 색상, please!**"라고 한다면, 당신이 원하는 색상으로 염색할 수 있다. 이와 같이 이발소에서 면도 또는 염색서비스를 구매할 때의 의사소통 상황은 간단할 수 있다. 반면 이발을 선택하였다면, 머리 모양과 머리 길이 그리고 부가 서비스(면도와 머리감기) 선택도 필요하기에 의사소통 상황이 복잡할 수 있다. 그렇다면 이발 서비스를 구매할 때 어떠한 대화 상황이 발생하고, 대화 상황에 필요한 영어 표현들은 어떠한 것(들)이 있는지 확인하자.

한국의 이발소에서 이발 서비스를 받는다면 어떠한 대화가 발생할까? 우선 머리스타일을 결정할 것이다. 그리고 머리스타일을 결정하는 두 가지 방식이 있다. 우선 첫 번째 방식은, 머리 전체에 대해서 "스포츠형으로 깎아주세요." "그냥 다듬어 주세요." 또는 "상고머리로 깎아주세요." 아니면 "장교 머리로 깎아주세요."라고 요구하는 표현이다. 또는 "바가지 머리로 해주세요."라는 표현도 기억할 필요가 있다. 이외에도 많은 다양한 표현들이 있을 수 있다. 자신이 원하는 머리 스타일이 없다면, "**목표 지향적 의사소통**"에 따라 이발소 방문 전에 자신이 원하는 머리 스타일을 확인할 필요가 있다. 중요한 것은 자신이 원하는 머리스타일을 요구할 때, "I would like 원하는 머리스타일, please!"라는 표현을 이해할 수 있느냐는 것이다. 아래의 표에 자신이 원하는 스타일이 없다면, 인터넷에서 자신이 원하는 스타일을 확인한 후 이발소를 방문하기를 권고한다. 그리고 자신이 원하는 스타일이 인터넷에서도 확인할 수 없다면, 이발사에게 자세하게 요청하는 방식으로 자신만의 머리스타일을 찾아가는 방법도 확인하겠다.

[머리스타일 확인하기]

머리스타일	이발소 직원	고객
스포츠형	What can I do for you?	I would like to have a crew cut, please!
	Have a seat here, please.	Sure!
다듬기	What would you like to have done today?	I would like a half-inch trim, please!
바가지 형	What are you looking for today?	I would like a bowl cut, please!
상고머리 형	What are you looking to do today?	I would like to get a flattop cut, please!
장교머리 형	What would you like?	I would like a Ivy League haircut, please!

다듬기를 선택하였다면, "I would just like a trim, please!"이라고 할 수 있다. 또는 다듬기 길이를 명확하게 밝혀 자신이 원하는 다듬기를 결정할 수 있다. 위의 표에서는 0.5 인치(a half inch)를 선택하였는데, 1인치를 잘라내어 머리 다듬기를 원한다면 어떻게 표현할 수 있을까? "I would like to get an inch trim, please!"라고 할 수 있다. 이 밖에도 우리나라 머리스타일로 설명할 수 없는 머리스타일이 있다면 아래와 같은 머리스타일 것이다. 각각의 머리스타일이 생소하지만 시도해보고 싶다면, 인터넷을 통해 어떠한 머리스타일인지 살펴보고, 자신이 원하는 머리스타일인지 결정할 수 있다.

머리스타일	이발소 직원	고객
Mohawk	What can I do for you?	I would like to have a Mohawk cut, please!
	Have a seat here, please.	Sure!
Crop	What would you like to have done today?	I would like to have a crop cut, please!

모호크(Mohawk) 스타일은 윗머리 모양이 닭의 벼슬처럼 솟아오른 머리모양이다. 축구를 좋아하는 사람은 축구 스타 베컴의 머리모양을 떠올릴 것이다. 크랖(Crop) 스타일은 짧은 머리스타일로, 머리 위쪽을 짧게 남겨두고, 옆머리와 뒷머리는 페이드(fade 또는 tapered라고도 한다)로 처리하는 것이다. 페이드는 아래쪽은 짧고 위쪽으로 올라갈수록 조금씩 길어지는 머리스타일이다. 머리스타일에 확신이 없다면, "목표 지향적 의사소통"에 따라, 자신이 원하는 머리스타일을 이발소 방문에 앞서 결정하여 이발사에게 말해주거나 또는 종이에 적어 건네는 것도 한 방법이 될 것이다. 머리 스타일에 관련된 아래의

사이트를 확인하고 자신이 원하는 헤어스타일을 결정하자. 그리고 이 사이트에서도 권고하였지만, 자신이 원하는 스타일을 이발사에게 말로써 전달하는 것보다 훨씬 더 효율적인 방법은, 자신이 원하는 머리스타일의 사진을 보여주는 것이다.

머리스타일:
https://www.ties.com/blog/hair-terminology-tell-barber-exactly-want

다시 한 번 강조하자면, 머리스타일을 결정할 때, "목표 지향적 의사소통"이 중요한 이유는 다음과 같다. 지금 40개 이상의 다양한 머리스타일을 언젠가는 사용할 것이라는 생각으로 암기한다고 하더라도, 평생에 한 빈도 사용하지 않을 머리스타일이 있기 때문이다. 한 번도 사용하지 않을 머리스타일을 암기한다면, 당신의 영어 학습은 아주 비효율적일 수 있다. 또한 지금 40개 이상을 완벽하게 암기하였다하더라도, 매일매일 기억하려 노력하지 않는다면 어느 새 머릿속에서 사라질 것이다. 이러한 견해에 동의한다면, 당신은 암기식 영어학습법의 비효율성에 동의하는 것이다. 따라서 **모든 머리스타일을 지금 당장 외우려 노력하기 보다는, 이(미용) 서비스를 구매하기 전, 필요할 때마다 자신이 원하는 머리스타일을 확인하고, 필요한 표현을 준비하는 "목표 지향적 의사소통"이 가장 효율적인 것**이다.

위의 표에서 그리고 소개한 웹 사이트에서 자신이 원하는 머리스타일을 찾을 수 없다면, 자신만의 머리스타일을 찾아가야만 한다. 이렇게 자신만의 스타일을 찾아가는 방식이 두 번째 방식이며, 첫 번째 방식보다는 훨씬 더 복잡할 것이다. **두 번째 방식은 우선 각각의 머리 부위별로 다른 길이로 자르도록 요구하는 방식**이다. 머리의 다른 부위들이라면, 기본적으로 앞머리와 옆머리 그리고 윗머리와 뒷머리이며 각 머리 부위 길이를 달리한다면 서로 다른 머리스타일을 연출할 수 있을 것이다. 잠시 명상을 하듯, 이발소에 가서 부위별로 머리를 다른 길이로 깎는다면 자신의 머리 스타일을 이발사에게 전달하기 위해 어떤 요구사항들이 필요한지를 생각해 보아라. 아마도 아래와 같을 것이다.

[머리 부위별 요구하기]

머리 부위	영어	이발사: 머리 어떻게 해드릴까요?
옆머리	On the sides	옆머리는 귀가 보일 정도로 짧게 잘라 주시구요.
뒷머리	On the back	뒤는 옆머리에 맞게 잘라 주시구요.
윗머리	On the top	위는 너무 짧지 않게 잘라 주세요.
앞머리	Bangs/Fringes	앞머리는 눈썹까지 내려오도록 잘라 주세요.

그런데 머리길이와 관련하여, 짧게(short) 또는 길게(long)는 어느 정도 주관적 판단이 필요하다. 따라서 자신이 원하는 머리길이를 좀 더 정확하게 요구하기 위해서는 길이단위(인치: inch = 2.54cm)로 요구할 필요가 있다. 전체 머리를 "I would like you to take(cut) a half inch off, please(1/2인치 잘라주세요)!" 또는 "I would like you to trim an inch off, please(1인치 잘라주세요)!"라고 할 수 있다. 또한 부분별로 머리손질을 요구할 때, 이발소에서 통용하는 숫자 1에서 8의 의미를 이해하면 도움이 될 것이다. 이발소에서 통용하는 숫자 1에서 8의 의미는 머리 깎는 기계(Clippers)의 길이 조정 숫자이다. 1은 1/8인치로 약 3mm, 2는 2/8인치로 약 6mm, 3은 3/8인치로 약 9mm, 6은 6/8인치로 약 18mm, 8은 1인치로 약 25.4mm를 나타낸다. 따라서 정확한 수치로 머리 스타일을 결정할 수 있는 한 방법은, "I would like number 2 on the sides and back, number 6 on the top and number 8 on the bangs, please!"라고 요청할 수 있다. 주의할 점은 "bangs"라는 단어를 여성에게만 사용한다는 의견이 있고, 남성에게도 사용할 수 있다는 견해가 있다. 하지만 의사소통함에 있어 여성과 남성을 구별하기 보다는, 당신이

남성이라고 하더라도 원하는 헤어스타일을 얻기 위해서 충분히 사용할 수 있는 단어라고 생각한다. 주의할 점은 머리 깎는 기계의 상표마다 수치가 다를 수 있으니, 자신이 원하는 인치(Inch)를 확인하고 인치로 머리 길이를 요청하는 것이 가장 안전한 방법이다.

머리스타일과 머리 길이를 결정했다면, 이제 결정한 머리스타일과 머리 길이로 다양하게 변화를 줄 수 있도록 머릿결을 결정(Textured)할 수 있다. 예를 들면, "뾰족뾰족한 머릿결(Spiky), 머릿결을 뒤로 넘기는 머리스타일(Quiff)이 있고, 머릿결을 헝클어트리는 머리스타일(Messy)이 있다." 우리말처럼 어느 부분을 어떻게 변화를 주고 싶은지 결정해야 한다. 앞머리(Bangs/Fringes)를 헝클어진(Messy) 머리 스타일로 하고 싶은지, 아니면 앞머리와 윗머리(On the top)를 헝클어진 스타일로 하고 싶은지를 결정해야 한다. 그리고 **머릿결을 결정한 각 부분별로 머리의 길이를 짧게 하고 싶은지 아니면 길게 남겨두고 싶은지도 결정**해야한다. 예를 들면, "I need a undercut with messy on the top and long bangs, please!" 또는 "I need a bowl cut with the undercut(또는 shortcut) on the sides, please!"라고 할 수 있다. 이러한 내용을 이해했다면, "옆머리를 바짝 깎은 헝클어진 바가지 머리스타일로 해주세요."를 영어로 어떻게 표현할 수 있을까? "I need a messy bowl cut with the shortcut on the sides, please!"라고 표현할 수 있다. 또 하나의 표현을 확인하자면, "뾰족뾰족한 스포츠형으로 해주세요."라는 표현은 영어로 어떻게 할 수 있을까? "I am looking for a spiky crew cut, please!"이라고 할 수 있다. 이 밖에도 다양한 머리 스타일이 있다. 또한 **아래쪽은 짧게 그리고 머리 위쪽으로 가면서 길어지는 머리스타일**은 "Tapered" 또는 "Fade"라는 표현을 사용할 수 있다. "Tapered" 또는 "Fade"를 이용한다면, "I need a short blowout with tapered sides and back, please!" 또는 "I need a short blowout with a fade on the sides and back, please!"이라고 표현할 수 있다.

다시 한 번 확인하자면, 자신이 결정한 머리스타일을 기억하기가 쉽지 않다면, **"목표 지향적 의사소통"에 따라, 이발소 방문 전 인터넷 또는 책을 통하여, 자신이 좋아하는 머리스타일이 어떠한지 미리 확인하고 메모하거나 기억하고 연습하면 되는 것이다.** 구글 사이트(www.google.com) 검색 엔진에 "Men's hair styles"를 입력하면 최신 유행하는 다양한 머리스타일을 확인할 수 있다. 머리숱이 많고 적음에 따라, 그리고 머리카락이 가늘고 굵음에 따라 추천하는 다양한 머리스타일이 있기 때문에 자신의 머리카락 특징에 따라 선택할 수 있는 유용한 정보 사이트이다. 자신에게 맞는 머리스타일을 확인하였다면, 머리스타일을 기억하거나 혹시라도 기억하기가 어렵다면 종이에 적어 이발사에게 전해주면, 원하는 머리스타일의 이용서비스를 구매할 수 있을 것이다.

마지막으로, 이 모든 결정이 까다롭고 쉽지 않다면, 자신이 언제 마지막으로 이발(haircut)을 하였는지 이발사에게 다음과 같이 말하면 된다. "My last haircut was one month(one and half month/two months/three months) ago." 그러면 경험 있는 이발사는 당신의 머리스타일을 짐작할 수 있다고 한다. 그래서 이발사가 먼저, "When was your last haircut?"라고 당신에게 질문하여 당신의 헤어스타일을 짐작한다고 한다. 따라서 당신이 "My last haircut was one month ago."라고 하면 아래와 같이 이발소에서의 대화는 간결해 질 것이다. 만약 "My last haircut was one month ago."라는 문장을 말로써 표현하기가 부담스럽다면, 종이에 적어 이발사에게 건네면 될 것이다.

절차	Barber	Customer
인사	Good afternoon.	Good afternoon.
용무	What can I do for you?	I need a haircut, please!
	Have a seat here, please.	Yes. My last haircut was one month ago.
	I see. Would you like a shampoo?	Yes, I would like.
	Would you like a shave, too?	No, I would not.
보상	You are all done.	Thanks. How much?
	That will be $35.50.	Here you go.
인사	Thank you. Have a good day.	Have a nice day.

지금까지의 내용을 이해하였다면, 실제로 이발소에 가서 영어로 의사소통 하며 이발 서비스를 구매하도록 하자. 이발소에서 실제로 이발 서비스를 받듯이, 이발소 방문 전에

어떠한 1) 머리스타일, 그리고 2) 머리길이와 3) 머릿결(textured)을 원하는지 결정하도록 하자. 아래의 표는 지금까지 확인한 1) -3) 까지를 다시 한 번 정리한 것이다.

머리스타일	이발소 직원	고객
머리 스타일	What can I do for you?	I would like to have a bowl cut, please!
	What are you looking for today?	I am looking for a crew cut, please!
	What are you looking to do today?	I would like a crop cut, please!
	What would you like to have done today?	I would like a Mohawk cut, please!
	Hi, are you here for a hair cut?	Yes, I would like a half-inch trim, please!
머리 길이	How short would you like the sides?	I would like number two on the sides.
	How about this length? Would you like it?	Not that much, a half inch longer please!
	How much would you taken off the sides?	Take off closer to an inch, please!
	Take a look. What do you think?	Just a little bit shorter, please!
머릿결	What would you like to have done today?	I need a quiff haircut with a fade on the sides and the back, please!
	What can I do for you?	I need a messy bowl cut with the shortcut on the sides, please!
	What are you looking for today?	I am looking for a spiky crew cut, please!

다시 한 번 확인하자면, 위에 소개한 표현을 외우기보다는 이발소에서 어떠한 대화가 발생할지를 **이발소 방문 전에 확인하고, 자신이 원하는 스타일만을 확인하여 기억하거나 종이에 적어가는 것이 훨씬 더 효율적**이라는 것이다. 위에 소개한 머리스타일, 머리길이, 그리고 머릿결이 당신이 원하는 것이 아니라면, 불필요하게 당신이 기억할 필요가 없다는 것이다. "목표 지향적 의사소통"에 따라 이발소 방문 전 당신이 원하는 머리모양을 결정하고 필요한 표현을 준비해 간다면, 당신이 원하는 머리모양으로 이용서비스를 성공적으로 구매하수 있을 것이다. 또한 당신이 원하는 머리모양을 영어로 표현하기가 쉽지 않다면, 종이에 적어 이발사에게 전한다면 성공적으로 이용서비스를 구매할 수 있을 것이다.

지금까지의 내용을 이해하였다면, 이제 이발소에서 자신이 원하는 머리모양의 이발서비스를 받아보자. 아래 상황은 실제 이발소에서 발생할 수 있는 의사소통 상황이다.

자신이 이발서비스를 받듯이 대화에 참여하여 의사소통 연습을 하도록 하자.

절차적 단계	이발사	고객
인사	Good afternoon!	Good afternoon!
용무확인	What can I do for you?	I need a haircut, please.
	Take a seat here, please!	Okay.
	Would you like a shampoo?	Yes, please.
	Would you like a shave too?	No, I would not.
	How would you like your hair?	I would like a bowl cut, please!
	How much would you like taken off?	Number 6 on the top, please!
	How short would you like the sides?	A fade on the sides and the back, please!
	Would you like anything else?	I would like number 8 on bangs, please!
	I see.	Also, make it a little messy on the top, please!
	Okay.	
	Take a look! What do you think?	Looks great. I like that.
	Would you like to put some hair gel?	No, thanks.
보상	Then you are all done.	How much?
	That will be $35.50	Here is my credit card. Please, add a 20% tip.
	Oh, thank you.	Sure.
	Here are your card and receipt.	Thanks.
인사	Have a good evening.	Have a nice evening.

정리하자면, 이발소에서 구매할 수 있는 이용서비스는 이발, 면도, 염색일 것이다. 면도는 "I need a shave, please!"라는 간단한 표현으로 구매할 수 있다. 그리고 염색은 "I would like to have my hair colored, please!"라는 표현으로 서비스를 구매할 수 있다. 물론 "목표 지향적 의사소통"에 따라 자신이 원하는 염색 색상을 이발소 방문 전에 결정하고 영어로 표현할 수 있게 준비할 필요가 있다. 그리고 **이발서비스를 받기위해서 당신이 결정해야하는 것은 머리스타일, 머리길이, 그리고 머릿결이다.** 세 질문에 대한 답이 결정되고 준비되었다면, 당신이 원하는 이용서비스를 받을 수 있다. 그리고 다시 한 번 확인하자면, 가장 간단하게 이용서비스를 받을 수 있는 표현은 "My last haircut was one month(기간) ago."이다. 이 표현을 기억한다면, 이발사와 영어로 의사소통하는 부담 없이

손쉽게 당신이 원하는 이발서비스를 받을 수 있다. 또한 이보다 좀 더 쉽고 간단한 방법은, 당신이 원하는 헤어스타일 사진을 이발사에게 건네는 것이며, 이발사는 사진을 확인하고 당신이 원하는 헤어스타일로 머리를 손질해 줄 것이다.

● **미용실에서 서비스 구매하기**

이발소 다음으로 미용실에서 발생하는 **서비스 구매상황**을 살펴보자. 미용실에 발생할 수 있는 의사소통 상황도 4개의 절차적 상황으로 확인할 수 있다. 따라서 미용실에서 서비스를 구매하는 의사소통 상황도 아래와 같이 (1) **인사** – (2) **서비스 구매** – (3) **보상** – (4) **인사**라는 절차적 단계로 설명할 수 있을 것이다.

절차적 단계	미용실 직원	고객
인사	안녕하세요!	안녕하세요!
서비스 구매	무엇을 도와드릴까요?	파마하러 왔어요.
	이쪽으로 앉으세요.	네. 감사합니다.
	어떤 스타일을 원하세요?	디지털 파마로 해주세요.
	다른 필요하신 것 있으세요?	네, 없는데요.
	3시간 정도 걸리는데, 괜찮으시겠어요?	네. 괜찮아요.
보상	고객님! 다 되었습니다.	네, 얼마에요?
	120,000원입니다.	여기 있습니다.
	여기 카드하고 영수증 있습니다.	네.
인사	감사합니다. 안녕히 가세요.	안녕히 계세요.

이발소에서와 마찬가지로, 미용실에서도 영어로 서비스 구매할 때의 상황은 어렵게만 느껴질 것이다. 그러나 **"목표 지향적 의사소통"에 따라, 미용실 방문 전에 미용실에서 발생할 수 있는 의사소통 상황을 확인하고 의사소통에 필요한 표현들을 준비한다면, 성공적으로 자신이 원하는 서비스를 구매할 수 있을 것**이다. 그렇다면, 미용실에서 발생할 수 있는 서비스구매 상황에서 어떠한 대화가 발생할 수 있는지를 우선 살펴보자.

이발소에서처럼, 미용실에서 단순히 머리 손질(haircut)을 원한다면, 이발소에서의 이용서비스 구매 절차를 따르면 될 것이다. 그래서 미용실 상황은 파마(a perm)서비스를 구매하는 상황으로 결정하였다. 미용실에서 파마서비스를 구매한다면, 당신은 우선 **a) 파마서비스를 구매한다고 미용사에게 알려야한다.** 그러면 미용사는 당신에게 당신이 원하는 **b) 파마 스타일**을 물을 것이다. 그런 후 미용사는 당신에게 당신이 필요한 **c) 그 이외의 추가 서비스가 필요한지**를 물을 것이다. 각각의 절차적 상황 a) - c)에 대해 당신이 어떻게 답을 할 수 있는지 생각해 보자. 그리고 **이 교재에서는 b) 파마 스타일의 한 예로서 디지털 파마를 선택하였다.** 디지털 파마 이외에도, 파마 스타일은 매우 다양하다. 711개의 다양한 파마 스타일을 소개한 인터넷 사이트(https://www.pinterest.co.kr/sinpquah/perm/)가 있다. 그리고 아래 인터넷 주소에서 확인할 수 있는 것처럼, 새로운 34가지 파마스타일을 소개한 인터넷 사이트도 있다.

https://www.allthingshair.com/en-us/hairstyles-haircuts/curly-hairstyles/loose-perm-styles/

앞서 이발소에서 이용서비스를 구매할 때, 모든 머리스타일을 외우기보다는 이발소에 가기 전 자신의 머리 스타일만을 확인하고 준비하기를 권유하였다. **마찬가지로, 711개의 파마스타일 또는 34가지의 새로운 파마스타일을 지금 확인하고 외울 수도 있다. 그러나 당신이 평생 사용하지 않을 수도 있는 파마스타일을 외우기보다는, "목표 지향적 의사소통"에 따라 당신이 원하는 특정한 파마 스타일이 있는지 미용실 방문 전에 살펴본다면, 당신이 원하는 파마 헤어스타일을 성공적으로 얻을 수 있는 훨씬 더 효율적인 의사소통 방식**이 될 수 있다.

그리고 인터넷 사이트에 소개한 파마 스타일 중에 원하는 스타일이 없다면, 쉬운 방법을 택할 수도 있다. 이발소에서 자신이 원하는 머리스타일을 결정하지 못했을 때, "My last haircut was two months ago."라고 하듯이, 미용실에서도 쉬운 현명한 방법이 있다. "목표 지향적 의사소통"을 강조하는 이 책이 추천하는 한 방법은, 인터넷을 통해서 또는 미용 잡지를 통해서 원하는 파마 스타일을 사진으로 저장해 가는 것이다. 자신이 원하는 파마 스타일의 사진을 휴대폰으로 저장해가서 미용사에게 보여주는 것이 무례한 행동은 아니라고 생각한다. 오히려 미용사가 손님이 원하는 파마스타일을 좀 더 쉽게 이해할 수 있게 하는 최선의 방법이 되는 것이다. 이러한 사례는 국내에서도 마찬가지이다. 한국을 방문하는 방문객, 여행객, 그리고 외국인 노동자들이 많아짐에 따라, 나의 단골 미용실에도 **한국어 의사소통이 쉽지 않은 외국인 손님들이 종종 머리손질을 하며, 그들 중 일부는 자신이 원하는 머리 모양(스타일)의 사진을 가져와, 사진 속 머리 모양을 요구한다고 한다. 그러면 미용사입장에서는 손님이 원하는 머리 스타일을 정확히 알 수 있기에, 사진을 가져오는 것이 훨씬 편하다**고 한다.

머리 손질하기 그리고 파마 이외에도, **미용실에서 구매할 수 있는 서비스는 다양하다. 그 다양한 서비스를 위한 표현은 아래에서 소개한 문장으로 시작할 수 있을 것**이다. 미용실 방문 전에 자신이 원하는 서비스가 무엇인지 확인하고, 원하는 서비스를 구매하기에 필요한 표현들을 준비한다면, 원하는 서비스를 성공적으로 구매할 수 있을 것이다. 또는 다시 한 번 확인하자면, **자신의 영어발달단계에서 이러한 영어표현을 구사하기가 쉽지 않다면, 원하는 머리스타일의 사진을 자신의 휴대폰에 저장해 가서 미용실 직원에게 보여주면 될 것**이다. 또는 원하는 서비스를 종이에 적어 미용사에게 전해주면 된다.

[원하는 서비스 결정하기]

I would like to get my hair cut.	머리 자르러 왔어요.
I would like to get my hair permed.	파마하러 왔어요.
I would like to get my hair curled.	곱슬머리로 해주세요.
I would like to get my hair styled.	(행사를 위한) 일시적인 곱슬머리로 해주세요.
I would like to get my hair straightened.	스트레이트파마 하러 왔어요.
I would like to get my hair dyed (colored).	염색하러 왔어요.
I would like to get my hair streaked.	(줄무늬) 부분 염색하러 왔어요.

당신이 원하는 머리스타일 중에 **머리 염색과 부분염색에 대해 좀 더 자세하게 살펴보자.** 당신이 "I would like to **get my hair dyed**(colored)." 또는 "I would like to **get my hair streaked.**"라고 주문하면, 미용사는 "**What color would you like?**"라는 질문을 할 것이다. 그러면 당신은 원하는 색상을 다음과 같이 말할 수 있다. "**I would like** red (green, gold, brown, 등등)." 또한 (줄무늬) 부분 염색(streaked)이 여러 줄이라면 하나의 색상을 선택할 수도 있고, 각각의 줄에 서로 다른 색상을 선택할 수도 있다. 그리고 앞머리를 부분염색하고 싶다면 "**I would like to** get my hair streaked on the bangs." 그리고 옆머리라면 "**I would like to** get my hair streaked on the sides."라고 할 수 있고, 뒷머리라면 "**I would like to** get my hair streaked on the back."이라고 할 수 있다. 지금까지의 내용을 아래와 같이 정리하였다. 미용실 가기 전에 자신이 원하는 서비스에 필요한 표현들을 확인하고 연습한다면, 미용실에서 자신이 원하는 서비스를 성공적으로 구매할 수 있을 것이다.

[(부분)염색하기]

염색분류	미용사(Hairdresser)	고객(Customer)
전체	What can I do for you?	I would like to color my hair, please!
	What color would you like?	I would like purple, please!
부분	What would you like to have done today?	I would like to get my hair streaked.
	How many streaks would you like?	I would like three, please!
	Where would you like to have the streaks?	Two on sides, and one on the bang, please!
	Would you like the same color or different?	I would like the same color, please!

전체 또는 부분 염색하기 전, **미용사에게 최근에 염색하였거나 파마를 하였는지 알려주면 색상을 내는데 도움을 줄 수 있다고** 한다. 그리고 부분 염색 또는 전체 염색에 대한 설명하기에 영어 의사소통 능력이 충분하지 않다면, 자신이 원하는 (염색이 포함된) 헤어스타일 사진을 준비해가면 성공적으로 원하는 서비스를 받을 수 있을 것이다.

지금까지 내용을 이해하였다면, 이제 미용실을 방문하여 원하는 미용서비스를 받을 준비가 된 것이다. 다시 한 번 확인하자면 **"목표 지향적 의사소통"에 따라, 교재에서 다루지 않은 미용서비스가 있다면, 미용실 방문 전 인터넷 사이트나 잡지 또는 다양한 방식으로 자신이 원하는 미용서비스를 확인**하고, 필요한 표현 또는 사진을 준비해간다면, 자신이 원하는 서비스를 구매할 수 있을 것이다. 미용실에서 발생할 수 있는 의사소통 상황에 필요한 영어표현을 확인한 지금, 영어로 의사소통하며 성공적으로 원하는 서비스를 구매할 수 있다고 생각한다. 실제로 자신이 직접 미용서비스를 구매한다는 생각으로, 대화에 직접 참여하여 영어 말하기 의사소통 연습을 하도록 하자. 또한 자신이 미용실에서 근무한다면 고객보다는 미용실 직원의 역할을 중심으로 의사소통 연습하기를 권고한다.

[미용실에서 서비스 구매하기]

절차	미용사(Hairdresser)	고객(Customer)
인사	Good evening!	Good evening!
	Do you have a reservation?	No, I don't. Don't you accept walk-ins?
	Yes, we do.	Great.
구매	Take a seat here, please.	Okay!
	What can I do for you?	I would like to get a perm, please!
	What style would you like?	I would like a digital perm, please!
	What else would you like?	That's it.
	It takes 3 hours. Is that okay for you?	Yes, I'm okay.
	Take a look, please! What do you think?	Looks great!
보상	Then you are all done.	How much should I pay?
	That will be $132.	Here is my credit card.
	I will be right back.	Please, add a 20% tip to the bill.
	Oh, thank you.	Sure!
	Here are your card and receipt.	Yes.
인사	Have a good evening!	You too.

절차적 단계 (1)인사에서 "예약 상황을 물을 수도 있다(Do you have **a reservation**(**an appointment**)?" 예약을 하였다면, "Yes, I have."라고 하면 될 것이다. 혹시라도 예약을 하지 않았다면, "예약 없어도 서비스를 받을 수 있나요(**Do/Don't you accept** walk-ins)?"라는 표현으로 확인할 수 있다. 예약 없이 방문하여, 서비스를 받는 것을 "**walk-ins**"라고 한다. 또는 간단하게 "**I just walk in.**"이라고 할 수 있다.

"좁은 의미의 보편적 핵심"에 따라, 미용실뿐만 아니라 식당, 병원, 그리고 호텔과 같이 "Do you have a reservation?"을 묻는 어느 장소에서든 예약이 되었으면, "Yes!"라고 답하면 된다. 또한 예약은 없지만 서비스를 받을 수 있는지를 확인하기 위해서, "**Do you accept walk-ins?**"라고 물을 수 있다. 그러면 미용실 직원은 "Yes, we do." 또는 "**Yes, first come, first served**(예, 선착순으로 서비스를 받습니다)."라고 할 것이다. 예약 손님만 받는 다면, "**I am sorry, but we don't accept walk-ins.**"라고 할 것이다. 그리고 (3) 보상에서 우리나라 문화와는 다르게, 대부분의 영어권 국가는 팁 문화가 있다고 하였다. 따라서 당신이 미용실에서 받은 서비스가 마음에 든다면 미용사에게 팁을 주는 것이 하나의 예의이다. 미용실에서의 팁은 보통 총 비용의 20%를 준다. 현금으로 따로 줄 수도 있고, 신용카드로 결제한다면, "20%의 팁을 계산에 포함시키세요(**Please, add a 20% tip to the bill.**)"이라고 표현할 수 있다. (3) 보상을 한 후, 당신은 미용사와 (4) 인사를 나누며 미용실을 떠날 것이다.

위와 같이 **미용실 상황에서 4개의 절차적 단계에 따라** 영어로 의사소통 할 수 있다면, 영어권 국가의 미용실에서도 당신이 원하는 서비스를 얻을 수 있을 것이다. 또한 서비스를 좀 더 편리하게 이용하기 위해서 미용실 예약도 할 수 있다. 한국에서는 예약 없이 서비스를 받는 것이 익숙하지만, 영어권 국가에서 예약을 하지 않으면 오랜 시간 기다릴 수도 있다. 그러하기에 **예약을 하고 서비스를 받으면, 시간도 절약할 수 있고 좀 더 특별한 대우를 받는 것 같아 기분이 좋을 수 있으니, 예약서비스를 적극 활용하도록 하자**. 그렇다면, 미용실에서 미용서비스를 받기위해, 전화상으로 미용실 예약하는 방법을 아래와 같이 확인해 보자.

"목표 지향적 의사소통" 그리고 "보편적 핵심"에 바탕을 두어, 우리나라 미용실에서 미용서비스를 받기 위해 예약을 한다면, 예약하기 위해 어떠한 정보가 필요하다고 생각하는가? 예약을 한다면, **미용실에서는 우선 요일과 시간을 물어볼 것이다. 그리고 그 다음으로 어떠한 서비스를 구매할 것인지 물어볼 것**이다. 어떠한 서비스를 구매할지를 물어보는 이유는, 서비스에 필요한 시간을 비워두고자 하는 것이다. 단순한 머리 손질(haircut) 시간이 1시간 정도 필요하다면, 디지털파마에 필요한 시간은 2-4시간으로 다르기 때문이다. 디지털파마라면 최대 4시간 동안은 다른 손님의 예약을 받지 못할 것이다. 또는 요일을 확인한 후에, 시간을 물어보기보다는 서비스를 물어볼 수도 있다. 이는 사전 예약한 시간 사이에 비는 시간이 있으면, 그 빈 시간에 서비스를 제공할 수 있기 때문이다.

예를 들면, 목요일 어떤 시간대에 상관없이 미용서비스를 구매할 수 있다면, 그리고 1시간 내에 끝나는 미용서비스라면, 예약을 할 수 있는 빈 시간을 좀 더 쉽게 찾을 수 있기 때문이다. 반대로 시간을 확인하였는데, 4시간 이상 필요한 미용서비스는 빈 시간을 찾기가 쉽지 않기 때문이다. 이런 이유로, 미용실에서 요일을 확인한 후, 시간을 확인하기보다는 원하는 서비스를 먼저 묻는 것이다. 그리고 선택한 날의 이용 가능한 시간을 확인하기 위해 당신은, "Do you have **any openings on Monday?**"라고 물을 수 있다. 그러면 상대방은, "We have **a 9:30 slot** on Monday."라고 할 것이다. 이 시간이 가능하지 않다면, "Do you have **any other openings(time slots) on Monday?**"라고 하면 될 것이다. 그리고 원하는 요일에 빈 시간이 없다면 다른 날로 예약할 필요가 있다. **요일과 시간 그리고 서비스를 결정하였다면, 미용실은 당신의 예약을 확정하기 위해 당신의 이름을 확인할 것**이다. 정리하자면, 미용실 예약하기 위해, **당신이 원하는 1) 요일과 시간 그리고 구매하고자 하는 2) 서비스와 3) 당신의 이름을 미용실 직원에게 전달할 수 있다면, 원하는 요일과 시간에 당신이 원하는 서비스를 성공적으로 구매할 수 있을 것**이다. 지금까지의 내용을 이해하였다면, 미용실에 전화를 걸어 미용서비스 구매를 위해 아래와 같이 영어로 의사소통 하며 미용실 예약을 하도록 하자.

[미용실 전화 예약하기]

절차		A: Hairdresser	B: Customer
인사		A: Hello. Sue Beauty Salon. How may I help you?	
		B: I would like to book an appointment, please!	
용무	요일	A: When would you like to come in?	
		B: Do you have any openings on Monday?	
	*서비스	A: Yes, we have. What would you like to do?	
		B: I would like to get a digital perm, please!	
		A: We have a 9:30 slot available in the morning, and 2:00 in the afternoon. Which time slot do you prefer?	
		B: I prefer the 2:00 slot in the afternoon, please!	
	이름	A: Okay. May(can) I have your name?	
		B: My name is Seungjung Kim.	
		A: How do you spell your name?	
		B: S-e-u-n-g-j-u-n-g K-i-m.	
인사		A: I see. I will see you then. Have a good evening.	
		B: See you then. Have a nice evening.	

혹시라도 전화상으로 상대방이 당신이름을 명확하게 듣지 못했다면, 상대방은 당신에게 "How do you **spell your name?**"이라고 물을 것이다. 그러면 당신은 S(에스) - e(이) - u(유) - n(엔) - g(지), j(제이) - u(유) - n(엔) - g(지), K(케이) - i(아이) - m(엠)이라고 하면 될 것이다. 상대방이 정확하게 듣지 못할 것이라고 생각되는 철자는 다음과 같이 하면 된다. S(에스) - e(as in egg) - u(as in united) - n – g(as in gas), and K(as in kite) - i(as in ice) -

m(as in monkey).

지금까지 이(미)용서비스 구매상황에서 발생할 수 있는 영어 말하기 의사소통을 확인하였다. "해외여행을 위한 영어 말하기 1시간 완성" 교재에서도 강조하였지만, 1) 의사소통 4개의 절차적 단계에 필요한 표현들, 그리고 2) 목표 지향적 의사소통 그리고 3) 보편적 핵심에 바탕을 두어 의사소통상황에서 발생할 수 있는 대화를 미리 확인하고 대화에 필요한 표현들을 준비한다면, 어떠한 의사소통 상황에서도 성공적으로 의사소통 할 수 있다. 면접시험이 어려운 이유는 어떤 질문이 주어질지 모르기 때문이지, 질문에 대한 답을 준비하고 답하기가 어렵기 때문이 아닌 것과 같은 이치이다. 이(미)용 서비스구매에서 어떠한 대화가 발생하고 어떠한 표현이 필요한지를 이제 확인하였기에, 당신은 이제 영어로 의사소통하며 당신이 원하는 서비스를 성공적으로 구매할 수 있다고 확신한다. 그리고 "보편적 핵심"에 따라 한국의 이발소 또는 미용실에서 영어 의사소통 연습을 한다면, 영어권 국가 어디에서든 성공적으로 서비스를 구매할 수 있을 것이다.

● **병원에서 의료 서비스 구매하기**

첫 교재 "해외여행을 위한 영어 말하기 능력 1시간 완성"에서 병원에서 의료서비스를 구매하는 영어 의사소통 상황을 간략히 소개하였다. 이 교재에서는 의료서비스를 구매하는 상황에서 발생할 수 있는 영어 의사소통을 좀 더 자세하게 살펴보겠다.

"목표 지향적 의사소통"에 따라, 병원에서 의료서비스를 구매할 때 어떠한 대화가 발생하고, 그 대화에 필요한 표현들은 무엇인지 확인하자. 우선 "보편적 핵심"에 바탕을 두어 우리나라에서 의료서비스를 구매할 때, 어떠한 대화가 발생하며 필요한 표현은 무엇인지 살펴보겠다. 종합병원이라면, 우선 접수창구에서 접수를 해야 한다. 이때 필요한 표현은 "내과진료를 받으러 왔어요." 또는 "안과진료를 받으러 왔어요."라고 할 수 있다. 아니면 "다리를 다쳐서 왔어요." 또는 "이가 아파서 왔어요."라고 할 수 있다. 이러한 표현을 영어로 하는 방법은 무엇일까? 교재 "해외여행을 위한 영어 말하기 1시간 완성"에서는 "다리를 다쳐서 왔어요." 또는 "이가 아파서 왔어요."처럼 병증을 설명하는 네 가지 방법을 아래와 같이 소개하였다.

[병증 설명하기]

방법	접수직원(Receptionist)	환자(Patient)
1	May I help you?	My tooth hurts.
	Can I help you?	My eyes hurt.
2	May I help you?	I have a severe pain in my left ear.
	Can I help you?	I have a pain in my right shoulder.
3	May I help you?	I have a headache.
	Can I help you?	I have a stomachache.
4	May I help you?	My right ankle is killing me.
	Can I help you?	My legs are killing me.

위에서 소개한 네 개의 방법 중, 자신이 쉽게 기억할 수 있는 표현만으로 자신의 병원 방문 목적을 성공적으로 설명할 수 있을 것이다. 이와 같은 방법과 함께, 이 교재에서는 "**내과진료 또는 안과 진료를 받으러 왔어요.**"와 같이 "**진료 과**"를 중심으로 표현하는 방법을 확인하겠다. "진료 과"를 중심으로 표현할 수 있는 방법은 아래와 같이 두 가지 방식이 있다. 첫째 "**I would like to see** a doctor in 진료 과, please!"라는 표현이 있다. 둘째, "**I would like to see** 진료 과 의사, please!"라는 표현이 있다. 아래 정리한 두 가지 방식 중, **자신이 쉽게 이해할 수 있고 사용할 수 있는 표현을 중심으로 의사소통 연습**을 하자.

[진료 과 의사 요청하기]

방식	A: 접수직원(Receptionist)	B: 환자(Patient)
진료 과	What can I do for you?	I would like to see a doctor in internal medicine, please!
	May I help you?	I would like to see a doctor in pediatrics, please!
	Can I help you?	I would like to see a doctor in ophthalmology, please!
	How may I help you?	I would like to see a doctor in dentistry, please!
진료 과 의사	What can I do for you?	I would like to see a physician, please!
	May I help you?	I would like to see a pediatrician, please!
	Can I help you?	I would like to see an ophthalmologist, please!
	How may I help you?	I would like to see a dentist, please!

위와 같은 방법으로 "A doctor in 원하는 진료 과, please!" 또는 "진료 과 의사, please!"라는 표현으로 의료서비스를 구매하기 위해 아래의 표를 참조할 필요가 있다. 다시 한 번 강조하자면, 지금 아래 표 내용의 전부를 외우기보다는 **병원 방문 전에 원하는 진료 과 또는 진료 과 의사를 확인하는 것이 훨씬 더 효율적이다.** 모든 진료 과(의사)를 지금 외운다하여도, 평생 한 번도 방문하지 않을 진료 과(의사)가 될 수도 있으며, 일상적으로 활용하지 않는다면, 자신의 기억 속에서 차츰 사라지기 때문이다. "목표 지향적 의사소통"에 따라 자신이 필요할 때 다시 한 번 확인하고, **발음하기 어렵거나 기억하기 어려운 진료 과 또는 진료 과 의사명칭이라면, 종이에 적어 직원에게 알려주면 원하는 진료 과 서비스를 구매할 수 있다.**

[진료 과 그리고 진료 과 의사 명칭]

의학 명(국문)	의학 명(영문)	의사(국문)	의사(영문)
내과	Internal Medicine	내과의사	Physician
비뇨기과	Urology	비뇨기과의사	Urologist
산부인과	Obstetrics	산부인과의사	Obstetrician
	Gynecology	산부인과의사	Gynecologist
소아과	Pediatrics	소아과의사	Pediatrician
신경정신과	Neuropsychiatry	신경정신과의사	Neuropsychiatrist
정신과	Psychiatry	정신과의사	Psychiatrist
심장병	Cardiology	심장병전문의	Cardiologist
안과	Ophthalmology	안과의사	Ophthalmologist
이비인후과	Otolaryngology	이비인후과의사	Otolaryngologist
정형외과	Orthopedics	정형외과의사	Orthopedist
종양학과	Oncology	외과 암 전문의사	Surgical oncologist
		암 전문의사	Oncologist
치과	Dentistry	치과의사	Dentist
한의학과	Oriental Medicine	한의사	Oriental (medical) doctor

자신의 병증을 확인하고 진료 과를 결정하였다면, **병원을 방문하여 영어로 의사소통하며 필요한 의료서비스를 받도록 하자**. 방문할 병원이 종합병원(a general hospital)이라면, 의사 진료 전에 병원 직원에게 다음과 같은 절차로 진료 접수를 진행할 것이다. 그리고 "넓은 의미의 보편적 핵심(Macro Common Core)"에 따라, 아래의 절차적 상황은 한국의 상황이나 영어권 상황이나 같다고 할 수 있다.

절차	A: 접수 직원(Receptionist)	B: 환자(Patient)
인사	A: Good afternoon!	
	B: Good afternoon!	
용무	A: How may I help you?	
	B: I would like to see a doctor in internal medicine, please!	
	A: Do you have a reservation?	
	B: No, I don't. I just walked in to book an appointment.	
	A: Have you been in before?	
	B: No, I haven't.	
	A: I would like you to fill out this form.	
	B; Okay. ... Here you go.	
	A: When would you like to see a physician?	
	B: Is it possible to see a doctor today?	
	A: I'm sorry, but no time slot is available today.	
	B: Then when can I see a doctor earliest?	
	A: It will be this Thursday at two in the afternoon.	
	B: Okay. I would like to take the slot, please!	
	A: All right. I will put your name on the schedule.	
인사	B: Thank you. You have a nice day.	
	A: Have a good day.	

위의 상황은 종합병원을 예로 들었다. 종합병원이 아닌 개인병원을 클리닉(Clinics)이라 하는데, 예약 없이 방문(walk-ins)하더라도 개인병원에서는 당일 진료를 받을 수 있다. 그러나 예약을 한다면, 지루하게 기다리지 않고 예약한 시간에 의료서비스를 받을 수 있다. 그러므로 클리닉 방문 전 예약을 하는 것이 많은 시간을 절약할 수 있기에

방문 전에 예약은 필수이다. 반면 종합병원은 상황이 매우 다르다. 내가 실제로 경험한 사실은, 긴급환자가 미국의 대학병원 응급실을 방문한다 하더라도 정말 생명이 위급한 환자가 아니라면 당일 진료를 받지 못할 수도 있다.

예를 들자면, 기숙사 사무실 관리직(Staff assistant)으로 근무하였을 때, 한 학생이 기숙사 뒷문으로 들어오다, 자동으로 닫히는 문이 강한 바람으로 인하여 너무 빨리 닫히는 바람에, 손가락을 크게 다친 적이 있었다. 사무실 직원(Office assistant)의 연락을 받고, 그 학생을 대학 부속병원 응급실로 데려갔다. 응급실 앞에 내려주고 차를 주차한 후에 응급실로 왔더니, 다친 손가락에 붕대를 감고 의자에 앉아 기다리고 있었다. 치료가 다 끝난 것이냐고 물었더니, 그냥 지혈과 붕대만 감아주었다고 한다. 그리고 생명이 위급한 상황이 아니므로 호출할 때까지 기다리라고 하였단다. 지금 내 기억이 맞는다면, 우리는 밤11시정도부터 그 다음날 새벽 3시까지 함께 기다렸다. 기숙사에서 발생한 사고였기에 미안하여, 그 학생이 치료를 받기까지 끝까지 기다리고 싶었지만, 다음날 학교 수업이 있어 미안하다는 말과 함께, 혹시 긴급한 일이 있으면 기숙사로 연락하라하고 먼저 기숙사로 돌아왔다. 그 날 기숙사 사무실을 지나치는 학생에게 치료를 받았냐고 물었더니, 치료를 받지 못한 상태에서 병원예약만 하고 돌아왔다고 한다. 물론 대학병원마다 상황은 다를 수 있지만, 이처럼 대학병원은 예약을 하지 않고 방분한다면 당일 진료를 받는 것은 거의 불가하다고 할 수 있다. 대학병원이 아니더라도, 예약을 하고 병원을 방문한다면 오랜 시간 기다리지 않고 의사의 진료를 받을 수 있으니, 병원 방문 전 반드시 진료 예약하기를 권고한다.

앞서 소개한 종합 병원에서의 진료 접수를 응용하여 진료 예약을 한다면, 의사소통 상황은 아래와 같을 것이다.

[병원 진료 예약하기]

절차	A: 접수 직원(Receptionist)	B: 환자(Patient)
인사	A: Good afternoon! Chicago General Hospital!	
	B: Good afternoon!	
용무	A: How may I help you?	
	B: I would like to book an appointment with a doctor in internal medicine.	
	A: When would you like to see a physician?	
	B: Is it possible to see a doctor today?	
	A: I'm sorry, but no time slot is available today.	
	B: Then when can I see a doctor earliest?	
	A: It will be this Thursday at two in the afternoon.	
	B: Okay. I would like to take the slot, please!	
	A: Then can I have your name?	
	B: Yes, my name is Seung Jung Kim.	
	A: All right. I will put your name on the schedule.	
인사	B: Thank you. You have a nice day.	
	A: Have a good day.	

이제 예약을 한 상태에서 병원을 방문하여 의사와의 진료 상황에서 발생할 수 있는 의사소통을 확인하자. **의료서비스 구매에서 발생하는 의사소통 상황도 4개의 절차적 단계로 전개**될 것이다. 각 절차적 상황을 자세하게 살펴보자. 절차적 단계 (1) 인사, (3) 보상 그리고 (4) 인사에 필요한 표현은 이제 우리가 자신 있게 의사소통 할 수 있는 단계이다. 그렇다면 "목표 지향적 의사소통"에 바탕을 두어, 병원 방문 전에, 의료서비스를 구매하기 위해 어떠한 대화가 발생하고, 그 대화에 필요한 표현들을 확인하고 준비하도록 하자. 그렇다면 "보편적 핵심"에 따라 영어권 국가의 병원에서도 성공적으로 의료서비스를 구매할 수 있을 것이다.

한국에서 병원에 간다면, 의사는 "어디가 아프셔서 오셨어요?"라며 **1) 병증을 확인**할 것이고, 그 다음으로 "어쩌다가 다치셨어요?" 또는 "혹시 평소 안 드시던 음식을 드셨나요?"와 같이 **2) 병증 원인에 대해 확인**할 것이다. 그리고 의사는 "통증과 열이 있나요?" 또는 "어지럼증을 느끼세요?"와 같이 **3) 병의 증세도 확인**한다. 또한 의사는 "다치신 지는 얼마나 되었죠?" 또는 "병증은 언제 시작되었죠?"와 같이 **4) 병증 발생 시기**에 대해 질문을 할 것이다. 이와 함께, 진료가 끝났다면, 의사는 **1) 병증과 2) 병증 원인 그리고 3) 병의 증세**에 맞게 약을 처방할 것이며, 이 때 현재 **5) 복용하는 약**이 있는지도 확인한다. 만약 현재 복용하고 있는 약이 있다면, 처방전이나 약병(통)을 가져가면 의사가 처방할 때 큰 도움이 된다고 하니, 병원 방문 시 함께 가져가는 것이 좋다. 그리고 첫 방문이라면 **6) 특정 약에 앨러지 반응**이 있는지 확인할 것이다. 병원에서 진료 서비스를 받는다면, 대부분 이러한 대화가 발생할 것이며, 대화에 필요한 표현들은 무엇인지 아래와 같이 확인해보자.

[의사 진료에 필요한 표현들]

의료서비스	의사(Doctor)	환자(Patient)
1) 병증 확인	What brings you in here today?	I got a pain in my left side.
	What's the matter with you?	I have a diarrhea.
	What's wrong with you?	I have a terrible headache.
	What hurts you?	My left ankle is killing me.
2) 병증 원인	Did you do anything unusual?	I was tackled and fell down hard during a soccer game.
	Did you eat anything unusual?	I ate seafood last night.
3) 병증 시작	When did the pain start?	It started three days ago.
	When did you play soccer?	I played soccer last weekend.
	When did you eat seafood?	I ate seafood last evening.
	When did the headache start?	I got the headache two days ago.
4) 증세 확인	How does it hurt?	I have a pricking and throbbing pain.
	Do you have a headache?	Yes, I have.
	Do you have fever?	No, I don't have, but I feel dizzy.
	Do you have any other symptoms?	I am not sure.
5) 처방전	Are you taking any medicine?	No, I'm not.
	Do you have an allergy to any medication?	Yes, I am allergic to aspirin.
	Do you understand your prescription?	Yes, I do.

병원에서 의료서비스를 구매할 때, 즉 (2) 용무를 해결하기 위해 필요한 표현들을 간략히 확인하였다. 위의 소개한 병증이나 병증확인에 필요한 표현들이 자신의 현재 병증하고 관련 없을 수도 있다. 그렇다고 모든 병증과 병증확인에 필요한 표현들을 이 교재에서 소개한다고 하더라도, 당신이 평생 동안 겪을 수 있는 병증은 아주 제한적일 것이다. 물론 병원에 가지 않고 건강한 삶을 사는 것이 인생 최고의 행복이다. 따라서 "목표 지향적 의사소통"에 따라, 의사 진료를 받기 전에 **자신의 병증과 증세에 필요한 표현들을 확인하고 준비할 필요가 있다**. 특히 약품 앨러지와 같은 것은 생명과 관련된 매우 중요한 정보이기에 의사 진료 전에 반드시 확인하고 진료 의사에게 필히 알릴 필요가 있다.

병원을 방문하여 의료서비스를 구매할 때 가장 필요한 표현들을 좀 더 자세하게 차례차례 확인하도록 하자. 우선 병증을 설명할 때 당신이 알아야 할 기본적인 **생활(질)병**을 확인하자. 앞서 이 책의 앞부분에서 언급하였듯이, **이 책의 근본적 구성바탕은 학습자의 독립성 향상이다**. **학습효과를 높이기 위해 당신 스스로가 아래의 병증을, 인터넷이든 책이든 본인 스스로 확인해 보는 것은 어떠한가**? 그리고 아래의 표현은 **1) 병증을 설명**할 때뿐만 아니라, 관련된 **3) 병증 증세를 확인**하기 위한 질문, "**Do you have any other symptoms**?"라는 질문에 대한 대답으로도 사용할 수 있다. 아래에 정리된 내용은, **1) 병증과 3) 관련 병증 증세는 병원뿐만 아니라 약국 상황에서도 활용할 수 있다**. 물론 한국에서와 마찬가지로 처방전 없이 구입할 수 있는 가정상비약(Over-the-counter medicine) 이외의 약품은 처방전(prescription)이 있어야 구입할 수 있는 것이다. 쉽게 기억할 수 없는 표현들은 종이에 적어, 의사에게 전달하면 될 것이다. 다시 한 번 강조하자면 의사소통에서 소리와 문자는 상호 보완적 관계이다.

[병증 증세 관련 표현들]

절차	A: 의사(Doctor)	B: 환자(Patient)
화상을 입다.	A: What brought you in here?	B: I got my hand burned.
벌레에 물리다	A: What can I do for you?	B: I got a bug bite.
소화불량이 있다.	A: What's the matter with you?	B: I have an indigestion.
설사를 한다.	A: What's wrong with you?	B: I have a diarrhea.
잇몸출혈이 있다.	A: What hurts you?	B: I have a gum bleeding.
충치가 있다.	A: What brings you in here today?	B: I have a cavity.
가려움증이 있다.	A: How may I help you?	B: I got an itch on my back.
감기에 걸리다.	A: What's the matter with you?	B: I have a cold.
독감에 걸리다.	A: What's wrong with you?	B: I have a flu.
미열이 있다.	A: What brings you in here?	B: I have a mild fever.
기절하다.	A: What's the matter with him?	B: He passed out.
염증이 있다.	A: What can I do for you?	B: I got an infection on my left hand.
불면증이 있다.	A: What's wrong with you?	B: I have insomnia.
출혈이 있다.	A: What's the matter with you?	B: My left arm keeps bleeding.
피부발진이 있다.	A: What brought you in here?	B: I have a rash on my chest.
(타박에 의한) 혹이 있다	A: What hurts you?	B: I got a bump on my head.
콧물이 난다.	A: How can I help you?	B: I have a runny nose.
기침이 멈추질 않다.	A: What's wrong with you?	B: I can't stop coughing.
무릎에 타박상을 입다.	A: What hurts you?	B: I got a bruise on my knee.

병증을 설명하였다면, 보통 의사는 2) **병의 원인**을 찾으려 할 것이다. 위의 예에서는 옆구리 통증의 원인을 확인하기 위해, "Did you do anything unusual?"이라고 질문하였다. 만약 소화기 계통에 문제가 있다면, "What did you eat?" "Did you eat something unusual?" "Did you eat something cold?" "Did you eat seafood or shellfish?" "Did you overeat?" 의사한테서 이러한 질문을 받는다면, 또는 "What happened to you?"라는 질문을 받는다면, 당신의 병의 원인을 찾고자 하는 의사의 질문일 것이다. 그러면, 당신이 생각하는 병의 원인을 얘기하면 된다. "Yes, I ate seafood last evening." "I played soccer last weekend."

병의 원인을 확인하였다면, 그 다음으로 의사는 "**When** did the pain (it) **start?**"라는 질문으로 당신의 **4) 병증이 언제 시작되었는지 확인**한다. 그러면, "It started **two days(three days/a week/a month) ago**."라고 답할 수 있다. 병이 시작된 때를 확인하였다면, 혈압(blood pressure), 체온(body temperature), 그리고 필요한 건강진단(a medical checkup)을 한 후, 경우에 따라서는 엑스레이 촬영(Take an X-ray)과 혈액검사(a blood test) 또는 소변검사(a urine test)를 할 수도 있다. 그리고 그 결과에 따라 의사는 당신에게 처방전을 발행한다. 의사가 처방전(a prescription)을 내릴 때, 당신이 약품 앨러지(drug allergy)가 있는지 확인할 것이다: "**Do you have a drug allergy?**" 약품 앨러지가 없다면, 당신은 "No, (I don't have)."라고 대답하면 된다. 혹시라도 **약품 앨러지가 있다면, 내원 전에 당신이 어떤 약품에 대해 앨러지가 있는지 꼭 확인하고 메모하여 의사한테 전할 필요가 있다.** 따라서 의사의 질문에 대해 당신이 대답해야 하는 사항은 "병의 증세"와 당신이 생각할 수 있는 "병의 원인" 그리고 "발병 시기"이다. 이와 함께 약을 처방할 때, 현재 복용하고 있는 약의 유무와 특정 약품에 대한 앨러지 여부이다.

정리하자면, 지금 이 교재에서 모든 병증과 병증을 설명할 수 있는 모든 표현을 소개할 수도 있다. 그러나 그 모든 병증과 병증을 설명하는 표현을 당신이 지금 당장 확인하고 외우는 것이 효율적인 영어 학습이라고는 할 수 없다. 소개된 표현들 중에는 당신이 일생동안 한 번도 사용하지 않을 표현들이 적지 않기 때문이다. 즉 당신에게는 불필요한 표현일 수 있다는 것이다. 지금 당장 **모든 표현을 외우기보다는, "목표 지향적 의사소통"**에 따라 당신이 특정 병증이 발생하여 병원을 방문할 필요가 있을 때, 그 병증을 확인하고 병증을 설명하기에 필요한 표현들만을 기억하며 또는 메모하여 병원에 가는 것이 훨씬 더 효율적인 **영어 학습**이 되는 것이다. 중요한 것은 취업면접에서처럼 어떠한 질문이 발생할 수 있고, 그 질문에 필요한 답안을 사전에, 즉 병원 방문 전에 확인하고 준비하는 "목표 지향적 의사소통"의 장점을 이해하고 활용하는, 영어학습의 효율성을 이해하는 것이다. 이 모든 내용을 이해하였다면, 다음의 병원상황에 대해 영어로 의사소통 할 수 있는지 확인해보자. 그리고 **당신의 병증을 이 책에서 소개하지 않았다면, 인터넷 또는 사전을 이용하여 당신의 병증을 영어로 어떻게 설명할 수 있는지 병원 방문 전에 반드시 확인하고 내원**하도록 하자.

절차	A: 의사(Doctor)	B: 환자(Patient)
인사	A: Hello! How are you?	
용무	B: How are you?	
	A: What brings you in here today?	
	B: I have a diarrhea.	
	A: I see. Did you eat anything unusual?	
	B: I ate seafood at a restaurant. I rarely eat seafood.	
	A: When did you eat it?	
	B: Two days ago.	
	A: Do you have a fever?	
	B: Yes, I have a mild fever.	
	A: Do you have a rash too?	
	B: Yes, I have it around my chest and my lower arms.	
	A: How about headache? Do you have it?	
	B: Yes, I have, but it's not so bad.	
	A: I believe your symptoms are an reaction to what you ate.	
	B: I see.	
	A: I'll prescribe you a digestive medicine. Take one pill twice a day for three days. I will also give you a lotion. Put it on the rash once a day for two days.	
	B: I see.	
	A: Please, come back in a week	
	B: Okay, I will. Thank you.	
	A: Do you have any questions?	
	B: Oh, can I get a medical certificate that I can submit to my boss?	
	A: Sure. You can get it at the reception desk.	
보상	B: Thank you. And how much should I pay?	
	A: Also, you can ask the question at the reception desk.	
인사	B: Oh, I see. Thank you. You have a good day.	
	A: Take care!	

지금까지의 복잡하였던 병원에서 발생할 수 있는 의사소통 상황을 정리하자면, 병원에서의 의사소통 상황은 **(1) 인사 – (2) 서비스 구매(질병진료와 치료) - (3) 보상 – (4) 인사라는 보편적 핵심으로 구성**되었다. 그리고 병원의 의사소통 상황에서 가장 중심이 될 수 있는, (2) 서비스 구매(질병진료와 치료) 단계에서는 1) 병증 – 2) (설명 가능한) 병증 원인 – 4) 발병 시기, 그리고 3) 병증과 관련된 병 증상(symptoms)을 확인하는 것이다. 그런 후 1) 병증을 자세하게 진찰하기 위해 필요에 따라 혈압과 체온 측정, 또는 엑스레이 촬영과 혈액검사나 소변검사를 실시할 수도 있을 것이다. 복잡한 절차일 수 있지만, 1) 병증과 2) 병증 원인 그리고 4) 발병 시기를 의사하게 설명할 수 있다면, 진료와 치료에 필요한 정보를 의사에게 명확하게 전달할 수 있는 것이다. 그리고 그 결과로서 당신은 당신의 질병에 필요한 의료서비스를 성공적으로 구매할 수 있을 것이다. 물론 병원 내원 전에 의사에게 전달할 정보와 표현들을 인터넷 또는 사전을 통해서 당신이 확인하였다면, 당신은 "목표 지향적" 영어 의사소통에 충실한 것이다. 다시 한 번 강조하자면, 당신이 확인한 정보와 표현을 외우려 하기보다는, 필요하다면 종이에 적어가는 것이 더욱 현명한 방법이다. 마지막으로, 직장 또는 학교에 제출하기 위한 진단서(a medical certificate) 요청을 어떻게 표현할 수 있는지도 꼭 확인하도록 하자.

● 신분 확인하고 서비스 구매하기

이발소와 미용실에서 이(미)용 서비스를 구매할 때는 신분을 확인하지 않을 것이다. 이렇듯 우리의 일상생활에서 서비스를 구매할 때 신분을 확인하지 않는 서비스도 있지만, 신분을 확인하는 서비스도 일상적으로 경험할 수 있다. 몇 개의 상황을 예로 들자면, 도서관에서 책을 대출할 때, 은행에서 돈을 인출할 때, 공항에서 입국 수속을 할 때, 예약한 호텔에 투숙할 때, 각각의 장소에서 근무하는 직원은 서비스를 제공하기 전 우선적으로 당신의 신분을 확인할 것이다. 물론 당신이 병원에서 의료 서비스를 구매할 때 의료보험 혜택을 받고자 한다면, 병원에서도 당신의 신분을 확인할 것이다. "좁은 의미의 보편적 핵심"에 따라, 신분을 확인하고 구매할 수 있는 서비스에서 당신이 공통적으로 경험할 표현은 "Can/May I see your ID?"이다. 그리고 신분을 확인하고 제공하는 서비스에는 일반적으로 "Check in" 또는 "Check out"이라는 표현을 사용할 수 있다. 우선 우리가 일상생활 속에서 자주 경험할 수 있는 도서관에서 발생할 수 있는 의사소통 상황을 살펴보자. 특히 영어권 국가에서 장기간 체류하며 공부하는 유학생이나 교민이라면 반드시 경험할 의사소통 상황이다.

● **도서관에서 책 대출하기**

도서관에서 발생할 수 있는 통상적인 의사소통 상황도, **4개의 보편적 절차로 진행된다.** 여러 차례 확인하였듯이, 만날 때 하는 (1) 인사와 헤어질 때 주고받는 (4) 인사는 간단한 표현으로 의사소통 할 수 있다. 그리고 도서관에서 신분을 확인하고 받는 책 대출은 무료이므로 (3) 보상 단계에서는 "Thank you!"라는 인사말로 대신할 수 있을 것이다. 그렇다면 (2) 용무(서비스 구매)에 필요한 표현을 확인하고 말할 수 있다면, 성공적으로 대출 서비스를 받을 수 있다. 책을 대출하기까지 그 과정에서 발생할 수 있는 의사소통 과정을 살펴보면 다음과 같다. 혹시라도 책의 위치를 모른다면 **1) 책의 위치**를 확인하고, 책을 찾아 **2) 대출을 요청**하면 **3) 신분을 확인**하고 책을 대출받을 수 있다. 이때 도서관 직원은 일반적으로 **4) 대출기간을 알려준다**. 이와 같은 대출과정에서 발생할 수 있는 상황에 필요한 표현은 무엇인지 확인하도록 하자.

[도서관에서의 서비스]

절차	A: 도서관 사서(Librarian)	B: 고객(Customer)
책 위치확인	A: How may I help you? B: I am looking for the book with a call number 400.321Kim A: Go to the shelf marked 400's on the second floor. B: Thank you!	
책 대출 요청	A: Would you like to check this book out? B: Yes, I would like to check out this book, please!	
신분 확인	A: May I see your ID and library card? B: Here you are!	
대출 기간 확인	A: You can have this book for 3 weeks. So, please turn in this book by June 11. B: I see. I will. Thank you for your help.	

절차적 상황 (2) 용무에서, 무료 서비스인 책을 대출할 때 **1) 책의 위치 확인이 쉽지 않다면**, 우선적으로 **1) 책의 위치**를 확인해야 한다. 책의 위치 확인을 위해 도움을 청할 때, "**I am looking for** the book with **a call number xxx.xxKim**." "Would you tell me **where I can find** this book with a call number xxx.xxKim"라는 표현을 사용할 수 있다. 이때 도서 정리번호(call number) 체계를 이해한다면 도서관 사서의 도움 없이도 원하는 책의 위치를 좀 더 용이하게 확인할 수 있을 것이다.

도서관에서는 **1) 책의 위치**를 확인하기 위해, 도서정리번호 "**call number**"를 활용한다. 도서정리 번호는 각각의 도서(책) 주소라고 할 수 있으며, 멜빌 듀이(Melvil Dewey)가 발명한 **"듀이 십진법 체계(Dewey Decimal System)"를 사용한다**. 위키피디아에 따르면 듀이 십진법 체계는 적어도 135개국 20,000여개 도서관에서 사용한다고 한다. 이 십진법은 책 분야에 따라 10개의 목록으로 나누고, 000(교양)-900(역사/지리학)번 대까지의 숫자를 활용하는 것이다. 그리고 세부번호와 저자의 성(family name)의 첫 세 철자를 이용하여, 책의 위치를 확인한다. 예를 들면, 언어는 400번 대에 속하며, 400번 대의 언어에 관련된 책을 다시 세부적으로 나누기위해 400.001처럼 소수점 번호가 필요하며, 저자의 성(family name)의 첫 세 철자를 넣어 표기한다. 예를 들면, 저자 김성중이 "영문 말하기 능력 8시간 완성방법"이라는 책을 출간하여 도서관에서 보관한다면, "400.012Kim"과 같은 "도서정리 번호(call number)가 주어질 수 있다. 이 체계를 만들 당시의 멜빌 듀이가 나눈 10개의 책 분야는 아래와 같다.

[멜빌 듀이의 도서정리 번호체계]

도서 관리번호	분야	도서 관리번호	분야
000	교양(General Works)	*92	전기/자서전(Biography)
100	철학(Philosophy)	200	종교(Religion)
300	사회과학(Social Studies)	400	언어(Language)
500	과학(Science)	600	기술(Technology)
700	예술/레저(Arts/Leisure)	800	문학(Literature)
900	역사/지리학(History/Geography)		

책의 위치를 확인한 후, 그 다음의 의사소통 절차인 2) **책 대출을 요청**할 때는 "**I would like to check out this book, please!**"이라고 하면 된다. 또는 순서를 바꿔 "**I would like to check this book out, please!**"이라고도 할 수 있다. 그리고 책이 여러 권이라면 "**I would like to check these books out, please!**"이라고 할 수 있다. 긴 문장을 기억하는 것이 부담스럽다면, "대화의 책임을 공유"하여, "**Check out, please!**"라는 간단한 표현으로 한 권 또는 여러 권의 책을 대출할 수 있을 것이다.

영어권 국가에서 장기간 체류할 때, 유학생이라면 소속 학교 도서관에서 대출하고, 교민이라면 우리나라 문화센터 또는 공공 도서관처럼 거주 지역 도서관에서 책을 대출할 수 있을 것이다. 학교 도서관에서 책을 대출할 때에, 도서관 직원(사서)은 당신의 **3) 신분만을 확인(check)**하고, **당신의 대출 요청을 승인한다**. 이때 도서관 사서는 다음과 같이 당신의 신분을 확인할 것이다. "May(Can) I see **your ID(identification) card?**" 그러면 당신은 "**Here you are(go)!**"라고 하며 당신의 학생증을 사서(a librarian)에게 건네면 된다. 그런데 당신이 교민이라서 당신의 주변 지역 공공도서관에서 책을 대출하고자 한다면, 도서관 직원은 당신의 신분을 확인한 후, 당신에게 도서 대출카드 확인을 다음과 같이 요청할 수 있다: "May(Can) I see **your library card?**" 그러면 같은 방법으로, "Here you are(go)!"라고 하며 대출 카드를 건네면 된다. 그런데 보통 이 과정을 한 번에 확인할 수도 있다. 이때 직원은 "May(Can) I see **your ID(identification) and library card?**"라는 표현을 사용할 것이며, 당신은 신분증과 도서 대출카드를 건네며 "Here you go!"라고 하면 된다. 혹시라도 도서 대출카드가 없다면, "I don't have a library card. **May(Can) I apply** for one right now?"라고 하면 된다. 그러면, 도서관 직원은 "Sure (you may). Would you **fill out this (application) form, please?**"이라고 할 것이다. 지원서(an application)를 작성하여 직원에게 건네면, "지원서 뒷면(또는 하단)에 서명하시고 날짜를 기입하세요."라는 의미의 영어 표현, "Please, sign your name on the back(bottom) of the form and date it(the form)."라고 할 것이다.

마지막으로, 당신의 **4) 대출기간을 확인**할 필요가 있다. 이 때 사용할 수 있는 표현은, "**How long** may I have this book checked out?"라는 표현이다. 그러면 사서는 "please, **turn in this book by March 8.**"이라는 표현으로 당신의 도서 반납 마감일을 확인해 준다. 도서 반납 일을 지키지 않아 벌금이 있는지 확인하기 위해, "**How much are fines after that**(March 8)?"라는 질문을 할 수 있다. 그러면 사서는 "After March 8, **you're charged 10 cents everyday**."와 같이 대답할 수 있다. 반납 일을 어기면 벌금이 있는 도서관이 있으니 벌금여부를 확인할 필요가 있다.

도서관에서 발생하는 보편적 의사소통 상황을 확인하고 각 상황적 절차를 이해하였다면, 도서관에서 원하는 책을 찾아 대출할 수 있을 것이다. 그리고 이러한 절차적 단계는 한국뿐만 아니라 전 세계 대부분의 도서관에서 발생할 수 있는 "보편적 핵심 단계"이다. 이러한 특징의 "보편적 단계"와 함께 아래 내용을 통해서, 영어로 의사소통하며 도서를 대출할 수 있는지 다시 한 번 확인하자. 실제로 책을 대출하듯이 대화에 참여하듯 필요한 표현들을 연습하자.

절차	도서관 직원/사서(Librarian)	고객(Customer)
인사	Good afternoon!	Good afternoon!
용무	How may I help you?	I would like to check out this book.
	May I see your (ID and) library card?	Here you are!
	You're all set. Here is the book.	How long may I have the book checked out?
	Please, turn in this book by March 8.	I see.
보상	Do you have any other questions?	No. Thank you for your help.
인사	You're very welcome. Have a nice day.	Have a good day.

대출이외에도 도서관에서 이용할 수 있는 서비스는, 책을 읽거나 토론을 할 수 있는 공간을 이용하는 것이다. 도서관에는 개인이 이용할 수 있는 열람실이 있는데, 이러한 공간을 "**Carrel**"이라고 한다. 개인열람실(Carrel)을 이용하기 위해서는 신청을 해서 승인을 받아야 한다. 이때의 표현은 "**I would like to apply for a carrel.**" 이용 가능한 개인열람실이 있다면, 도서관 직원은 "Sure (you may). Would you **fill out this (application) form, please**?"이라고 할 것이다. 그리고 당신이 지원서(an application)를 작성하여 직원에게

건네면, "지원서 뒷면(또는 하단)에 서명하시고 날짜를 기입하세요."라는 의미의 영어 표현, "Please, sign your name on the back(bottom) of the form and date it(the form)."라고 할 것이다. 그리고 이 과정은 당신이 도서대출 카드를 신청할 때와 같은 의사소통 과정이다. 개인 열람실이 아닌 공용열람실을 이용하기 위해 열람실 위치를 확인하고자 한다면, "Where are reading rooms?"라는 표현을 사용할 수 있다. 또는 동료 학생(또는 지인)과 토론을 위해, 토론방(Study rooms)을 예약하여 이용할 수도 있다. 이때 사용할 수 있는 표현은, "May I reserve a study room, please?"이라고 할 수 있다.

● 은행에서 신분확인하고 서비스 이용하기

도서관 상황에서처럼 우리가 일상생활 속에서 흔히 경험할 수 있는 서비스관련 업무는 은행과 관련된 업무일 것이다. 요즘에는 **현금 자동입출금기(ATM: Automated Teller Machine)의 상용화**로, 자동입출금기를 이용하여 예금통장 없이도 자신의 계좌 거래내역을 확인할 수 있다. 또한 자동입출금기를 이용하여 현금(수표)을 출금(withdraw) 또는 입금(deposit)할 수 있고, 원하는 계좌로 송금(transfer)할 수도 있다. 따라서 자동입출금기계를 사용하는 현대사회에서 은행업무와 관련하여 은행원과 직접 대면하는 일은 많지 않을 것이다.

첫 번째 교재 "해외여행을 위한 영어 말하기 능력 1시간 완성"에서는 여행 중에 여행자 수표를 현금으로 환전하는 상황을 소개하고 의사소통 연습을 하였다. 그런데 단기간의

해외여행이 아니고, 영어권 국가에서 유학이나 어학연수 또는 이민 등의 이유로 장기간 체류한다면, 보다 다양한 금융서비스 때문에 은행원을 직접 대면하여 금융서비스를 처리할 필요가 있을 것이다. 예를 들자면, 장기간 체류한다면 당신은 은행계좌를 개설할 필요가 있다. 유학중이라면 한국에서 학비와 생활비를 송금받기 위해서는 은행계좌가 필요하기 때문이다. 장기체류 중 직장을 얻어 임금을 받기위해서도 은행계좌가 필요하다. 또한 은행계좌가 있으면 현금카드를 발행할 수 있고, 신용카드도 발급받을 수 있다. 뿐만 아니라, 은행계좌가 있으면, 다양한 서비스도 받을 수 있다. 예를 들면, "말하기" 첫 번째 교재에서도 설명하였지만, 수표를 현금화하는 것과 같이 간단한 서비스는 수수료가 면제된다. 그리고 거래은행에서 발행하는 개인수표(Personal Checks)를 이용하여 현금처럼 사용할 수 있다. 또는 각종 청구서를 지불할 때 우편으로 안전하게 보낼 수도 있으며, 백지수표처럼 개인에게도 돈을 지불할 수 있다. 장기체류를 마치고 한국으로 귀국하기 전, 계좌를 해지할 때도 은행원과 직접 대면하여 처리해야한다.

당신이 은행원과 직접 대면하여 은행 업무를 해결할 필요가 있는 상황에서 은행원은 당신의 신분을 확인할 것이다: "May(Can) I see your ID(identification)?" 나도 미국 유학을 시작하면서 미국에서 처음으로 은행계좌를 개설하였다. 은행계좌를 개설할 때 "I would like to **open my account, please!**"라고 한다. 이 때 은행원은 "Can I see your **first and second ID?**"라는 표현으로 당신에게 신분증을 요구할 것이다. 1차 신분증(First ID)은 국가에서 발행한 것이다. 여권, 운전면허증, 우리나라의 경우는 주민등록증이 일차 신분증이다. 2차 신분증(Second ID)은 소속 기관에서 발행하는 것이다. 학생이면 소속 학교에서 발행하는 학생증, 회사원이면 회사에서 발행하는 사원증이 이에 해당된다. 특별하게 1차 신분증과 2차 신분증 모두를 요구하지 않는다면, 은행에서 서비스를 구매할 때 1차 신분증만으로 충분하다.

신분증을 확인하고 서비스를 제공하는 은행에서 발생할 수 있는 대화의 보편적 절차는 **(1) 인사 – (2) 서비스 구매 – (3) 보상 - (4) 인사**일 것이다. (3) 보상 단계에서 무료의 서비스를 받았다면 보상으로 "Thank you!" 또는 "Thanks!"라는 표현을 사용할 수 있다고 하였다. 지금까지 확인한 것처럼 대화의 보편적 절차 (1) 인사, (3) 보상, 그리고 (4) 인사에 필요한 표현은 쉽게 확인하고 표현할 수 있다. 일상생활 속에서 성공적으로 의사소통 할 수 있는지는 (2) 용무에 필요한 표현을 준비하고 사용할 수 있는 것으로 결정된다. 은행에서의 성공적인 의사소통을 위하여, 은행에서 발생할 수 있는 (2) 서비스 구매와 관련하여 다양한 형태의 서비스 구매: 계좌 개설(open an account), 계좌 해지(close an account), 입금(deposit), 출금(withdraw), 그리고 계좌 송금(transfer)에 대한 표현들을 살펴보자.

서비스 종류	A: 은행원(Bank teller)	B: 고객(Customer)
계좌개설	A: How may I help you?	
	B: I would like to open my account.	
	A: Would you like to open a saving or checking account?	
	B: I would like to open a checking account, please.	
계좌해지	A: How may I help you?	
	B: I would like to close my checking account.	
	A: May I see your first ID?	
	B: Here you are!	
예금예치	A: How may I help you?	
	B: I would like to deposit some money into my checking account, please!	
	A: How much would you like to deposit?	
	B: I would like to deposit $200.	
예금인출	A: What can I do for you?	
	B: I would like to withdraw some money from my checking account.	
	A: How much would you like to withdraw?	
	B: I would like to withdraw $2,300.	
	A: May I see your (first) ID?	
	B: Here you are.	
계좌이체	A: How may I help you?	
	B: I would like to transfer some money.	
	A: Where would you like to transfer money to?	
	B: I would like to transfer some money to the account, 1234-567-8901.	
	A: How much would you like to transfer?	
	B: I would like to transfer $2,250.	
	A: May I see your ID and bank card?	
	B: Here you go!	

앞서 언급했듯이, 자동입출금기(ATM)를 이용하여 입금과 출금 그리고 송금을 할 수 있다. 그러므로 당신이 은행원과 대면하여 처리해야만 하는 은행 업무는 계좌 개설과 계좌 해지일 것이다. **은행 계좌를 개설할 수 있다면, 계좌 해지를 쉽게 해결할 수 있을 것이다. 따라서 이 교재에서는 계좌 개설에 관해 확인하도록 하겠다.**

절차적 단계	A: 은행원(Bank teller)	B: 고객(Customer)
인사	A: Good afternoon!	
	B: Hello!	
용무 (계좌개설)	A: How may I help you?	
	B: I would like to open an account.	
	A: Would you like to open a saving or checking account?	
	B: I would like to open a checking account.	
	A: May I see your first and second ID?	
	B: Here you go!	
	A: Please, fill out these forms!	
	B: Yes, I will.	
	A: Please, sign your name and date the forms.	
	B: Okay. How much should I deposit to maintain my account?	
	A: You need to deposit $200 to maintain your account.	
	B: I see.	
보상	A: Thank you for being our customer.	
	B: Thank you for helping me.	
인사	A: You're very welcome. Have a nice day.	
	B: Have a nice day.	

계좌를 개설할 때, 우선적으로 어떤 계좌를 개설할 수 있는지 확인해야 한다. 우리나라는 보통예금, 정기예금, 정기적금 등 다양한 은행계좌가 있지만 미국의 **은행 계좌는 적립예금(saving account)과 당좌예금(checking account)이 있다.** 적립예금의 장점은 자유롭게 예금을 예치할 수 있다는 것이며, 당좌예금의 장점은 **직불카드(체크카드)를 발행할 수 있으며 수표책을 발행해서 자유롭게 쓸 수 있다는 장점이 있다.** 은행계좌를 개설하면 계좌를 개설한 은행에서 수표책(a checkbook)을 고객의 주소지로 보내주는데, 은행고객은 예치금 한도 내에서 수표책을 자유롭게 사용할 수 있다.

당좌계좌는 계좌 유지비(Maintenance fee)와 최소 예치금(minimum balance)을 요구하는 경우가 있다. 우리나라의 정서에서, 은행 계좌를 보유하기 위해 유지비를 지불하는 것이 낯설게만 느껴질 것이다. 또한 최소 예치금을 어기면, 과태료(penalty)를 부과하며 그 금액이 적지 않기에, **계좌 개설 계약서에 서명하기 전 은행원에게 최소 예치금을 반드시 확인할 필요가 있다.**

이와 같은 은행 업무이외에 은행원과 직접 대면할 필요가 있는 은행 업무는, a) **수표를 현금화 하는 것**, b) **환전하는 것**, 그리고 c) **대출과 관련된 업무**일 것이다. 각각의 은행 업무에 필요한 영어 표현들은 아래와 같다.

서비스 종류	A: 고객(Customer)	B: 은행원(Bank teller)
a) 현금화	Can I cash a check here?	Do you have an account here?
	Yes, I have. Here is my checkbook and bank card.	I see. May I see your ID?
b) 환전	Can I exchange Korean currency into dollars?	Yes, you can.
	What is the exchange rate for Korean?	It is one dollar for 1,200 won.
c) 대출	I would like to speak to someone about a loan.	Please, go to Window 3.
	Who should I look for?	Mr. Smith will help you.

은행에서 (여행자)수표를 a) 현금화할 때, 은행마다 차이가 있겠지만, 방문 은행에 거래 계좌가 있다면 수수료는 대부분 무료이다. 그러기에 은행원은 해당 은행에 계좌가 있는지 다음과 같이 확인한다. "**Do you have an account here?**" 또는 "**Are you a customer of our bank?**" 방문 은행에 계좌가 있다면, 당신의 신분을 확인하고 수표를 현금화 해줄 것이다. 또한 해외여행을 위해 b) **환전**할 때도 은행에 직접 방문하여 은행원과 직접 대면하여 용무를 해결할 수 있다. 대부분의 은행에서 환전서비스를 제공하지만, 방문 은행에서 환전 업무를 하는지 확인하기 위해, "**Can I exchange Korean into dollars** (Euro, Yen, Yuan, Peso, 등등)"라는 표현을 사용할 수 있다. 환전 서비스 구매 전에 환율을 알고자 한다면, "What is the **exchange rate** for Korean?"라는 표현을 사용할 수 있다.

여행처럼 단기 체류가 아닌 유학이나 이민으로 인하여 미국에서 장기간 체류한다면, 혹시라도 주택을 구매하기 위해 c) 대출이 필요할 수도 있다. 은행에서 대출을 원한다면, 어떠한 대출이 있고 방법이 무엇인지 기본적인 정보를 확인해야 한다. "목표 지향적 의사소통"에 따라 기본적인 정보를 확인한다면, 대출할 때 발생할 수 있는 대화에서 좀 더 효율적인 의사소통을 할 수 있을 것이다. 한국에서와 마찬가지로, 미국의 은행에서 얻을 수 있는 대출은 크게 신용대출(unsecured loans)과 담보대출(secured loans)이 있다. 여러분이 알고 있는 것처럼, 신용 대출은 담보(Collateral)를 설정하지 않고 개인의 신용여부에 따라 대출이 승인되거나 이자율이 결정된다. 담보가 설정되지 않기에 은행 입장에서는 원금(Principal) 회수 위험성이 높기 때문에, 담보대출보다 이자율(Interest rate)이 높다. 카드 현금서비스(Cash advances)나 마이너스 통장(Overdraft)도 신용대출에 해당된다. 우리나라와 마찬가지로 마이너스 통장은 이용 전에, 마이너스통장 이용승인과 이용한도(Overdraft limit)를 거래은행과 협의해야 한다.

담보대출은 주택담보대출(Mortgages), 주택 순 자산 대출(Home Equity Loans), 그리고 자동차 담보대출(Auto loans)이 있다. 담보대출 명칭그대로 이 담보대출은 자산(Asset)이 될 수 있는 집, 자동차, 선박과 같은 것을 담보(Collateral)로 설정하여 담보가치에 따라 돈을 대출 받는 것이다. 주택담보대출(Mortgages)은 새집을 장만할 때, 구입하는 새집을 담보로 대출을 받는 것이고, 주택 순 자산 대출(Home Equity Loans)은 기존의 주택 가치에서 주택 소유자가 가지고 있는 빚을 뺀, 순수 주택 가치에 바탕을 둔 담보대출이다. 혹시라도 대출이 필요하여 신청할 때, 은행에서 영어 의사소통이 가능한지 아래와 같이 확인해보자.

절차적 단계	A, C: 은행원(Bank teller)	B: 고객(Customer)
인사	A: Good afternoon!	B: Good afternoon!
용무 (대출신청)	A: How may I help you?	
	B: I would like to talk to someone about a loan.	
	A: Please, go to Window 3 and talk to Mr. Smith.	
	B: I see. Thank you for helping me.	
	C: How may I help you?	
	B: I would like to apply for a loan.	
	C: Do you have any asset as collateral?	
	B: Yes, I have a yacht and a town house.	
	C: May I see your ID?	
	B: Here you go!	
	C: How much would you like?	
	B: I would like $20,000, please.	
	C: Please, fill out these forms.	
	B: Okay, I will.	
	C: Please, sign your name and date the forms	
	B: Sure.	
	C: You are all done. Here is the money.	
보상		B: Thank you for helping me.
인사	C: You're very welcome. Have a good day.	
		B: Have a nice day.

    은행에서 서비스를 구매할 때 4개의 절차적 단계로 의사소통이 진행되는 것을 확인하였다. 다시 한 번 확인하자면 4개의 절차적 단계에서 (2) 용무 이외의 단계에 필요한 의사소통은 쉽게 해결할 수 있다. 따라서 **"목표 지향적 의사소통"에 바탕을 두어 (2) 용무에 필요한 표현을 미리 확인하고 준비한다면 성공적으로 의사소통 할 수 있을 것**이다. 첫 교재 "해외여행을 위한 영어 말하기 1시간 완성"에서, (여행자)수표 현금화 같이 우리가 한번 쯤 경험한 서비스 구매에서, 어떠한 대화가 발생하고 대화에 필요한 표현들이 무엇인지 쉽게 확인할 수 있음을 알 수 있다. 반면 당신이 경험해보지 못한 대출과 같은 서비스 구매에 필요한 표현들을 확인하고 준비하는 것이 쉽지는 않다는 것을 알 수 있다. 다시 말해,

한국에서든 영어권 국가에서든 우리가 한 번쯤 경험한 대화 상황에 필요한 표현은 쉽게 재현할 수 있고, 경험하지 못한 대화 상황에 필요한 표현은 그렇지 못하다는 것을 알 수 있다. 따라서 "보편적 핵심"을 활용하여, **영어권 국가에서 경험할지도 모르는 대화상황을 한국에서 "목표 지향적 의사소통"에 따라 적어도 한번 쯤 간접적으로 경험한다면, 영어권 국가에서의 영어의사소통은 좀 더 성공적일 수 있을 것**이다.

지금까지의 내용을 정리하자면, 서비스 구매 상황에서 발생할 수 있는 대화는 4개의 절차적 단계로 전개된다. 상품구매에서와 같이 4개의 절차적 단계에서, (1) 인사, (3) 보상, 그리고 (4) 보상 단계는, "(1) Hello!, (3) How much? 그리고 (4) Good bye!" 표현 하나만으로 성공적으로 의사소통 할 수 있다. 따라서 (2) 용무 해결에 필요한 표현을 확인하고 준비한다면, 성공적으로 의사소통할 수 있는 것이다. 상품 구매상황에서 "**I'm looking for 원하는 상품!**" 또는 "**I need 원하는 상품!**"이라는 표현만으로 원하는 상품을 구매할 수 있는 것처럼, "**원하는 서비스, please!**"라는 표현만으로 대부분의 서비스 구매상황에서 성공적으로 의사소통 할 수 있다. 그리고 자신의 영어 의사소통 능력이 발달함에 따라, 점차 완벽한 문장으로 의사소통 할 수 있는 능력으로 발전시켜 나갈 수 있는 것이다. 또한 당신의 영어능력이 발달단계 초기에 있다고 하더라도, 서비스 구매상황에서 상대방의 질문에 완벽한 문장으로 의사소통 할 수 있다고 하였다. 상대방의 질문에 어떻게 답을 해야 할지는, 상대방의 질문에 이미 제시되었기 때문이다. 이러한 의사소통의 특징을 이해한다면 대부분의 서비스 구매 상황에서 능숙하게 의사소통 할 수 있을 것이다.

● **목표 지향적 의사소통 연습 결론**

지금까지 일상생활 속 대화상황에서, 영어로 의사소통할 수 있는 능력을 가장 효율적으로 완성하는 방법을, 첫 번째 교재에 이어 다시 한 번 확인하였다. 첫 번째 교재에서 일상생활에 필요한 의사소통 능력(Survival English)을 완성하기 위해 필요한 시간은 1시간이면 충분히 가능하다고 주장하였다. 이러한 주장의 가능성은, 일상생활에서 발생하는 의사소통 상황의 특징에 바탕을 두었다. 우선 가장 중요한 특징은, 일상생활 속에서 우리가 의사소통이 필요한 상황은 상품을 구매하거나 서비스를 구매하는 용무를 해결할 때이다. 그리고 **구매상황은 4개의 절차적 단계로 진행된다**. 그리고 각 단계에 필요한 표현만을 알고 있다면, 일상생활 속 대부분의 상황에서 성공적으로 의사소통 할 수 있을 것이다. 둘째, 또 다른 특징은, **(2) 구매에서 발생하는 차이점들은 "목표 지향적 의사소통"으로 해결할 수 있다**고 하였다. 예를 들면, "코카콜라 한 병 주세요!(One bottle of Coke, please!)"라는 표현 하나만으로 원하는 상품을 구매할 수 있지만, "청바지 주세요!(A pair of blue jeans, please!)"라는 표현만으로는 청바지를 구매할 수는 없다. 구매하고자 하는 청바지의 사이즈 그리고 필요에 따라 색상까지 결정하여 판매 직원에게 알려야하기 때문이다. 따라서 상품구매 또는 서비스 구매 전에, 구매에서 발생할 수 있는 대화에 필요한 표현을 확인하고 준비하는 "목표 지향적 의사소통"이 필요한 것이다. 예를 들면, '청바지 사러 가는 것이지! 직원이 청바지 사이즈와 색상을 물어볼 텐데, 내가 원하는 사이즈와 색상은 뭐지?' '아! 내 사이즈는 32이고, 원하는 색상은 짙은 청색(Dark blue)이지!' 이와 같이 **구매 상황에서 어떠한 대화가 발생하고 그 대화에 필요한 표현이 무엇인지 구매 전에 확인하는 "목표 지향적 의사소통"을 활용한다면 모든 의사소통 상황에서 성공적으로 의사소통을 할 수 있는 것**이다.

끝으로, "4개의 절차적 단계에 필요한 표현" 그리고 "목표 지향적 의사소통" 활용과 함께, 일상생활에서 발생하는 의사소통의 또 다른 특징은 "보편적 핵심"이다. "보편적 핵심"을 활용한다면, 한국의 일상생활에서도 성공적으로 기초 영어 능력(Survival English)을 완성할 수 있다. 보편적 핵심이란, 의사소통 상황은 우리나라뿐만 아니라 세계 어느 나라에서든 4개의 절차적 단계로 진행된다는 견해이다. 또한, 청바지처럼 옷을 구매할 때 옷의 사이즈와 색상을 확인하는 것은, 우리나라뿐만 아니라 모든 나라에서 공통적으로 발생하는 구매상황 특징이다. **"보편적 핵심의 언어학적 관점"**에서, (1) 인사단계에 사용하는 "Hello!"는 우리나라에서도 "안녕하세요!"라는 의미이며, 어느 나라에서든 같은 의미로 통용된다. 구매 상황의 (3) 보상단계에서 사용할 수 있는 표현 "How much?"는 세계 어느 나라에서든 가격을 확인하는 의미로 통용되고, 세계의 모든 사람들은 (4) 인사단계에서 사용하는 표현 "Have a good day!"을 헤어질 때 사용할 수 있는 표현으로 인지하고 있다. 따라서 "보편적 핵심"이라는 의사소통 상황의 특징을 활용한다면, 한국의 일상생활 속에서도 영어 의사소통 연습을 할 수 있고, 결국에는 한국의 일상생활 속에서 기초 영어 능력(Survival English) 완성할 수 있다.

정리하자면, 의사소통 상황 3개의 중요한 특징 "4개의 절차적 단계로 전개," "목표 지향적 의사소통," 그리고 "보편적 핵심"을 활용한다면, 일상생활에 필요한 영어 말하기 의사소통 능력(생존영어능력: Survival English)을 한국의 일상생활에서도 성공적으로 완성할 수 있을 것이다. 이러한 견해와 함께, 이 교재에서 소개한 의사소통의 3가지 특징을 활용한 영어 학습은, 가장 빠르고 효율적으로 영어 능력을 완성할 수 있는 방법이라고 자신 있게 주장할 수 있는 것이다. 또한 일상생활에 필요한 생존영어능력은, 사회적 교류에 필요한 영어 말하기 의사소통 능력(사교 영어능력: Social English) 발전에 밑바탕이 되어, 영어 능력을 효율적으로 더욱 발전시킬 수 있도록 도움을 준다. 우리가 지인과 만나 사회적 교류를 할 때, 우리들의 기본적인 대화 주제는 일상생활에서 발생하는 일이기 때문이다. 또한 생존 영어능력은 자신의 의견과 견해를 자유롭게 표현하는 학술 목적의 의사소통 능력(Academic English)을 발전시킬 수 있는 촉매제도 될 것이다. 의학전문 지식을 가진 의사가 환자하고 성공적으로 의사소통할 수 있는 이유는, 의학전문지식을 가진 의사는 환자들이 이해할 수 있는 일상적인 표현으로 바꾸어 의사소통하기 때문이다. 이와 같이 1시간 만에 완성할 수 있는 생존 영어능력이라고 하여 그 가치를 낮게 평가해서는 안 되며, 영어 의사소통능력을 완성시킬 수 있는 소중한 영어능력 자산이라는 믿음으로, 우리의 일상생활에서 생존 영어능력을 완성시켜 나가야 한다.

심화 단계

한국의 일상생활에서 **1) 4개의 절차적 단계에 필요한 표현, 2) 목표 지향적 의사소통, 그리고 3) 보편적 핵심을 활용**하여 일상생활에 필요한 영어 의사소통 능력인 **생존 영어능력(Survival English)을 완성**하였다면, 이제 다음 단계인 사교 영어능력(Social English)을 발전시켜 완성해 나갈 단계이다. 사교 영어능력은 우리가 타인을 만나 사회적 교류를 위한 대화를 진행하기 위해 필요한 언어능력이다. 사회적 교류를 위한 대화를 진행할 때 우리가 주로 주제로 삼고 있는 것은 우리의 일상생활에 관련된 것이다. 따라서 **사교 영어능력은 생존 영어능력에 바탕을 두고 있으며, 생존 영어능력을 한 단계 더욱 발전시킨 결과의 영어능력**이다. 한 단계 높은 영어능력을 효율적으로 발전시키기 위해, 우리는 영어 의사소통능력 발달과정과 영어 의사소통의 특징을 이해할 필요가 있다. 컴퓨터 또는 전자기기 조작하는 방법을 배우기 전에, 컴퓨터 또는 전자기기의 특징을 이해하면 효율적으로 조작방법을 배울 수 있는 것과 같은 이치이다. 또한 요리재료의 특징(맛, 향, 색상, 그리고 수분함량)을 이해한다면, 재료의 특징에 맞게 훨씬 더 향기롭고 아름답고 조화로운 맛의 음식을 요리할 수 있을 것이다.

이 교재에서 논의할, 영어 의사소통능력 발달과정과 영어 의사소통의 특징을 요약하면 다음과 같다. 첫째, **1) 영어 의사소통능력은 자연적 순서를 거쳐 완성한다**는 것이다. 둘째, **2) 영어 의사소통의 가장 기본적인 기능은 의미 전달**이며, 의사소통에서 발생하는 **의미는 단어뿐만 아니라 의사소통이 진행되는 상황에서도 영향을 받는다**는 사실이다. 셋째, **3) 영어 의사소통능력 발달을 위한 효율적인 영어 학습은 목표 지향적이어야 한다**. 넷째, 4) 의사소통인 대화(Dialogue)는 한 사람이 진행(Monologue)하는 것이 아니고 대화에 참여하는 모든 사람들이 함께 진행하는 것이다. **따라서 대화의 책임은 한 사람에게 있는 것이 아니고 대화에 참여하는 모든 사람들이 함께 공유하는 것이다.** 끝으로, **5) 영어는 소리(말하기와 듣기)뿐만 아니라 문자(읽기와 쓰기)도 포함한다**. 따라서 영어 의사소통에서 소리와 문자 모두를 포함할 수 있으며, 의사소통에서 소리와 문자는 상호보완적인 관계이다. 예를 들면, 청해능력이 부족하면 독해능력에 좀 더 의존할 것이며, 독해능력이 부족하면 청해능력에 좀 더 의존할 것이다. 의사소통능력에서 소리(능력)와 문자(능력)사이의 상호보완적 관계를 활용한다면, 영어능력 발달과정에서 훨씬 더 효율적인 영어학습법이 될 수 있다. 지금까지 소개한 영어 의사소통능력 발달과정과 영어 의사소통의 특징을 하나하나 확인하도록 하자.

영어의사소통능력은 자연적 순서를 거쳐 완성

가장 효율적인 교육은 학습자의 수준에 맞게 학습자가 이해할 수 있는 수준으로 진행되는 교육이다. 덧셈을 이해하지 못한 아이에게 미분 또는 적분을 가르치는 수학 교사는 없을 것이다. ABC도 모르는 아이에게, "영어 책을 많이 읽어 영어 단어 능력을 자연스럽게 발달시키세요!"라고 조언하는 영어 교사도 없다. 다섯 또는 여섯 계단을 한 번에 오를 수 없어 한 계단 한 계단 차근차근 오르듯이, **모든 학습자는 반드시 시작단계를 경험해야 하며, 시작단계를 경험하지 않고 완성단계에 필요한 학습만으로 원하는 학습결과를 얻을 수 없다**는 사실을 우리는 아주 잘 알고 있다. 그래서 자신의 학습에서 성공적인 결과를 얻기 위해, 학습자는 자신의 발달단계를 인정하고 각 발달단계에 맞는 학습목표를 설정하여 학습을 진행하는 것이다. 이러한 학습의 특징을 너무도 잘 알고 있기에, 우리 모두는 "수준별 학습" 또는 "눈높이 교육"의 중요성을 부정하지 못하는 것이다. 수준별 또는 눈높이 학습이 정말 중요한 이유는, 처음부터 완벽을 추구한다면, 학습과정에서 부족한 자신의 모습에 항상 불만족스럽고 결국에는 좌절하여 포기할 것이다. 반대로 **발달단계를 인정하여, 한 단계 한 단계 순차적으로 학습을 하면서 조금씩 발전하는 자신의 모습을 본다면, 학습자는 발전하는 자신의 모습에 만족할 것이며 다음 단계에서 경험할 학습을 성공적으로 해낼 수 있다는 자신감을 얻을 것**이다. 모든 학습이 그러하다. "내가 나아지고 있고 발전하고 있다는 모습을 스스로에게 보여주는 학습자는 더 큰 학습동기와 흥미를 가지고 학습에 전념하여 결국에는 원하는 결과를 얻을 것이다."

영어 학습도 마찬가지이다. **영어 말하기 능력을 완성하기 위한 영어 학습에서, 학습자가 기억해야할 가장 중요한 사항 중 하나는 "영어 말하기 의사소통능력은 발달단계를 거쳐 완성할 수 있다."라는 보편적 견해이다.** 그런데 청화식 영어 학습법(Audiolingual Method)을 활용하는 한국의 영어 학습자들은 영어 발달단계를 인정하지 않고, **처음부터 영어 원어민이 의사소통하듯 영어 원어민 발음으로 완벽한 영어 문장을 정상 속도로 발화하도록 강요 아닌 강요를 받으며 영어 말하기 학습을 하고 있다. 영어 학습자도 자신의 영어 학습에서 자신의 영어 실력이 나아지고 있다는 것을 스스로에게 보여줄 필요가 있다.** 그러나 처음부터 원어민처럼 완벽한 영어로 의사소통 할 수 없기에, 자신의 완벽하지 못한 영어 말하기 능력에 좌절하고 실망하고 결국에는 포기하는 것이다. 이 교재를 읽는 당신도 어쩌면 이런 좌절감 때문에 영어 말하기 능력을 위한 영어 학습을 포기한 경험이 있을지 모른다. 유치원생에게 수학의 가장 기초인 덧셈을 가르치지 않고, 미분 또는 적분부터 가르치려고 애쓰는 부모는 없다. 이러한 수학교육이 아이의 수학 능력 발달에 전혀 도움이 되지 않고, 아이에게 좌절감만 심어준다는 것을 아이의 부모는 잘 알고 있는 것이다. 모국어 교육에서도 언어의 가장 작은 단위인 단어부터 시작하지, "엄마 장난감 사 주세요!"라는 문장으로 가르치는 부모는 없다. 수학을 가르치든 모국어를 가르치든 발달단계에 맞는 교육과 학습이 필요하다는 것을 아이의 부모뿐만 아니라 우리 모두는 잘 알고 있다. 그런데 **영어 교육과 영어 학습만 예외가 되어 많은 영어학습자들이 발달단계를 인정하지 않고 처음부터 완벽한 문장으로 영어 말하기 능력을 완성하고자 노력한다는 것이 참으로 수수께끼이다. 이 교재는 이 수수께끼를 풀어내어 발달단계에 따라 가장 효율적인 영어 학습법은 무엇이 될 수 있는지를 소개하고 설명하고자 하는 것**이다.

모국어를 배우든 영어를 배우든 아이들은 성인에 비해 성공적으로 언어를 습득한다. 모든 정상적인 아이들은 모국어를 성공적으로 습득하며, 너무 늦게 모국어 학습을 시작하면 모국어를 성공적으로 습득할 수 없다는 결정적 시기 가설이 있다. 외국어 학습에서의 결정적 시기 가설은 논란의 여지가 있지만, 모국어 학습에서의 결정적 시기 가설은 대부분의 언어학자들이 받아들이는 보편적 견해이다. 어린이 학습자가 성인 학습자보다 뛰어난 것은 영어 학습에서도 마찬가지이다. 우리 대부분이 알고 있는 "조기 영어교육"이라는 용어만 보더라도, 어린이 학습자가 성인 학습자보다 영어 학습에서 보다 성공적인 결과를 얻는다는 믿음이 있다. 따라서 어린이 학습자의 언어 발달과정의 특징을 이해하고, 발달과정에서 어떠한 방법으로 언어학습을 진행하는지 이해할 수 있다면, 성인 영어학습자들도 영어 학습에서 좀 더 성공적인 결과를 얻을 것이다. 영어 교육의 한 분야는, 성공적인 영어 학습자의 학습방법 특징들을 확인하고, 그 특징들을 영어 교육과 학습에 적용하여 다른 학습자들이 성공적으로 영어 능력을 습득할 수 있도록 도와주는 것이다. "수능 만점자"들하고 인터뷰하는 이유도 이러한 이유 때문일 것이다. 이 교재도 어린이 학습자의 언어 발달과정의 특징과 학습방법을 소개하여, 한국의 영어 학습자가 효율적인 영어 학습방법을 활용하여 성공적으로 영어 능력을 완성할 수 있도록 도와주고자 한다.

😀 어린이 학습자의 언어학습 특징 ✏️

모든 학습이 그러하듯, "언어 학습도 학습자의 수준에 따라 단계별로 차근차근 가르쳐야 한다."라는 보편적 견해가 있다 하였다. 모국어를 배우기 시작하는 어린 아이에게 모국어를 가르치는 아이의 부모도 이러한 보편적 견해를 아주 잘 이해하고 있다. 그러하기에, 처음부터 완벽한 문장으로 모국어교육을 시작하는 부모는 없다. 예를 들면 모국어를 막 배우기 시작하는 아이에게 "아빠 맘마 주세요! 해봐!"라고 문장으로 모국어를 가르치는 아빠는 없으며, 또한 "엄마 과자 주세요. 해봐!"라는 문장으로 모국어 교육을 시작하는 엄마도 없다. 대신 아빠는 "아빠! 해봐! 맘마 해봐!"라며 언어의 가장 작은 단위인 단어로 의사소통 할 수 있는 방법을 가르칠 것이며, 엄마도 "엄마! 해봐! 과자! 해봐!"라고 아빠와 같이 단어 하나하나부터 의사소통 하는 방법을 가르치기 시작할 것이다. 수학을 배우기 시작하는 아이에게 미분과 적분보다는 덧셈과 뺄셈부터 시작해야 교육의 효과가 있다는 것을 알고 있듯이, 아이의 부모도 모국어 발달단계 초기에서 모국어를 단어가 아닌 문장으로 시작하여 가르쳐도 학습효과가 없다는 것을 잘 알고 있는 것이다. 그래서 아이가 한 단어로 시작해서 2-3단어 그리고 점차 문장으로 모국어 능력을 발전시키고 모국어 능력을 완성할 수 있도록 도와주는 것이다.

우리는 아이가 의사소통하는 방식을 보며 아이의 모국어 발달단계를 가늠할 수 있다. 모국어를 학습하기 전에 아이는 울음소리, 얼굴표정, 또는 몸짓 등으로 자신이 전하고자 하는 의미를 부모 또는 주변사람들에게 전달하며 의사소통한다. "**의사소통은 자신이 표현하고자 하는 의미를 상대방에게 전달하고 이해시키는 것**"이라는 사실을 아이는 너무도 잘 알고 있는 것이다. 그리고 **아이들은 의미를 전달할 때** 언어적 음성(소리)이 아니어도 의미전달이 가능하다는 것을 아주 잘 알고 있는 것이다. 효율적인 "영어 말하기 능력 완성"을 위해 영어 발단단계를 인정하고, 발달단계에 적절한 영어 학습을 진행해야한다는 논의를 계속 진행하기 전에, "**의사소통의 가장 기본적인 기능은 의미전달**"이라는 것을 직접 깨달은 나의 경험담을 다음과 같이 소개하고자 한다.

에피소드 3:

대학 3학년 여름방학 때 필리핀으로 6주간의 영어연수를 떠났다. 지금은 생각이 많이 바뀌었지만, 그 당시만 해도 영어를 배우기 위해서는 영어권 국가로 가야만 한다고 믿었다. 필리핀에서의 영어연수는 한국인 원장님이 운영하는 학원에서 진행되었으며, 교사와 학생의 1:1 영어 수업방식으로 진행되었다. 숙소는 한인교포가 운영하는 두 채의 하숙집에 13명의 한국 학생들이 머물렀다. 주중에는 학원에서 영어 수업을 수강하고, 주말에는 주변지역으로 관광을 다녀오기도 하였다.

하루는 배를 타고 관광지로 향하고 있었다. 그런데 그 때 하숙집에서 영어능력이 가장 부족하다고 생각되는 동료 학생이, 선상에서 필리핀 여성과 유창하게 영어로 대화를 나누고 있는 것이 아닌가? 정확히는 기억할 수 없지만 두 사람의 영어 대화는 3-5분간 진행되었던 것 같다. 이것이 어떻게 가능한 것인가? 영어 말하기능력에 자신이 없기에, 나머지 우리들은 영어로 대화하는 것이 두려워, 가능하다면 영어대화를 피하려고 하였다. 그런데 영어능력에 가장 자신이 없다던 이 왕초보는, 지금 우리들 앞에서 유창하게 영어로 대화하고 있지 않은가? 관광이 끝나고 하숙집에 돌아온 우리들은 그 왕초보에게 선상에서 있었던 감탄할 만한 그의 영어능력에 관해 질문할 수밖에 없었다. "아니 우리한테는 영어 정말 못한다고 하더니… 아니 어찌된 일이에요?" "일 주일 만에 영어를 완성한 거예요?

그렇다면 도대체 비결이 뭐에요?" 이러한 질문에 그는 의외의 대답을 했다. "내가 그 여성과의 대화 중에 했던 말은 'Really?' 밖에 없어… **말이라는 것이 기본적으로 정보(의미)를 전달하기 때문에 그 정보(의미)가 참인지 거짓인지를 확인하는 과정에서 'Really?' 단어 하나만으로도 대화를 이어갈 수 있는 거야!**" 이와 같은 그의 주장이 사실인지 아닌지 당신도 직접 확인할 수 있을 것이다. 확인할 수 있는 한 방법으로는 위에 소개한 에피소드 3을 모르는 주변 사람들과 대화하면서, "정말?"이라는 단어 하나만으로 3-5분간 대화를 이끌어 갈 수 있는지 확인하는 것이다. 다음의 상황은 어떠한가? 가능한 일이라고 생각하는가? 아니면 터무니없는 상황이라고 생각하는가?

A: 아 배고파!   B: 정말?

A: 요 앞에 돈가스 잘하는 식당이 새로 오픈했다는데…   B: 정말?

A: 우리 점심은 거기서 먹을까?   B: 정말?

A: 돈가스 값도 비싸지 않대…   B: 정말?

A: 거기다 맛도 좋고..   B: 정말?

A: 빨리 가자. 점심시간에는 손님이 많아 줄서서 기다릴 수도 있어…   B: 정말?

A: 오늘은 내가 살게…   B: 정말?

나의 경험담에서 보여주듯, "의사소통의 가장 기본적인 기능은 의미전달"이며, 그러하기에 "전달된 의미가 사실인지 아닌지를 확인하기 위한 수단이 될 수 있는 단어

"Really" 하나만으로 의사소통이 가능한 것"이다. 이 교재에서 자세하게 설명하겠지만, "의사소통 기능"과 단어 "Really"의 중요한 기능을 이해한다면, 대화 상대방과의 의사소통을 좀 더 오래 그리고 활기차게 이어갈 수 있을 것이다. 아이는 "의사소통의 기본적인 기능"을 아주 잘 이해하고 있으며, 언어(모국어)능력이 부족한 아이는 언어가 아닌 "울음, 얼굴표정, 손짓 또는 몸짓"과 같은 비언어적 수단을 활용하여 주변사람들과 의사소통할 수 있는 것이다. **아이는 상대방에게 더 많은 대화의 책임을 갖게 함으로써, 그리고 대화 상황을 잘 활용함으로써 부족한 모국어 능력에도 불구하고, (비)언어적 수단을 활용하여 주변 사람들과 성공적으로 의사소통 할 수 있는 것**이다.

"의사소통의 가장 기본적인 기능"이 의미 전달이라는 사실을 성인들도 아주 잘 알고 있다. 그리고 **의사소통이 반드시 언어 수단으로만 가능한 것이 아니고, 얼굴표정, 손짓, 또는 몸짓 같은 비언어적 수단도 가능하다는 사실을** 아주 잘 이해하고 있다. 우리는 어떤 것을 동의하거나 받아들일 때 고개를 끄덕인다. 그리고 그 반대의 경우에는 고개를 가로젓는다. 그리고 대화 상대방도 이런 몸동작이 무슨 의미인지 쉽게 이해할 수 있다. 입술에 손가락을 갖다 대면 전하고자 하는 의미가 무엇인지를 우리는 바로 이해할 수 있다. 불편한 곳이 있거나 불편한 상황에서 얼굴을 찌푸리면, 상황이 좋지 않다는 것을 의미한다는 사실을 주변사람들은 본능적으로 이해할 수 있다. 이렇듯 우리는 일상생활에서 비언어적 수단을 활용하며 의사소통을 하거나 또는 흔히 목격할 수 있을 것이다. 맥주병을 높이 들어 맥주를 추가 주문하는 텔레비전 광고는, 때로는 비언어적 의사소통 방법이 훨씬 더 효율적이라는 사실을 우리에게 잘 보여준다. 백 번 "미안합니다!"라는 말보다, 말없이 뚝뚝 흘리는 굵은 눈물이 참회의 감정을 상대방에게 훨씬 강렬하게 전달할 수 있을 것이다.

그런데 영어 발달 초기에서 의사소통하기에는 충분하지 않은 영어 의사소통능력에도 불구하고 부족한 영어 능력을 보완하기 위해, 어린 아이처럼 "얼굴표정, 손짓, 또는 몸짓" 같은 비언어적 수단을 사용하는 것에 성인들은 왜 소극적인가? **한국의 영어 학습은 발달단계를 인정하지 않고 처음부터 완벽한 문장으로 의사소통하는 학습이기 때문**일지도 모른다. 이 교재에서 좀 더 자세하게 설명하겠지만, 영어 학습이 발생하는 교실문화와 학습문화는 학습자의 영어 학습방법에 영향을 준다. 그러하기에 영어 발달단계를 무시하고, 처음부터 완벽한 문장으로 의사소통하려는 영어 학습습관이 형성되는 것이다. 반면 **모국어 학습에서는 발달단계를 인정하기에, 비언어적 수단을 시작으로 모국어 능력을 점진적으로 발전시켜 나가는 것이 당연하고 자연스런 언어발달단계라고 인정하는 것**이다. 따라서 영어 학습도 이렇게 발달단계를 인정하여, 학습자의 영어능력에 따라 비언어적 수단을 시작으로 순차적으로 의사소통능력으로 발전시켜 나갈 수 있도록 영어 교육과 영어 학습이 진행되어야 한다.

영어가 모국어인 영어 원어민 교사는 어쩌면 이러한 영어 발달단계를 인정하여 영어 교육을 진행할지도 모른다. 실제로 나는 이러한 영어 교육을 경험하였다. 시카고에서 영어 연수를 할 때, 한 수업에서 "팬터마임"으로 종이에 적힌 의미를 같은 편 구성원에 전달하던 마치 게임 같았던 학습활동을 기억한다. '영어 말하기 수업인데, 왜 이런 게임을 하지?'라고 내 자신에게 물었던 기억이 있다. 그 당시에는 몰랐지만, 원어민 선생님은 '손짓 또는 몸짓으로도 의사소통이 가능하다'라는 사실을 우리에게 일깨워주고 싶으셨던 같다. 이러한 원어민 선생님교육의 영향을 받은 것인지는 몰라도, 나는 미국 사람들의 몸짓(Gestures)으로 영어 의사소통 할 수 있는 방법을 배우려는 노력도 기울였다. 미국 사람들의 몸짓을 소개한 교재를 실제로 확인한 나는, **모국어처럼 영어 의사소통에서도 때로는 몸짓을 사용하는 것이 효율적이고 간편한 의사소통이 될 수 있다**는 사실을 깨달았다. 그때 교재를 통해 알게 된 영어 몸짓언어는 어깨를 으쓱(Shrug)이면 "I don't know." 의미라는 것을 아직도 기억하고 있다. 가장 최근에 알게 된 영어 몸짓언어는 기도하듯 두 손을 모으고 비비면, 생일 선물이든 크리스마스 선물이든 무엇인가를 기대하고 있다는 의미의 "**I'm waiting for** 원하는 것!"을 기억하고 있다. 이와 같이 간단한 몸짓만으로도 효율적으로 의사소통 할 수 있는 것이다. 그 때 그 영어 원어민 선생님처럼 나도 **한국의 영어 학습자에게 조언하고 싶은 것이 있다면, "불편하겠지만, 얼굴표정 또는 손짓과 몸짓으로도 성공적으로 의사소통이 가능하며, 비언어적 수단으로 영어 학습을 시작함으로써 자연스럽게 영어 발달단계를 인정하게 될 것**이다." 영어 의사소통 능력이 발전함에 따라, 손짓과 몸짓 같은 비언어적 수단이 점차 줄어들며, 영어를 사용하여 의사소통할 수 있는 자신의 발전하는 영어 말하기 의사소통 능력을 보며, 영어학습자는 영어 학습에 더 큰 흥미와 자신감을 갖게 될 것이며 결국에는 영어 말하기 능력을 완성함으로써 아주 큰 성취감을 느낄 것이다

손짓 또는 몸짓으로 의사소통이 가능한데, 우리는 왜 영어를 배울까? 당신이 영어를 배우고자 하는 주된 이유는 손짓 또는 몸짓으로 의사소통하는 불편함을 최소화하기 위한 목적일 것이다. 손짓 또는 몸짓으로 의사소통 하는 것이 때로는 효율적일 수 있지만, 표현할 수 있는 의사소통 상황은 아주 제한적이다. 아이가 의식주를 해결하는 생존 언어에는 제한적 표현만으로 의사소통이 가능하겠지만, 생활환경이 넓어지면서 표현해야하는 의사소통 상황도 많아진다. 다양한 상황에서 효과적으로 의사소통하기 위해 언어능력이 필요한 것이다. 아이의 부모가 자녀에게 모국어를 가르치고 싶은 가장 중요한 이유 중 하나도, 아이와의 의사소통을 한층 더 효과적으로 하기 위한 것일지도 모른다. 다행인 것은 아이가 필요한 의사소통능력은 아이의 성장과정과 일치한다는 사실이다. 의식주를 해결하는 생존 모국어능력에서, 유치원에 입학하여 또래 아이들과 교류하는 사교 언어능력으로 그리고 초등학교에 입학하면서 토론을 하고 발표를 할 수 있는 학술 목적의 언어능력으로 발전시킬 필요가 있는 것이다. 모국어를 가르칠 수 있는 사람이 항상 곁에 있는 모국어 화자가 이와 같은 발달단계를 경험하듯이, 영어 학습자도 이러한 영어 발달단계를 반드시 경험할 필요가 있다. 그리고 가장 기초적인 생존 영어 단계에서, 자신의 영어능력에 따라 비언어적 의사소통 수단도 기꺼이 활용할 마음가짐도 중요하다. 다시 한 번 강조하자면, **영어발달초기에 비언어적 수단을 활용할 수도 있다는 마음가짐은, 영어학습자가 영어 발달단계를 인정하고 발달단계에 맞는 영어 학습방법을 선택하고 활용하도록 이끌 것이다**. 그리고 그렇게 함으로써, 뛰어난 언어학습자인 어린이 학습자처럼 영어 학습에서 성공적인 결과를 얻을 수 있을 것이다.

비언어적 수단으로 의사소통하는 단계를 거쳐, 부모가 모국어를 가르치는 방법과 함께 아이는 한 단어를 시작으로 두 세 단어, 그리고 결국에는 문장으로 의미를 전달하며 의사소통할 수 있는 모국어능력으로 완성해간다. 이러한 과정에서 비언어적 의사소통

수단보다는, 아이는 점차 모국어(언어적 수단)를 활용하여 주변사람과 의사소통하려고 할 것이다. 우리는 아이의 모국어 발달과정을 통해 언어습득이 어떠한 과정을 거쳐 완성되는 것인지 이해할 수 있다. 그리고 언어 발달과정을 이해한다면, 그래서 각각의 모국어 발달과정에서 어떠한 모국어교육과 학습이 필요한지를 이해할 수 있다면, 영어 학습자는 영어발달과정에서 적절한 영어 학습방법을 활용할 것이다. 자신의 발달과정에 적절한 효과적인 영어 학습방법을 활용함으로써, 결국에는 영어 말하기 의사소통 능력을 성공적으로 완성할 수 있을 것이다.

우선 모국어 발달과정을 이해하자면, 우리는 "엄마!" "아빠!" "맘마!" "과자"와 같이 한 단어로 의사소통하는 아이가 모국어 능력을 완성하였다고 생각하지 않는다. "아빠, 맘마!" "엄마, 과자!"라고 하며 두 세 단어만으로 의미를 전달하는 아이도 모국어 능력을 완성하였다고 생각하지 않는다. 그런데 "아빠 과자 사 주세요!"라고 자신이 전하고자 하는 의미를 문장으로 표현하며 의사소통할 수 있는 아이를 우리는 모국어 능력을 완성하였다고 확신할 것이며, 언어능력 측면에서 성인이라고 할 수 있는 것이다. 이와 같이 "울음소리, 얼굴표정, 손짓 또는 몸짓으로 의사소통하던 단계에서, 한 두 단어로 의미를 전달하는 의사소통능력단계를 거쳐, 문장으로 의사소통할 수 있는 능력으로 완성해가는 것이다. 다시 말해, **언어습득은 거창하고 복잡한 것이 아니다. 문장으로 자신의 사고(의미)를 전달하며 의사소통할 수 있는 능력을 완성하였다면, 언어능력을 습득하였다고** 할 수 있다.

모국어 발달과정에서 아이가 비언어적 수단을 시작으로 한 두 단어 그리고 문장으로 의사소통할 수 있는 모국어 능력으로 완성해간다는 모국어 발달단계를 아이의 부모는 아주 잘 이해하고 있다. 그래서 아이의 부모는 아이의 이러한 발달단계에 맞게 모국어 교육을 진행하는 것이다. "(배고파요) 맘마(주세요)!"라는 말을 못하고 울고만 있는 아이를 아이의 부모는 나무라지 않는다. "기저귀(갈아주세요)!"라는 말 대신에 목청껏 우는 아이를 꾸중하지도 않는다. 대신 아이가 울음으로 전하고자 하는 의미가 무엇인지 이해하려고 노력한다. 의사소통 초기단계에서는 이러한 방법을 사용한다는 것을 아이의 주변사람들은 잘 이해하고 있기 때문이다. 그런데 초보 아빠 또는 엄마는 아이가 우는 상황을 이해하지 못하고, 종종 아이와의 의사소통에 어려움을 경험할 것이다. 그래서 아이하고 효율적으로 의사소통하기 위해 모국어 학습을 시작하는 것이다. 초보 아빠와 엄마를 위해 아이의 울음소리를 분석하여 아이가 무엇을 원하는지 모국어로 알려주는 기계가 발명된 이유도, 아이와 부모사이의 효율적인 의사소통을 도와주기 위한 것이다.

모국어 학습을 시작할 때, 아이의 부모는 완벽한 문장으로 의사소통하는 방법으로 시작하지 않는다. 대신 "엄마, 해봐!" "아빠, 해봐!" "맘마, 해봐!" "기저귀, 해봐" 와 같이 하나의 단어로 의사소통 할 수 있는 모국어 능력부터 가르친다. 그런데 과연 하나의 단어로 어떻게 의미를 전달하며 의사소통하는 것이 가능할까? 첫 교재에서도 언급하였지만 **"대화의 책임을 공유한다면 하나의 단어만으로도 충분히 의사소통이 가능한 것"**이다. 그 가능성을 다시 한 번 확인하자면, 길을 걷는데 낯선 외국인이 다가와 "우체국?"이라고 묻는다면 당신은 "우체국?"을 어떻게 이해하겠는가? 외국인이 "(이 근처에) 우체국이 어디 있어요?"라고 묻지 않았더라도 당신은 분명 그 외국인이 우체국의 위치를 묻는다고 이해할 것이다. 길에서 만난 동네 후배가 "(선배님) 지금 어디 가세요?"라고 물었을 때, 당신이 "은행!"이라고 말하더라도 상대방은 "나 지금 은행에 가!"라고 이해할 것이다. 이와 같이 한 단어로만으로도 충분히 의사소통이 가능하며, 아이의 부모는 이러한 언어의 특징을 아주 잘 이해하고 모국어 교육에 활용하는 것이다. 이와 같은 **의사소통 방식은 대화의 상황을 공유하며, 언어의 유창성(Fluency)에 중점을 둔 의사소통**이다.

유창성이란 의사소통 상황에서 발생하는 문제를 해결할 수 있는 능력(Problem-solving skills)이다. **문제 해결 능력은 의사소통 상황에서 상대방이 자신에게 제시한 문제, 또는 자신이 가진 문제를 해결하기 위해 어떤 단어 또는 구가 필요한지를 빠르게 판단할 수 있는 능력**이다. 앞서 설명하였듯이, 대화의 책임을 상대방과 공유한다면, 한 단어 또는 두 세 단어만으로도 충분히 의사소통이 가능한 것이다. "Postoffice?"라는 한 단어만으로도 상대방은 "Where is the postoffice (around here)?"라고 이해할 것이라고 믿기에, 당신은 한 단어만으로도 효과적인 의사소통을 할 수 있는 것이다. "Bank!"라고 대답하면 상대방은 "I am going to bank."라고 이해할 것이라는 믿음이 있기에 한 단어만으로 효과적인 의사소통을 할 수 있는 것이다. 아이의 부모는 모국어 발달단계에서 처음부터 (완벽한) 문장으로 의사소통할 수 없다는 것을 알고 있기에, 대화의 특징을 이해하고 유창성을 활용하여 효과적인 의사소통을 할 수 있도록 이와 같은 방식으로 아이의 모국어 학습을 진행하는 것이다.

앞서 주장했듯이, **언어습득은 단어를 조합하여 문장으로 말할 수 있는 능력을 완성하는 것**이다. 아이는 한 두 단어로 의사소통할 수 있는 유창성을 바탕으로, 모국어 의사소통능력을 발전시켜 나간다. 그리고 완벽한 문장으로 의사소통할 수 있는 언어능력으로, 즉 정확성(**Accuracy**)에 중점을 두어 의사소통할 수 있는 모국어 능력으로 완성하는 것이 자연스런 언어습득과정이다. 예를 들면, 첫 교재에서도 소개했듯이, "Where are you going?"이라는 상대방의 질문에 "Home!"이라고 대답하였다면, 유창성에 중점을 둔 것이며, "I am going home!"라는 완벽한 문장으로 대답하였다면 정확성에 중점을 둔 것이다. 이런 예에서 당신이 확인할 수 있듯이, 자신이 언어능력발달 초기에 있다면, 완벽한 문장으로 의사소통하기보다는 유창성에 중점을 두어 의사소통하는 것이 훨씬 더 쉬울 것이다. 당신의 영어 능력이 발달함에 따라, **상대방과 대화의 책임을 공유하여 영어 발달 초기에는 "Postoffice?"라는 단어 하나로 의사소통 (해야)할 것이다. 그리고 영어 능력이 발달함에 따라 "Where postoffice?" "Where is postoffice?"라고 의사소통 할 수 있는 단계를 거쳐, "Where is the postoffice?"라는 문장으로 의사소통 할 수 있는 능력으로 영어 말하기 능력을 완성**할 것이다. 다시 말해, 언어습득은 단어를 조합하여 문장으로 완성할 수 있는 언어능력이다. 그래서 문장을 완성하기 위해 문장을 만드는 규칙인 문법을 이해할 필요가 있다. 문법능력을 갖췄다면 다양한 의사소통 상황에 필요한 문장을 조합하여 의사소통할 수 있는 언어의 창의성을 습득하는 것이다.

말하기 능력 완성을 위해 문법능력이 필요하다면, 언어발달단계 초기부터 문법교육을 시작하면 어떨까? 우선 **첫 번째 이유**는 지금까지 설명한 것처럼, 언어습득의 자연적 순서에 따라 언어능력을 발달시킬 필요가 있기 때문이라 하였다. 즉 한 두 단어를 사용하여 의사소통하는 유창성에 중점을 둔 언어능력에서, 완벽한 문장으로 의사소통할 수 있는 언어능력으로 완성하는 것이 자연스런 언어습득과정이다. **또 다른 이유**는 이러한 자연적 순서를 무시하고, 정확성에 중점을 둔 언어학습은 언어발달초기에는 효과가 없다는 이유 때문이다. 예를 들면, 모국어를 배우기 시작하는 아이에게 "나는 ... 주어이고, 사랑은 명사고 보어야, 그리고 이에요...는 동사고 술어야! 그래서 '나는 사랑이에요.'라고 말해야 하는 거야. 알겠지?"라며 문법을 가르치는 부모는 없다. 아이에게 문법을 설명하더라도 아이가 문법을 이해할 수 없을 뿐만 아니라, 문법교육에 반응하지 않아 효과가 없음을 아이의 부모는 잘 알고 있기 때문이다.

그렇다면 말하기 능력 완성을 위해 문법교육은 언제 그리고 어떻게 시작할 수 있을까? 첫 번째 교재 "해외여행을 위한 영어 말하기 능력 1시간 완성"에서도 설명하였듯이, 부모의 문법교육을 통해 아이가 문법능력을 완성해 가는 것이 아니다. **주변에서 발생하는 언어자료를 통해 아이는 언어의 특징을 이해하며 문법능력을 발전시켜 나가는 것**이다. "어! 엄마 말을 들어보니 '예쁘게 소녀'라고 안하고 '예쁜 소녀'라고 하네!" 이와 같이 엄마의 언어자료를 이해한 후 엄마와 같이 말을 하는 것이다. 문장 수준에서도, "어 아빠 말을 들어보니, '아빠는 읽어요 책을'이라고 하지 않고 '아빠는 책을 읽어요'라고 하네!"라고 이해하고 이와 같이 문장을 말하는 것이다. 주변에서 발화하는 언어자료(Input)를 바탕으로 아이가 언어능력을 발전시켜 나가며, 따라서 언어습득을 위해 언어자료가 풍부한 환경이 중요하다는 견해는 영어교육 분야에서 보편적으로 받아들이는 견해이다. 내가 직접 경험한, 아이가 주변에서 발화하는 언어자료를 바탕으로 언어능력을 발전시켜 나간다는 사례를 아래와 같이 소개하겠다.

에피소드 4:
미국 유학생활 중 일요일에 운영되는 한국학교에서 교사활동을 하고 있을 때의 일이다. 교사활동을 하면서 한 교포 학부모를 알게 되었다. 미국인 남편과 결혼하여 귀여운 외동딸이 있었다. 이 교포 학부모는 **5살 정도의 딸과 한국말로 대화를 할 때 딸에게 항상 존댓말을 사용하는 것이다.** "오늘 수업 재미있게 하셨어요?" "춥지 않으세요?" "집에 가요." 등등. 처음에 생각하기를 '한국어를 배우는 학습자가 존댓말 배우는 것이 어려우니까 아이를 위해 저렇게 항상 존댓말을 사용하시는구나!'라고 생각하였다. 하지만 언제부터인가 엄마가 아이에게 존댓말을 하면서 언어를 가르치는 것이 어색할 뿐만 아니라, 존댓말을 사용하지 않아도 되는 상황에서 존댓말을 사용하셨기에, 나는 그와 같은 언어교육 방법을 사용하는 이유가 궁금하였다.

나:
"따님에게 항상 존댓말을 쓰시는 모습이 보기 좋습니다. 그런데 그 이유가 궁금해서 여쭙니다. 따님에게 항상 존댓말을 쓰시는 이유는 무엇인가요?"
교포 학부모:
"딸에게 한국말을 가르칠 때, 처음에는 어른이 아이에게 쓰는 말투로 가르쳤어요. 그런데 어느 날 한 번은 딸이 나에게 이렇게 말하는 거예요. '니가 쇼핑센터에 가자고 했자나!' 제가 사용하는 말투를 앵무새 따라하듯이 그대로 따라했던 것이에요. 윗사람이나 아랫사람 또는 친구에게 존댓말을 사용하지 않는 것은 문제가 되지 않겠지만, 윗사람에게 이렇게 반말을 하는 것은 큰 무례가 될 것 같아 존댓말을 사용하여 한국말을 가르치기로 했어요."

교포 학부모의 설명을 듣고, 존댓말을 사용하며 한국어를 가르치는 그 어머니의 노력에 감동하였고, 엄마의 말을 귀담아 들으며 열심히 모국어를 배우는 아이에게 또한 감동하였다.

주변에 발화하는 언어자료를 바탕으로 문법능력을 발전시켜, 말하기 능력을 완성하는 것은 영어를 배우는 아이들도 마찬가지이다. 영어라는 언어를 배우기 전에, 한국의 아이처럼 영어권 국가 아이들도 울음소리, 얼굴표정, 손짓, 또는 몸짓으로 자신의 전하고자 하는 의미를 전달하며 주변사람과 의사소통한다. 영어발달단계에서 한국아이들처럼, 유창성에 중점을 두어 한 단어로 의미 전달하는 의사소통을 하는 것으로부터 두 세 단어, 그리고 문장으로 의사소통하는 능력을 완성해간다. 한국 아이들처럼, 영어발달 초기에 어린이 영어 학습자는 영어의 유창성에 중점을 두며, 문법성에 바탕을 둔 영어의 정확성에는 관심을 두지 않을 것이다. 그 대표적인 사례 중 하나는 "**또 시작이군! 효과**: the pop-go-weasel effect"(Brown, 2007)이다. 이 사례가 설명하고자 하는 견해는, **언어를 가르치는 사람이 문법성에 중점을 둔다하여도, 어린이 언어학습자는 문장의 문법성에 관심을 두지 않는다는 것이다.**

Adult: Now, Adam, listen to what I say.
        Tell me which is better to say: some water or a water?
Adam: Pop go weasel!
        (Brown, 2007, p.36)

영어 발달초기에 어린이 영어학습자가 정확성보다는 **유창성에 중점을 둔다는 견해**는, 아이가 발생시키는 **전보문**[telegraphic sentences(utterances/speeches)]"을 통해서 확인할 수 있다. 전보문은 문법성에 필요한 기능어를 생략하고, 의미를 가지는 내용어(명사, 동사, 형용사, 그리고 부사)를 중심으로 자신이 전하고자 하는 의미를 전달하기 위해, 영어 발달단계에서 나타나는 2-3개의 단어로 구성된 의사소통 문장이다. 문장이라고 한 것은, 2개 또는 3개의 단어라 하더라도 무작위적인 단어의 배열이 아닌, 문법에 준하는 어순을 반영하기 때문이다(Lightbown & Spada, 2008). 또한 전하고자 하는 의미에 따라 단어를 다르게 조합하여 어순을 달리한다는 것이다. 따라서 영어를 배우는 아이들은 "kiss baby(아이에게 뽀뽀한다)"의 의미와 "baby kiss(아이가 뽀뽀한다)"의 의미는 다르다는 것은 알 수 있다(Lightbown & Spada, 2008, p.2). 이와 같이 한국의 아이처럼, 영어 원어민 어린이들도 영어발달 초기단계에는 의미전달에 중점을 두며, 한 단어로부터 영어능력을 확장해가며, 문법교육보다는 주변의 언어자료를 바탕으로 문법을 완성해가는 발달단계를 경험하며 영어 말하기 능력을 완성해 가는 것이다.

직접적인 문법교육 없이 주변의 언어자료를 바탕으로 어린이 학습자가 문법능력을 완성해 간다는 견해는 발달단계 오류(Developmental errors)에서도 확인할 수 있다. 대표적인 발달단계 오류는 과잉일반화(Overgeneralization)이다. 발달단계에서 어린이 학습자는 "I went home."이라는 문장 대신에, "I goed home."라는 문법적 오류를 보여준다. 영어에서 동사 어미에 "-ed"를 더하면 과거시제를 나타낸다는 문법규칙을 과도하게 일반화하여, 불규칙 과거동사인 "go"에 과거형 어미 "-ed"를 첨부하여 'goed'라는 문법적 오류를 발생시키는 것이다. 문법교육에서 "goed"라는 오류를 가르치지 않기에 문법교육을 통해 문법능력을 발전시켜 나간다면, 아이는 이와 같은 오류를 발생시키지 않을 것이다. 이와 같은 "과잉일반화 현상"은 영어뿐만 아니라 한국어 학습자에게서도 확인할 수 있다. 한국의 어린이 학습자도 문법교육보다는 주변의 언어자료를 바탕으로 시행착오를 거쳐 한국어 문법체계를 완성해 가기 때문이다. 예를 들면, 나의 조카도 모국어 발달단계에서, "엄마! 삼추니가 이거 다 먹는대 ㅠㅠ"라는 말을 하곤 하였다. 조카랑 식사 도중에, "어느 반찬이 제일 맛있어?" "이거!" "그럼 삼촌이 다 먹어야지!"라고 조카에게 농담을 말했을 때 조카가 엄마에게 말했던 문장이다. "아빠가 과자 사주신대." "삼촌이 장난감 사주신대."라는 말을 들었던 경험이 있는 조카가 과잉일반화를 하며, "삼촌이가 이거 다 먹는대!"라는 문법적 오류를 보여준 것이다.

과잉일반화와 함께, 어린이 영어 학습자가 주변의 영어자료를 통해 영어의 특징, 즉 문법규칙을 이해하려는 노력을 보인다는 또 다른 영어 학습 특징은 침묵기(A silent period)이다. 침묵기는 문법규칙과 같은 언어의 특징을 이해하기 전까지 어린이 학습자는 언어발화를 하지 않고 침묵을 유지한다는 견해이다. 영어 학습 초기부터 말을 하면서 영어 학습을 하는 성인과는 다르게, **어린이 학습자는 언어 생산 전에 언어를 이해한다(Comprehension before production)는 견해**이다. 인지능력이 발달하고 영어 학습 초기부터 발화하는 성인이, 발달초기에는 어린이 학습자들보다 빠른 영어능력 발달을 보이지만, 침묵기를 거치면서 영어의 특징을 이해한 어린이 학습자가 성인보다 훨씬 더 뛰어난 영어 말하기 능력을 보여준다. 영어 발달단계에서 침묵기를 거치며 영어의 특징을 거치는 어린이 학습자의 특징을 영어 교육에 적용한 학습법이 전신 신체 반응(Total Physical Response) 교수법이다. 이 교수법은 아이들에게 **언어자료를 제공하는 동시에, 언어자료를 이해하였는지 발화대신 몸동작으로 반응하게 하여 언어의 특징을 이해하도록 하는 교수법**이다. 침묵기 그리고 전신 신체 반응 교수법은 영어 학습에서 문법규칙과 같은 영어의 특징을 이해하는 것이 중요하다는 견해를 뒷받침한다.

주변에서 발생하는 언어자료를 바탕으로, 어린이 학습자는 예측 가능한 발달단계를 거쳐 문법능력을 완성해 간다. 그리고 그 발달단계 과정은 인위적으로 바꿀 수 없는 자연적 순서(Natural Order)를 보여준다는 이론적 견해와 연구결과들이 있다. 예를 들면, 영어 학습자가 "He doesn't have any money/He has no money.(그는 돈이 없어요.)"와 같이 처음부터 문법에 맞는 문장으로 의사소통하는 것이 아니다. 초기 단계에는 부정어가 문두에 위치하는 "No he have any money."라는 비문법적 문장으로 발화한다. 그런 후 발달단계를 거쳐 부정어를 문장 중간에 위치시켜, "He don't have any money."라고 표현하는 발달단계를 거친다. 문장 형식을 갖췄지만 여전히 주어와 동사 사이의 수의 일치를 지키지 않는 비문법적 문장을 보여준다. 어린이 학습자는 이러한 발달단계를 경험하며, 마침내 "He doesn't have any money."라는 완벽한 문장으로 발화할 수 있는 능력으로 영어능력을 완성해 가는 것이다(Lightbown & Spada, 2008 참조). 초기단계의 영어 학습자에게 문법교육을 실행한다고 하여도, 예측 가능한 발달단계 순서는 인위적으로 바꿀 수 없다는 것이다. 이와 같이 언어 발달단계에 자연적 순서가 있다는 것은, **어린이 영어 학습자는 발달단계를 인정하고 자신의 발단단계의 영어 능력에 따라 의사소통을 하며 영어 말하기 의사소통 능력을 완성해 간다는 것이다.**

정리하자면, 모든 정상적인 어린이 학습자는 한국어이든 영어이든 자신의 모국어를 성공적으로 습득한다. **언어학습에 뛰어난 어린이 학습자는 언어학습 시작부터 문법에 맞는**

완벽한 문장으로 의사소통할 수 있는 능력을 갖춘 것이 아니다. 새로운 언어를 배움에 있어, 어린이 학습자는 자신의 발달단계를 인정하고 발달단계에 따라 자신의 능력에 맞게 의사소통하며 언어능력을 발전시켜 나간다. 다시 말해서, 언어발달 초기단계에서는 유창성에 중점을 두어 한 두 단어로 의사소통 할 수 있는 능력에서, 점차 문장으로 의사소통 할 수 있는 언어능력으로 점진적으로 완성해 간다. 언어발달 초기부터 발화하려는 노력보다는, 주변의 언어자료를 바탕으로 목표 언어를 이해하려는 노력을 기울인다. 또한 주변의 언어자료를 바탕으로 목표언어의 특징을 이해하려 노력하며, 목표언어의 특징을 바탕으로 주변의 언어자료와 함께 목표언어의 문법성을 완성해가며 말하기 의사소통 능력을 완성해 가는 것이다. 결론적으로 **뛰어난 언어학습자인 어린이는 언어발달단계를 인정하고 자신의 발달단계에 맞게 의사소통하며 주변에서 발생하는 언어자료를 바탕으로 문법성을 점진적으로 발전시켜 나가며 결국에는 언어능력을 완성하는 것**이다.

😀 성인 학습자의 영어 학습 특징 ✏️

어린이는 언어 발달단계를 인정하고, 자신의 발달단계에 맞게 의사소통하며 언어능력을 완성해간다고 하였다. 그래서 어린이 학습자의 언어발달 특징은, 발달초기에는 의미전달이라는 유창성에 중점을 두어 의사소통하는 능력에서, 언어발달의 자연적 순서에 순응하며 의사소통을 완성해가려는 특징을 보여준다고 하였다. 이와는 다르게 **성인은 영어발달단계 초기부터 완벽한 문장으로 의사소통하려는 성향을 보여준다.** 첫 교재를 주변사람들에게 알리는 과정에서 내가 직접 경험한 사례에서도 성인들의 이러한 영어 학습 성향을 알 수 있다. 예를 들자면, 성인 여성에게 "미용실에 갔습니다, '파마 해주세요!'를 영어로 해보세요!"라고 하면 영어 못한다고 한다. 성인 남성에게 "택시를 탄 후, '시청으로 가주세요!'를 영어로 해보세요!"라고 하면 영어 잘 못한다고 하면서 영어 말하기를 거절한다. 첫 번째 교재에서도 소개했듯이, 서비스를 구매할 때는 "원하는 서비스, please!"라는 간단한 표현으로 구매할 수 있다고 하였다. "따라서 파마 해주세요!"는 "Perm, please!" 그리고 "시청으로 가주세요!"는 "City hall, please!"라고 하면 되는 것이라고 하였다.

이와 같은 설명에 대부분의 반응은 "그 정도의 영어는 할 수 있고, 그 이상의 영어능력을 원하는 것이다."라는 반응을 보였다. 그들은 "I would like (to have) a perm, please!" 그리고 "I would like to go to the city hall, please!"라는 처음부터 완벽한 문장으로 의사소통할 수 있는 영어능력을 원하고 있었던 것이다. 어린이 학습자들처럼 유창성에 중점을 두어 한 두 단어로 의사소통 할 수 있는 언어능력부터 차근차근 발전시켜 나가려는 마음가짐이 부족한 것이다. 성인학습자들도 **완벽한 문장으로 의사소통할 수 없다면, 한 두 단어로 의사소통하겠다는 유연한 마음가짐이 필요**하며, 또한 **완벽한 문장으로만 의사소통이 가능하다는 잘못된 견해도 바꿀 필요가 있다**. 다시 말해, 한 두 단어로 하던 한 문장으로 하던 의미전달이라는 의사소통 기능에 중점을 둔다면, 한 두 단어로 의사소통할 수 있는 능력도 소중하게 생각할 것이다. 그리고 이와 같이 유창성에 중점을 둔 의사소통 능력에서, 영어의 정확성을 갖춘 영어 의사소통 능력으로 발전시켜 완성해가는 것이 영어습득의 자연적 순서이며, 영어 말하기 의사소통 능력을 가장 효율적으로 그리고 성공적으로 완성해 가는 방법이다.

앞서 언급한 것처럼, 수학교육에서 미분과 적분부터 교육을 시작하는 것이 아니고, 덧셈과 뺄셈부터 시작해야한다는 것을 우리 모두는 아주 잘 알고 있다. 완벽한 문장으로 모국어 학습을 시작할 수 없다는 사실도 우리는 아주 잘 이해하고 있다. 그런데 모국어 학습과는 다르게, 영어 학습을 도와줄 수 있는 조력자가 주변에 항상 있는 것도 아닌데, 왜 성인학습자들은 영어발달 초기부터 완벽한 영어문장으로 의사소통 할 수 있는 영어 능력을 원하는 것일까? 성인 학습자들은 왜 이러한 성향을 갖게 되는지 그 원인을 이해할 필요가 있다. 그리고 그 원인을 이해하고 해결한다면, 성인 영어 학습자도 효율적인 학습방법을 활용하여 영어 학습에서 훨씬 더 성공적인 결과를 얻을 수 있을 것이다.

성인 영어 학습자들이 영어 학습 초기부터 완벽한 문장으로 의사소통하려는 성향을 갖도록 하는 여러 요인들이 있다. 그 중 가장 큰 요인은, 첫째, 성인 영어 학습자의 영어 학습 환경이라 할 수 있다. 영어가 외국어인 영어 학습은 대부분 교실에서 발생하며, 다양한 학습 활동을 통한 말하기 중심의 어린이 영어 학습하고는 다르게, 교실에서 책과 함께 영어 학습을 진행한다. 한국의 교실환경에서 확인할 수 있듯이, 교실에서의 영어 학습은 주로 책과 함께 하는 문법과 독해 중심의 교육이다. 교실에서 발생하는 영어학습의 대부분이 정확성에 중점을 두었다고 할 수 있는 것이다. 이러한 교실환경은 영어 학습 문화를 형성하고, 교실에서의 영어 학습 문화는 영어수행(English performance)에서의 사회적 기대감(Social Expectation)으로 작용하여, 학습자의 영어 학습방법과 영어수행에 영향을 주는 것이다. **사회적 기대감이란, 특정 방식으로 영어수행하기를 상대방이 기대한다고 인지하는 것**이다. 좀 더 구체적으로 설명하자면, 정확성에 중점을 둔 교실에서 영어 학습을 한 영어학습자는, **'상대방이 나의 영어수행을 어떻게 기대할까? 아! 문법에 맞게 완벽한 문장으로 의사소통할 것을 기대할 거야!'**라고 인지한다는 것이 사회적 기대감이다. 영어 학습자가 인지한 사회적 기대감이 영어 학습자 자신의 의사소통 능력 그 이상이면, 사회적 기대감은 학습자의 영어수행에 부정적인 영향을 줄 수 있다는 연구 결과들이 많이 있다.

영어 책과 함께 영어 학습을 하는 교실문화가 영어학습자들이 영어수행을 함에 있어 정확성에 중점을 두는 성향을 갖도록 한다고 하였다. 이러한 이유는 한국 영어학습자들은 외국어인 영어를 말(구어: Oral language)로 배우는 것이 아니고, 주로 책(문어: Written language)으로 배우기 때문에 정확성에 중점을 두어 영어 의사소통을 하려는 성향을 보이는 것이다. 구어는 발화 실수나 오류를 어느 정도 인정하여, **의사소통에 사용되는 문장이 문법적으로 오류가 있다하더라도, 의미를 이해할 수 있다면 대화참여자는 문법적 오류들을 묵인할 것**이다. 예를 들면, 대화 중에 "I am student. (나는 학생입니다.)"라는 문장을 화자(the speaker)가 발화하였다하더라도, 청자(the listener)는 "부정관사 'a'가 빠졌습니다."라며 화자의 문법적 오류를 지적하지 않는다. 이와는 다르게, 문어에서는 기술되는 문장들이 기본적으로 문법규칙에 맞아야만 한다. "I am student. (나는 학생입니다)."와 같이 비문법적 문장이 있는 교재는 선택되지 않기 때문이다. 물론, 이러한 문법적 오류가 있는 교과서는 발행되지도 못할 것이다. 발행을 위해, 감수 과정을 거쳐 문법적 오류를 확인하고 수정한 후 교과서를 출판하기 때문이다. 즉, 문어는 기본적으로 정확성에 바탕을 두어야 한다. 따라서 주로 **책으로 영어 학습하는 한국의 영어학습자들은**

잠재의식적으로, 영어수행을 함에 있어 기본적으로 영어의 정확성에 중점을 두어야한다는 믿음을 가질 것이다.

책으로 영어를 배우는 "한국의 영어학습자는 잠재의식적으로 '정확성'에 중점을 둘 것이다."라는 견해를 검증하고자 한다면, 다음의 영어질문에 대답하는 자가 평가(self-evaluation)를 사용할 수 있다. 상대방의 아래와 같은 영어 질문에 당신은 어떻게 대답할 것인가?

Q: Where are you going this afternoon?
A: ?????

질문에 대한 대답을 대명사 "I"라는 주어부터 시작하였다면, 당신은 정확성에 중점을 두어 의사소통하려고 노력한 것이다. **유창성에 중점을 두었다면**, 주어인 대명사 "I"가 필요하지 않기 때문이다. 유창성에 중점을 두어 대답한다면, 대화 상대방이 당신에게 제시한 문제(problem)는 "어디(Where)?"이며, 그 문제를 해결하기 위해 필요한 단어, 즉 "Where?"라는 질문에 대답할 수 있는 단어만이 당신에게 필요한 것이다.

대학 교양영어 교육을 담당한 지난 13년 동안, 유창성에 중점을 두어 위의 질문에 대답한 대학생은 겨우 0.1%에도 미치지 않는다. 즉 6년간의 중등교육을 마친 1,000명의 대학생 중 **한 두 명 정도만이 유창성에 중점을 두어, 위의 질문에 영어로 대답하려고 했던 것이다.** 나머지 대부분의 대학생들은 저자가 예상한대로 정확성에 중점을 두어, 위의 질문에 영어로 대답하려고 노력했다. 위의 질문과 유사하게, *"Where are you going after this class?"* 라는 질문에 대부분의 학생들은, *"I will be going to go to dorm." "I will going to go to the library." "I will going to another class."* 등등의 표현으로 대답하려고 하였다. 즉 문장으로 대답하려는 노력, 정확성에 중점을 두어 대답하려는 성향을 보여주었다. 하지만, *"Eh~~ I will ...." "I am going to ... eh~" "I will be going to ~~."* 등등. 대답을 끝마치기 전에 말문을 닫아버리는 학생들도 적지 않았다.

저자의 영어 학습경험 그리고 학생들을 지도한 경험을 바탕으로 이러한 학생들의 현상을 설명하자면 "I am going~~ 어 지금 내가 영어로 말하는 게 문법적으로 맞는 거야? 틀리는 거야?" 자신의 영어 대답에 관한 문법성에 확신이 없는 학생들은 대답을 마치기 전에, 그리고 상대방이 알고 싶어 하는 "Where?"에 대한 대답을 말하기 전에 말문을 닫아버리는 것이다. **부연설명하자면, 문법적 오류를 두려워하여, 그리고 문법적 오류가 포함된 영어수행이 사회적 기대감(정확성)을 충족하지 못했다는, 친구들의 잠재적 놀림이 두려워 말문을 닫아버리는 것이다.** 결과적으로 계속적인 영어 말하기 활동을 통해 영어 말하기 능력을 발전시킬 수 있는 소중한 기회를 포기하는 것이다. **지나친 문법 중심의 교실의 영어교육 문화가 한국학생의 영어 말하기 능력 향상/발전에 장애가 될 수 있다는** 견해가 제시되는 이유도, 바로 이러한 이유 때문이다.

그렇다면 정확성보다는 **유창성에 중점을 두면 어떻게 대답할 수 있을까?** 그 전에, 당신은 위의 질문에 어떻게 대답하였는가? 대부분의 한국 학생들처럼 정확성에 중점을 두어 질문에 답을 하였는가? 만약 유창성에 중점을 두어 대답한다면, 위의 질문에 어떻게 대답할 것인가? 당신이 "I"라는 주어부터 대답을 시작했다면, 잠재의식(무의식)적으로 **정확성에 중점을 두어 대답하려는 노력을 했던 것이다.** 다시 한 번 확인하자면, 당신이 **유창성에 중점을 두었다면,** 화자가 당신에게 제시한 문제(problem)는 어디(Where)?이며, 그 문제(problem)를 해결하기 위해 필요한 단어, 즉 "Where?"라는 질문에 답을 할 수 있는 단어가 필요한 것이다. 질문을 한국어로 번역하면, "수업 끝나고 **어디** 가세요?" 화자가 궁금한 것은 "수업 끝나고"가 아니고 "가는 것"이 아니고, "**어디?**"이다. 그렇다면, 화자가 청자에게 제시한 문제는 "Where(어디)?"이고 이 문제를 해결하기 위한 장소를 밝힌다면, **유창성에 중점을 두어 대답한 것이다.**

자신이 경험했던 교실의 영어 학습문화를 이해하는 것은 영어 학습에서 중요하다. 영어 학습에서 만족스럽지 못한 결과를 얻지 못한다면, 자신의 학습방법과 함께 자신의 학습 환경에서도 원인을 살펴볼 필요가 있기 때문이다. 교실의 영어 학습 문화가 정확성에 중점을 두어 의사소통을 하도록 자신을 자극하고 강요한다고 하더라도, 발달단계를 인정하고 자신의 발달단계에 맞게 적절한 학습방법을 활용하고, 영어 의사소통을 하려는 노력을 기울일 필요가 있다. 그리고 당신이 꼭 기억해야할 것은, 교실에서 정확성에 중점을 두어 완벽한 문장으로 의사소통하는 연습을 한다고 하더라도, 당신은 실제 의사소통 상황에서는 한 두 단어로 의사소통하는 발달단계를 반드시 경험한다는 것이다. 교실에서의 영어 학습 활동 중에서는 완벽한 문장으로 의사소통 할 수 있을 것 같지만, 실제 의사소통 상황에서는 한 두 ㄴ단어로 의사소통하는 영어 발달단계를 당신은 분명히 경험한다는 것이다. 앞서 얘기하였지만, 영어능력 발달단계의 자연적 순서를 영문법 같은 인위적 요인들이 바꿀 수 없기 때문이다. **발달단계의 자연적 순서에 순응하고 한 두 단어로 의사소통 할 수 있는 능력으로부터, 완벽한 문장으로 의사소통할 수 있는 능력으로 발전시켜 나가는 것이 훨씬 더 효율적이고, 엉어 학습 과정에서 좌절하지 않는 즐거운 엉어 학습이 되는 것이다.**

교실에서의 영어 학습문화와 함께, **성인이 정확성에 중점을 두어 영어 말하기 의사소통 하도록 자극하는 또 다른 요인은 언어자아(Language ego)이다.** 언어자아란, 언어학습과 관련된 학습자의 정체성이다. 성인을 예로 들자면, 성인은 두 가지 언어자아를 가지고 있다. 모국어(한국어) 자아와 성인이라는 언어자아이다. **성인이라는 언어자아는, 완벽한 문장으로 의사소통할 수 있다는 언어 정체성이다.** 완벽한 모국어(한국어) 문장으로 의사소통할 수 있는 성인이, 새로운 영어자아를 받아들이면서, **완벽한 문장으로 의사소통 할 수 있는 언어자아를 버리고, 다시 어린아이가 되어 한 단어 또는 두 세 단어로 의사소통하는 발달단계를 인정하는 것은 쉽지 않다.** 만약 성인인 당신이 다시 어린 아이가 되어, **한 단어 또는 두**

세 단어로만 의사소통할 수 있는 언어능력이 있다면 당신의 자존감은 어떠할 것 같은가? 확인하고 싶다면, 한 두 단어로만 사용하여 친구와 5분간 의사소통하는 것이다. 그러면 성인으로서 당신이 느끼는 자존감을 쉽게 확인할 수 있을 것이다. 좀 더 극단적으로 당신이 비언어적 의사소통단계에 있다고 가정하자. 한국말을 이해하지 못하는 영어화자에게 당신이 전하고 싶은 의미를 어떻게 전달할 수 있을까? 어린 아이처럼 얼굴표정, 손짓, 몸짓과 같은 비언어적 수단으로 기꺼이 의사소통할 마음가짐을 당신은 가지고 있는가? 아니면 의사소통 기회를 포기하겠는가?

다시 한 번 강조하자면, 의사소통 수단이 반드시 언어적 수단일 필요는 없다. 능숙한 언어학습자인 아이들도 언어발달단계에서 얼굴표정 또는 몸짓 같은 비언어적 수단을 이용하여 성공적으로 의사소통 할 수 있다. 뿐만 아니라, 때로는 얼굴표정, 손짓, 또는 몸짓과 같은 비언어적 의사소통 수단이 언어적 의사소통보다 훨씬 효과적인 의사소통 수단이 될 수 있다고도 하였다. 우리는 가게 앞에서 무엇을 사달라고 떼를 쓰는 아이를 목격할 수 있다. "엄마 과자!" "안돼요!" "엄마 과자!" "안돼요!" 이런 실랑이를 벌이던 아이가 울음을 터트리면, 그렇게 완강하게 안 된다고 말했던 엄마도 아이의 울음 앞에서는 마음이 흔들리게 된다. 앞서 언급했듯이, "잘못했어요! 용서해 주세요!"라고 말하는 아이보다, 아무 말 없이 굵은 눈물만 뚝뚝 흘리는 아이가 자신의 뉘우침을 좀 더 생생하게 전달할 수 있다는 사실을 우리들은 아주 잘 알고 있다. 이처럼 자신의 의미를 전달할 때 비언어적 의사소통 수단이 때로는 언어수단보다 훨씬 강렬하고 효과적인 의사소통 수단이 될 수 있는 것이다.

비언어적 의사소통 수단이 때로는 언어수단보다 훨씬 효과적이고 강렬한 의사소통 수단이 될 수 있다는 견해를 뒷받침할 수 있는, 내가 직접 경험한 일화를 소개하겠다.

에피소드 5:
음성으로 전하는 언어적 의미보다, **몸짓이나 손짓이 전하는 비언어적 의미가 더욱 강렬하게 상대에게 전달될 수 있다는 사실을 직접 경험하였다.** 미국에서 유학생활을 하는 동안, 매일같이 즐기고자 노력했던 취미생활이 있었다. 그것은 축구였다. 저녁 6시가 되면 학교 학생들뿐만 아니라 주변의 사람들이 함께 모여 축구를 즐기곤 하였다. 유럽, 남미, 중미, 북미, 그리고 아시아 축구를 모두 경험하였기에, 지금 돌이켜보면 내가 축구 유학을 다녀 온 것은 아닌가하는 재미있는 생각을 할 때도 있다. 가끔은 주변 친구들한테, "응 나 미국으로 축구 유학 갔다 왔어!"라며 농담을 건네기도 한다. 미국에서 즐겼던 축구가 재미있었던 이유는, 부상의 위험성이 적은 양탄자 같은 천연잔디위에서 축구를 즐길 수 있었다는 것이다. 또한 해가 짧아 일찍 어두워지는 가을철에는 조명등 아래에서 축구를 즐길 수 있었다는 것이다. 그리고 **가장 좋았던 것은 다양한 인종, 그리고 다양한 국적의 친구들과 함께 축구를 즐겼다는 사실이다. 서로 모르는 관계라도 취미를 공유할 수 있는 미국 사회가 하나의 장점**이라고 생각한다.

내가 말하고자 하는 경험은 교내 축구대회에서 겪었다. 교내 축구경기는 축구장을 반으로 나눠, 한 팀에 총 7명의 선수가 참여하는 경기이다. 골키퍼를 제외하면 6명이 축구장 반의 면적을 뛰어다니며 하는 경기이기에, 내 개인적인 생각으로는 5명이 하는 풋살보다 더 힘든 경기였다. 아무튼 한국학생 축구동아리는 2개의 팀 KSSC A팀과 KSSC B팀이 출전하였다. 예선은 4개 팀이 한 개조에 편성되어 리그전으로 경기를 하고, 상위 2개 팀이 결선에 진출한다. 결선에서는 토너먼트 방식으로 진행되었다. 내가 속한 B팀은 결선 진출이 확정되었고, A팀은 예선 마지막 경기를 남겨두었다. 마지막 경기에서 승리하면 결선에 진출하고, 그렇지 않으면 예선탈락이 되는 중요한 경기였다.

상대팀 선수 중에 내가 잘 아는, 축구를 정말 잘 하는 선수가 있었다. 나는 매일 같이 축구를 하였기에 축구를 좋아하는 많은 친구들을 알고 있었다. 물론 워낙 많은 친구들과 축구를 즐겼기에, 이름도 모르고 얼굴만 아는 정도였다. 나는 KSSC A팀 선수들에게, 그 선수를 주의할 필요가 있다고 하였다. 축구 경기가 시작되고 내가 예상했던 대로 그 선수는 뛰어난 개인기로 우리 동아리 팀 선수들을 제쳐가며 쉽게 득점을 하였다. 6명이 필드에서 경기를 진행하기에 한 두 명만 제치면 쉽게 골을 넣을 수 있었다. 응원석에 있었던 우리들은 응원방식을 바꾸었다. 우리 팀 선수들을 응원하기 보다는, 상대편의 이 뛰어난 선수가 공을 잡을 때마다 우리는 응원석에서 야유를 터트렸다. "우우우우~~~" 그리고 내가 직접 경험한, "말보다 몸짓이 더 강렬하게 의미를 전달할 수도 있다"라는 사실을 깨달은 것은 바로 그 때였다.

　　뛰어난 실력으로 우리 팀 선수 두 세 명을 제치고 다시 한 번 골을 넣은 그 선수는 골을 넣자마자, 우리 응원석으로 몸을 돌리더니 양손의 가운데 손가락을 우리들에게 추켜올려 보여주었다. 솔직히 우리 응원단 중 그 어느 누구도 그 선수의 행동에 뚜렷한 반응을 보인 사람은 없었다. 나도 마찬가지다. 미국 드라마나 영화 속에서 가운데 손가락을 추켜올리는 장면을 자주 보아왔기 때문에, 그런 동작이 굉장히 심각하고 크게 문제될 것이라고 생각하지도 않았다. 하지만 심판의 행동에서 나는 그러한 행동이 상대방에게는 굉장히 심각한 모욕이라는 것을 깨달았다. 20-30미터 떨어져 있던 심판은, 선수의 이런 행동을 보자마자 그 선수에게 달려와 레드카드(퇴장을 의미)를 그 선수에게 보여주듯 높이 쳐든 것이다. 심판의 행동에 내가 깜짝 놀란 이유는 옐로카드(경고를 의미)가 아닌 레드카드를 꺼냈다는 사실이다. 내가 그 선수의 행동을 심각하게 생각하지 않았기 때문에, 심판은 레드카드가 아닌 옐로카드를, 아니 옐로카드 자체를 꺼내지 않을 것이라고 생각했다. 그런데 심판은 레드카드를 꺼낸 것이다. 더욱 놀라운 것은 그 선수와 그 선수 팀 구성원의 행동이다. 심각한 반칙이 아닌 상황에서 옐로카드가 아닌 레드카드를 심판이 꺼냈다면 해당선수뿐만 아니라, 그 선수의 팀 구성원들도 심판에게 강력하게 항의하기 때문이다. 그 선수의 팀 구성원들 중 누구도 심판에게 항의하지 않았으며, 해당 선수도 아무런 불만을 제기하지 않은 체, 운동장 밖으로 퇴장하였다.

위와 같은 경험에서 가운데 손가락을 상대방에게 보이는 것이 상대방에게 얼마나 큰 모욕을 주는지 나는 깨달았다. 이에 더해, 4개의 철자로 구성된 단어(four-letter words)를 입으로 전달하는 것보다, 단지 몸짓하나로 상대방에게 강렬한 의미를 전달할 수 있다는 사실을 깨달은 것이다. 이와 같이, 때로는 음성으로 전하는 언어적 수단보다는 몸짓이나 손짓 같은 비언어적 수단이 더욱 강렬한 의미를 전할 수 있는 것이다. 따라서 영어 학습자들도 영어 발달단계에서 **자신의 의미를 전달하기 위해 때로는 꼭 음성만을 고집할 것이 아니라, 자신의 영어 의사소통 능력에 따라 또는 상황에 따라 언어적 수단 이외에 비언어적 수단도 의사소통으로 활용할 필요도 있다**고 생각한다. 모국어 활동에서는 의사소통의 이러한 특징을 이해하고, 맥주병을 높이 들어 맥주를 추가 주문하는 것처럼 실제로 일상생활에서 자주 사용한다.

언어자아와 관련된 지금까지의 내용을 정리하자면, 주변에 모국어를 가르쳐 줄 조력자가 항상 있어도 모국어를 배우는 아이는 발달단계에 따라 차근차근 언어능력을 발전시켜 나간다. 그런데 주변에서 쉽게 도움을 얻을 수 없는 외국어 학습에서, 발단단계를 무시하며 처음부터 완벽한 문장으로 의사소통하는 능력을 얻을 수는 없는 것이다. 갓 태어난 아이가 처음부터 일어서서 걷고 뛰고를 할 수 있기를 바라는 것과 같은 것이다. 완벽한 문장으로 의사소통하는 방식으로 영어 학습을 진행한다면 당신은 학습과정에서 좌절하고 포기할 것이다. 다시 한 번 강조하자면, 영어 학습에서 성공적으로 영어 말하기 능력을 완성하려면, 성인이라는 언어자아를 버리고, 발달단계를 인정하여 점진적으로 영어능력을 발전시켜 완성하기를 권고한다.

마지막으로, 어린이 영어학습자에 비해, **성인 영어 학습자가 영어 말하기 의사소통 능력을 성공적으로 완성하기가 쉽지 않은 또 다른 이유는**, 영어 말하기 능력 완성을 위한 영어 학습에서 영어 학습목표를 발달단계에 따라 설정하지 않기 때문이다. 첫 교재에서도 설명하였듯이, 영어능력은 일상생활에서 의사소통 할 수 있는 능력인 생존 영어능력에서, 사회적 교류를 위한 사교 영어능력, 그리고 자신의 사고를 자유롭게 표현하여 전달할 수 있는 학술 영어능력으로 확장 발전시켜 나가야 한다. 아이들의 언어발달단계를 살펴보면 이러한 과정을 경험한다는 것을 알 수 있다. 아이들이 언어를 배우기 시작할 때, 아이들에게 가장 중요한 것은 "먹고 마시고 잠을 자고 옷(기저귀)을 갈아입는, 즉 생존을 위한 것들"이다. 그래서 이때의 아이들 언어교육은 생존 언어능력 발달과 완성을 위한 의사소통에 중점을 둔다. 아이가 자라 유치원에 가면 또래 아이들과 어울리며 사회적 교류를 시작한다. 이때부터 아이들은 또래 아이들과 의사소통을 하며 사회적 교류 언어능력을 발전시켜 나간다. 아이가 초등학교에 입학하면 이제부터 본격적으로 학술 언어능력 발전을 위한 언어활동을 시작한다. 수업 시간에 자신의 의견을 표현하고 동료 아이들과 의견을 주고받으며 학문적 지식을 발전시켜 나가기 때문이다. 그리고 중등교육을 마치면 특정 주제에 대해 자신의 의견을 자유롭게 표현할 수 있는 학술적 언어능력을 더욱 발전시켜 완성해 가는 것이다.

생존 영어능력에서 사교 영어능력 그리고 학술 영어능력 과정으로 발전시켜 나가는 것은 매우 중요하다. 생존 영어능력을 우선적으로 발전시켜야 할 필요가 있는 가장 근본적인 이유는, **생존 영어능력은 사교 영어능력과 학술 영어능력의 토대가 되고 밑바탕이 되기 때문이다.** 당신이 친구와 만나 대화를 나눌 때, 일반적으로 대화의 주제는 당신의 일상생활에서 발생하는 상황일 것이다. 따라서 당신의 일상생활을 표현할 수 있는 영어능력이 없다면, 그래서 친구와 만나 교류하기 위한 대화를 진행할 때, **자신의 일상생활에 대해 표현할 수 없다면 대화는 진행될 수 없을 것이다.**

생존 영어능력이 학술 영어능력의 토대가 될 수 있다는 논리적 근거는, 의사와 환자 간의 대화가 좋은 보기가 될 수 있을 것이다. 학술 토론과 발표를 통해 의사들만이 알 수 있는 의학 전문지식을 완성한 의학박사인 의사가 환자와 의사소통 할 수 있는 것은, 의사만이 알 수 있는 전문지식을 환자들이 쉽게 알 수 있는 일상생활 지식으로 설명하기 때문이다. 의사가 환자를 이해시킬 수 있다는 것은, 반대로 일반 사람인 환자가 생존 영어능력으로 자신이 전하고자 하는 병증을 설명할 수 있다는 것이다. 이러한 논리적 근거로, 일상생활 속 의사소통에 필요한 생존 영어능력은 사교 영어능력과 학술 영어능력 발전에 밑바탕이 되는 것이다. 그리고 이러한 견해를 이 교재에서 반복적으로 확인하였고 또한 계속적으로 확인할 것이다. 따라서 생존 영어능력 발전을 통해서 사교 영어능력과 학술 영어능력 발전을 도모할 필요가 있다. 생존 영어능력에서 사교 영어능력, 그리고 학술 영어능력으로 발전시켜 나가는 과정은, 뛰어난 언어학습자인 어린이가 성장과정에 따라 언어능력을 완성해 가는 과정과 일치하며, 가장 효율적인 언어학습 방법이라고 할 수 있다.

생존 영어능력 발전으로 사교 영어능력과 학술 영어능력 발전을 도모할 수 있다는 것은, 이러한 발달과정에 따라 영어능력을 발전시키는 것이 효율적이라고 하였다. 이러한 견해를 논리적으로 설명하자면 다음과 같다. 우리는 생존 영어능력을 일상생활 속에서 자연스럽게 경험하며 그래서 효율적으로 발전시킬 수 있기 때문이다. **우리가 일상적으로 경험하고 학습한 지식과 능력은 평생의 지식과 능력으로 발전시키고 유지할 수 있기 때문이다.** 예를 들면, 헤어질 때 하는 영어 표현 "Bye-bye"는 우리가 아이였을 때, 모국어를 배우기도 전에 배웠던 영어이지만 성인이 되어서도 기억하고 있다. 우리가 일상적으로 사용하는 표현이기 때문이다. "엄마 출근하시네, 엄마 안녕!"이라는 표현보다는, "엄마 출근하시네, 엄마 빠빠이(Bye-bye)!" "아빠 출근하시네, 아빠 빠빠이(Bye-bye)!"라는 영어표현을 사용하는 가정이 더 많을 것이다. 우리는 친구랑 헤어질 때 "안녕!"이라는 표현보다는 "빠이(Bye)!"라는 표현을 좀 더 자주 사용할지도 모른다. 오래전에 배웠던 "버스, 택시, 그리고 컴퓨터" 같은 영어단어들을 우리는 지금도 기억하고 있다. 이 단어들을 일상적으로 경험하고 사용하기 때문이다. 그러므로 **이처럼 일상적으로 경험하고 사용하는 생존 영어능력을 우선적으로 발전시키고, 생존 영어능력을 바탕으로 사교 영어능력 그리고 학술 영어능력의 발전을 도모하는 것이 훨씬 더 자연스럽고 효율적인 영어 학습방법인 것이다.**

반면 학술 목적의 영어능력은 어떠한가? 학술 대회에서 영어 발표를 준비할 때, 영문 원고를 준비하고 파워포인트와 함께 발표 연습을 한다. 자신이 전하고자 하는 새로운 지식과 사고를 효과적으로 전달하기 위해 원고를 준비하고 연습하는 것이다. 학술 대회에서의 발표뿐만 아니라, 대중 앞에서 자신의 사고를 전하고 설득하는 연설을 할 때도 원고를 준비하고 연습을 한다. 영어뿐만 아니라, 모국어로 발표 또는 연설을 하더라도 우리는 원고를 준비하고 연습을 할 것이다. 그런데 이렇게 준비하고 연습을 하더라도, 1개월 또는 1주 후에 다시 한 번 똑같은 내용의 발표 또는 연설을 부탁한다면, 처음 했던 것처럼 원고와 함께 발표 또는 연설을 다시 준비하고 연습할 것이다. 우리가 일상적으로 경험하지 않기에, 하루하루가 지날 때마다 열심히 준비했던 발표(연설) 내용이 우리의 기억 속에서 조금씩 사라지기 때문이다. 우리는 이러한 사실을 잘 알고 있다. 그래서 아주 능숙하게 했던 일을 오랜만에 다시 시도할 때 이렇게 말한다, "오랜만에 하는데 잘 할 수 있을까?" "내가 왕년에는 정말 잘했거든!" 일상적으로 활용하지 않으면 어떠한 지식이나 기술이든 서툴러지기에, 능숙한 기술을 가졌던 사람이 오랜만에 서투른 모습을 보이더라도 우리는 그것을 당연한 것으로 생각한다. 그러나 우리는 양치를 하면서 "오랜만에 하는데 잘 할 수 있을까?"라는 말을 하지도 않으며 이렇게 말한 기억도 없을 것이다. 일상적으로 경험하는 일이기에 아마 눈을 감고도 할 수 있는 일과이기 때문이다. 따라서 생존 영어능력을 바탕으로 학술 목적의 의사소통 능력을 자연스럽게 발전시킬 수 있다면, **일상적으로 활용하지 않는 학술 목적의 영어능력을 영어발달단계 초기부터 학습 목표로 설정하여, 영어 말하기 능력 완성하려는 노력은 아주 비효율적인 학습방법이 되는 것이다.**

능숙한 영어학습자인 어린이는 효율적인 영어 학습방법을 잘 알고 있다. 아이들은 발단단계에 따라 일상생활 속에서 경험하며 자연스럽게 발전시킬 수 있는 생존 영어능력부터 발전시켜나간다. 그리고 사교 영어능력 발전을 위해 또래 아이들과 의사소통할 때도, 아이들은 현재의 일상생활과 자신의 주변에서 발생하는(Here and Now) 현상에 대한 이야기를 의사소통 주제로 삼는다. 아이들은 일상적으로 경험하며 자신이 가장 필요한 의사소통 능력을 우선적으로 자연스럽게 발전시켜 나가는 것이다. 그래서 유치원에서 세계정세나 기술발달을 이야기 주제로 삼는 아이들을 찾기란 쉽지 않을 것이다. 이와 같이 아이들은 언어발달단계에 따라 자신의 의사소통 목적에 맞는 언어능력, 그리고 일상적으로 경험하며 발전시켜 나갈 수 있는 언어능력을 우선적으로 발달시켜나간다. 아이의 부모들도 아이의 발달단계에 맞게 언어교육을 진행한다. 한 단어로 시작해서 두 세 단어 그리고 문장으로 의사소통할 수 있는 능력으로 완성할 수 있도록 도와줄 뿐만 아니라, 일상생활에 필요한 언어능력에서 사회적 교류에 필요한 언어능력, 그리고 교실에서 자신의 사고를 자유롭게 표현할 수 있는 언어능력으로 순차적으로 발전시킬 수 있도록 도와준다. 이제 막 말을 배우기 시작한 아이에게 "코로나 바이러스 확산에 대한 정부의 방역대책에 대해 어떻게 생각하니?"라고 묻는 부모는 없을 것이다. 또한 아이가 생존 언어능력도 완성하지 못하였는데, 유치원에 아이를 보내 사회적 교류언어능력 발달을 기대하는 학부모도 없을 것이다. 발달단계에 역행하는 언어학습, 그리고 자주 경험하지 못하는 언어능력부터 시작하는 언어학습이 효과가 없다는 것을 부모는 잘 알고 있기 때문이다.

자녀들에게는 언어 발달단계의 자연적 순서에 따라 언어교육을 진행하는 성인들이, 왜 자신의 언어학습에서는 자연적 순서에 따라 생존 영어능력부터 점진적으로 발전시켜 나가지 않는 것일까? 언어자아와 관련하여, 사회활동이 많은 성인들은 가정에서 의식주를 해결하는 생존 영어능력보다는 사교활동에 필요한 영어능력에 좀 더 관심이 많을 것이다. 또한 직장에서 또는 학교에서 자신의 사고를 자유롭게 표현할 수 있는 학술 목적의 영어능력이 더욱 더 절실하게 필요할 것이다. **아이들의 성장과정 그리고 그에 따른 의사소통 목적이 언어발달 과정과 일치하지만, 성인들은 그러하지 않기에 사회적 교류에 필요한 영어능력 또는 학술 목적의 영어능력부터 우선적으로 발전시키고자 하는 것이다.** 성인이라는 언어자아 때문에 그리고 의사소통 목적 때문에, 성인들은 언어발달의 자연적 순서에 순응하지 못한 비효율적인 영어 학습을 하고 있는 것이다. 그리고 이러한 비효율적인 영어 학습은 성인 영어학습자가 자신의 영어 학습에서 만족스런 결과를 얻지 못하는 결과의 원인이 되는 것이다.

정리하자면, 뛰어난 언어학습자인 어린이는 언어 발달단계를 인정하여 한 단어로 의사소통할 수 있는 능력으로부터 두 세 단어, 그리고 결국에는 문장으로 의사소통할 수 있는 능력으로 완성해간다. 그리고 자신의 성장과정과 조화를 이루는 의사소통 목표를 설정하고 이에 필요한 언어능력을 순차적으로 발전시켜 나간다. 반면 성인들은 언어 발달단계 초기부터 완벽한 문장으로 의사소통할 수 있는 언어능력을 완성하려고 노력한다. 언어습득의 자연적 순서를 인위적으로 바꿀 수 없다면, 성인들은 비효율적인 영어 학습을 하는 것이다. 그리고 비효율적인 영어 학습의 원인은 유창성보다는 정확성에 중점을 두는 교실 수업환경과 영어 학습문화와 관련이 있다. 또한 성인이라는 언어자아도 비효율적인 영어 학습의 원인이 되는 것이다. 새로운 언어자아인 영어 자아를 받아들이는 것도 쉽지 않은데, 다시 어린아이가 되어 한 두 단어로 의사소통하며 영어능력을 발전시킨다는 것은, 성인이라는 자존감을 무너트릴 수 있는 쉽지 않은 학습방법이다. 또한 성인들은 의사소통 목적이 일상생활에 필요한 영어 의사소통 능력보다, 사회 활동을 하면서 사교 목적 그리고 학술 목적의 영어 의사소통 능력 발달에 좀 더 관심이 있다. 성인으로서 영어 학습을 시작하고 자신의 영어 학습 결과에 만족스럽지 못하다면, 성인의 이러한 비효율적인 영어 학습방법의 특징을 이해하고 영어 발달단계의 자연적 순서에 순응하며 영어능력을 발전시키려는 노력이 필요하다. 뛰어난 언어학습자인 어린이의 영어 학습방법 특징을 이해하고, 이러한 특징들을 자신의 영어 학습에 활용하는 것도 현명한 선택이다. 영어교육의 한 연구 분야도, 우수한 학습자의 학습특징을 이해하고 이 특징들을 영어교육에 적용하고 활용한다는 사실을 성인 영어학습자는 반드시 기억할 필요가 있다.

😊 의사소통 상황도 언어의 의미를 결정할 수 있다 ✏️

효율적인 영어 학습을 위해 영어 학습자들이 반드시 이해할 필요가 있는 영어 교육의 또 다른 이론적 견해는, **의사소통에서 발생하는 언어의 의미는 단어와 문장뿐만 아니라 의사소통이 진행되는 상황에서도 영향을 받는다**는 것이다. 그러므로 의사소통의 가장 기본적인 기능이 의미전달이기에, 영어 학습에서 상황이 배제된다면 영어 의사소통 능력을 성공적으로 완성하기가 쉽지 않은 것이다. 의사소통 상황이 배제된 영어 학습이 비효율적이라는 견해는 이미 1960년대에 확인되었다. 앞서 소개하였듯이 아주 오래전부터 최근까지 한국에서 성행하는 청화식 영어교육법은 "의사소통 상황을 배제한 상태에서 반복적인 문장(패턴) 암기로 영어식 습관을 형성하여 영어 습득을 도모하는 학습법"이다. 2017년 한 해 우리는 영어 사교육비로 5조 4000억 원을 사용하였지만 영어 말하기 의사소통능력은 세계적으로 하위권이다. 이러한 만족스럽지 못한 결과가 영어 학습자들의 관심과 노력이 부족해서가 아니라면, 그것은 영어 학습과 교육방법의 문제일 것이다. 의사소통상황 설명 없이 문장패턴 암기방식의 청화식 교육방법의 특징을 소개하고, 청화식 영어교육방법의 문제점을 설명하고자 한다.

청화식 교육방법은 그 당시 유행했던 행동주의에 바탕을 두었다. 행동주의는 유기체에게 특정 자극을 주면 특정 반응을 이끌어 낼 수 있다는 견해를 가졌다. **특정 반응을 이끌어 내는 특정 자극을 반복적으로 실시하면 습관이 형성되고, 습관형성은 자극과 반응이라는 학습의 결과**라는 것이다. 그래서 나는 개인적으로 행동주의라는 용어보다는 습관주의라는 용어를 사용하는 것이 이들의 주장을 좀 더 쉽게 이해하고 기억할 수 있는 방법이라고 생각한다. 습관주의자들은 과학적으로 증명할 수 있는 객관적 견해(Positivism)만을 받아들였기에, 반복적인 자극과 반응이 습관형성이 될 수 있다는 견해를, 동물을 대상으로 한 실험으로 증명하려고 하였다. 그 대표적인 실험이 파블로프의 개 실험이다. 개에게 음식을 줄 때 종(자극: Stimuli)을 울리니 개는 침(Response)을 흘린다는 것이다. 종을 울리고 음식을 주는 행위를 반복하였더니, 음식 없이 종만 울려도 개는 침을 흘리는 습관을 형성하였다. 우리가 "How are you?"라는 안부를 묻는 문장을 들었을 때(자극), 잠재의식적으로 "I'm fine, thank you. And you?"라는 반응을 보이는 것도, 안부를 묻는 특정 자극에 반응하는 학습을 반복적으로 한 결과이다. 원하는 습관을 좀 더 빠르게 형성하기 위해, 특정 자극에 원하는 반응을 보이면 보상(Reward)을 주고 원하지 않는 반응을 보이면 벌(Punishment)을 줄 수 있다. 대표적인 것이 스키너의 비둘기 실험이다. 비둘기가 파란 원판을 부리로 두드리면 먹을 것이 나오고 빨간 원판을 두드리면 전기 자극(Punishment)을 주었더니, 어느 순간엔가 비둘기가 파란 원판만을 두드리는 습관을 형성하는 학습 결과를 보여주었다(Skinner, 1974).

　습관주의에 바탕을 둔 청화식 교육방법은 반복학습을 통한 암기(repetition to memorize) 그리고 모방(Imitation)을 통한 습관형성이다. **모국어는 나쁜 습관이며 목표언어는 좋은 습관이다. 목표언어를 습득하기 위해서는 모국어 습관을 이겨내고 목표언어의 습관을 형성해야 한다는 뜻이다. 영어만(English only)을 사용해야 영어습득을 할 수 있다고 주장**한다면, 습관주의에 바탕을 둔 영어학습법이다. 목표언어의 좋은 습관을 형성하기 위해서는, 문법적 오류가 없는 완벽한 문장으로 의사소통할 수 있는 원어민 화자의 발화를 모방하고 반복적으로 따라함으로써 목표언어능력을 습득할 수 있도록 설계되었다. 처음부터 문법에 맞는 완벽한 문장을 모델로 제시하는 이유는, 학습자는 수동적이고 무능력하여 문법 설명을 하더라도 이해하지 못한다고 생각했기 때문에, 학습자들이 좋은 모델인 교사의 발화를 수동적으로 암기하는 방식이 가장 빠르고 효율적인 방법이라고 생각한 것이다. 주입식 교육의 전형적인 방법이다. 언어습득을 위한 언어학습은 소리를 포함한 언어의 모든 요소를 포함해야 한다고 주장하였다. 따라서 소리를 포함한 구어(Audio: 말하기와 듣기)학습을 문어(Lingual: 읽기와 쓰기)학습 이전에 시작해야한다는 것이다. 이것은 문자언어 학습 이전에 음성언어를 먼저 시작하는 모국어 학습과정을 따랐다. 이러한 견해를 바탕으로 구어(Audio)가 문어(Lingual)보다 우선되어야한다는 청화식(Audiolingual) 방법을 제시한 것이다.

　청화식 교육방법의 기본적인 교육방식은, 교사 또는 동료 학생이 반복적으로 문장을 읽어주면 학생이 따라하여 잠재적으로 문장을 발화할 수 있도록 암기하는 방식이다. 학습자들이 따라할 때 다함께 합창하듯 반복(Choral repetition)할 수도 있다. 반복(Repetition)을 기본적인 학습방법으로 활용하는 청화식 교육은, 가르치고자 하는 목표 문법 패턴을 대체(Substitution)와 변형(Transformation)과 같은 방식을 이용하여 가르친다. 반복의 예를 들자면, 교사가 "I am a student."라고 하면, 학습자도 "I am a student."라고 따라하는 것이다. **대체의 예를 들자면, 교사가 "I would like a cup of coffee."라고 말한 후, "a glass of milk"라고 하면, 학습자는 "I would like a glass of milk."라고 하는 것이다.** 변형의 예를 들자면, 교사의 목표 문법은 의문문 만드는 것이며, 교사가 "He is a student." "Is he a student?"라고 모델을 제시하고, "You are a student."라고 말하면, 학습자는 "Are you a student?"라고 의문문으로 변형하는 것이다. 물론 청화식 교육방법은 자극과 반응이라는 행동주의의 기본적인 학습방법을 사용한다. 한국의 영어 학습자가 "How are you?"라는 안부를 묻는 자극에 "I'm fine, thank you! And you?"라는 반응을 즉각적으로 보이는 것은, 습관주의에 바탕을 둔 청화식 교육방법으로 영어 학습을 해왔기 때문이다.

모든 학습이 그러하듯, 반복과 대체를 이용한 암기를 기본방식으로 하는 청화식 교육방법이 언어능력 발달에 도움을 줄 수 있다는 사실을 부정할 수 없다. 한국의 영어 학습자들이 "How are you?"라는 안부를 묻는 질문에 대답을 할 수 있다는 사실에서도 알 수 있다. 그러나 **청화식 교육방법은 학습자들이 영어능력을 습득하기에 충분한 도움을 줄 수 없다**는 결론을 이미 1960년대에 이끌어냈다. 충분한 도움을 줄 수 없다는 결론에도, 우리나라의 21세기 영어 교육은, 최소한 사교육 영어시장은, 청화식 영어교육방법에 바탕을 두었다고 생각한다. 청화식 교육방법에 바탕을 둔 영어교사들은, 한국어의 어순과 영어의 어순이 다르기 때문에 영어습득이 어렵다고 주장한다. 잠재의식적으로 문장을 발화할 수 있을 때까지 반복과 대체의 방식으로 문장을 외워야 한다고 주장한다. **그런데 문장(패턴)을 암기하는 청화식 방법은 이미 아주 오래전부터 한국사회에서 활용하였던 방식이다.** 단지 학습 보조 자료(도구)를 바꿔가며 새로운 영어학습법으로 포장했을 뿐이다.

예를 들면, 예전에는 영어책과 교사의 음성만으로 영어 말하기 학습을 하였고, 이후 카세트테이프에서 나오는 소리와 함께 문장(패턴)을 외웠던 것이다. 그리고 CD 또는

MP3에서 나오는 소리를 들으며 영어 학습을 하였던 시대가 있었으며, 지금은 동영상이나 유튜브에서 나오는 강의를 들으며 문장(패턴)을 암기하는 방식으로 영어 학습을 한다. 또한 학습자들이 문장(패턴)을 반복적으로 암기할 수 있도록 QR 코드나 번역기 또는 번역기 펜을 이용하는 청화식 영어학습법도 최근에 유행하고 있다. 이들 모든 방식은 의사소통 상황 없이 많은 문장(패턴)을 암기하면, 암기한 많은 문장과 함께 영어 말하기 의사소통 능력을 성공적으로 완성할 수 있다는, 잘못된 견해를 영어 학습자들이 갖도록 한다. 그리고 영어 학습자들은 그 잘못된 견해와 함께 잘못된 그리고 비효율적인 영어 학습습관을 형성하는 것이다. 학습도구는 발전하고 있지만, 교육방식은 그대로인 청화식 방법을 활용하는 한국 영어학습자들의 영어 말하기 의사소통 능력은 여전히 세계적으로 하위권이다. 아주 오래전에도 그러했고 가장 최근(2017년)에도 그러하듯이 영어 학습에 많은 노력과 시간 그리고 비용을 투자하지만, 학습결과가 성공적이지 못하다면 이제는 청화식 영어교육방법이 아닌 다른 교육방법을 활용할 필요가 있다.

1960년대에 이미 그 실효성에 대해 의문이 제기되고 있는 청화식 교육방법이 21세기 한국에서는 왜 아직도 유행하고 있는 것일까? 한국의 만족스럽지 못한 영어 학습결과가 분명히 말해주고 있는데, 한국의 영어 학습자들은 문장(패턴) 암기중심의 청화식 영어교육방법을 왜 포기하지 못하는 것일까? **가장 근본적인 이유는, 영어교육 배경지식이 없는 학습자가 자신이 활용하고 있는 영어 학습방법이 청화식 방법이라는 것을 알 수 없을 것이며, 문장(패턴) 암기 중심의 청화식 영어 학습방법이 무엇이 문제인지 모르기 때문**일 것이다. 그리고 청화식 영어교육방법이 한국의 영어 학습자, 특히 성인 영어학습자에게 매력적인 학습방법처럼 느껴지기에 쉽게 포기하지 못하는 것이다. 우선 처음부터 완벽한 문장으로 영어 말하기 연습을 하려는 성인들의 언어자아와 잘 어울리기 때문이다. 뿐만 아니라, 청화식 교육방법이 한국의 문화와 조화를 이룰 수 있기 때문일 수도 있다. 우선 청화식 영어 교육법은 우리나라의 "빨리빨리 문화"와 맥을 같이한다. 청화식 교육방법은, 1940년대와 1950년대의 2차 세계대전을 시작으로 냉전시대까지, **적대국의 정보를 얻기 위해 적대국의 언어로 의사소통할 필요성과 함께, 언어학습자들이 가장 빠르게 언어의사소통능력을 습득할 수 있도록 도와주고자 하는 의도로 시작되었다.** 그러나 앞서 간략히 소개했듯이, 완벽한 문장으로 언어학습을 하더라도, 한 두 단어로 의사소통하는 발달과정을 거치며 말하기 능력을 완성할 수 있다고 하였다. 따라서 자연적 순서를 역행하는 청화식 방법이 가장 빠른 방법이라기보다는 어쩌면 가장 비효율적인 영어교육방법이라고 할 수 있으며, 그 이유는 앞서 충분히 설명하였다고 믿는다.

청화식 교육방법이 **한국의 문화에 뿌리내릴 수 있었던 또 다른 이유는, 청화식 교육방법이 한국의 체면문화와 부합하기 때문**이다. 청화식 교육방법에서 교사의 역할은 문법에 맞게 완성된 문장을 학습자들에게 읽어주는 것이다. 이러한 방식은 발화단계에서 자연스럽게 발생할 수 있는 문법적 오류를 사전에 차단할 수 있어 체면을 잃을 이유가 없다. 학습자도 교사가 읽어 준 문장을 합창하듯 반복하면 되기 때문에, 발달단계에서 자연스럽게 발생시킬 수 있는 오류 때문에 동료학습자들에게 놀림을 당할 가능성도 없는 것이다. 따라서 **청화식 교육방법에서 교사와 학습자 사이에 주고받는 대화를 "안전한 대화(Safe talk)"라고 한다**(Chick, 1996). 그런데 사전에 완벽한 문장으로 구성된 대본이 없다면, 과연 문법적 오류 없이 완벽한 문장으로 자유롭게 의사소통 할 수 있는 능력이 있을까? 영어회화책 속에 있는 문장을 읽을 수 있다고 해서 영어로 자유롭게 의사소통할 수 있는 것은 아니다. 또한 학습자를 무능하고 수동적인 존재로 여겨, 문법적으로 완벽한 문장을 학습자들이 반복적으로 따라하여 암기하도록 한 청화식 교육방법은, 학습자들이 주변의 언어자료를 바탕으로 문법 능력을 완성해가면서, 창의적이고 능동적으로 의사소통 할 수 있는 능력을 발전시키고 완성할 수 있는 기회를 제공하지 못한다. "How are you?"라는 안부를 묻는 질문에 당신은 어떻게 대답할 것인가? 당신의 몸 상태에 따라 능동적이고 창의적으로 대답하는가? 아니면 "I'm fine, (thank you). (And you?)"라고 대답하는가? 후자의 경우라면, 수동적으로 암기한 청화식 교육방법의 결과이다.

미국 유학 생활 중 한국인 유학생들 사이에 회자되는 농담을 들은 적이 있다. 한국의 청화식 영어교육 방법의 문제점에 대한 불만을 제기하고자 회자되는 농담이라는 것을 나는 바로 이해할 수 있었다. 내용은 다음과 같다. 교통사고가 발생하여 한국 여행객이 중상을 입어 도로에 쓰러져 있었다고 한다. 사고 현장에 출동한 경찰관이 중상을 입은 환자의 상태를 확인하고자, "Hey! Are you okay?"라고 물었고 환자는 "I'm fine, thank you."라는 말과 함께 구급차에 실려 갔다는 내용이다. 안부를 묻는 자극에 수동적으로 암기한 "I'm fine, thank you."라는 반응을 보인다는 것이다. **단순히 문장(패턴)을 암기시키는 청화식 영어교육법은 실제의 의사소통 상황에서 상황에 따라 능동적이고 창의적으로 의사소통해야 하는 언어의 창의성을 간과한 교육법**이다. 다시 말해서, **단순히 문장(패턴)을 암기하여 얻은 영어 의사소통 능력은 실제의 의사소통 상황에서는 전혀 도움이 되지 않는다**는 불만이었다. 청화식 영어교육법의 이러한 부정적인 특징을 이해하고, 창의적인 의사소통능력을 발전시킬 수 있는 노력을 기울일 필요가 있는 것이다. 다시 한 번 강조하자면, 성인 영어학습자와는 다르게, 침묵기와 과잉일반화에서 나타나듯, 능숙한 영어학습자인 어린이는 주변 언어자료를 바탕으로 문법능력을 발전시켜 나가며 창의적이고 능동적인 영어 의사소통 능력을 성공적으로 완성해 나간다.

창의성과 관련한 문제점과 함께, 청화식 교육방법의 또 다른 문제점은 언어학습에서 상황을 배제하였다는 것이다. 앞서 잠깐 소개하였듯이 **언어의 가장 중요한 기능은 의미전달이며, 의사소통에서 발생하는 의미는 (문장 속) 단어의 의미뿐만 아니라 의사소통이 발생하는 상황에 의해서도 결정되기 때문**이다. 따라서 (문장 속) 단어의 의미만 알고 있다고 해서, 성공적으로 의사소통을 할 수 있는 것이 아니다. **특정 단어가 특정 상황에서 사용된 이유도 이해할 수 있어야만 성공적인 의사소통이 가능한 것**이다. 내가 실제로 경험한 두 개의 사례에서도 이러한 견해를 확신할 수 있었다.

첫 번째 사례는 이렇다. 미국 교육대학원에 입학한 후, 일상생활에 필요한 물품과 식료품을 사기 위해 처음으로 버스를 타고 식료품점에 갔다. 마트에서 필요한 물품들을 카트에 담고 값을 치루기 위해 계산대로 갔다. 구매한 물품들을 계산대에 올려놓는 순간, 반대편에 있던 직원이 나를 향해 다음과 같이 외쳤다. "**Paper or plastic?**" 나는 순간적으로 판단하였다. '미국 사람들은 속어(Slang)를 많이 사용한다고 했지? Paper는 지폐 즉 현금을 의미하고, plastic은 신용카드를 의미하나 보다!' 그 당시 미국에서도 쓸 수 있는 신용카드를 준비하지 않았기에, 현금으로 지불할 생각으로 자신 있게 대답하였다. "**Paper!**" 나의 대답을 확인한 그 직원은, 내가 구매한 물품을 종이봉투에 담는 것이 아닌가. '아! paper는 종이봉투를 그리고 plastic은 비닐봉투를 의미하는 구나!' 마트의 계산하는 상황에서 "**Paper or plastic?**"이라는 질문이 봉투를 선택하라는 것인지 몰랐기에 내가 원하지 않은 "**Paper!**"를 선택한 것이다. 개별 단어들의 의미는 알고 있었지만, 단어가 사용된 상황을 이해하지 못했기에 내가 원하는 것을 선택하여 전달하지 못하였던 것이다. 즉 성공적인 의사소통을 하지 못한 것이다.

이 책의 독자인 당신은 내가 참 바보라고 생각할지도 모른다. 하지만 내가 미국에서 이러한 경험을 할 당시에는, **우리나라에서는 손님이 구매한 물품을 봉투에 담아주는 서비스가 없었다.** 한국에서 이러한 서비스를 경험하지 못한 나는, 직원의 질문이 봉투를 선택하라는 요구인지 전혀 알 수가 없었다. 또한 **우리나라에서는 비닐(vinyl)봉투라고하지, 플라스틱(plastic)봉투라고 하지 않는다.** 우리나라 마트에서는 없는 서비스 상황 그리고 **전혀 다른 단어(vinyl vs. plastic)**를 사용하는 의사소통 상황에서 나는 내가 원하는 것을 선택하지 못했다. 즉 개별 단어들의 의미는 알고 있었지만, 단어들이 특정한 상황에서 어떠한 의미로 사용되는지 이해하지 못했기에 성공적인 의사소통을 할 수 없었던 것이다. 그 당시의 상황을 내가 이해하였더라면, 나는 "**Plastic!**"을 선택했을 것이다. 물론 지구환경을 위해 종이봉투를 선택하는 것이 올바른 선택이다. 하지만 결과적으로 나는 그날 의도치 않게 고생 아닌 고생을 해야만 했다. 내가 선택한 것이 종이봉투가 아니고 비닐봉투였다면, 나는 비닐봉투를 손가락에 끼워 10개 이상도 쉽게 운반할 수 있었을 것이다. 하지만, 나는 종이봉투 세 개를 간신히 안은 체 아주 불편하게 버스를 타고 아주 힘들게 학교로 돌아올 수 있었다.

위의 사례에서 확인할 수 있듯이, 마트직원이 발화한 단어들의 의미를 내가 이해하지 못하여, 성공적인 의사소통을 하지 못한 것은 아니다. **마트 직원이 "Paper or plastic?"이라는 질문을 왜 하는지 그 의사소통 상황을 이해하지 못했기 때문이다. 다시 말하면, 성공적인 의사소통을 위해서는 화자가 발화한 단어의 뜻뿐만 아니라, 단어가 발화된 상황도 함께 이해할 수 있어야만 하는 것이다.** 이는 의사소통을 위한 발화의 의미가 단순히 단어(구)의 의미에 의해서만 결정되기 보다는, 상황에 의해서도 결정될 수도 있다는 가능성을 보여준다. 나는 이 고생스런 경험을 통해서 영어 학습에 필요한 소중한 교훈을 깨달았다: **"의사소통을 성공적으로 수행하기 위해서는 상대방 발화의 의미를 이해하는 것도 중요하지만, 상대방이 특정 상황에서 왜 특정 단어(구) 또는 문장을 발화했는지 상황을 이해할 필요가 있다."**

"의사소통의 의미는 단어뿐만 아니라 의사소통 상황에 의해서도 결정되기 때문에, 의사소통에 사용된 단어의 의미뿐만 아니라, 그 단어가 특정 상황에서 사용된 이유도 이해할 수 있어야만 성공적인 의사소통이 가능한 것이다."라고 하였다. 이러한 견해를 뒷받침할 수 있는 두 번째 사례는 내가 경험한 아래의 에피소드 6과 같다.

에피소드 6:

많은 글을 읽고 많은 글을 써야만했던 대학원생활은 항상 시간이 부족했다. 조금이라도 시간을 아끼려고 점심식사는 보통 "웬디스"와 "맥도날드" 같은 패스트푸드점에서 해결하는 날이 많았다. 이러한 일상적인 점심식사에 나는 건강이 걱정스러워, 하루는 건강식을 제공한다고 광고하는 "써브웨이(Subway)"에 가서 늦은 점심으로 샌드위치를 먹기로 하였다. 그리고 나는 이날 써브웨이(Subway)에서 아주 충격적인 일을 겪었다. 너무도 충격적인 경험이라 지금까지도 그 점심시간을 기억하고 있다. 매장 문을 열고 들어가면 기둥에 걸려있는 벽시계를 볼 수 있어 지금도 시간을 기억할 수 있다고 생각한다. 매장 안으로 들어온 나를 본 매장 직원은 주문대 앞으로 걸어오고 있었고, 매장 문 왼편에 있는 주문대 앞으로 나도 걸어갔다.

주문대 앞에 있는 나를 마주한 직원은 "Wheat or White?"라는 첫 번째 질문을 하였다. 나는 속으로 '미국은 다인종 국가라서 손님한테 인종을 묻는 건가? 근데 왜 White or yellow?라고 묻지 않는 것이지?'라고 내 자신에게 묻고 있었다. 내가 선택할 수 있는 답 "Yellow(황인종입니다)"가 없었기에 나는 답을 할 수 없었다. 그리고 아주 간단한 질문에 대답할 수 없는 내 자신이 너무나도 당황스러웠다. 다시 직원이 묻는다, "Wheat or white?" 여전히 내가 원하는 선택이 없었기에 대답할 수 없었다. '아! 이런 간단한 질문에 대답할 수가 없다니!' 창피함이 이마 위까지 올라오는 것을 느낄 수 있었다. 그러자 직원은 "Wheat bread or white bread?"라고 묻는 것이 아닌가. '아 빵을 선택하라는 거구나?' 그래서 나는 익숙한 색상의 "흰 빵(White bread)"을 선택하였다.

내가 빵을 선택하자, 직원은 왼쪽으로 두 걸음정도 이동했다. 내가 오른쪽으로 이동하여 직원 앞에 섰을 때, 직원은 두 번째 질문을 하였다, "Swiss or American?" 직원의 질문에 나는 생각했다, '좀 전에는 인종을 묻고 이번에는 국적을 묻는 것 같은데, 왜 Korean or American?이 아니지?' 원하는 선택이 없었기에 대답할 수 없었다. 이 때 대납을 할 수 없는 나의 심성은 아수 비참했다. '아수 쉬운 세 개의 단어로 묻는데 대답할 수 없다니...' 대답하지 못하는 나에게 매장 직원은 아주 친절하게도 다시 한 번 물었다, "Swiss or American?" 그러나 이번에도 나는 대답할 수 없었다. 정말 쥐구멍에라도 숨고 싶은 심정이었다. 당신이라면 어떠하겠는가? 아주 쉬운 세 개의 단어로 묻는 질문에 대답할 수 없다면 당신의 심정은 어떠하겠는가? 두 번 연속 같은 질문에 내가 대답하지 못하자 직원은 "Swiss cheese or American cheese?"라고 물었다. '아! 치즈를 선택하라는 것이구나!' 치즈 종류는 다양했지만, 고객들이 많이 찾는 "스위스 치즈"와 "미국 치즈" 중에서 내가 하나를 선택할 것이라고 직원은 생각한 것이다. 나는 익숙한 노란색 미국 치즈를 선택하였다.

　내가 치즈를 선택하였더니, 직원은 다시 왼쪽 옆으로 이동하여 채소 칸 앞에 서서는 "What would you like?"라고 나한테 물었다. 샌드위치에 넣을 채소를 선택하라는 것이다. 앞선 두 번의 질문에서 너무 스트레스를 받은 그리고 배가 너무 고팠던 나는 채소를 선택할 기운도 없어 직원에게 그냥 "Everything!"이라고 하였다. 그러자 친절한 직원은 다양한 종류의 채소를 샌드위치에 차근차근 넣었다. 모든 종류의 채소를 넣은 덕분에 나는 이날 처음으로 "Green olive"를 맛보게 되었다. "그린 올리브"를 먹어 본 사람은 알겠지만, 처음 경험한 그린 올리브의 맛은 세상에서 제일 맛없는 맛은 다 가지고 있는 그런 맛이었다. 덜 익은 감을 먹는 것처럼 떫은 맛 그리고 쓴 맛을 복합적으로 느낄 수 있었다. 그런데 자극적인 맛을 즐기는 나는 떫고 쓰고, 그린 올리브의 이런 맛을 가끔 맛보고 싶어 한다.

　써브웨이에서 빵 종류와 치즈 종류를 선택할 때 나는 아주 간단한 질문에 답을 할 수가 없었다. "Swiss or American?"이라는 단어의 의미를 몰라서라기보다는, 이 상황에서 단어가 어떤 의도로 사용되고 있는지 몰랐기 때문이다. 즉 단어가 사용되는 상황을 이해하였더라면 단어의 의미를 쉽게 이해할 수 있었고, 성공적으로 의사소통을 할 수 있었을 것이다. 미국에서 처음으로 써브웨이를 경험한 학습자는 아마도 나와 유사한 의사소통의 어려움을 겪었을 것이다. 만약 아직 경험보지 못한 학습자라면, 이 교재를 통해 간접적으로 경험하였기에 미국의 써브웨이에서 처음으로 샌드위치를 사는 상황에서도, 원하는 빵의 종류와 치즈를 선택할 수 있을 것이다. 다시 말해 상황을 이해할 수 있다면, 성공적으로 의사소통을 할 수 있을 것이며, 그렇지 못하다면 나와 같이 의사소통에서 어려움을 겪을 것이다.

지금까지 소개한 두 사례에서 확인할 수 있듯이, 성공적인 의사소통을 위해서 당신은 단어(문장)의 의미뿐만 아니라 단어(문장)가 사용되는 상황도 함께 이해할 필요가 있는 것이다. 의사소통에서 발생하는 의미는 단어뿐만 아니라 상황에 의해서도 결정되기 때문이다. 공인영어시험인 토익 듣기 Part 3 그리고 4에서, 질문을 통해 대화 또는 담화의 상황을 빠르게 이해하는 연습과 노력이 필요한 이유도, 바로 이러한 언어의 특징 때문이다. 그리고 의사소통 상황도 의미결정에 영향을 줄 수 있다는, 이러한 언어의 특징은 언어능력의 부족한 부분을 의사소통 상황이 보완해 줄 수 있다는 것을 의미한다. 언어를 배우기 시작하는 아이들을 위한 언어교재에서 그림 같은 시각자료(Visual aids)를 많이 포함하는 이유도, 발달단계에 있는 아이들의 부족한 언어능력을 시각자료가 상황을 설명하여 보충해주기 때문이다. 영어 학습을 하는 당신도 라디오 드라마를 이해하는 것보다는 텔레비전 드라마를 이해하는 것이 좀 더 쉽다는 사실에 동의할 것이다. 라디오 드라마는 상황이 배제된 반면, TV 드라마는 화면을 통해 시청자에게 드라마 상황을 전해주기 때문이다.

언어의 부족한 부분을 의사소통 상황이 보완해 줄 수 있다는 언어의 특징을, 우리는 일상생활 속 의사소통상황에서도 쉽게 확인할 수 있다. 예전 한 맥주 광고에서 맥주병을 살짝 들어올리며, "이모! 카스!"라고 외치는 외국인이 있었다. 그 외국인은 "맥주 한 병 더 주세요!"라는 말을 하지는 않았지만, 식당에서 맥주병을 높이 든 상황은 맥주 주문을 의미하기 때문에 성공적으로 맥주 한 병을 주문할 수 있는 것이다. 이처럼 의사소통 상황이 의미를 보충해 주기에, 대화 참여자 모두 의사소통 상황을 이해하고 있다면, 완벽한 문장이 아닌 한 단어만으로도 의사소통이 가능한 것이다. 좀 더 극단적으로 말 한마디 안하더라도 의사소통을 할 수도 있다. 예를 들면, 식당에서 손님이 벨을 누른 후 소주병을 높이 쳐든다면, 식당직원은 이 상황을 어떻게 이해할까? 소주 한 병을 추가 주문한다고 이해할 것이다. 많은 손님들로 인해 복잡하고 정신없고 시끄러운 식당 상황에서, 목청껏 소리쳐 주문하는 것보다 훨씬 더 효과적인 주문이며 의사소통인 것이다. 미국의 식당상황에서도 양손의 엄지손가락과 검지를 이용하여 사각형을 만든다면, "Bring me the check,

please!"라는 말을 대신할 수 있는 것이다. 이처럼 영어발달 단계에서 영어 의사소통 능력이 충분하지 않더라도, 의사소통 상황을 적절하게 잘 활용한다면 성공적으로 의사소통 할 수 있는 것이다.

부족한 영어 의사소통 능력을 의사소통 상황이 보충해 줄 수 있다는 사실을 직접 경험하며 깨달은 두 사례가 있다. 두 사례 모두 대학시절 시카고 ELS에서 영어연수를 할 때이다.

첫 번째 사례는 기숙사에서 룸메이트와 함께 지낼 때이다. 두 명이 함께 쓰는 기숙사 방에는 한 대의 전화기가 있었는데, 두 개의 전화번호를 공유하였다. 전화기 상에 있는 내 번호에 불이 켜지면 나에게 온 전화이며, 다른 번호에 불이 켜지면 룸메이트에게 온 것이다. 하루는 룸메이트가 방문 밖 복도에 있는 소파에서 친구와 이야기하고 있었다. 전화벨이 울렸고 나는 무심코 전화를 받았는데, 나에게 온 전화가 아니고 룸메이트에게 온 전화였다. "Is Steve there?"라는 말에 나는 "Hold on!"이라고 말하고, 열린 문 쪽을 향해 "Steve!"를 외쳤다. 스티브는 "What?"이라고 하였고, 나는 무심코 "전화!"라고 외쳤다. 한국말로 "전화!"라고 하였는데, 한국어를 할 줄 모르는 스티브는 방으로 들어와 전화통화를 하였다. 전화벨이 울리고 내가 부른 이유가 전화가 왔다는 것을 알리는 상황이라는 것을 스티브는 아주 잘 이해한 것이다. 나의 부족한 영어능력 때문에 순간적으로 "Your call!"이라고 말을 하지 못했지만, 스티브가 상황을 잘 이해하여 나의 실수에도 불구하고 나는 성공적으로 스티브와 의사소통 할 수 있었던 것이다.

두 번째 사례는 시카고 시내 구경을 갔을 때의 일이다. 내가 다닌 ELS는 시카고 외곽에 있는 대학교 내에 있었다. 그 대학에 다니는 한 명의 미국학생은 태권도를 배우고 있었고 그래서 한국에 대한 관심이 아주 높았다. 수업이 없는 주말에는 나의 친구들과 함께 종종 어울리곤 하였는데, 그날은 시카고 시내 구경을 하고 있었다. 시카고 시내에 대한 나의 첫인상은 대도시이지만 아주 깔끔하다는 것 그리고 웅장하고 아름다운 건물들이 많다는 것이었다. 많은 건물들 중에 유난히도 내 눈에 들어오는 건물이 있었고, 나는 그 친구에게

"What's that 건물?"라는 질문을 하였다. 그 학생이 "건물"이라는 한국어 단어를 알고 있었는지는 확신할 수 없지만, 내 질문에 친구는 건물에 대해 상세히 설명해 주었다. 내가 이해하기에 "건물"이라는 단어를 이해하지 못했더라도 내 손가락이 그 건물을 가리켰기에 "building"이라고 말하지 않았더라도 그 친구는 그 상황을 이해하여 나의 질문이 무엇인지를 알 수 있었다고 믿는다.

위의 두 사례와 관련해서 내가 소개하고자 하는 이론은, 선험지식이론(Schema Theory)이다. 선험지식이론에 따르면, "의미는 의사소통상황에 관한 배경지식에 의해 결정되며, 언어는 단지 상황에 대한 배경지식을 활성화시키는 촉매제에 불가할 뿐이다." 이러한 견해에 가장 잘 어울리는 유명한 일화가 있다. 어떤 사람이 단지 물음표("?")만 적은 편지를 보냈다면 당신은 이 편지를 어떻게 이해하겠는가? 그리고 이 편지에 대해 당신은 어떻게 답신하겠는가? 세계 역사상 지금까지 가장 짧은 서신 교환은 "?"만 있는 편지와 그 편지에 대한 답신으로 "!"만 보낸 편지라고 한다. 빅토르 위고가 출판사에 보낸 편지 "?"의 의미는 "출간한 책에 대한 독자들의 반응은 어떻습니까?"이고 출판사가 위고에게 보낸 편지 "!"의 의미는 "독자들의 반응은 좋습니다!"라는 의미라고 한다. 서로의 상황에 대해 잘 알고 있었기에 "?"과 "!"만으로 의사소통이 가능한 것이었으며, "?"과 "!"는 상대방의 배경지식을 활성화(Activation)했을 뿐이다. "?"과 "!"이 무엇을 의미하는지 배경에 대한 지식이 전혀 없다면, 의사소통에서 두 부호는 아무런 의미도 전달하지 못할 것이다. 따라서 의사소통상황을 이해함이 없이, 문장만으로 의사소통할 수 있고 의사소통 능력을 완성할 수 있다는 생각은 크나큰 오해이다.

177

의사소통에서 발생하는 의미는 언어보다는 의사소통이 발생하는 상황에 의해서 결정될 수 있다는 견해는, 한 문장의 의미가 의사소통상황에 따라 다양하게 해석될 수 있다는 사실에서도 알 수 있다. 예를 들면, 식당에서 손님이 "It's very cold here!"라고 말했다면, 당신은 이 문장의 의미를 어떻게 해석할 수 있을까? 만약 손님이 이와 같은 문장을 말한 시기가 한여름이라면, 당신은 이 문장의 의미를 어떻게 해석할 수 있을까? 만약 겨울이라면 여름의 상황과 같은 의미로 해석할 것인가? 겨울 상황이라면, "실내 온도 좀 올려주세요," 또는 "(창)문 좀 닫아주세요"라는 의미로 해석될 것이다. 반면 여름 상황이라면, "에어컨을 꺼주시겠어요?" 또는 "에어컨 온도 좀 높여주세요!" "사무실 창문 좀 열어도 될까?"라는 다양한 의미가 될 것이다. **상황에 따라서 문장(단어)의 의미가 달라지기 때문에, 문장보다는 상황이 의미를 결정할 수 있다는 주장을 할 수 있는 것**이다. 따라서 상황이 배제된 문장(단어)의 의미를 이해하는 것은 쉽지 않으며 의사소통이 불가능할 수 있다. 한 문장이 상황에 따라 다양한 의미를 전할 수 있고, 그래서 의사소통이 불가능할 수 있다는 견해를 검증하기 위해 다음의 사례도 살펴보자.

의사소통 상황에서 상대방이 "피자(Pizza)?"라고 말했다면, 당신은 상대방이 전하고자 하는 의미는 무엇이라고 생각하는가? 아마도 대부분 "피자 먹을래?"라는 의미로 이해할 것이다. 그런데 한 단어만을 사용한 이 질문을, "또 피자 먹는 건 아니지?"로 의미 해석할 수 있다고 주장한다면 받아들일 수 있겠는가? 아래와 같이 의사소통 상황을 설명한다면, 당신은 분명히 이러한 해석의 가능성을 인정할 것이다.

A: Hello! Seung Jung speaking!	B: This is Alice. What are you doing?
여보세요! 성중입니다.	나 엘리스야. 뭐하고 있어?
A: I'm eating lunch.	B: Pizza?
점심 먹고 있어.	또 피자 먹는 건 아니지?

이 대화에서 A(Seung Jung)와 B(Alice)는 아주 가까운 사이라는 것을 알 수 있다. 그리고 B는 A가 점심으로 종종 피자를 먹는다는 사실도 알 수 있다. B는 A의 습관적 상황을 잘

알고 있기에 "Pizza?"라는 한 단어로 "또 피자 먹는 건 아니지?"라는 의미를 전달하였고, B와 친밀한 관계에 있는 A도 같은 의미로 받아들일 것이다. 이외에도 뷔페식당에서 "Pizza?"의 의미는 "피자 더 먹을래?" 또는 "피자 더 갖다 줄까?"라는 의미로도 해석될 수 있을 것이다. 이와 같이 "Pizza?"의 의미가 의사소통 상황에 따라 다양하게 해석될 수 있기에, 상황이 배제된 상태에서 그 의미를 화자의 의도대로 청자가 정확하게 해석하기는 쉽지 않을 것이다.

같은 표현이 의사소통 상황에 따라 다르게 의도된 의미로 전달될 수 있다는 사실을 실제로 경험한 두 사례가 있다. 첫 번째 사례는 **"Can I change my mind?"**와 관련된 이야기이다. 당신은 이 문장을 어떻게 해석하겠는가? "제 생각을 바꿔도 될까요?"라고 해석할 것이다. 그런데 이 문장의 의미가 "(시킨 것 말고) 다른 것 시켜도 될까요?"라는 의미로 해석될 수 있다면 동의할 수 있겠는가? 이 문장이 사용된 의사소통 상황을 이해한다면 충분히 가능하다고 동의할 것이다. 상황은 다음과 같다.

미국 유학을 시작하면서, 처음으로 외식한 곳이 있다. 학교 대학원 기숙사에서 가까운 곳에 위치한 중식당이었다. 이 식당을 한국식 이름으로 소개한다면 **제일반점(Chinese Number One)**이라고 할 수 있다. 처음 메뉴를 보고 무엇을 먹을까 고민하다, 익숙한 볶음밥을 시켰다. 볶음밥을 선택한 후에, 보통의 양(Regular portion)과 적은 양(Small portion) 사이에 음식 양(Portion)을 결정해야 했다. 미국에서의 첫 식사이자 늦은 점심으로 배가 고팠을 때이다. 그런데 적은 양 가격을 보았더니 그 당시 한국 음식 값과 비교해도 너무 싼 것이었다. 그래서 나는 판단하기를, '얼마나 적게 주기에, 이렇게 값이 싸지? 그래 보통 양으로 주문하자.' 그래서 나는 보통 양으로 주문하였는데, 주문한 음식을 받고 깜짝 놀랐다. 정말 많은 양이다. 나는 그날 식당에서 주문한 음식을 다 먹지 못해, 기숙사로 포장해 가져와서 두 끼를 더 먹어, 총 세 끼의 식사를 한 것으로 기억하고 있다.

값이 싸고 양을 많이 주기에, 그 이후로도 그 식당에 자주 갔다. 값이 싸고 양이 많아서인지, 점심시간만 되면 그 식당 앞에는 손님들이 줄을 섰다. 식당 가장 안쪽에 있는 개방형 주방 바로 앞에 계산대가 있었고, 그 곳에서 시작된 줄은 식당 밖 20-30미터까지 이어질 때가 자주 있었다. 나는 이 식당만 가면 주문에 관해 불안한 마음이 있었는데, 그 이유는 계산대에서 직원이 선불로 주문을 받으면, 종이에 적어 주방에 건네주는 것이 아니다. 밖에서 (짜장면! 라조기! 팔보채! 짬뽕! 등등) 주문을 외치면 두 명의 주방장은 번갈아가며 주문음식을 만든다. 이런 주문 방식 때문에 내가 주문에 대해서 불안해했던 것이다. **주문 내역을 종이에 적어 주는 것도 아니고, 주문 메뉴가 단순한 것도 아니고(주문메뉴는 10페이지 이상으로 기억하고 있다), 바쁘게 음식을 만들면서 "홀수는 내 주문이고 짝수는 네 주문이다."를 어떻게 정확하게 기억할 수 있을까?**에 대한 내 의심 때문이다. 그런데 내 걱정과는 다르게 주문 음식 내용이 틀리거나 주문순서가 바뀌었던 적은, 내가 이용했을 때는 한 번도 없었다고 기억한다. 정말 한국의 TV 프로그램 "생활의 달인"이나 "세상에 이런 일이"라는 프로그램에 출연하더라도 전혀 손색없는 재능이다.

이 식당에서 나는 **한 문장이 다양한 상황에서 다양한 의미로 사용될 수 있다는** 사실을 처음으로 경험하였다. 내 앞 순서에서 두 명의 여학생 중 한 명이 음식을 시킨 후 잠시 후에 "(주문 취소하고) 다른 음식 주문해도 되요?"라고 영어로 하는 것이 아닌가. 여러분은 이 문장을 어떻게 영어로 표현할 수 있을까? 그 당시 내가 생각하기에, 간략하게는 "I would like to change my order."라고 해야만 한다고 생각했다. 그리고 좀 더 정확하고 자세하게 표현하기 위해서는 "I would like to cancel my order of a fried rice, and I would like to order a mapotofu?"라고 생각했다. 그런데 그 여학생이 사용한 문장은 너무나 간결했다. **"Can I change my mind?"**라는 문장이었다. "제 생각을 바꿔도 될까요?"라는 뜻이기에, "주문을 취소하고 다른 것을 주문하겠다."라는 의미로 사용된 것이다. 그러면 당신이 생각하기에, "Can I change my mind?"를 이렇게 주문을 취소하고 새로운 주문을 할 때만 사용할 수 있는 문장(표현)이라고 생각하는가? 당연히 그렇지 않을 것이다. 다음의 문장에서처럼, "**I said we are supposed to meet at 6 p.m. this evening. Can I change my mind?**: 우리 오늘 6시에 만나기로 했어. 약속을 변경할 수 있을까?" "Can I change my mind?"는 다양한 의사소통상황에서 앞선 결정이나 선택을 변경할 때 사용할 수 있는 표현이다.

한 문장이 다양한 의사소통상황에서 다양한 의미로 사용될 수 있다는 사실을 보여주는 또 다른 사례는 다음의 문장과 관련 있다: "**I have just left the practice.**" 이 문장을 당신은 어떻게 이해하겠는가? 당신이 단어들 의미 그대로 이 문장을 해석한다면, "연습이 막 끝났어요."라는 의미라고 생각할 것이다. 그런데 이 문장의 의미가, "**저 좀 (학교로) 데리러 오세요.**"라는 의미로 사용되었다면 당신은 동의할 수 있겠는가? 발화된 문자 속의 단어들을 있는 그대로 해석한다면, "저 좀 (학교로) 데리러 오세요."라는 의미가 될 수가 없다. 그런데 **의사소통 상황을 이해한다면** 당신도 이와 같은 의미로 받아들일 것이며, **전하고자 하는 문장의 의미는 문장 속 단어의 의미보다는 의사소통 상황이 결정할 수 있다는** 견해도 받아들일 것이다.

상황은 이렇다. 대학 미식축구(NCAA Football) 준비를 위한 중요한 행사의 하나로, 학교 미식축구팀 응원을 위한 학교 음악밴드 연습을 하는 상황이었다. 미식축구는 미국에서 가장 인기 있는 스포츠이다. 우리나라 태권도가 대표적인 스포츠라고 할 수 있는 것처럼, 미식축구는 미국의 대표적인 스포츠이다. 최고의 스포츠이기에, 프로 미식축구의 결승전인 "슈퍼볼" 경기가 중계되는 동안 방송되는 30초 광고 **한편의 광고료는 65억 원에 이른다.** 광고료가 비싼 만큼, 슈퍼볼 중계방송에 광고를 내보내는 기업들은 슈퍼볼 중계방송에

맞춰 새로운 광고를 출시한다. 그리고 유명한 시사주간지 타임지는 슈퍼볼 중계방송에서 선보인 광고들을 "좋은" 그리고 "형편없는" 방식으로 평가하는 기사를 내곤 한다. 그만큼 슈퍼볼에 대한 엄청난 관심과 인기를 반영한 것이라고 할 수 있다.

프로 미식축구의 인기가 이렇게 엄청나듯, 대학 미식축구의 인기도 대단하다. 보통 토요일에 경기가 있는데, 홈경기가 있을 때면 학교의 분위기는 완전 축제분위기이다. 그리고 대부분의 학생들은 이 축제를 즐기려한다. 도서관에서 공부를 하고 있던 어느 토요일에, 도서관 유리벽을 두드리며 **그만 공부하고 응원하러 가자는 몸짓을 하던 한 남학생에 대한 나의 기억이 아직도 생생하다.** 길거리에는 티셔츠나 기념품 등을 파는 다양한 행상과 간이음식점이 들어서고, 표를 구하지 못한 사람들은 경기장 밖에서 고기를 굽고 TV를 보면서 자신의 팀을 응원한다(Tailgate Party). 경기에서 이기면 학생들은 열광하고, 경기에서 지면 차분해진다. 미국 스포츠 문화를 이해하지 못했던 미국 유학생활 초기에는 이기면 승리의 기쁨에 차분해지고, 경기에 지면 슬픔과 아쉬움에 난폭해진다고 생각했다. 하지만 반대였다. 경기에 이기면 흥분해서 열광하고, 반대로 지면 차분해진다. 경기에서 지고 흥분하면, 패배를 인정하지 않는 배드 루저(a bad loser)라고 생각하는 스포츠 문화가 있기 때문이라고 배웠다.

다시 밴드 연습을 하던 그 여학생의 이야기로 돌아와서, 그 여학생이 전화상으로 "I have just left the practice."라고 말했지만 그 여학생의 가족 구성원(엄마? 또는 아빠?)은 자신을 데리러 오라는 의미로 받아들일 것이다. "엄마/아빠 밴드연습 끝났어요. (저 데리러 오세요)." "저 데리러 오세요."라는 표현은 하지 않았지만, 이 여학생은 가족 구성원이 전화한 상황을 이해하고 판단하여 "밴드연습 끝났어요."라는 문장 하나만으로 충분하다고 생각했을 것이다. 또한 "밴드연습 끝마쳤어요."라는 문장을 "I have just finished the practice."라고 표현하기보다는, "I have just left the practice."라고 표현했다는 사실에 다시 한 번 놀라웠다. 밴드연습을 마친 것은 이 여학생이 아니고, 밴드 지휘자였기 때문에 이렇게 표현하는 것이 올바른 것이라고 생각했다. 그리고 이 문장 "I have just left the practice!"은 연습이 끝날 때까지 자신을 기다려주는 친구 또는 가족 같은 다양한 사람들, 즉 다양한 의사소통 상황에서도 사용할 수 있는 보편적 표현이다.

"같은 단어 또는 문장이 의사소통 상황에 따라 다양하게 해석될 수 있다."라는 "언어의 특징"을 다르게 이해한다면 다음과 같은 견해로 받아들일 수가 있다, "의사소통 상황을 잘 활용한다면, 한 단어 또는 한 문장을 여러 의사소통 상황에서 통용할 수 있다." 부연설명하자면, "에어컨 좀 꺼주세요." "실내 온도 좀 높여주세요." "추우니까 창문 좀 닫아주세요."라는 다양한 표현들을 기억하기 보다는, "It's cold here."라는 표현 하나만을 기억하면 되는 것이다. 즉 언어의 특징을 이해한다면 언어학습은 쉬워지고 효율적일 수 있다. 첫 번째 교재에서도 소개한 것처럼, "좁은 의미의 보편적 핵심(Micro Common Core)"을 활용한다면, 효율적인 영어 학습을 할 수 있다고 하였다. 다시 한 번 확인하자면, "I need 원하는 상품, please!"이라는 표현은 편의점 또는 마트에서만 사용할 수 있는 것이 아니다. 대부분의 구매상황에서 사용할 수 있는 표현이다. 또한 "What would you like to order?"라는 표현은 식당이나 카페뿐만 아니라, 주문이 필요한 모든 구매상황에서 사용할 수 있는 표현이다. 한 문장이 다양한 상황에서 활용될 수 있다는 보편적 핵심은 언어학습에서 의사소통상황을 포함하는 것이 얼마나 중요한지를 보여줄 수 있다. 또한 의사소통상황이 포함된 보편적 핵심을 활용한다면 더욱 효율적인 언어학습이 될 수 있는 것이다. 다시 말하면, 하나의 문장패턴으로 다양한 문장을 파생하는 학습훈련보다는, 하나의 문장으로 다양한 상황에 적용하고 활용하는 학습훈련이 훨씬 더 효율적인 영어학습이 될 것이다.

하나의 문장이 다양한 의사소통상황에서 통용될 수 있다는 특징과 함께, 언어학습자가 반드시 확인해야하는 의사소통의 또 다른 특징은, 하나의 의사소통상황을 다양한 문장으로 표현할 수 있다는 것이다. 식당에서 식당직원이 주문을 받는 상황에서, 직원은 "What would you like to order?"라는 표현이외에도, "What can I get you?" "Are you ready to order?" "Can I take your order?"와 다양한 표현들을 사용할 수 있다. 모두 다른 문장이지만 "주문받기"라는 하나의 공통적인 의사소통 목적(의미)을 내포하고 있다. 당신은 "오전 10시에 제 사무실로 오세요."라는 표현을 어떻게 할 수 있을까? 아마도, 다음과 같은 여러 문장들 중 하나를 사용할 것이다. "Come to my office at 10 a.m., please!" "Drop by my office at 10 a.m., please!" "I would like you to visit my office at 10 a.m." "I expect to see you in my office at 10 a.m." 이와 같이 하나의 문장이 다양한 의미로 파생된다는 특징과 함께, 여러 문장이 하나의 공통적인 의미로 활용될 수 있다는 특징은, 문장의 형식과 실제의 의사소통 상황에서 그 문장의 의미가 1:1 대응 관계(No one-to-one correspondence)가 될 수 없다는 뜻이다. 따라서 의사소통 상황을 이해함이 없이, 문장(패턴) 암기만으로 영어 의사소통능력 완성을 기대할 수는 없는 것이다.

의사소통 상황 이해 없이, 문장 암기만으로 영어 의사소통 능력을 완성할 수 없는 또 다른 이유는, 암기한 문장(패턴)을 기억 속에서 찾아내어 회수하여(Retrieve) 다시 사용하기가 쉽지 않다는 것이다. 기억 속에 있는 지식(정보)을 찾아내어 회수할 때 상황을 재구성 할 필요가 있다는 것을, 우리는 드라마나 영화 속에서 종종 확인하곤 한다. 예를 들면, **사건의 실마리를 찾기 위해 목격자의 희미한 기억 속의 정보를 얻어내기 위해 전문가들은 최면요법을 사용한다.** 그리고 이 최면요법을 사용하는 사람은 "무슨 말을 하셨습니까?"라는 질문으로 시작하기 보다는 **"주변에 무엇이 보입니까?"라는 질문으로 시작한다.** 사건이 발생한 상황을 재구성하는 것이다. 그리고 이 재구성한 상황에서 목격한 기억을 다시 찾아내는 것이다. 이와 같이 영어 학습에서도 기억 속에 저장된 문장표현(언어자료)을 회수하기 위해 상황을 재설정할 필요가 있으며, 의사소통 상황을 재설정 할 수 있을 때 회수된 언어자료를 의사소통 상황에 맞게 사용할 수 있는 것이다. 의사소통 상황 이해 없이, 문장(패턴)을 수동적으로 암기한 영어 학습자는, 암기했던 문장을 어떤 상황에서 어떻게 사용할 수 있는지 모르는 것은 당연한 것이다. 많은 영어 문장(패턴)들을 암기하였지만, 특정 영어 의사소통 상황에서 어떠한 영어 문장(패턴)이 필요한지를 판단하지 못한 체 아무 말도 못하는 이유도, 의사소통 상황 이해 없이 영어 문장만을 암기하는 청화식 영어 학습방법 때문이라고 주장할 수 있는 것이다.

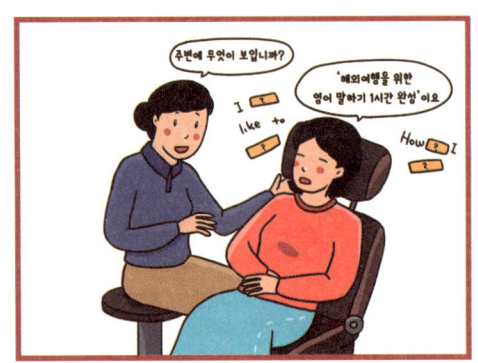

😊 목표 지향적 의사소통 ✏️

의사소통 상황에서 발생하는 발화(output)의 의미에 영향을 주는 또 다른 요인은 대화 참여자들의 상호관계이다. 앞서 예를 들어 사용한 "여기 추워요(It's cold here)!"라는 표현을 다시 한 번 확인해보자. "여기 추워요!"라는 표현을 하숙집 주인에게 이야기했을 때와 식당 직원에게 했을 때의 의미는 달라질 수 있다. 하숙집 주인에게 이야기했다면, "하숙방 온도 좀 올려주세요!"라는 의미가 될 수 있고, 식당 직원에게 이야기 했다면 "(식사) 자리 좀 바꿔주세요!"라는 의미가 될 수도 있다. "아이스크림 먹고 싶다고?"라는 말을 엄마가 착한 일을 한 아이에게 이야기했을 때와 말썽을 부린 아이에게 했을 때의 의미는 아마도 다를 것이다. 좀 더 극단적으로, 사랑하는 사람에게 "잘 먹고 잘 살아라!"라고 말했을 때와 미워하는 사람에게 말했을 때 문장의 의미 차이는 분명히 있을 것이다. 전자는 관심과 축복의 의미가, 후자는 증오와 불행의 의미가 될 수 있다. 이렇게 대화 상대방에 따라 의미가 달라질 수 있기에, 대화를 가질 때 우리는 상대방과의 관계를 확인하고 관계에 맞게 의사소통한다. 친구에게 "밥 먹었어?"라고 말 할 수 있지만, 윗사람에게 "밥 먹었어?"라고 말했다면 적절한 표현이 아니며 상대방에게 모욕의 의미로 전달될 수 있다. 첫 교재에서도 설명하였지만, 낯선 사람에게 "Where is the postoffice?"라고 묻는다면 상대방은 "우체국 어디 있니?"라는 의미가 될 수 있는 것이다. 이와 같은 표현대신 "Do you know where the postoffice is?"라고 묻는 이유는, 대화 상대방에 따라서 문장의 의미와 적절함은 달라질 수 있다는 것을 우리는 알고 있기 때문이다. 따라서 의사소통상황을 설정할 때, 대화 상대자와의 관계도 설정하여 영어 말하기 연습을 할 필요가 있는 것이다.

상대방의 관계와 함께 언어의 발화 의미에 영향을 줄 수 있는 또 다른 요인은 음성(Voice)이다. 앞서 소개한 "It's cold here!"라는 표현을 큰 소리로 말했다면 온도에 대한 불만의 의미를, 부드럽게 말했다면 온도를 높여달라거나 자리를 옮겨달라고 부탁하는 의미였을 것이다. 이와 같이 발화의 높낮이(Intonation)에 따라 의미가 달라질 수 있으며, 억양(Intonation)뿐만 아니라 강세(Stress)에 의해서도 언어의 의미는 달라질 수 있다. 단어 "잠자리"를 "잠자리"로 발화한다면 곤충의 이름이 되며, "잠짜리"라고 발음한다면 잠자는 공간을 의미할 것이다. 발화의 지속정도(Duration)를 달리했을 때에도 분명 전하려는 의미에는 차이가 있을 것이다. 예를 들면 "사랑해!"라고 발화했을 때와 "사랑해에에에에~!"라고 발화했을 때, 전하고자 하는 의도된 의미는 분명 차이를 보일 것이다. 발화의 의미를 결정할 수 있기에, 영어의 운율특질(Prosodic features)을 이해하는 것은 성공적인 의사소통을 위해서 매우 중요하다. 운율특질은 발화의 운율 특징 그리고 음색 특징을 설명하기 위한 언어학적 용어이며, 억양, 강세, 지속, 멈춤(Pause), 운율(Rhythm)에서의 변화를 나타낸다(Dowhower, 1991).

"Prosodic features are features that appear when we put sounds together in connected speech. It is as important to teach learners prosodic features as successful communication depends as much on intonation, stress and rhythm as on the correct pronunciation of sounds."
(출처: https://www.teachingenglish.org.uk/article/prosodic-features)

영어는 매우 운율적(rhythmic)이고 강세중심(Stress-timed)의 언어이기에 영어 말하기 의사소통 능력을 완성하기 위해서는 의미에 영향을 주는 운율특질을 이해해야한다. 영어권 부모들, 특히 미국 부모들이 과장된 표현을 사용해가며 아이들에게 운율특질을 가르치려 노력하는 이유도, 의미전달이라는 영어 의사소통에서 의미를 지배하는 운율특질을 이해하는 것이 중요하다는 것을 잘 알고 있기 때문이다. 영어 학습을 위해 아이에게 책을 읽어줄 때, 부모는 성인과 의사소통할 때 보다 좀 더 과장된 운율특질을 사용한다(Motherese). 이렇게 과장된 운율특질을 활용함으로써, 아이가 운율특질을 이해할 수 있고 운율특질을 이용하여 발화(문장)를 의미단락(Meaningful units)으로 나눌 수 있다는 사실도 이해할 수 있다. 이해를 돕기 위해 우리나라말을 예로 든다면, 우리는 "아버지가 방에 들어가셨다."와 "아버지 가방에 들어가셨다." 앞 문장은 "-가"에서 그리고 뒤 문장은 "-지"에서 멈추어 발화한 것이다. 그리고 두 문장의 의미가 다르다는 것을 알 수 있다. 영어도 마찬가지로 "The man ate the sandwich."라는 문장을 어디에서 끊어 있느냐에 따라 두 개의 올바른 의미단락 "The man," 그리고 "ate the sandwich"로 나눌 수 있으며, 또는 적절하지 못한 두 개의 의미단락 "The man ate," "the sandwich"로 나눌 수 있다. 운율특질을 이용하여 발화(문장)를 의미단락으로 나눌 수 있고, 운율특질을 이용하여 좀 더 중요한 의미단락에 주의를 이끌어 효율적인 의사소통을 할 수 있는 것이다. 따라서 영어의 운율특질을 이해한다면 명확하게 의사소통할 수 있고, 효율적으로 의사소통 할 수 있다(Dowhower, 1991; Johnson & Moore, 1997).

지금까지의 내용을 정리한다면, 대화의 의미는 발화된 문장(표현)뿐만 아니라 발화상황에 의해서도 결정된다. 따라서 "Paper or plastic?"에서도 보여주듯이, 대화 상황을 이해하지 못한 체 발화(단어들)의 의미 이해만으로 성공적인 의사소통을 할 수 있는 것은 아니다. 다시 말해 대화의 의미는 발음, 강세, 그리고 억양과 같은 언어적 요인들(Linguistic factors)과 대화 참여자들의 관계, 지위, 시간(계절) 그리고 장소와 같은 비언어적 요인들(Nonlinguistic factors)에 의해서도 결정되기 때문에, 단순히 문장(패턴) 암기만으로 성공적으로 의사소통 할 수 있는 것이 아니다. 또한 언어적 요인들과 비언어적 요인들 모두 대화의 의미를 결정할 수 있다는 것은, 언어적 요인들과 비언어적 요인들은 상호 보완적인 관계가 될 수 있는 것이다. 다시 말해서, 의사소통 상황을 효율적으로 활용한다면 부족한 언어능력을 보완할 수 있는 것이다. **대화 상대방과 의사소통 상황에 관해 공유하는 정보가 있다면, 식당에서 양손의 엄지손가락과 검지로 계산서를 요구할 수 있는 것처럼, 영어발달단계에 따라 자신의 영어 말하기 능력이 부족하더라도, 성공적으로 의사소통 할 수 있다**는 사실을 기억할 필요가 있다. "Call an ambulance, please!"라는 표현을 할 수 없다면, 그래서 아픈 표정과 배를 움켜쥔 모습을 보인다면, 주변사람들은 상황을 이해하여 구급차를 부를 것이다. 따라서 영어 말하기 능력을 성공적으로 완성하기 위해서는, 언어적 요인과 비언어적 요인 모두를 포함한 영어 학습이 되어야만 한다.

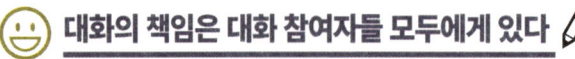 대화의 책임은 대화 참여자들 모두에게 있다

앞서 기술한 "자연적 순서"에 관한 내용을 간략히 정리하자면, 영어 말하기 의사소통 능력 습득을 위한 성공적인 영어 학습이 되기 위해서는 **"영어 습득의 자연적 순서에 순응할 필요가 있다."** 고 하였다. 성공적인 영어 학습자인 어린이는, 영어 발달단계에서 필요하다면 얼굴표정, 손짓 그리고 몸짓 같은 비언어적 의사소통에서, 한 단어 또는 두세 단어로 의사소통 할 수 있는 능력, 그리고 문장으로 의사소통 할 수 있는 능력으로 완성시켜나간다. 자연적 순서에 순응하는 어린이 학습자와는 다르게, 많은 성인 학습자는 발달초기단계부터 완벽한 문장으로 의사소통하려는 성향을 가지고 있다고 하였다. 언어습득과정의 자연적 순서를 문법교육 같은 인위적 요소로 바꿀 수 없으며(Teachability/Learnability, Peinemann, 1989), 처음부터 완벽한 문장으로 의사소통할 수 있는 능력을 습득하려는 노력은 비효율적인 영어 학습으로 이끈다고 하였다. 비효율적인 영어 학습을 이끄는 요인은, 영어의 정확성에 중점을 두는 영어 학습문화 그리고 성인의 언어자아라고 하였다. 영어 학습문화와 언어자아와 함께, 성인의 영어 학습 습관에 영향을 줄 수 있는 또 다른 요인은 "대화의 모든 책임이 자신에게 있다."라는 잘못된 사고라고 할 수 있다. 그리고 **영어발달 초기단계부터 완벽한 문장으로 의사소통 연습을 하는, 청화식 영어 교육방법은 이러한 잘못된 사고를 더욱 악화시킬 수 있다.**

성인이라는 언어자아와 함께, 성인 영어학습자는 대화(Dialogue)의 모든 책임이 자신에게 있다고 생각하는 성향을 가지고 있다. 능숙하게 모국어를 구사할 수 있는 성인에게는 어쩌면 이러한 성향을 가진 것은 당연한 것일 수 있다. 또한 성인은 대화의 책임은 화자(A speaker)에게 대부분 있다고 생각할 수도 있다. 그러나 대화는 화자 혼자만이 이끌어 갈 수 있는 것이 아니다. 이보다는 화자와 청자(A listener)가 함께 대화를 시작하고, 함께 대화를 유지하며, 대화를 함께 끝낸다고 할 수 있다. 화자가 대화를 시작하기 위해, 청자의 주의를 이끌어내는데 실패하였다면 대화는 시작되지 않을 것이다. 또한 화자가 아무리 열심히 설명하더라도, 청자가 딴청을 부리거나 화자의 말에 대꾸하지 않는다면 대화는 멈출 것이다. 또한 화자가 대화를 끝내려는 의도가 있더라도 청자가 집요하게 질문하거나 대화의 지속을 요구한다면, 화자 혼자만의 결정으로 대화를 끝내지는 못할 것이다. 함께 대화를 구성해가기 때문에, 화자는 청자가 될 수 있고, 청자는 화자가 될 수 있는 것이다. 즉, 서로 역할을 바꿔가며(turn-taking) 대화를 유지해가는 것이다. 그러므로 **대화는 화자 혼자가 책임지며 이끌어 가는 것이 아니며, 대화 참여자 모두와 함께 대화의 책임을 공유하고 이끌어 가는 것이다.**

대화 참여자 모두가 대화의 책임을 공유한다는 특징은, 예전 TV 개그 프로그램 "생활의 발견"에 잘 나타난다. 주인공 남녀가 대화 중 대화가 자꾸 끊기는 상황을 연출한다. 한 사람이 열심히 이야기를 할 때, 다른 주인공이 주문을 한다거나 주의를 다른 곳에 빼앗기면 대화가 끊기는 상황이 재미있게 표현된다. 두 주인공에 의해서도 대화가 끊기지만, 주변 사람들의 간섭에 의해서도 대화가 끊기는 상황이 재미있게 표현되었다. 이 개그 프로그램을 시청한다면, 대화를 이어갈 수 있는 상황은 대화 참여자 모두가 대화의 책임을 갖고 대화를 유지 지속할 때 가능하다는 것을 알 수 있을 것이다. 물론 이 개그 프로그램뿐만 아니라, 대화 중에 대화가 끊기는 상황은 화자에 의해서만이 아닌 청자에 의해서도 발생한다는 것을 우리 일상생활 속에서 자주 경험하며 확인할 수 있다.

대화의 책임을 공유한다는 것이 대화 참여자 모두가 책임을 동등하게 나누어 갖는다는 의미는 아니다. 대화가 일종의 모임이라면, 어느 모임이든 운영하고 진행하는 사회자가 있으며 사회자가 더 많은 책임을 가질 수 있는 것이다. 이와 같이 영어 의사소통 상황에서도 영어 대화를 시작하고 유지함에 있어서, 영어 의사소통 능력이 좀 더 뛰어난 사람이 더 많은 책임을 가질 수 있는 것이다. 달리 말하면 자신의 영어 능력이 충분하지 않다면, 대화 상대방에게 더 많은 대화의 책임을 넘겨줄 수 있는 것이다. 영어 능력이 더 뛰어난 상대방에게 더 많은 대화의 책임을 넘겨준다면, 의사소통은 훨씬 더 쉬워질 수 있는 것이다. 대화의 책임을 누가 가지냐에 따라, 의사소통이 쉬워질 수 있고 어려워질 수도 있다는 견해를 다음의 두 사례를 통해 확인해 보자.

사례 1:

화자A	What do you usually do on weekends?
화자B	I usually study English on weekends to prepare for the TOEIC test. I have to get a good score on the test so I can apply for a job at a good company.
화자A	I see. I wish you good luck with your TOEIC test and job search.

사례 1에서 우리는 화자B가 유창한 영어 말하기 능력이 있는 영어학습자라는 것을 알 수 있다. 유창한 영어실력으로, 상대방과 책임을 공유하기보다는 자신이 전하고자 하는 의미를 상대방에게 성공적으로 한 번에 전달할 수 있었다. 유창한 영어 말하기 능력이 있다면, 당신도 화자B처럼 자신이 전하고자 하는 의미를 상대방에게 한 번에 성공적으로 전달할 수 있을 것이다. 그런데 만약 영어 발단단계에서, 당신의 영어 말하기 능력이 이렇게 유창하지 않다면, 사례 1의 화자B가 2개의 완벽한 문장으로 전달했던 의미를 당신은 상대방에게 어떻게 성공적으로 전달할 수 있을까? 당신이 사용할 수 있는 대안은 무엇인가? 확실한 대안이 없다면, 사례 2에서와 같이 화자A에게 더 많은 대화의 책임을 주는 것이다. "궁금하세요? 그럼 당신이 물어보세요! 나는 당신이 묻는 말에 대답만 할게요!"라는 마음가짐으로 대화에 참여한다면 부족한 영어 말하기 능력으로도 사례 2와 같이 성공적으로 의사소통 할 수 있는 것이다.

사례 2:

화자A	화자B
What do you usually **do on weekends**?	Study.
What do you study on weekends?	English.
Why do you study English on weekends?	For the TOEIC test.
So you're studying English for the TOEIC test?	Yes.
Why do you need to study English for the TOEIC test?	To get a good score.
What can you do with a good score on the test?	Get a good job.
So you want to get a good job with a good TOEIC score? I see. I wish you a good luck with your TOEIC test and job search.	Thank you.

사례 2에서, 우리는 화자B가 유창한 영어실력자가 아니라는 것을 알 수 있다. 하지만, **사례1하고 비교했을 때, 화자B는 자신이 전하고자 하는 의미를 성공적으로 전달하였다고 볼 수 있다.** 화자A가 대화를 이끌어 나갈 수 있도록 더 많은 대화의 책임을 부여하여, 문제해결능력(Problem-solving skills)인 유창성(Fluency)에 중점을 두어 자신이 전하고자 하는 의미를 단어와 짤막한 구(phrases)로써 성공적으로 전달할 수 있었던 것이다.

사례 1 그리고 사례 2를 우리의 일상생활 속 의사소통 상황과 비교한다면, 사례 1에서 화자B가 자신의 대답에 모든 책임을 갖고 의도한 의미를 전달한 것은, 연설이나 발표에서 할 수 있는 역할을 수행한 것이다. 그리고 사례 2에서 화자B는 인터뷰의 질문에 답을 하는 역할을 했다고 볼 수 있다. 연단에서 의사소통의 모든 책임을 갖고 자신의 사고를 전달하기 위해서는 거의 완성된 영어 말하기 의사소통 능력이 필요한 것이다. 당신도 연단에서 유창하게 자신의 사고를 능숙하게 영어로 표현할 수 있는 영어 능력을, 당신의 영어 학습 최종 목표로 가지고 있을 것이다. 그러나 사례 2에서와 같이 당신이 인터뷰 질문에 짤막한 답변을 하는 의사소통 상황이라면, 당신이 지금 영어 발달 기초단계에 있더라도 충분히 의사소통할 수 있다는 자신감이 있을 것이다. 이와 같이 대화의 책임을 공유하고, 나아가 자신의 영어능력 발단단계에 따라 상대방과 대화의 책임을 조절한다면, 부족한 영어 능력이지만 당신은 어떠한 영어 의사소통 상황에서도 자신의 사고를 성공적으로 전달할 수 있을 것이다.

위의 견해에 확신을 가지고 있는 이유는, 실제로 그 가능성을 확인하였기 때문이다. 가능성을 확인한 이야기는 다음과 같다. 어느 날 중학생을 둔 어머니가 영어교육에 관해 상담을 하고 싶다고 하였다. 당시 중학생이었던 딸의 장래희망이 항공승무원이라서, 영어 말하기 능력에 특히 관심이 많다고 하였다. 효과적인 영어 학습방법을 소개한다면 학생에게 도움이 될 수 있다고 믿고 있기에 흔쾌히 상담을 하겠다고 하였다. 학생을 만나 대화의 특징을 설명하고, 영어 발달 초기에는 유창성에 중점을 두어 의사소통을 한다면, 자신이 전하고자 하는 의미를 성공적으로 전달할 수 있다고 말해 주었다. 이러한 설명과 함께, 사례 2의 주제와 같은 주말계획에 대해 영어로 대화를 나누었다. 사례 2에서처럼 내가 "What are you going to do this weekend?"라고 질문하면 "Picnic!"이라고 대답하는 식이었다. 영어로 묻고 답하며 영어로 의사소통하는 우리를 보며 학생의 어머니는 매우 만족해 하셨다. 학생도 자신이 영어로 의사소통 할 수 있다는 사실에 신기해하며 매우 기뻐하였다. 학생은 영어 의사소통에 대한 크나큰 자신감이 생겼다며 매우 좋아하였다.

영어 말하기 의사소통 능력을 습득하기 위한, 영어 학습에서 의사소통 자신감은 매우 중요하다. 의사소통에 대한 자신감이 있다면 좀 더 적극적으로 의사소통에 참여하게 될 것이며, 적극적인 의사소통 참여는 성공적인 영어능력 습득으로 이어질 것이다. 이교재의 목적은 "영어 말하기 의사소통 능력 습득을 위한 효과적인 영어 학습방법(요리법)을 소개하는 것이다. 효과적인 영어 학습방법과 함께 영어 말하기 능력을 완성하려면, 영어 학습자는 영어 의사소통에 적극 참여(요리법 연습)하여야만 한다. 아무리 훌륭한 지도자가 훌륭한 가르침을 준다고 하더라도, 운동선수나 예체능 지망생이 부단한 노력으로 자신의 재능을 발전시키지 않는다면, 결코 만족스런 결과를 얻지는 못할 것이다. 자신을 대신하여 지도자가 피나는 노력으로 재능을 대신 발전시킬 수는 없기 때문이다. 정리하자면, **대화의 특징을 이해하고, 자신의 영어발달단계에 따라 자신의 영어 의사소통능력에 맞게 의사소통에 참여한다는 마음가짐을 갖는다면 의사소통에 대한 자신감을 얻게 될 것**이며, 이러한 자신감은 적극적이고 능동적인 영어 의사소통 참여로 이끌 것이다. 또한 **이러한 적극적인 의사소통 참여는 성공적인 영어 말하기 능력 습득의 결과를 가져올 것**이다.

성인 언어 학습자와는 다르게, 어린이 언어학습자는 **상대방과 대화의 책임을 공유한다는 것이다.** 어쩌면 대화의 책임을 상대방에게 훨씬 더 많이 떠넘길 수도 있을 것이다. 언어발달 초기과정에서 **아기들은 우는 것(crying), 얼굴표정, 또는 몸짓 같은 비언어적 수단으로 엄마, 아빠 또는 주변 사람들과 의사소통을 시작한다.** 혹시라도 아기가 울면, 초보 부모 또는 주변사람들은 아기가 왜 우는지 당황해한다. 그러면 아기는 자신이 의사를 정확에게 말로 표현하지 못하기에, 그래서 울음으로 의사소통하는 자신을 주변사람들이 이해하지 못하는 것은 당연하다며, 자신을 자책하지 않는다. 자신을 자책하기보다는 자신을 이해하지 못하는 엄마 또는 아빠, 아니면 주변 사람들을 꾸짖듯이 더 큰 소리로 목청껏 서럽게 운다. 이처럼 아기가 주변 사람들하고 의사소통함에 있어 대화의 책임을 훨씬 더 많이 주변 사람들에게 떠넘겨버리는 것이다. "으앙~~ '나는 울지만 ... 내가 뭘 말하려하는지 빨리 이해하란 말이야!' 으앙~~" 이러한 상황에서 아기의 부모는 말을 안 하고 울기만 하는 아기를 나무라지 않는다. 대신 아기가 **왜 우는지 그 상황을 이해하지 못하는 자신들을 자책하고**, 아기가 우는 상황을 이해하려고 온 정신을 쏟아 붓는다. 아기의 울음소리를 해독하여 초보 부모에게 아기가 무엇을 원하는지 알려주는 기계를 발명하는 것도 이런 초보 부모를 위한 것이라고 할 수 있다. 주변사람도 우는 아기를 나무라기보다는 아기가 왜 우는지 그 상황을 이해하지 못하는 아기 부모 또는 자신들을 나무란다. 그래서 초보 부모는 육아경험이 많은 주변사람들의 조언을 듣고 도움을 받아가며 아기를 양육하는 것이다. 육아경험이 많은 부모는 아기가 울면, "아 배고파서 우는구나?" "아 기저귀를 갈아달라고 우는구나?" 상황을 이해하고 그 상황에 맞게 아기를 보살핀다.

아이가 언어를 배우기 시작하면서, 점차 한 단어 또는 전보문처럼 두 세 단어로 의사소통할 수 있는 언어능력으로 발전시켜 나간다. 하지만 여전히 부모 또는 주변사람들에게 훨씬 더 많은 대화의 책임을 전가할 것이다. 내 조카도 한국말을 배우는 발달과정에서, "이거(이것)"라는 단어 하나로 성공적으로 의사소통하는 것을 목격하곤 하였다. 과자를 가리키며, "이거"라고 하면 "엄마, 이 과자 먹고 싶어요. 포장지를 벗겨주세요"라는 의미로 엄마는 이해하였다. 장난감을 가리키며, "이거"라고 하면, '엄마, 이 장난감이 갖고 싶어요. 사주세요.'라고 엄마는 이해하였다. 이밖에도 **다양한 상황에서 "이거"라는 단어 하나만을 말했지만, 신기하게도 엄마는 상황에 따라 아이의 "이거"를 다양하게 해석하였다**. 그러다 혹시라도 엄마가 자신의 의도대로 상황을 정확히 이해하지 못하면, 조카는 울어버렸고, 엄마는 자신을 자책하며, 상황을 빠르고 올바르게 다시 이해하려고 노력하였다. "이거" 하나만으로 아주 쉽게 성공적으로 의사소통할 수 있는 조카가 신기할 따름이었다.

　　성인 영어학습자도 영어 발달단계에서 부족한 영어 능력을 인정하고, 대화 상대방에게 더 많은 대화의 책임을 준다면, 좀 더 쉽게 그리고 성공적으로 의사소통 할 수 있을 것이다. 아래는 신문기사에서 발췌한 내용이며, 이 교재의 내용과 같은 견해를 보이고 있어 소개하려고 한다. 영어 연수 중에 서양 학생들을 경험하면서, 나도 아래의 저자와 같은 생각을 갖게 되었다. 서양 학생들은 제한된 어휘능력으로 아주 간결하게 의사소통하는 것 같은데, 한국 학생들보다 훨씬 더 유창하게 의사소통하는 모습을 보며, 서양 학생들의 유창한 영어 말하기 의사소통 능력을 부러워하곤 하였다. 요점은 영어 발달단계에서 어린이 영어 학습자처럼 그리고 서양의 (일부) 영어 학습자들처럼 대화의 책임을 상대방에게 더 많이 넘겨주는 것도 필요하다.

> "내가 어학연수를 할 때 룸메이트였던 스페인 친구는 영어가 초급 단계였는데도 낯선 전화가 걸려오면 거리낌 없이 그 전화를 받곤 했다. 다른 한국인 친구들은 전화 받기를 꺼려하는데도 말이다. 그러면서 못 알아듣는 대목이 나오면 자기가 오히려 화를 내며 전화를 끊었다. '내가 못 알아들으니 네가 천천히 말해야지' 하는 식이었다. 언어를 공부할 때는 이런 태도도 필요할 때가 있다고 나는 생각한다."

(출처: https://www.sisain.co.kr/news/articleView.html?idxno=28909)

　　아이가 성장하면서 모국어 능력이 발달함에 따라, 점차적으로 좀 더 많은 대화의 책임을 가져갈 것이다. 그리고 대화의 책임을 조금씩 좀 더 많이 가져가는 과정과 조금씩 언어를 발달시켜가는 과정은 거의 일치한다고 할 수 있다. 따라서 아이가 언어능력이 완성이 되면, 최소한 대화 상대자와 동등한 위치로 대화의 주도권을 가져오려는 성향을 보일 것이다. 그 성향을 확인할 수 있는 대표적인 것이 "말씨름, 말싸움, 또는 말대꾸"등이다. 비언어적 수단으로 의사소통 할 수 있는 아이가 "말대꾸" 할 수는 없을 것이다. 최소한의 언어능력으로 원하는 것을 얻기 위해, 한 두 단어로 의미를 전달하는 아이가 주변사람들과 말씨름을 할 수는 없을 것이다. 자신의 사고를 자신의 의도대로 상대방에게 명확하게 전달할 수 있을 때 말씨름을 할 수 있는 것이고 말대꾸를 할 수 있는 것이다. 이렇듯 뛰어난 언어학습자인 어린이처럼, 성인들도 자신의 언어발달단계에 따라 대화의 책임을 조금씩 가져오려는 방식으로 영어능력을 발전시켜나가면 어떨까? 좀 더 쉽게 그리고 좀 더 성공적으로 영어능력을 완성할 수 있을 것이라는 사실에 당신도 동의할 것이다.

언어발달단계에 따라 대화의 책임을 조절해가며 의사소통을 한다면, 언어능력이 부족하더라도 좀 더 쉽게 그리고 좀 더 성공적으로 의사소통할 수 있다고 하였다. 이러한 방식으로 **언어능력을 발달시켜나가는 어린이 학습자의 또 다른 특징은, 자신이 전하고자 하는 의미를 나누어 전달**한다는 것이다. 예를 들면, 언어발달단계에 있는 아이는 "아빠 진지 잡수세요!"라며 전하고자 하는 의미를 한 번에 전달하지 못할 것이다. 이보다는 아래와 같이 전하고자 하는 의미를 나누어 전달할 것이다.

아이: 아빠!

아이: 맘마!

아이: 먹어!

아빠: 왜?

아빠: 맘마 왜?

이와 같이 대화의 책임을 나누어 또는 상대방에게 더 많은 책임을 부여한 후, 의미를 나누어 전달한다면 자신의 언어능력이 부족하더라도 쉽게 그리고 성공적으로 의사소통 할 수 있을 것이다.

위의 상황을 영어 의사소통상황과 비교해 보자. 당신이 낯선 곳에 가서 우체국을 찾고자 한다. 지나가는 현지인에게 다가가서 주의를 끈다, "Excuse me!" 그런 후 당신은 "우체국이 어디 있어요?"라고 영어로 물어야한다. 영어로 어떻게 표현할 수 있을까? 당신이 "Where is the postoffice?"라고 물을 수 있다면, 당신이 원하는 우체국을 찾을 수 있을 것이다. 그런데 당신의 영어 의사소통능력이 충분하지 않아 완벽한 문장으로 우체국 위치를 물을 수 없다면 당신은 어떻게 하겠는가? 앞서 소개한 방식으로 당신이 전하고자 하는 정보를 나누어 전달하면 어떨까? 우체국 위치를 묻는 상황을 성인과 아이의 대화로 바꾼다면 다음과 같을 것이다.

국문	영문
아이: 아빠?	여행자: Excuse me!
아빠: 왜?	현지인: Sure!
아이: 우체국?	여행자: Postoffice?
아빠: 우체국 왜?	현지인: Postoffice?
아이: 어디 있어?	여행자: Where?

위와 같이 자신이 전하고자 하는 정보를 나누어 전달하는 상황이라면 영어 의사소통은 훨씬 더 쉬워질 것이다. 영어 학습을 하면서 완벽한 문장으로 암기하였다하더라도, 당신이 영어발달 단계에 있다면, 당신은 실제의 의사소통 상황에서는 위와 같이 정보를 나누는 방식으로 의사소통 할 것이다. 물론 "목표 지향적 의사소통"에서도 설명하였지만 당신이 "우체국 위치"를 묻는 상황에 대비하여 완벽한 문장을 준비하고 반복적으로 발화 연습한다면, 완벽한 문장으로 우체국 위치를 물을 수도 있을 것이다.

어쩌면, 당신은 우체국 위치를 묻기 위해 "우체국 어디 있어요?"라는 문장이 필요하지 않을 수 있다. 대화의 책임을 공유하고 대화 상황을 활용한다면 "Postoffice?"라는 단 하나의 단어만으로도 당신이 원하는 의도를 대화 상대자에게 전달할 수 있기 때문이다. 예를 들면, 당신이 길을 걷고 있는데 외국인 관광객이 당신에게 다가와, "우체국?"이라고 묻는다면 당신은 이 상황을 어떻게 이해하겠는가? 당신은 이렇게 이해하지 않을 것이다, '어? 처음 보는 외국인이 나보고 우체국을 사 달라고 하지?' '어라? 처음 보는 외국인이 나보고 우체국을 데리고 가달라고 하네!' 외국인이 "우체국?"이라고 말한 이 상황에서, 당신은 외국인이 우체국 위치를 묻고 있다고 이해할 것이다. 이와 같이 우리는 **"특정 대화상황을 특정의미로 이해하는 보편적 해석방식"**이 있다. 보편적 해석방식을 잘 이해하면 우리는 "눈치 있다!"라고 하고, 그렇지 못하면 "눈치 없다"라고 한다. 혹시라도 대화 상대자가 당신이 말한 "Postoffice?"라고 묻는 상황을 이해하지 못하는 눈치라면, 당신의 다음 질문은 무엇이겠는가? 당신의 다음 질문은 분명 "Where?"일 것이다. 문장 대신에 "Postoffice?" 그리고 "Where?"라는 두 단어의 질문에 상대방이 이해하였다면, 당신은 아주 효율적으로 의사소통 한 것이다.

우리의 일상생활에서도 **"특정 대화상황을 특정의미로 이해하는 보편적 해석방식"**인 눈치를 종종 사용한다. 앞 서 소개한 것처럼 "우리 점심으로 피자 먹을래?"라는 문장 대신에 "피자?"라는 단어 하나로 의사소통한다. "피자?" 한 단어로 상대방이 이해하지 못한다면, 분명 "먹을래?"라는 두 번째 단어를 사용할 것이다. 성인들도 원하는 정보를 나누어 전달하는 언어습관을 보여준다. 이러한 언어습관은 우리들뿐만 아니라, 영어권국가의 사람들도 마찬가지이다. "Paper or plastic?"이라고 말을 하더라도 고객은 "Would you like paper bags or plastic bags?"라는 의미로 이해할 것이라는 것을 마트 직원은 알고 있기 때문이다. 입국심사장에서는 "Swiss or American?"이라는 질문이 국적을 묻는 의미로 해석될 수 있지만, 샌드위치 판매점에서는 치즈를 선택하라는 의미로 해석된다는 것을 직원은 잘 알고 있었던 것이다. 고객이 이해하지 못하자, "cheese"라는 정보를 추가하여 "Swiss cheese or American cheese?"라고 물었던 것이다. 이 질문에도 고객이 이해하지 못한다면, 직원은 "Would you like Swiss cheese or American cheese?"라고 완벽한 문장으로 질문할 것이다. 그렇다면 "Swiss or American?"이라는 세 단어로 의사소통할 수 있다면, 아주 효율적인 의사소통을 하는 것이다. 이처럼 대화 상대자가 **특정 대화상황을 보편적 의미로 해석한다는** 의사소통의 특징을 활용하여 전하고자 하는 의미를 나누어 전달한다면, **영어 발달단계에서 자신의 영어능력이 충분치 않더라도 자신이 전하고자하는 의미(사고)를 효과적으로 전달할 수 있는 것이다.**

영어 발달단계에서 자신의 영어 능력에 따라 최소한의 단어로 효율적인 의사소통을 할 수 있다고 하면, 당신은 이런 질문을 할지도 모른다, "이렇게 한 두 단어로 의사소통 하면 어느 세월에 영어능력을 완성할 수 있을까?" 이런 걱정을 하는 많은 성인 영어학습자는, 처음부터 완벽한 문장으로 영어 학습을 하도록 하는 청화식 영어교육법에 관심을 갖는 것이다. 그런데 자신의 발달단계에 따라 의미를 나누어 전달하는 언어학습이 더 효과적일까? 아니면 자신의 언어능력이 부족하더라도 한 번에 의미 전달하는 언어학습이 더 효과적일까? 모국어를 가르치는 아기의 부모에게서 답을 찾을 수 있다고 하였다. 아기의 부모는 처음부터 완벽한 문장으로 모국어를 가르치지 않는다. 문장으로 시작하는 학습이 전혀 효과가 없다는 것을 부모는 잘 알고 있다. 그리고 지금 한 단어 두 단어로 의사소통 한다고 해서 아이가 모국어 능력을 완성할 수 없을 것이라고 걱정하는 부모도 없다. 아이가 지금은 한 두 단어로 의사소통 하지만 결국에는 완벽한 문장으로 의사소통 할 수 있다는 것을 부모는 확신하고 있는 것이다. 그리고 아이가 지금 한 두 단어로 의사소통하는 것은 언어 발달과정에서 당연한 현상이라고 생각한다.

한 두 단어로 의사소통 하는 아이가 어떻게 문장으로 의사소통 할 수 있는 언어능력으로 완성할 수 있을까? 엉금엉금 기던 아이가 아장아장 걸으며 결국에는 뛸 수 있기까지 성장하는 과정에서 영양분이 필요하듯, 아이의 언어능력이 성장하기 위해서는 영양분이 필요하다. 그리고 그 영양분은 언어자료(Input)이다. 언어습득을 위한 언어학습에서 이해 가능한 언어자료(Comprehensible input)가 필요하다는 견해에 대부분의 영어 교육학자들은 동의한다. 아이들은 주변에서 발화되는 언어자료를 바탕으로 언어의 특징을 이해해가며 언어능력을 완성해간다고 하였다. 주변의 언어자료를 바탕으로 언어능력을 완성해가는 특징은 "침묵기"와 "과잉일반화"에서 확인할 수 있다고 하였다. 언어발달 초기부터 완벽한 문장으로 의사소통하려는 성인에게서는 일반적으로 나타나지 않는 특징이다.

아이가 글을 읽을 수 있게 되면서, 책을 통해서 언어자료를 수집한다. 성인들도 영어 학습을 위해 많이 활용하는 것도 영어책이다. 책은 직접 경험할 수 없는 의사소통 상황을 간접적으로 경험할 수 있는 좋은 언어자료이다. 아이는 TV 시청이나 동영상 자료 그리고 그 밖의 시청각 자료를 통해 언어학습을 하며 언어능력을 발전시켜 나간다. 예전에 비해 아이의 언어발달이 빠른 이유도 쉽게 접근할 수 있는 TV와 같은 시청각 자료가 큰 역할을 하기 때문이다. 성인들도 TV 시청 그리고 유튜브 같은 시청각 자료를 영어 학습에 활용하며 영어능력을 발전시켜 나간다. 책이나 시청각 자료와 함께 하는 영어 학습은, 말을 주고받을 수 있는 영어 학습활동은 아니지만, 영어학습자가 활용하는 가장 근본적인 이유는 영어능력 발달을 위해 언어자료가 필요하다는 것을 영어학습자도 잘 알고 있기 때문이다.

책이나 시청각 자료를 통해서 언어능력 습득에 필요한 언어자료를 수집할 수 있다고 하였다. 그런데 책을 읽을 수 있고 시청각 자료를 이해할 수 있을 정도의 영어능력을 발전시키기 위해서는, 우선 어느 정도의 영어능력이 필요하다. 성인들도 처음부터 TV를 시청하며 영어능력을 발전시켜 나가지는 않는다. 아이도 처음부터 책을 이용하여 모국어능력을 발전시키는 것은 아니다. 책을 읽을 수 있거나 아니면 부모가 설명하는 책의 내용을 이해하기 전까지는 부모의 도움을 받으며 모국어 말하기 능력을 발전시켜나간다. 책을 이용하거나 시청각 자료를 이용한 영어 학습을 진행하기 위해서는, 책을 이해하고 시청각 자료의 내용을 이해할 수 있는 기본적인 영어 능력이 필요하다는 뜻이다. 그래서 우리의 일상생활에서 발생하는 다양한 상황에서 의사소통할 수 있는 생존 영어능력(Survival English)이 필요한 것이다. 일상생활에 필요한 의사소통능력인 생존 영어능력을 우선 발전시키면서, 자연스럽게 사교 영어능력(Social English)과 학술 영어능력으로 완성해 가는 자연적 순서에 순응할 필요가 있는 것이다.

그렇다면 한 두 단어로 의사소통할 수 있는 최소한의 영어 능력으로, 주변에서 발화되는 영어자료를 이용하여 어떻게 영어 말하기 의사소통능력을 완성할 수 있을까? 지금까지의 내용을 종합한다면, 영어발달의 자연적 순서에 순응하고, 대화상황을 활용하며, 대화의 책임을 공유하라는 것이었다. 자신의 영어발달단계에 따라 대화상황을 이용하거나 대화의 책임을 상대방과 공유함으로써 부족한 영어능력을 보완할 수 있는 것이다. 그리고 첫 교재 "해외여행을 위한 영어 말하기 능력 1시간 완성"에서도 소개하였듯이, 유창성에 중점을 두든 정확성에 중점을 두든 상대방의 질문에 답변하기는 쉽다고 하였다. "Where are you going?"이라는 질문에 유창성에 중점을 둔다면 "Where?"에 대한 답 "Home!"이라고 간단히 대답할 수 있다. 만약 정확성에 중점을 둔다면 "I am going home."이라고 대답할 수 있다고 하였다. 그런데 정확성에 중점을 두더라도 쉽게 대답할 수 있는 이유는, 질문에 답이 있기 때문이라고 하였다. "Where are you going?" "I am going (where = home)." 또 다른 예를 들자면, "What is your name?"이라는 질문에 정확성에 중점을 둔다면, "My name is (What = kildong)."이라고 대답할 수 있는 것이다. 좀 더 확인하기 위해 앞서 소개한 대화상황을 다시 한 번 살펴보자.

아래의 대화는 화자A가 더 많은 대화의 책임을 가지고 대화를 이끌어 가고 있다. 화자B는 화자A에게 더 많은 대화의 책임을 갖게 함으로써 그리고 정확성보다는 대화의 유창성에 중점을 둠으로써 자신의 부족한 능력을 보완하고 있는 상황이라고 하였다.

화자A	화자B
What do you usually **do on weekends**?	Study.
What do you study on weekends?	English.
Why do you study English on weekends?	For the TOEIC test.
So you're studying English for the TOEIC test?	Yes.
Why do you need to study English for the TOEIC test?	To get **a good score**.
What can you do with a good score on the test?	Get a good job.
So you want to get a good job with a good TOEIC score? I see. I wish you good luck with your TOEIC test and job search.	Thank you.

위의 대화상황에서 화자B가 정확성에 중점을 둔다고 하더라도 화자A의 질문에 쉽게 답변할 수 있을 것이다. 화자B가 어떻게 대답해야하는지는 화자A의 질문에 대부분 포함되어있기 때문이다. 첫 번째 질문 "What do you usually do on weekends?"라는 질문에 유창성을 두어 "Study"라고 하였다. 그런데, 정확성에 답변을 둔다면, "I usually do study on weekends."라고 대답할 수 있다. 물론 "I usually study on weekends."라는 문장이 좀 더 자연스러운 표현이다. 당신의 영어 능력이 발전함에 따라 "I usually do study on weekends."라는 표현 대신에, 당신은 "I usually study on weekends."라고 좀 더 자연스럽게 표현할 것이다. 그러므로 발달단계에서 걱정할 필요는 없을 것이라고 확신한다.

위의 내용을 이해하였다면, 두 번째 질문 "What do you study on weekends?"에 정확성에 중점을 둔다면 어떻게 대답할 수 있을까? "I study English on weekends."라고 대답할 수 있을 것이다. 그렇다면 세 번째 질문 "Why do you study English on weekends?"라는 질문에 정확성에 중점을 두어 대답하면 어떤 문장이 될까? "I study English on weekends for the TOEIC test."라고 할 수 있다. 이해를 돕기 위해 하나 더 확인한다면, "Why do you need to study for the TOEIC test?"에 대한 대답 "To get a good score."를 정확성에 중점을 두어 대답한다면 어떻게 대답할 수 있을까? 정확성에 중점을 둔다면 "I need to study for the TOEIC test to get a good score."라고 대답할 수 있는 것이다. 이와 같이 대화 상대자의 질문에서 대답을 유추할 수 있기에, 정확성에 중점을 두더라도 쉽게 대답할 수 있는 것이다. 이와 같은 견해를 다르게 해석한다면, 대답에서 질문을 유추할 수 있다면, 질문도 말할 수 있다고 할 수 있다. 질문을 할 수 있고 대답할 수 있다면 성공적으로 의사소통 할 수 있는 것이다. 따라서 영어 학습에서 모델로 삼을 수 있는 언어자료만 있다면 효율적으로 영어능력을 발전시킬 수 있는 것이다. 그러므로 자신의 발달단계에서 최소한의 단어능력으로 의사소통한다고 하더라도, 언어자료를 바탕으로 자연스럽게 영어능력을 완성할 수 있는 가능성이 있다고 할 수 있다.

대화 상대방의 발화 문장이 언어자료가 될 수 있고, 언어자료를 바탕으로 의사소통 능력을 발전시켜 나갈 수 있다면, **대화를 지속해나갈 수 있는 기술이나 전략은 의사소통능력 습득에 중요한 역할을 할 것이다.** 특히 당신이 영어능력 발달초기에 있다면 이러한 전략 활용은 영어 말하기 능력 습득에 있어 매우 중요하다. 영어발달 초기단계에서는 **당신보다는 상대방이 대화를 주도적으로 이끌어 갈 수 있기 때문이다.** 에피소드 2에서 소개하였듯이, 단어 "Really?"를 사용하여 대화를 지속시켜 나갈 수 있다는 사실에 주목할 필요가 있다. 누구든 가만히 듣고만 있는 사람보다는 자신의 말에 경청하고, 가끔씩 적절한 반응을 보임으로써 자신의 이야기에 관심을 표하는 사람과 더 많은 대화를 하고 싶을 것이다. 그러하기에 **침묵하기 보다는 이따금씩 상대방의 말에 맞장구를 쳐주는 것이 대화를 지속시키는데 도움을 줄 것이다.** 단어 "Really?"와 함께, **"That's interesting!" "Is that true?" "Oh, I didn't know that!" "Right!" "Okay." "Oh, did you?" "Oh, are you?" "Oh, have you?"** 등등, **상대방의 말에 흥을 돋을 수 있는 한 두 개의 표현을 기억해둔다면, 활발하게 영어 대화에 참여하며 대화를 지속하는데 도움을 줄 것이다. 결과적으로, 대화를 통해 더 많은 언어자료를 이끌어 냄으로써, 영어 말하기 능력을 효율적으로 완성할 수 있는 가능성을 높일 수 있다.**

영어 발달초기에 대화 상대방과 대화의 책임을 공유하고 대화상황을 활용한다면, 최소한의 언어능력으로도 충분히 성공적으로 의사소통이 가능하다고 하였다. 그런데 한 두 단어로 의사소통한다면 대화 상대방이 무례하다고 생각하지 않을까? "What do you usually do on weekends?"라는 질문에 "Study!"라고 대답하고, "What do you study on weekends?"라는 질문에 "English"라고 아주 짤막하게 대답한다면 상대방이 무례하다고 생각할 수도 있다. 그러나 대화 상대방이 당신의 영어능력이 발달초기에 있다는 것을 확인한다면, 이렇게 짤막하게 대답하는 것이 무례하다기 보다는 발단단계에서 당연한 현상이라고 생각할 것이다. 부모가 아가에게 "아빠 해봐!" "엄마 해봐!"라고 한 단어 한 단어씩 가르치기에, 모국어 발달 초기부터 완벽한 문장으로 의사소통할 수 있기를 기대하지 않는다. 마찬가지로 영어 원어민 화자도 당신이 영어 발달단계에 있다고 이해한다면, 의미전달이라는 의사소통 그 자체에 중점을 두지 문법성이나 정중한 표현

같은 형식에 중점을 두지는 않을 것이다.

반대로 생각해보자. 당신이 미국사람을 만나 "어디서 오셨어요?"라고 정중히 물었는데 "미국"이라고 짤막하게 대답하고, "한국말 할 줄 아세요?"라는 질문에 "쪼금"이라고 대답하였다. 그런 후 "한국엔 처음이세요?"라는 질문에 "응!"이라고 반말로 대답하였다면, 그 미국인을 무례하다고 생각하겠는가? 아니면 한국말을 배우는 단계에서 당연한 현상이라고 생각하겠는가? 에피소드3에서 한인교포의 딸이 한국어 배우는 과정에서 **"니가 쇼핑센터 가자고 했자나!"**라고 엄마에게 말했다고 해서, 당신은 그 교포의 딸이 무례하다고 생각하지는 않을 것이다. 그보다는, 엄마의 모국어인 한국말로 의사소통하며 배우려고 노력하는 그 딸의 노력을 존경스럽게 여길 것이다. 분명 당신도 한 번쯤은 TV 방송에서 **외국인들이 서투르게 한국말을 하며, 가끔 존댓말을 사용해야하는 상황에서 반말을 사용하는 것을 본 적이 있을 것이다. 그런데도 한국어 원어민인 당신은 그 외국인이 무례하거나 건방지다고 생각하지 않을 것이다.** 이렇게 생각하기보다는 한국어로 의사소통하려고 노력하는 그 외국인들을 당신은 자랑스럽게 생각하며, 혹시라도 직접 만난다면 격려하고 칭찬할 것이다. **"한국말 참 잘하시네요!"**

영어 원어민 화자도 마찬가지이다. 영어를 서툴게 말하는 당신을 무례하거나 바보 같다고 생각하지 않는다. 대신 서투른 영어를 구사하는 당신을 배려하기 위해, 영어를 천천히 말하거나 쉬운 어휘를 사용하려 할 것이다. **영어 교육 분야에서는 영어발달단계에**

있는 외국인 화자를 배려하는 화법을, 외국인 화법(foreigner talk) 또는 배려자 화법(Caretaker talk)이라고 부른다. 외국인 화법은 외국어를 배우는 화자가 쉽게 이해할 수 있도록 천천히 말하거나, 쉬운 어휘를 선택하거나, 의도적으로 큰 소리로 발음하거나, 이해하기 어려운 어휘 또는 표현은 반복적으로 들려주는 특징을 가진다(Ellis, 1994). 혹시라도 영어 원어민 화자가 당신이 영어발달단계에 있다는 사실을 이해하지 못하였다면, "**Please, speak slowly.**"라고 말하면 될 것이다. 그러면, 그 원어민 화자는 당신의 영어능력에 맞게, **쉬운 어휘로 천천히 크게 발음할 것이며, 또한 당신이 원한다면 반복적으로 질문하는, 외국인 화법을 사용할 것이다.** 그리고 외국인 화법의 특징들은 외국어 의사소통에서만 나타나는 것이 아니다. 부모가 모국어를 가르칠 때에도 나타나는데, 이를 어머니 화법(Motherese)이라고 한다. 즉 어떤 언어를 학습하더라도 언어발달 초기단계에 있다면 대화 상대방은 당신을 배려하여 의사소통 할 것이다.

질문을 선택할 때에도 대화 상대방은 당신의 영어능력을 고려할 것이다. 다시 말해서, 당신의 영어능력이 충분하지 않다면, 긴 문장 또는 많은 문장으로 답변할 필요가 있는 질문을 대화 상대방은 선택하지 않는다는 것이다. 예를 들면, "What do you usually do on weekends?"라는 질문에 "Study!"라고 짤막하게 대답할 수 있다. 그렇다면, "What is your opinion about this decision?"라는 질문에 당신은 어떻게 대답할 수 있을까? 물론 간단하게, "Good!" "Reasonable!" "I have no idea." "Let's take a vote!"라고 대답할 수 있다. 그러나 분명 당신은 긴 문장 또는 많은 문장으로 답변해야만 한다고 느낄 것이다. 하지만 당신의 영어능력이 부족하다고 생각한다면, 대화 상대자는 이렇게 긴 문장을 필요로 하는 질문은 하지 않을 것이다. 말을 배우기 시작하는 아기에게 엄마가 오늘 있었던 일을 말해달라고 하거나, 책을 읽고 책 내용을 이야기해달라고 요구하지는 않는 것처럼 말이다. 엄마는 **아이가 대답할 수 있는 언어능력 범주에서**, 한 두 단어 또는 짤막하게 대답할 수 있는 질문만을 할 것이다. 마찬가지로 영어 원어민 화자도 당신의 영어발달단계를 인정하여, 준비가 되지 않았다면 긴 문장 그리고 여러 개의 문장을 필요로 하는 질문은, 당신이 충분한 영어 의사소통 능력을 완성하기까지 보류할 것이다.

다시 한 번 강조하지만, 대화 상대자는 당신을 배려하여 당신의 영어 말하기 능력 범주에서 대답할 수 있는 그러한 질문만 할 것이라고 믿는다. 한국어를 배우는 외국인에게 한국말로 대답할 수 있는 범주에서 당신이 질문하는 것처럼 말이다. 영어 발달단계에서 당신이 전하고자 하는 정보를 나누어 전달할 수 있는 것처럼, 대화 상대방도 긴 문장 또는 많은 문장으로 한 번에 전달하기를 기대하기 보다는 여러 번 질문하여 당신이 전하고자 하는 정보를 짧은 문장들로 나누어 전달하도록 배려할 것이다. 즉 당신의 부족한 영어 말하기 의사소통 능력을 고려하여, 일종의 스무고개(20번 질문하여 원하는 정보를 확인하는 퀴즈놀이)를 활용하여 당신에게서 얻고자 하는 정보를 수집할 것이다. 당신이 전하고자 하는 정보를 나누어 전달하는 것이 무례하거나 어색하거나 이상한 것이 아닌 지극히 당연한 현상이라고 대화 상대방은 이해하기 때문이다. 따라서 자신의 영어발달단계에서 최소한의 언어능력으로 의사소통을 한다고 해서 상대방이 무례하게 여길 것이라는 생각을 버리고, 영어능력 습득의 자연적 순서를 인정하여, 자신의 영어능력에 맞게 의사소통하려는 마음가짐을 갖는다면, 분명 당신은 영어 말하기 의사소통에 자신감을 갖게 될 것이다. 그리고 이 자신감은 영어 의사소통에 적극적으로 참여하여, 의사소통에서 발생하는 영어자료 그리고 의사소통 경험을 바탕으로 영어 말하기 의사소통 능력을 성공적으로 완성할 수 있는 가능성을 훨씬 더 높이 끌어올릴 수 있을 것이다.

지금까지의 내용을 정리하자면, 대화의 책임은 화자(A speaker)에게만 있는 것이 아니며, 대화에 참여하는 모든 사람에게 있는 것이다. 그런데 자신의 영어능력이 충분하지 않다면, 상대방에게 더 많은 대화의 책임을 부여할 필요가 있다. 상대방이 대화를 주도한다면, 당신은 유창성에 중점을 두어 최소한의 영어능력만으로 성공적으로 의사소통할 수 있기 때문이다. 대화 상대방도 부족한 당신의 영어능력을 배려하여, 부모가 아이하고 대화하듯 외국인 화법을 사용할 수 있으며, 긴 문장 또는 여러 문장으로 대답해야만 하는 하나의 질문보다는, 여러 번 질문하더라도, 당신의 부족한 영어능력에 맞게 짤막하게 답변할 수 있는 질문만을 주로 할 것이다. 그렇다면 당신은 성인이 주도하는 인터뷰에 응하는 어린이와 같이, **상대방의 질문에 한 두 단어 또는 짤막한 표현으로 당신의 의미를 나누어 전달하여 성공적으로 의사소통 할 수 있는 것**이다. 말하기의 모든 책임 또는 많은 책임을 가지고 진행하는 연설이나 발표보다 인터뷰가 훨씬 더 쉬운 이유도,

인터뷰의 이러한 특징 때문일 것이다. 당신이 짤막한 표현만으로 대화를 참여한다 하더라도, 대화에서 발생할 수 있는 언어자료를 바탕으로 언어능력을 발전시켜 나갈 수 있으며, 결국에는 영어 말하기 능력을 완성할 수 있다. 다시 말해서, 이러한 대화의 특징을 활용한다면, 자신의 영어발단단계에 따라 당신은 가장 효율적으로 영어 말하기 의사소통능력을 완성해 갈 수 있는 것이다.

당신은 분명 한국말을 유창하게 말할 수 있는 외국인 방문자들보다 한국말에 서투른 외국인 방문객을 더 많이 배려할 것이다. 한국어 능력이 부족한 외국인이 더 많은 도움을 필요로 한다는 것을 당신은 본능적으로 알고 있기 때문이다. 영어권 국가의 사람들도 마찬가지라고 생각한다. 유창하게 영어를 구사할 수 있는 외국인 방문객보다, 영어에 서투른 방문객에게 더 많은 배려와 도움을 줄 것이다. 미국 유학 중에 교통법규를 어겨 경찰과 대면했을 때, "나 오늘 여기 처음이에요! (Yesterday Korea, today America!)"라는 표현을 유학생들 중에 농담 삼아 말했던 것을 들은 기억이 있다. 이 밖에도 콩글리시로 "Look at me once! (한 번만 봐주세요!)"라는 표현을 농담 삼아 얘기하던 기억도 가지고 있다. 낯선 이곳 미국에서 교통법규를 몰랐기에 위반했으니 배려해 달라는 간절함을 나타내는 표현들이다. 그리고 이 표현들은 최소한의 영어 의사소통능력을 보여주어 교통경찰의 배려를 이끌어 내기 위한 시도이다.

미국 유학 생활 중, 내가 교통법규를 어겼을 때 경찰관에게 친절한 도움과 배려를 받은 기억이 있다. 물론 교통법규는 반드시 지켜야 하지만, 우리나라의 차선이나

신호등체계하고는 다른 교통법규도 있어 미국 생활 초기에 한번쯤 교통법규를 어기는 경험을 할지도 모른다. 나도 처음에 직진차선이 우회전만 가능한 차선으로 바뀌는 차선체계에 많이 당황하곤 하였다. 아무튼 내가 미국에서 교통법규를 어겼을 때, 미국 경찰이 나를 배려했던 사례를 소개하겠다.

에피소드 7:

미국에서 내가 처음으로 교통법규를 위반하여 경찰이 내 차를 세웠던 그 날을 아직도 생생하게 기억하고 있다. 그 날 저녁에, 나는 성가대 연습을 위해 사제관으로 운전해 가는 상황이었다. 차를 구입하기 전에 친구의 차를 타고 서너 번 가 보았기에 나는 주소 없이 어림짐작으로 찾아갈 수 있을 것이라고 생각했다. 주소 없이도 사제관을 쉽게 찾아갈 수 있을 것이라 생각했는데 엄청난 착각이었다. 근처라고 생각하는 주변의 타운 하우스들은 하나 같이 나에게는 다 똑같아 보였기 때문이다. 우리나라 집들이 서로 비슷비슷하다고 하는데, 미국의 타운 하우스도 그 생김새가 서로서로 매우 비슷하다. 비슷하더라도 주소만 있으면 확신을 갖고 집안으로 들어갈 수 있었을 텐데, 확신이 없는 상태에서 아무 집이나 차를 몰고 들어갈 수 있는 배짱이 나에게는 없었다. 미국은 사유지를 무단침입하면 총기사용도 가능하다고 나는 믿고 있었기에, 모르는 사람의 집에 함부로 들어갔다가 큰 낭패를 당할 것이 무척이나 두려웠다.

한산한 도심 외곽 길을 운전하면서 나는 운전에 신경을 쓰기보다는 사제관을 찾는 일에 모든 신경을 집중하였다. 자연스레 편도 1차선인 도로의 중앙선을 넘으며 곡예운전을 하고 있었다. 2-3번 주변을 왔다갔다 운전하며 사제관을 찾고 있을 때였다. 맞은편에서 경찰차가 번개 치듯 불빛을 번쩍 쏘며 지나쳤고, 내 차 뒤편에는 또 다른 경찰차가 이미 바짝 붙어 있었다. 영화에서 자주 보고 들었던 "(길가로) 차를 세우시오! (Pull over)"라는 소리를 들었는지, 나는 차를 길옆으로 멈춰 세웠다. 이때 주의할 것은 차에서 내려 경찰관을 맞이하는 것이 아니고, 운전대에 양손을 올려놓은 체 차안에서 기다리는 것이 일반적인 행동이라고 한다. 차에서 내리면 경찰관이 생각하기를 도주를 계획하거나, 경찰관을 공격하려는 의도일 수도 있다는 생각 때문이라고 한다. 영화에서 보면 경찰관이 차를 세울 때 도주하는 사람들 이외에는 차에서 내린 사람들이 없는 것을 확인할 수 있을 것이다.

차를 멈추고 차안에서 경찰관을 기다리고 있는 나에게 경찰관이 와서는 면허증과 차량등록증을 요구했다. 국제면허증과 차량등록증을 경찰에게 넘기며, 나는 변명하기 시작했다. "I am so sorry, but I am looking for my God father's dormitory, so I crossed the lane."(죄송해요, 제가 사제관을 찾느냐고 차선을 넘었나 봐요.) 사제관을 몰라, Godfather's home이라고도 했다. 나중에 알게 되었지만 차선을 넘어선 것이 이유가 아니고 상향등을 켜고 운전했기 때문에 경찰이 내차를 멈춰 세운 것이다. 나의 국제면허증을 보고 그리고 나의 동문서답을 들은 경찰관은 아주 친절하게도 "한국교회를 찾아요? 내가 그 곳까지 에스코트 해 줄게요!"라고 제안했다. 교통법규를 어긴 나를 경찰차가 에스코트 해주겠다는 제안을, 나는 미안한 나머지 정중하게 거절하며, 한국교회 방향만 알려주면 찾아가겠다고 하였다. 경찰은 방향을 나에게 알려주며 훈방 조치하였다.

이날 경찰관이 나에게 배려한 것은 내가 낯선 미국 땅에서 교통법규에 익숙지 않아 법규를 위반을 했다고 생각했기 때문일 것이다. 미국 친구말로는 경찰이 배려해준 것이 맞는다고 하였다. 상황이 누가 봐도 집을 찾는 상황이었고, 교통흐름에 방해가 되지 않았던 것이 배려해 준 이유가 될 수 있다고도 하였다. 물론 국제면허증과 나의 동문서답도 한 몫 했으리라 믿는다. 그런데 미국에서 야간에 전조등을 켜지 않아도 과태료 대상이며, 상향등을 켜도 과태료의 대상이다. 이날 아쉬운 점이 있다면, 평생에 한 번 받을까 말까한 경찰차의 에스코트를 내가 거절했다는 사실이다. 앞으로 살아가면서 이런 기회가 또 있으려나? 교통법규와 관련해서 내가 색다르게 경험했던 미국의 교통문화는 다음과 같다. 우선 비보호 좌회전을 할 때, 정지선에서 기다리기 보다는 교차로 중앙까지 진입한다. 그리고 노란불 또는 빨간불에서 좌회전을 한다. 내가 듣기로는 또는 경험하기로는 차량 2대까지는 빨간불에서 비보호 좌회전을 하여도 이를 묵인하는 것으로 알고 있다. 내가 경험했던 미국의 교통문화는 비보호 좌회전이 많다는 것이다. 그런데 좌회전 신호가 있을 때는, 비보호 좌회전을 해서는 안 된다.

또한 무적차량이 있을 수 없다는 사실도 미국의 교통문화라고 할 수 있다. 우리 나라와는 다르게 1년에 한 번 자동차세를 납부해야 한다. 자동차세를 납부하면, 자동차세 1년 유효기간을 알리는 스티커를 받을 수 있다. 그리고 이 유효기간은 그 다음 해 자신의 생일이다. 그래서 유효기간을 쉽게 기억할 수 있다. 무적차량이 발생할 수 없는 이유는 2018년은 노란색, 그리고 2019년은 파란색이라면 2020년은 빨간색이다. 그렇다면 노란색 스티커는 유효기간이 지났다는 의미이다. 경찰이 노란색 스티커를 보았다면, 차를 세워 과태료를 부과하고 다시 한 번 적발되면 차량을 몰 수 하는 것으로 알고 있다. 몰수에 관련해서 내가 기억하는 것은 몰수대상 차량에 자물쇠를 채운다는 것이다. 이는 과태료를 제때에 납부하지 않은 차량이 주차된 것을 발견하면, 경찰은 차량 바퀴에 자물쇠를 채운다. 차량을 다시 사용하려면 과태료를 납부하여, 경찰이 차량에 채운 자물쇠를 열게 해야 한다. 이와 같은 미국의 교통문화를 이해한다면, 미국에서 운전하는 상황에서 조금은 도움이 될 수 있을 것이다.

영어 학습과 영어 의사소통은 "목표 지향적(Goal-oriented)"이어야 한다

이 교재 "영어 말하기 의사소통 능력 8시간 완성방법"은 영어말하기 능력을 가장 효율적으로 발전시키고 결국에는 완성할 수 있는 방법을 소개하도록 구성되었다. 영어 말하기 능력을 효율적으로 완성하기 위해 영어 학습자가 기억해야 할 것은, 영어 학습과 영어 의사소통은 "목표 지향적(Goal-oriented)"이어야 한다는 것이다.

첫 교재에서 그리고 이 교재 시작부분에서, (1) **4개의 절차적 단계에 필요한 표현을 알고 있다면 대부분의 의사소통 상황에서 성공적으로 의사소통 할 수 있다**고 주장하였다. 그리고 (2) **목표 지향적 의사소통을 한다면, 모든 의사소통 상황에서도 성공적으로 의사소통할 수 있다**고 하였다. 마지막으로 (3) **보편적 핵심, 특히 넓은 의미의 보편적 핵심(Macro Common Core)을 이용하면 한국의 일상생활에서도 자연스럽게 영어 말하기 의사소통 능력을 발전시키고 완성할 수 있다**고 하였다. 그리고 **좁은 의미의 보편적 핵심(Micro Common Core)을 이용하면 최소한의 표현으로 다양한 의사소통 상황에서 성공적으로 의사소통 할**

수 있다고 하였다. 다시 말해서, (1)~(3) 개념들을 이해하고 영어 학습에 적극 활용한다면, 일상생활 의사소통에 필요한 영어 말하기 능력, 생존 영어능력은 1시간 만에 충분히 완성이 가능하다고 하였다. 가장 효율적으로 일상생활 영어 회화능력을 완성할 수 있다는 것이다. 그렇다면 한국의 영어학습자의 영어 학습법은 어떠한가? 청화식 영어교육법에 익숙한 많은 영어학습자는 문장을 암기하는 방식으로 영어 학습을 진행한다. 영어문장이 어떠한 의사소통 상황에서 어떻게 사용되는지 이해하지 못한 체, 언제인가는 암기한 문장을 사용할 수 있을 것이라는 믿음과 확신으로 무작정 많이 암기하려고 한다. 더 나아가 대체와 변형을 통해 한 문장을 여러 문장으로 파생시키는 연습을 한다. 그런데 이렇게 의사소통 상황을 이해하지 못한 체 무작정 많은 문장을 암기하는 것이, 영어 말하기 의사소통능력 완성을 위한 효과적인 영어 학습이 될 수 있을까? "목표 지향적 의사소통" 견해에서 평가한다면 아주 비효율적인 영어 학습이라고 할 수 있다.

청화식 영어교육법에 익숙한 학습자들은 다음 문장을 외울 것이다, "I'm going to library." 그리고 대체를 통해서 단어 "library" 대신에 단어 "hospital"을 넣어 "I'm going to hospital."이라는 문장을 파생하여 외울 것이다. 그런데 당신이 길을 걷다가 아는 사람을 우연히 만나, "나 도서관 가는 길이에요!" 또는 "나 병원에 가는 길이에요."라고 말할 기회가 평생에 몇 번이나 있겠는가? 평생에 한 번? 두 번? 어쩌면 평생에 한 번도 말할 기회가 없을지도 모른다. 그렇다면 불필요한 문장을 외우는 비효율적인 영어 학습을 하고 있는 것이다. 다시 한 번 확인하자면, 우리나라는 세계적으로 영어 사교육에 가장 많은 비용을 들이지만, 영어 말하기 능력은 최하위 권에 속해있다. 또한 10년 이상 영어 학습을 하여도 영어 말하기 능력에 자신이 없다면 이런 비효율적인 영어 학습법을 활용하는지 살펴볼 필요가 있다. 이렇게 무작정 문장을 암기하는 학습방법보다는, "목표 지향적 의사소통"에 바탕을 두어, '병원 가는 길에 친구를 만나면, 병원 가는 중이라고 영어로 어떻게 말하지?' 이렇게 자신이 경험할 상황에 필요한 문장을 상황 전에 앞서 확인하는 방식의 "목표 지향적 의사소통"을 중심으로 영어 학습을 진행할 필요가 있는 것이다.

의사소통상황 이해 없이 무작정 문장표현들을 암기하는 것이 비효율적이라는 것을 명확하게 밝혀줄 수 있는 다음의 예를 살펴보자. 앞서 "목표 지향적 의사소통 연습"에서도 확인하였듯이, 종합병원에서 원하는 진료 과 의사에게 진료를 받기위해 다음과 같이 말할 수 있다고 하였다, "I'd like to see a doctor in 진료 과." 청화식 영어교육방법을 따른다면, 영어 교사는 "I'd like to see a doctor in internal medicine."라는 모범 문장을 제시한 후, "비뇨기과"라고 말할 것이다. 그러면 학생들은, "I'd like to see a doctor in urology."라는 문장을 말할 것이며, 영어 교사가 다시 "산부인과"라고 말하면, 학생들은 "I'd like to see a doctor in gynecology."라는 완벽한 문장을 말할 것이다. 이렇게 대체의 방법으로 모든 진료 과를 연습하고 암기하도록 하는 것이 청화식 영어교육의 전형적인 방식이다. 그런데 **평생 동안 아래의 모든 진료 과를 경험한다면 아래의 모든 진료 과를 영어로 외우는 것도 그리 나쁘지는 않을 것이다**. 하지만 그렇지 않다면 아주 비효율적인 영어 학습이 되는 것이다. 이런 방법보다는, '오늘 안과에 가야되지. 안과는 영어로 뭐지? 아! ophthalmology. 그럼 I'd like to see a doctor in ophthalmology라고 하면 되는 거지! 근데 ophthalmology를 어떻게 읽는 거야? 에라 모르겠다. 종이에 적어가자.' 이렇게 "목표 지향적 의사소통"에 따라 필요할 때마다 진료 과를 확인해 가는 것이 훨씬 더 효율적이라는 사실에 공감할 것이다. 그리고 단어 "ophthalmology"를 읽기 또는 외우기가 쉽지 않다면 종이에 적어가서 접수직원에게 보여주면 되는 것이다. 쇼핑을 갈 때 구매목록을 외우기보다는 종이에 적어가는 것이 훨씬 더 효율적인 것과 같은 이치이다.

의학명(국문)	의학명(영문)	의사(국문)	의사(영문)
내과	Internal Medicine	내과의사	Physician
비뇨기과	Urology	비뇨기과의사	Urologist
산부인과	Obstetrics	산부인과의사	Obstetrician
	Gynecology	산부인과의사	Gynecologist
소아과	Pediatrics	소아과의사	Pediatrician
신경정신과	Neuropsychiatry	신경정신과의사	Neuropsychiatrist
정신과	Psychiatry	정신과의사	Psychiatrist
심장병	Cardiology	심장병전문의	Cardiologist

안과	Ophthalmology	안과의사	Ophthalmologist
이비인후과	Otolaryngology	이비인후과의사	Otolaryngologist
정형외과	Orthopedics	정형외과의사	Orthopedist
종양학과	Oncology	외과 암 전문의사	Surgical oncologist
		암 전문의사	Oncologist
치과	Dentistry	치과의사	Dentist
한의학과	Oriental Medicine	한의사	Oriental (medical) doctor

위와 같이 "목표 지향적 의사소통"을 활용한다면, 암기하는 영어 학습보다는 경험에 의한 영어 학습을 통해 효율적으로 영어 말하기 의사소통을 발전시킬 수 있다. 예를 들어, 목표 지향적 의사소통에 따라 상점에서 세탁용 세제를 구매해보자. 의사소통 4개의 절차적 단계에 따라, (1) 인사하고 "Hello!" (2) 용무를 말하며, "I'm looking for 원하는 상품(= 세탁용 세제)" 그리고 (3) 보상을 한 후 "How much?" 상점을 나올 때 직원에게 (4) 인사를 하면 "Bye-bye" 성공적으로 용무를 해결할 수 있다. 그렇다면 "세탁용 세제"는 영어로 무엇인가? 혹시라도 모른다면, 당신은 어떻게 하겠는가? 주변사람들에게 물어보거나, (전자)사전, 인터넷 검색, 또는 번역기의 도움으로 확인할 수 있다. 그리고 세탁용 세제가 "detergent"라는 것을 알게 된다면 세제를 성공적으로 구매할 수 있다. 영어권국가에 있다고 하더라도, 당신이 영어발달단계에 있다면 이와 같이 주변의 도움으로 용무를 해결한다. 영어권 국가에서의 영어 학습 장점은, 이와 같이 주변의 도움을 받으며 영어 말하기 의사소통을 직접 경험할 수 있으며, 직접 경험한다면 의사소통에 사용한 표현을 좀 더 오랫동안 기억할 수 있는 것이다. 물론 보편적 핵심을 이용한다면 한국에서도

직접 경험할 수 있는 의사소통 상황이다. "목표 지향적 의사소통"에 바탕을 두어 한국의 일상생활에서 영어의사소통 상황을 직접 확인하고 경험한다면 한국에서도 효율적으로 영어 말하기 능력을 완성할 수 있는 것이다.

또한 앞서 주장했듯이, 의사소통상황 이해 없이 많은 문장들을 무작정 암기하는 것을 또 다른 비유로 든다면, 많은 음식을 먹는 것이 무조건 건강에 좋다고 잘못 이해하는 것과 같은 것이다. 아이가 성장하기 위해 영양분이 필요한 것은 분명하지만, 그렇다고 무작정 많이 먹는 것이 성장과정에서 반드시 좋은 것은 아니다. 성장과정에서 필요한 영양소를 적절히 섭취하는 것이 훨씬 더 건강하고 현명한 선택이다. 언어 발달과정에서 영양분이라고 할 수 있는 문장(패턴)들을 무작정 많이 암기하는 것이 건강한 또는 효율적인 언어학습이라고 할 수 없다. 성장과정에서와 마찬가지로 자신의 언어 발달에 필요한 영양분인 문장(표현)들을 선택적으로 학습하는 것이 훨씬 더 효율적인 것이다. 첫 번째 교재와 이 교재가 학습자에게 많은 문장들을 소개하여 암기하도록 구성하기보다는, 효율적인 영어 학습방법을 소개한 것도 바로 이러한 이유 때문이다.

좀 더 자세히 설명한다면, 최고의 요리사가 생각하기에 화려하고 맛있는 음식이고 그래서 준비했다 하더라도, 모든 소비자가 요리사와 같은 생각을 하며, 모든 음식을 맛있게 먹는 것은 아니다. 채식주의자, 음식 앨러지, 음식재료 선호 차이(소고기 vs. 돼지고기 vs. 닭고기), 음식 맛 차이(단맛 vs. 매운맛 vs. 달콤 매콤한 맛) 등등. 요리사가 생각하는 맛있는 맛과 소비자가 생각하는 맛있는 맛은 분명 다를 수가 있기 때문이다. 어쩌면 요리사의 노력과 정성에도 불구하고 많은 음식물이 남을 수도 있다. 따라서 많은 음식(문장표현)을 만들어 모든 음식을 먹게 하는 학습법보다, 기본적인 요리법을 알려주어, 배고플 때 필요한 영양소를 공급해 줄 수 있는, 요리를 직접 만들어 먹을 수 있도록 가르치는 것이 훨씬 더 효율적이고 건강한 선택이라고 확신한다. 이러한 신념으로 암기 중심의 영어 학습보다는 "목표 지향적 의사소통"을 적극 권고하는 것이다. 요리사의 도움으로 (불)필요한 영양소를 섭취하기 보다는, 독립적으로 자신이 필요한 영양소를 자신의 입맛에 맞게 필요할 때마다 섭취하는 것이 훨씬 건강하고 효율적인 선택인 것이다. 영어교육의 궁극적 목적도, 교사의 도움을 받으며(Dependence) 학습자들이 스스로 능동적으로 학습할 수 있을 때(Independence)까지 도움을 주는 것이다.

"목표 지향적 의사소통"이 훨씬 더 현실적인 이유는, 누구든 대화에 참여할 때 **반드시 특정의 목적을 가지고 있기 때문이다**. 상품 또는 서비스 구매이외에도, 의사소통 목적이 다른 사람을 즐겁게 해주기 위한 것을 수도 있고, 정보를 전달하기 위한 것일 수도 있다. 아니면 대화를 통해 상대방을 설득하기 위한 것일 수도 있으며, 친분유지를 위한 목적일 수도 있다. 그런데 외국어인 영어 학습을 할 때, 영어 의사소통의 주된 목적은 영어 말하기 의사소통 능력의 발달과 완성일 것이다. 영어 학습을 위해 학원이나 학교에서 아니면 사적인 모임에서 스터디 그룹을 형성하여 영어 말하기 연습을 하는 주된 목적은 영어 의사소통 능력의 발달과 완성이라는 것이다. 그리고 어떤 곳에서의 스터디 그룹이든 우리는 영어발달 초기부터 특정 주제에 대한 자신의 생각을 자유롭게 표현할 수 있는 영어 말하기 능력 완성을 목표로 설정하지 않는다. 왕초보 단계에서는 자신을 소개할 수 있는 표현과 주변사람들에게 인사할 수 있는 표현들을 시작으로, 점차 영어능력이 발달함에 따라 일상생활을 살아가기에 필요한 영어 의사소통 능력으로 발전시키는 영어 학습목표를 설정할 것이다. 영어능력이 더욱 발달함에 따라 자신의 일상을 얘기할 수 있고, 최종적으로 특정주제에 대해 자신의 사고를 자유롭게 표현할 수 있는 영어 말하기 의사소통능력 완성을 목표로 설정할 것이다. 이렇듯, 영어 학습자로서 자신을 올바르게 인지한다면, 자신의 영어 발달단계에 맞게 영어 학습을 목표로 설정하고, 목표 완성을 위한 영어 말하기 의사소통 연습을 하는 것이 일반적이다.

지금까지의 내용을 정리하자면, 뛰어난 언어학습자인 어린이는 언어발달초기는 생존이라는 가장 현실적인 언어학습목표를 설정한다. 그리고 어린이는 "지금 여기(Now and here)"라는 주로 자신의 현재 주변에서 발생하는 상황에 대해서 주변 사람들과 현실적으로 의사소통할 것이다. 아이의 부모와 주변사람들 역시 아이의 학습목표에 맞게 아이와의 의사소통을 진행한다. 언어발달초기단계에 있는 아이에게 현재의 경제상황이나 정치상황에 대해 의견을 묻는 아이의 부모 또는 주변사람들은 없을 것이다. 아이가 성장하여 유치원에 입학하면, 아이의 언어학습목표는 주변 또래 아이들과 의사소통할 수 있는 사교적 언어능력으로 더욱 발전시키는 것이다. 초등학교에 입학하면서 어린이의 언어학습 목표는 특정주제에 대해 토론하고 발표할 수 있는 학술 언어능력으로 완성하는 것이다. 이와 같이 아이들은 자신들의 성장과정에 따라 현실적인 언어학습목표를 설정하고 그 학습목표에 부합하는 의사소통을 하는 것이다. 아이들의 언어학습목표와 의사소통활동은, 언어발달단계의 자연적 순서에 순응한다는 것을 알 수 있다.

반면 대부분의 성인 학습자들은 자신의 영어능력발달단계에 부합하지 않는 영어 학습목표를 설정한다. 다시 말해, 영어발달초기부터 일상생활에 필요한 영어능력보다는, 사람을 만나 사교활동을 하고 직업에 필요한 토론 또는 발표에 필요한 영어능력 완성을 학습목표로 설정하는 성향이 있다는 것이다. 앞서 설명했듯이, 언어발달의 자연적 순서를 인위적으로 바꿀 수 없으며 자연적 순서에 부합하지 않는 학습목표는 비현실적이다. 그런데도 이러한 비현실적 영어 학습목표를 설정하는 이유는, 성인의 일상생활이 사교활동, 발표, 그리고 토론을 필요로 하는 생활환경이라는 이유가 될 수 있으며, 성인이라는 언어자아의 영향도 있다고 하였다. 그래서 가장 빠르게 영어 능력을 완성할 수 있는 방법을 찾게 되는 것이고, 영어 학습목표를 가장 빠르게 완성할 수 있는 방법은, 많은 문장(패턴)들을 암기하는 것이라는 잘못된 생각을 성인 영어학습자들은 갖게 되는 것이다. 문장 암기 중심의 청화식 영어학습법으로 긍정적인 결과를 얻기 위해서는, 영어 학습자는 적어도 암기한 문장(패턴)이 어떠한 의사소통 상황에서 어떠한 의사소통 목적에 필요한지를 우선적으로 이해할 필요가 있는 것이다. 또한 특정 상황에서 의사소통하는 궁극적인 목적이, 어떠한 영어 의사소통 능력(생존 영어 vs. 사교 영어 vs. 학술 영어능력)을 발전시키기 위한 것인지 영어 학습활동 전에 확인할 필요가 있다.

이와 함께 가장 중요한 것은 영어 발달의 자연적 순서에 순응하며 자신의 영어 발달단계에 맞게 영어 학습목표를 설정하는 것이다. 일상생활에서 자신이 가장 많이 경험하는 의사소통 상황에 필요한 영어능력을 시작으로, 사교활동을 위한 영어능력, 그리고 궁극적으로 자신의 사고를 자유롭게 표현할 수 있는 학술 목적의 영어능력으로 완성하는 영어 학습목표를 설정해야한다. 영어교육 분야에서도 **영어 학습에서의**

상황설정의 중요성을 강조하며, 상황설정은 학습자가 가장 자주 경험하는 상황부터 우선적으로 설정하여야한다는 견해에 대부분의 영어교육 전문가들은 동감한다. 같은 맥락으로, 일상생활에서 가장 많이 경험하는 의사소통 상황에 필요한 영어능력부터 발전시켜나가야 하는 이유는 분명하다. 우리가 버스와 택시 그리고 컴퓨터라는 단어를 한 번 학습하고 평생 기억하는 것은 일상적으로 경험하기 때문이다. 가장 자주 경험하는 의사소통에 필요한 영어 말하기 의사소통 능력을 목표를 설정한다면, 가장 자연스럽게 그리고 효율적으로 완성할 수 있는 것이다. 그리고 그 영어능력은 다음 단계인, 사교활동에 필요한 영어능력으로 발전시킬 수 있는 중요한 영어능력이 될 것이다. 사교활동을 할 때 당신은 주로 일상생활에서 발생하는 일을 대화 주제로 설정하기 때문이다. 따라서 **가장 자연스럽게 그리고 효율적으로 영어 말하기 능력을 완성하기 위해서는, 성인 영어학습자들도 영어 습득의 자연적 순서에 맞게 영어 학습 목표를 설정하고, 목표에 맞는 영어 의사소통활동을 실행해야한다.**

 언어는 소리와 문자를 포함하고 있다

지금까지 효율적이고 성공적인 영어 말하기 의사소통능력 완성을 위해, 영어 학습자가 반드시 이해할 필요가 있는 영어 학습과 영어 말하기 의사소통 능력 습득의 특징들에 대해 설명하였다. **영어 말하기 능력 습득의 자연적 순서에 따른 영어 학습, 의사소통 상황설정, 대화의 책임공유, 목표 지향적 의사소통과 목표 지향적 영어학습의 중요성과 함께, 학습자들이 반드시 이해할 필요가 있는 영어 의사소통 능력의 특징은 다음과 같다.** "영어 의사소통 능력은 소리(능력)와 문자(능력) 모두를 포함한다." 예를 들어, 언어의 가장 단위, 그래서 의사소통의 가장 기초적인 능력인 **단어능력은 우선적으로 문자와 소리의 관계(Grapheme-phoneme relationship)를 이해할 수 있어야한다.** 다시 말해, 단어를 소리 내어 읽을 수 있어야 그 단어를 습득하였다고 하는 것이다. 그래서 단어 교재에 단어와 발음기호를 함께 표기하는 것이다. 물론 그 단어의 의미와 쓰임새도 함께 알 수 있어야 한다.

또 다른 예로써, 한국어를 유창하게 말할 수 있는 사람이, 한글을 읽을 수 없다면 우리는 그 사람이 한국어 말하기 의사소통 능력을 완성하였다고 할 수는 없다. 다음의 의사소통 상황을 생각해 보자. 당신이 식당에서 주문하기 위해 메뉴판을 보았는데, 메뉴판의 문자를 읽을 수 없다면 당신이 원하는 음식을 성공적으로 주문할 수는 없을 것이다. 좀 더 구체적으로 당신이 누군가와 계약을 체결하는 상황에서, 당신은 계약 조항들을 논의하며 결정된 조항들을 글로 작성할 것이다. 그리고 글로 작성된 모든 조항들을 읽고 서로가 만족스러운지 구두로 확인한 후, 계약서에 도장 날인 또는 서명을 함으로써 계약을 완성할 것이다. 이러한 상황에서, **당신은 상대방과 계약조항을 논의하면서 당신의 의견을 상대방에게 전달할 것(말하기)이며, 동시에 상대방의 의견을 들을 것(듣기)이다. 또한 계약조항들이 합의될 때마다 그 조항들을 계약서에 적을 것(쓰기)이며, 계약서가 완성되면 계약조항들을 읽고(읽기) 합의된 조항들이 올바르게 작성되었는지 확인할 것이다.** 이와 같이 말하기 의사소통 상황은 소리(말하기와 듣기 활동)만을 포함하는 것이 아니라, 문자(쓰기와 읽기 활동)도 포함해야만 한다. 이러한 의사소통 상황이 일반적이기에, 영어 말하기 의사소통 능력을 위한 영어 교육은 소리와 문자를 모두 포함한 통합식 영어교육(Integrative English language teaching)이 되어야만 하는 것이다.

영어 말하기 의사소통능력 완성을 위해 통합식 영어교육이 중요한 또 다른 이유는, 하나의 언어능력이 다른 언어능력으로 전이(Intralingual transfer)될 수 있기 때문이다(Brown, 2007). 듣기 능력이 발달하면, 말하기 능력 발달에 도움이 된다는 것이다. 말하기 능력이 발달하면 쓰기 능력과 읽기 능력 발달에 도움을 줄 수 있고, 그 반대로 읽기 능력이 발달하면 말하기 능력과 쓰기 능력 발달에 도움을 줄 수 있다는 견해가 언어전이(Intralingual transfer)이다. 그렇다면 한국의 많은 영어학습자들은 반문할 것이다. 한국의 영어 학습자들은 영어 읽기 능력은 세계적으로 상위권인데 영어 말하기 능력은 하위권인 이유는 어떻게 설명할 수 있는가?

우선 한국 영어학습자들의 영어 학습목표와 학습방법으로 설명할 수 있다. 한국의 많은 영어학습자들의 영어 학습목표는 수능에서의 고득점이며, 수능은 주로 학습자의 영어 읽기능력을 평가한다. 따라서 수능 고득점을 위해, 학습자들은 통합식 영어 학습보다는 읽기 중심의 영어 학습을 진행한다. 읽기능력이 말하기능력으로 전이될 수 있다는 믿음을 가지고 통합식 영어 학습을 한다면, 언어전이 가능성을 높일 수 있을 것이다. 예를 들면, "이 노래 아세요?"라는 질문을 영어로 표현하면 어떻게 할 수 있을까? "Do you know this song?"이라고 할 수 있다. 이 문장을 읽고 이해하는 데는 어려움이 없는 한국 영어학습자들이, 이 질문을 말로써 표현하는 것은 왜 어려워할까? 읽기 활동을 하면서, '아! 이 문장이 이 노래 아세요?라는 의미야! 카페에서 틀어준 노래를 알고 있는지 물을 때 사용하면 되겠다.' 이와 같이 읽기 문장이 말하기 표현으로 사용될 수 있다는 사실을 이해하고 통합식 영어 학습을 한다면, 영어 읽기 학습이 효율적인 영어 말하기 능력을 위한 학습이 될 수 있는 것이다. 그리고 이것은 내가 실제로 경험한 사례이다. 미국 영어 연수 경험이 있는 나에게 카페에서 옆에 계신 외국인 교수님에게 "이 노래 아시는지 여쭤보세요."라고 부탁한 후배가 생각난다. 그 때 나는 궁금해 하였다. "Do you this song?"이라는 문장은 읽을 수 있는데 왜 말할 수는 없는 것일까?

언어학 측면에서는, 이 교재의 "실용단계"에서 좀 더 자세히 설명하겠지만, 언어의 유표성(Marked)과 무표성(Unmarked)의 관계로 설명할 수 있다. 낯설고 일반적이지 않은 유표성 언어능력이 무표성 언어능력으로 전이되기는 쉬울 수 있으나, 자연스럽고 일반적인 무표성 언어능력이 유표성 언어능력으로 전이되는 것은 어려울 수 있다는 견해이다(Parker & Riley, 2005). 주로 책을 가지고 영어 학습을 하는 한국학생들에게 있어서 영어 독해능력은 무표성이며, 자주 경험하지 않아 일반적이지 않고 낯선 말하기 능력은

유표성이다. 그래서 영어 읽기 능력이 영어 말하기 능력으로 전이되기가 쉽지 않은 것이다. **읽기 활동에 음성을 도입하거나 읽기 문장에 해당하는 음성을 자주 들으며 읽기와 말하기의 차별적 특징(유표성 vs. 무표성)을 최소화한다면, 읽기 능력은 좀 더 쉽게 말하기 능력으로 전이될 것**이다. 반면 영어 원어민 화자들은 일반적으로 읽기 활동보다 말하기 활동을 훨씬 더 자주 하므로, 말하기 능력이 무표적이며 읽기 능력이 유표적이다. 따라서 말하기 능력이 읽기 능력으로 전이되는 것이 어려울 수 있는 것이다. 모든 정상적인 영어 원어민 화자가 영어 말하기 능력은 자연스럽게 습득하지만, 읽을 수 없는 문맹이 있을 수 있는 이유도 바로 이 때문이다. 같은 방식으로 말하기 활동에 문자를 도입(가독능력)한 후 음성에 해당하는 문자를 자주 보며 말하기와 읽기의 차별적 특징을 최소화한다면 말하기 능력은 읽기능력으로 전이될 수 있는 것이다.

한 언어능력이 다른 언어로 전이된다는 것을 다르게 해석한다면, 전이되는 두 언어능력은 서로 보완적 관계라고 할 수 있다. **음성 언어능력(Oral language competence)이 부족하면, 문자 언어능력(Written language competence)으로 보완할 수 있다**는 것이다. 그리고 그 반대의 상황도 가능하다고 할 수 있다. 다시 말해, 말하기 능력이 부족하면 쓰기 능력으로 보완할 수 있고, 듣기 능력이 부족하면 읽기 능력으로 보완할 수 있다는 것이다. 이 교재에서도 여러 차례 소개하였지만, 기억하여 말하기 힘든 표현들은 종이에 적어두어 필요할 때 읽으면 된다고 하였다. 연설 또는 발표할 때는 어떠한가? 즉석으로 자신의 생각과 견해를 전달하는 것이 쉽지 않기에, 연설자 또는 발표자들은 자신의 사고를 글로써 미리 정리하여 발표를 준비한다. 그리고 필요할 때마다 준비한 발표문 또는 연설문을 보며 발표 또는 연설을 진행한다. 반대의 상황도 우리는 일상생활에서 한번 쯤 경험할 수 있을 것이다. 글을 읽을 수 없는 사람을 대신에 편지 또는 문서를 대신 읽어주는 상황을 볼 수 있다. 부족한 읽기 능력을 듣기 능력이 대신한 것이다. 그 반대의 상황도 우리 일상생활에서 흔하게 경험할 수 있다. 신곡이 나오면 우리는 그 신곡을 무작정 따라하며 노래가사를 외우지 않는다. 신곡을 배우는 가장 빠른 방법은 아마도 가사를 보며 따라 부르는 것이겠다. 부족한 듣기 능력을 읽기 능력이 채워주는 것이다. 일부 한국의 영어교육학자들은 원고(가사)없이 듣기 학습활동(노래배우기)을 하여야만 언어의 참된 감정을 느끼며 듣기능력을 빠르게 발전시킬 수 있다고 주장하는데, 나는 전혀 동의할 수 없는 견해이다. 이 밖에도 우리 일상생활에서 부족한 언어능력을 다른 언어능력으로 보충하는 언어활동을 당신은 자주 경험할 것이다.

위와 같은 언어의 특징을 영어 학습에 적극 활용한다면 훨씬 더 효율적으로 영어능력을 발전시키고 완성할 수 있을 것이다. 독해 중심의 영어교육으로 독해능력이 뛰어난 한국의 영어 학습자들은, 자신들의 영어 독해능력을 활용하여 다른 영어능력(말하기, 듣기 그리고 쓰기능력)을 발전시킬 수 있다는 것이다. 신곡을 배우듯 영어 듣기능력이 부족하다면, 영문 듣기 원고를 보며 듣기 음성을 따라 읽는다면 훨씬 더 효율적으로 영어 듣기능력을 완성할 수 있는 것이다. 당신이 러시아 노래를 가장 빠르게 배우고자 한다면, 분명 러시아 노래 가사를 읽을 수 있는 능력을 갖춰야만 하는 이유와 같은 맥락이다. 따라서 영어 읽기 활동 중에, **"목표 지향적 의사소통"에 따라 영문 읽기 활동에서 자신이 생각하기에 영어 말하기 의사소통에 필요한 문장을 기억한다면, 영어 말하기 의사소통 능력 발달에 큰 도움을 줄 것이다.** 앞서 설명했듯이, "Do you know this song?"을 읽을 수는 읽지만 말할 수는 없는 영어 학습결과를 깊이 생각해 볼 필요가 있다. 책을 많이 읽으면, 말할 때 어휘와 표현이 풍부해지는 사실을 우리는 부정할 수 없을 것이다. 그리고 다독으로 많은 문장을 경험하면, 풍부하고 화려한 문장을 쓸 수 있다는 사실도 부정할 수 없을 것이다. 훌륭한 작가는 훌륭한 독서가라는 사실을 우리가 부정할 수 없는 이유도 바로 이와 같은 이유 때문이다. 결론적으로, 언어는 소리와 문자 모두를 포함한다는 사실과,

문자언어와 소리언어 사이에 상호 보완적 관계가 있으며, 상호보완적 관계를 영어 학습에 활용한다면, 영어 능력들(읽기, 쓰기, 말하기, 그리고 듣기) 사이에서의 언어전이를 활용하여, 훨씬 더 효율적으로 영어 말하기 의사소통 능력을 성공적으로 완성할 수 있을 것이다.

😊 심화단계 결론 ✏️

훌륭한 요리사가 되기 위해서는 요리 재료의 특징과 쓰임새 그리고 요리 과정을 올바르게 이해할 수 있는 능력이 필요하다. 원하는 맛을 낼 수 있는 요리 재료를 이용하여 올바른 요리방법과 요리과정으로 자신이 원하는 뛰어난 맛을 낼 수 있기 때문이다. 예를 들면, 라면이 먹고 싶을 때, 냄비에 라면을 먼저 넣고 5분간 가열한 후에 물을 넣고 라면을 끓이지는 않는다. 원하는 맛을 내기위해 어떠한 재료가 필요하고 어떠한 방법과 과정을 거쳐 라면을 끓일 수 있는지 알 수 있어야만, 당신이 원하는 맛의 라면을 즐길 수 있는 것이다. 영어 말하기 의사소통 능력 완성을 위한 영어 학습도 마찬가지이다. 영어 말하기 의사소통의 특징과 의사소통 습득과정을 올바르게 이해하는 영어 학습자가 좀 더 효율적인 영어 학습방법을 활용할 것이며, 효율적인 학습방법은 성공적인 영어 말하기 의사소통능력 완성으로 이끌 것이다.

냄비의 물을 먼저 끓인 후 라면을 넣듯이, 영어 말하기 의사소통 능력 완성 과정도, 따라야만 하는 자연적 순서가 있는 것이다. 아기가 처음부터 완벽한 문장으로 의사소통 할 수 없다. 한 두 단어로 최소한의 의사소통을 할 수 있는 아기가 언어발달초기부터 자신의 사고를 자유롭게 표현하며 주변사람과 의사소통할 수 있는 것도 아니다. 또한 언어발달단계에 있는 어린이는 대화의 모든 책임이 자신에게 있다고 생각하지 않으며, 대화상대방과 대화의 책임을 공유한다. 좀 더 현명하게는, 언어능력이 더 뛰어난 사람에게는 더 많은 책임을 갖도록 하여, 자신의 부족한 언어능력을 상대방이 채워가며 성공적으로 의사소통 할 수 있다는 사실을 어린이는 효과적으로 활용하고 있는 것이다. 그러하기에 어린이는 "이거!"라는 단어 하나만을 말하더라도, 언어능력이 뛰어난 대화 상대방과 성공적으로 의사소통할 수 있는 것이다. 자신은 "이거!"라고 발화했지만, 대화 상대자가 대화상황을 바탕으로 자신이 전하고자 하는 의미를 올바르게 이해할 수 있다는 것을 어린이는 아주 잘 알고 있는 것이다. 정리하자면, 어린이는 언어발달의 자연적 순서에 순응하며 자신의 언어능력을 발달시킨다. 그리고 발달단계에서 부족한 언어능력은, 상대방과 대화의 책임을 공유하며, 그리고 대화상황을 효과적으로 활용하며, 성공적으로 의사소통할 수 있는 것이다. 어린이는 이러한 의사소통 전략과 학습전략을 활용하며, 말하기 의사소통 능력을 완성해 간다. 중요한 사실은 이러한 특징들을 보이는 어린이 학습자들이 성인 학습자들보다 훨씬 더 성공적인 언어학습결과를 보여준다는 것이다.

영어교육학자들이 끊임없이 관심을 갖고 연구하는 영어교육 분야는, 성공적인 영어학습자의 특징들을 이해하고 그 특징들을 영어교육에 적용하고 활용하는 것이다. 우리나라의 "수능 만점자"와 인터뷰하여 그들의 학습방법 특징을 이해하려고 노력하는 것과 같은 맥락이다. 성인학습자에 비해 어린이 영어 학습자는 영어능력 습득에 있어 성공적이다. 이러한 견해는 "결정적 시기 가설"과 "조기 영어교육"이라는 영어교육 용어에서도 쉽게 확인할 수 있다. 그러므로 성인 영어 학습자가 어린이의 효과적인 영어 학습방법을 활용한다면, 영어 말하기 의사소통 능력 완성의 가능성을 높일 수 있다고 할 수 있다. 앞서 설명한 것처럼, 영어능력 발단단계의 자연적 순서에 순응하며, 발단단계에서 자신의 부족한 영어능력을 대화 참여자와 함께 보완하며, 때로는 대화상황을 활용하여 적극적으로 대화에 참여한다면, 성인들도 영어 말하기 의사소통 능력을 효율적으로 발전시켜 결국에는 성공적으로 완성할 수 있을 것이다. 한국의 영어 학습자들은 많은 비용과 노력을 투자하지만 영어 말하기 의사소통 능력 습득에는 성공적이지 못하다는 것은 부정할 수 없는 사실이다. 당신이 성공적으로 영어 말하기 능력을 완성하고자 한다면, 어린이의 효과적인 영어 학습방법 특징들을 이해하고 당신의 영어 학습에 적극 활용할 필요가 있다. 또한 당신이 언어전이(Intralingual transfer)를 영어 학습에서 활용한다면, 당신은 훨씬 더 효율적으로 영어 말하기 의사소통 능력을 완성할 수 있을 것이다.

실용 단계

이 교재는 영어 말하기 의사소통 능력을 가장 효율적으로 완성할 수 있는 방법을 소개하기 위한 교재이다. 지금까지 여러 차례 강조하였듯이, 말하기 의사소통 능력을 효율적으로 완성하기 위해서는, 우선 학습자는 언어발달단계의 자연적 순서를 인정할 필요가 있다. 자연적 순서에 순응하며, 언어발달단계에 따른 자신의 영어 능력에 맞게 의사소통하려 노력한다면 대부분의 상황에서 성공적으로 의사소통 할 수 있을 것이다. 이러한 가능성은 한 두 단어만으로도 부모와 성공적으로 의사소통 할 수 있는 아이의 의사소통 능력에서도 확인할 수 있다. 그렇다고 지금 아이가 한 두 단어로 의사소통 한다고 해서, 아이가 성공적으로 언어능력을 완성할 수는 없을 것이라고 의심하는 부모는 없다. 자신의 언어능력에 맞게 현실적으로 의사소통하는 아이들은 자신이 현실적으로 지금 가장 필요로 하는 언어능력 완성을 언어학습 목표로 설정한다. 일상생활에 필요한 생존 언어능력을 우선적으로 완성한 후, 유치원에서 또래 아이들과 교류하기 시작하며 사회적 언어능력 완성을 목표로 설정한다. 초등학교에 입학하며 본격적으로 자신의 사고를 자유롭게 표현하는 학술적 목적의 언어능력 완성을 목표로 설정한다. 성인들도 아이들의 언어학습의 특징을 이해하고 자신의 영어 학습에 활용한다면 좀 더 성공적으로 영어 말하기 의사소통능력을 완성할 수 있다고 하였다.

첫 번째 교재와 이 교재 전반부에서 주장하였듯이, 일상생활에 필요한 영어 말하기 의사소통능력(Survival English)은 "의사소통의 4개적 절차적 상황에 필요한 표현들," "목표 지향적 의사소통," 그리고 "보편적 핵심"을 이해하고, 이 개념들을 영어 학습에 적용하고 활용한다면 1시간 만에도 충분히 완성할 수 있다고 하였다. 그리고 생존 영어능력은 사교 영어능력 발달의 토대가 될 수 있다고 하였다. 사교활동을 위해 대화할 때, 우리는 일상생활에서 발생하는 일들을 주로 대화의 주제로 삼기 때문이다. 따라서 생존 영어능력보다는 사교적 영어능력을 우선적으로 완성하려는 노력은 비효율적인 영어 학습이며, 자연적 순서에도 어긋난 영어 학습이다. 자연적 순서에 순응하며, 학술 목적의 영어능력(Academic English)보다는 사교 영어능력 그리고 사교 영어능력보다는 생존 영어능력을 우선적으로 발전시킬 필요가 있는 것이다. 우리가 일상적으로 경험하는 의사소통 상황에 필요한 표현들은, 한 번 학습만으로 오랫동안 기억할 수 있기 때문이다. "굿모닝(Good morning), 빠이빠이(Bye-bye), 그리고 사랑해요(I love you)"라는 표현들이 좋은 보기가 될 수 있다. 반면 학술 목적의 의사소통 능력은 우리가 일상적으로 경험하지 않기에 한 번의 학습만으로는 그 내용을 쉽사리 기억할 수 없다. 예를 들어, 발표를 위해 열심히 준비하고 외우다시피한 발표원고 내용이, 1달 아니면 1주 후에 머릿속에서 희미한 기억으로만 남는 것은, 우리가 일상적으로 경험하며 활용하지 않기 때문이다. 이러한 이유로, 자신의 사고를 자유롭게 표현할 수 있는 학술 목적의 영어능력을 우선적으로 발전시키려 노력한다면, 당신은 비효율적인 영어 학습을 하고 있다고 말할 수 있다.

😀 사교 목적의 영어 능력 향상 방법 ✏️

생존 영어능력을 완성하고 효과적으로 영어능력을 발전시키는 방법을 이해하였다면, 이제 다음 단계인 사교 목적의 영어능력을 효과적으로 발전시킬 수 있는 방법을 확인하도록 하자. 앞서 언급한 것처럼, 사교활동에서 우리는 일반적으로 우리의 일상에 대해 이야기한다. 그러므로 자신의 일상에 대해 영어로 표현할 수 있다면, 사교활동에서 대화 상대자와 많은 이야기를 나눌 수 있을 것이다. 영어 원어민이 사적인 대화를 시작할 때, 그들은 정치 또는 경제문제에 관한 주제로 시작하지 않는다. 이보다는 "(It's a) nice weather, isn't it?" "(You are wearing a) nice T-shirt!" "(You have a) nice car!"와 같이 대부분 당신이 일상생활에서 경험할 수 있는 일들에 관한 주제로 대화를 시작한다. 그리고 영어 원어민들은 그 주제와 관련하여 계속해서 대화를 이어갈 것이다. 예를 들면, 오늘 날씨 이야기로 대화를 시작하여, 어제 또는 내일의 날씨를 얘기할 수 있다. 그리고 날씨가 좋은데 야외 취미활동을 제안하거나 또는 주말소풍 같은 야외활동 계획에 관해 얘기할 수도 있을 것이다. 또는 야외활동 중에 경험했던 에피소드 또는 추억에 대해 얘기할 수도 있다. 이와 같이 당신이 일상생활에서 경험할 수 있는 일상의 일들에 관해 이야기 할 것이며, 따라서 당신이 당신 일상을 영어로 표현할 수 있다면 사교에 필요한 영어 의사소통 능력을 완성하였다고 말할 수 있는 것이다.

😊 하루 일과 영어로 표현하기 ✏️

생존 영어를 완성하고 사교 목적의 영어 말하기 의사소통 능력(Social English)을 학습목표로 설정하였다면, 학습목표에 맞는 의사소통 활동을 충실히 하는 것이 효율적인 영어 학습방법이라고 하였다. 그리고 보다 효율적인 영어 학습방법은 자신이 좀 더 자주 경험하는 의사소통 상황을 우선적으로 학습하고 연습하는 것이라고 하였다. 그러므로 일상적으로 경험하는 자신의 일과를 표현할 수 있는 영어 학습을 우선적으로 진행한다면, 가장 효율적으로 사교 영어능력을 완성할 수 있을 것이다. 잠시 자신의 하루 일과를 생각해보자. 잠에서 깨어 무엇을 하며 아침 식사 후 어떤 일들을 하며 오전 일과를 보내는지, 그리고 "목표 지향적 의사소통"에 따라 오전 중에 경험하는 활동들을 영어로 표현할 수 있는지도 확인해보자. 같은 방식으로 오후 일과와 가정으로 돌아와서의 저녁일과를 확인한 후, 각각의 활동을 영어로 표현할 수 있는지도 확인해 보자. 자신의 하루일과 중에 경험하는 활동들을 영어로 표현할 수 있다면, 친구를 만나 영어로 의사소통을 한다 해도 분명 짧지 않은 시간동안 많은 이야기를 나눌 수 있을 것이다. 다시 말해, 당신의 하루일과를 영어로 표현할 수 있다면, 사교 목적의 의사소통 능력을 완성하였다고 할 수 있는 것이다.

당신의 하루 일과는 다음과 같을 것이다. 그리고 **당신의 하루일과를 영어로 표현할 때 적지 않은 부분들은 일상생활에 필요한 생존 영어능력이 필요하다는 사실을 확인할 수 있을 것**이다. 아래의 하루 일과는 대부분의 사람들이 경험하는 보편적 일과이다. 개인에 따라서 다른 일과가 있다면, 다양한 방법(회화교재, 주변사람, 번역기 등등)으로 확인할 수 있다. 어제와 같은 과거의 일과는 붉은색으로, 현재의 일은 파란색으로, 그리고 미래의 일은 검은색으로 표시하였다.

시간	일과 활동(과거/현재/미래)
6:00	The alarm clock rang at 6:00 yesterday morning.
	The alarm clock usually ring at 6:00 in the morning.
	The alarm clock will ring at 6:00 tomorrow morning.
6:00	I got up at 6:00 yesterday morning.
	I usually get up at 6:00 in the morning.
	I will get up at 6:00 tomorrow morning.
6:05	I went to the toilet at 6:05 yesterday morning.
	I relieved myself in the toilet at 6:05 morning.
	I usually go to the toilet at 6:05 in the morning.
	I usually relieve myself in the toilet at 6:05 in the morning.
	I will go to the toilet at 6:05 tomorrow morning.
	I will relieve myself in the toilet at 6:05 tomorrow morning.
6:20	I washed my face at 6:20 yesterday morning.
	I usually wash my face at 6:20 in the morning.
	I will wash my face at 6:20 tomorrow morning.
	I took a shower at 6:20 yesterday morning.
	I usually take a shower at 6:20 in the morning.
	I will take a shower at 6:20 tomorrow morning.
6:40	I cooked breakfast at 6:40 yesterday morning.
	I usually cook breakfast at 6:40 in the morning.
	I will cook breakfast at 6:40 tomorrow.
7:10	I ate breakfast at 6:40 yesterday morning.
	I usually eat breakfast at 6:40.
	I will eat breakfast at 7:10 tomorrow morning.

7:40	I (brushed / brush / will brush) my teeth at 7:40.	
7:50	I (packed / pack / will pack) my suitcase.	
	I (packed / pack / will pack) my book bag.	
8:00	I (went to / go to / will go to) the bus stop.	
	I (went to / go to / will go to) the taxi stop.	
	I (went to / go to / will go to) the subway station.	
8:10	I (took / take / will take) the bus to school.	
	I (took / take / will take) the taxi to work.	
	I (took / take / will take) the subway to school.	
	I (drove / drive / will drive) my car to work.	
8:50	I (arrived / arrive / will arrive) at work.	
9:00	I (worked / work / will work) in my office.	
	I (took / take / will take) morning classes in school.	
12:00	I (had / have / will have) a lunch break at 12:00.	
	I (ate / eat / will eat) lunch at 12:00.	
12:50	I (drank / drink / will drink) a cup of coffee at 12:50.	
13:00	I (resumed working / resume working / will resume working) at 13:00.	
	I (had / have / will have) afternoon classes at 13:00.	
	I (did / do / will do) my job until 18:00.	
18:00	I (called / call / will call) it a day at 18:00.	
	I (left / leave / will leave) work at 18:00.	
	I (left / leave / will leave) my office at 18:00.	
18:30	I (went / go / will go) grocery shopping at 18:30.	
19:00	I (bought / buy / will buy) some groceries at 19:00.	
19:30	I (went / go / will go) to bar at 19:30.	
	I (came back / come back / will come back) home at 21:00.	
21:00	I (watched / watch / will watch) TV at 21:00.	
	I (read / read / will read) a book at bed.	
22:00	I (took / take / will take) a hot bath at 22:00.	
22:30	I (set up / set up / will set up) the alarm clock for 6:00.	
	I (went / go / will go) to bed at 22:30.	

어제의 일과, 습관적 일과, 그리고 내일의 일과 계획에 대해서 영어로 표현할 수 있다면, 친구 또는 지인과 짧지 않은 시간동안 영어로 대화의 시간을 가질 수 있을 것이다. 또한 자신의 하루일과를 표현할 수 있는 영어능력과 생존 영어능력에 필요한 표현들을 활용한다면 사교활동에 필요한 영어 능력은 어느 정도 완성할 수 있을 것이다. 그리고 **자신의 일과에서 많은 부분을 차지하는 것은, 직장에서의 업무 또는 학교에서의 수업**이다. 따라서 직장 또는 학교에서 발생할 수 있는 일과에 대해 표현할 수 있다면, 사교 활동에 필요한 충분한 영어 말하기 의사소통 능력을 완성할 수 있을 것이다. 그렇다면, 우선 직장에서의 업무에 필요한 영어 표현들을 살펴보자. 우리가 일반적으로 직장에서 발생할 것이라고 생각하는 표현들 중심으로 소개하였다. 자신의 직장 그리고 업무에 따라 다양한 표현들이 필요할 것이다. 지금까지 자주 강조하였듯이, 영어 학습에서 발생할 수 있는 차이점들은 "목표 지향적 의사소통"으로 해결할 수 있다고 하였다. 이 교재에서 소개하지 않았지만, 자신의 업무에 필요한 영어 표현들은 주변사람들의 도움 또는 영어 교재(또는 사전)와 번역기 등을 활용하여 확인할 수 있을 것이다.

😊 사교 영어능력을 위해 하루 업무 일과 표현하기 ✏️

당신의 하루일과는 둘 중 하나일 것이다. **직장인이라면 당신의 하루일과는 업무일 것이며, 학생이라면 하루일과는 학업일 것**이다. 직장이라면 다양한 직군이 있을 것이다. 그리고 그 직군에 따라 업무 환경은 달라질 것이다. 사무원이라면 사무실 공간에서, (남성/여성)주부라면 가정이라는 공간에서, 군인이라면 군대라는 업무 환경에 속해있는 것이다. 그리고 이 **직군에 따른 업무환경은 다른 업무 환경과 구별되는 특징**이다. 그리고 이 구별되는 특징은 각각 다른 업무내용을 필요로 한다. **일상생활에서 분리된 당신만의 업무영역에 필요한 영어 의사소통 능력을 당신은 어떻게 발전시킬 수 있을까?** 다행인 것은 **당신의 업무분야에 관련된 영어 의사소통능력도 일상생활에 필요한 의사소통능력을 크게 벗어나지 않는다**는 것이다. 어느 특정 공간이든 사람이 생활하는 곳이며, 생활에 필요한 의사소통 능력이 기본적으로 필요하기 때문이다.

  특정 의사소통 상황에서 어떠한 대화가 발생하고 필요한 표현들이 무엇인지를 우리는 어느 정도 예측할 수 있다고 하였다. 예를 들면, 편의점에서 직원과 고객 사이에 어떠한 대화가 발생하고 대화에 필요한 표현들이 무엇인지를 우리는 예측할 수 있다. 직원과 고객은 서로 인사를 나누고, 보통 상품 재고 또는 위치를 묻고 답하는 대화가 발생한다. 그리고 직원은 고객에게 가격을 알려주고 고객은 카드 또는 현금으로 구매 상품의 값을 결제하며, 이때 발생하는 대화에 어떠한 표현들이 필요한지도 우리는 예측할 수 있다. 그리고 편의점을 떠나는 고객과 직원사이에 인사를 주고받으며 그에 필요한 표현들도 무엇인지를 우리는 알 수 있는 것이다. 편의점뿐만 아니라, 식당, 옷가게, 병원, 그리고 우리가 일상생활 속에서 경험하는 대부분의 의사소통 상황에서 어떠한 대화가 발생하고 그 대화에 필요한 표현들이 무엇인지를 우리는 대부분 알 수 있다고 할 수 있다. 이러한 특징 때문에 우리는 **"목표 지향적 의사소통"을 할 수 있으며, 의사소통 상황 전에 의사소통에 필요한 표현을 확인하고 연습할 수 있다**고 하였다. 면접 전에 면접시험문제를 확인하고 문제에 대한 답을 준비한다면, 만족스런 결과를 얻을 수 있는 것처럼, "목표 지향적 의사소통"은 성공적인 의사소통 결과로 이끌 수 있는 것이다.

  위와 같은 견해에 관련해서 내가 직접 경험한 사례가 있다. 최근 주변 지인이 회사 사장님을 모시고 뉴질랜드로 5박6일간의 출장을 가기로 했다. 나의 지인이 회사 내에서 영어를 가장 유창하게 말할 수 있기에 사장님이 함께 출장을 가자고 제안했다는 것이다. 나의 지인은 일상생활 영어는 어느 정도 자신 있게 할 수 있지만, 막상 사장님을 모시고 출장을 간다고 하니, "잘 할 수 있을까?"라는 두려움으로 스트레스를 많이 받고 있다고 하였다. 그래서 나한테 조언을 구하고자 전화를 한 것이다. 당장 다음 주에 출장을 가기 때문에 내가 도와줄 수 있는 방법은 아주 제한적이다. 그래서 내가 해주었던 조언은, **일상생활 영어는 문제가 없으므로 사장님의 5박6일간의 일정을 확인한 후, 그 일정에 따른 상황에 필요한 영어 표현을 확인하고 영어로 표현할 수 있는지 점검해 보라고 충고해 주었다.** 공항, 호텔, 출장 목적에 따른 업무에 관련된 표현, 그리고 관광지를 방문한다면 관광지에 관련된 대화와 필요한 표현들을 확인하고 준비하라고 조언하였다. 나의 지인은 1주일동안 열심히 준비했고, 결과는 아주 성공적이었다면서 나에게 고마움을 표시했다.

우리가 일상적으로 경험할 수 있는 의사소통 상황을 예측할 수 있고, 의사소통 상황에 필요한 표현들이 무엇인지를 알 수 있다면 "목표 지향적 의사소통"을 할 수 있다고 하였다. 달리 말해서, 우리가 일상적으로 경험할 수 있는 업종분야에 종사하는 사람들은, 일상생활에 필요한 영어 말하기 의사소통 능력(생존영어: Survival English)을 갖추었다면, 지금이라도 당장 영어로 의사소통하며 업무에 종사할 수 있다는 것이다. 생존 영어능력이 사교 영어능력의 밑거름이 될 수 있다는 견해를 다시 한 번 확인할 수 있는 것이다. 그런데 일반사람이 일상적으로 경험하지 않는, 사무실에서 발생하는 업무에 필요한 표현들은 어떻게 해결할 수 있을까? 이러한 질문에 사무실에서 근무하는 사람들은, 자신의 업무 공간에서 발생할 수 있는 업무 활동에 필요한 표현들이 몇 개나 될 수 있는지 확인해 보자. 40개? 100개? 이 질문의 이해를 돕기 위해 나의 경험담을 소개한다면 다음과 같다. 나의 경험담을 확인한 후, 당신은 "**일상생활에 필요한 표현들을 제외한다면 업무에만 관련된 표현들은 아주 제한적이다.**"라는 사실에 공감할 것이다.

미국 유학시절 대학원 기숙사 사무실에서 시간제 사무실 업무보조 일을 한 경험이 있다. 이야기를 계속해서 소개하기 전에 다음과 같은 질문을 하고 싶다. **만약 당신이 지금 당장 미국의 기숙사 사무실에서 영어로 의사소통하며 근무하게 된다면, 성공적으로 업무를 해결할 수 있는 충분한 영어 말하기 의사소통 능력이 있다고 생각하는가?** 혹시라도 자신감이 없다면, 내가 그랬던 것처럼 기숙사 사무실에서 어떠한 대화가 발생하는지 모르기 때문일 것이다. 취업준비생이 면접시험에서 어떠한 질문이 주어질지를 모르기 때문에 면접시험이 어렵게 느껴지는 것과 같은 것이다. "목표 지향적 의사소통"에 따라, 업무에 필요한 표현들을 미리 확인하고 연습한다면 지금이라도 업무를 수행할 수 있다는 자신감이 생길 것이다. 이러한 이유 때문에, 대부분 사무실에서 업무를 시작하기 전에, 업무에 필요한 교육을 받는 것이다. 기숙사 사무실에서 일을 시작하기 전에 나도 같은 교육을 받았다. 교육 중에 내가 수행해야 할 업무를 확인하고 업무에 필요한 영어 표현들을 확인한 후에, 나는 업무를 성공적으로 수행할 수 있다는 어느 정도의 자신감을 얻을 수 있었다. **나의 경험담을 통해, 미국의 기숙사 사무실에서 발생할 수 있는 대화와 대화에 필요한 표현들을 확인한다면, 당신도 미국의 기숙사 사무실에서 영어로 의사소통하며 기숙사 업무를 성공적으로 수행할 수 있다는 자신감을 얻을 것이다.**

기숙사 사무실에서의 업무는 단순하였다. 가장 많이 발생하는 의사소통 상황은, 기숙사 생활에 필요한 용품인 화장지, 쓰레기봉투, 또는 전구를 기숙사 학생이 요구할 때, (1) "Sure!" 그리고 (2) "Here you go!"라는 말과 함께 건네주는 상황이다. 드문 일이지만 혹시라도 사무실에 재고가 없다면, (3) "We are out of toilet papers (trash bags/light bulbs), please come tomorrow."라고 말하면 되었다. 그 다음으로 자주 발생하는 대화는 우편물에 관한 것이다. 편지는 우편함에 넣어두고, 우편함에 늘어갈 수 없는 소포는 우편물 목록에 기입한 후 우편물 수령을 알리는 전표(Slip)를 우편함에 넣어주면 된다. 학생이 전표를 가져오면, 전표와 함께 신분증을 확인한 후 우편물 목록에 서명을 받고 소포를 건네주면 된다. 이때 필요한 표현들은 "Sure!", 신분증을 확인할 때 사용하는 표현 (4) "Can I see your ID?" 그리고 소포 수령을 확인할 때 필요한 표현 (5) "Sign here, please!"과 소포를 건넬 때 사용하는 표현 정도이다. 신분증을 확인할 필요가 있는 또 다른 경우는, 학생이 기숙사 방 열쇠를 분실하였을 때, 보조 열쇠를 빌려갈(Check out!) 때이다. 이때에도, 소포를 수령할 때의 과정에 필요한 표현들을 똑같이 사용할 수 있다. 이 밖에도 기숙사 생활을 하면서 물이 나오지 않거나 하수구가 막히는 등, 불편한 사항이 있으면 서비스를 요청할 수 있는데, 이때에는 (6) "I see! Please, fill out a service request form!"이라고 말하면 되는 것이다. 이와 같이 대학원 기숙사 사무실에서 업무를 수행할 때 내가 주로 사용한 표현들은 6개 정도였다. 그런데 이 여섯 개의 표현들은 생존 영어에서 이미 확인한 표현들이다. 실제로 기숙사 업무에만 관련된 표현은 10개가 넘지 않는다. 이 정도의 표현이라면 당신도 지금 당장 10개의 표현을 암기해서라도 사무실 보조업무를 성공적으로 수행할 수 있을 것이다.

위와 같이 간단한 사무실 보조업무였지만, 첫날부터 날 긴장하게 만들었던 업무가 있었다. 그것은 전화통화를 하며 수행하는 사무실 업무였다. 직접 대면하여 진행하는 대화는 의사소통이 부족하더라도 상대방 표정 몸짓 그리고 대화상황의 이해와 같이 다양한 방법으로 상대방과 성공적으로 의사소통을 할 수 있다고 하였다. 이와는 다르게, 전화통화는 대부분 음성에만 의존해야한다는 것을 나는 알고 있었기에 나를 긴장하게 만든 것이다. 그런데 기숙사 사무실에서 업무를 시작한지 1 주일(어쩌면 하루)만에 나의 걱정이 잘못된 것이라는 사실을 깨달았다. **기숙사 사무실의 전화통화에 필요한 표현들은 아주 제한적이고 내가 예측 가능한 것들이라는 사실을 깨달았기 때문**이다. 사무실로 온 전화의 대부분은 기숙사 사감에게 온 전화이다. 그러면 두 가지 경우가 발생하는데, 1) 기숙사 사감의 사무실로 전화를 연결하는 것과 2) 부재중이니 메시지를 남기라는 것이다. 그리고 두 사례 모두 필요한 표현들은 아주 제한적이다. 그리고 그 제한된 표현들 대부분 기숙사 사무실에서만 사용할 수 있는 표현이 아니고 우리의 일상생활에서 일상적으로 사용하는 표현들이라는 것을 알 수 있을 것이다.

사례 1:

나	Jones Tower! This is Seung Jung speaking.
상대방	Can I talk to the director?
나	Okay. I will forward your call to her office. Hold on, please!
상대방	Thank you!

사례 2:

나	Jones Tower! This is Seung Jung speaking.
상대방	Can I talk to the director?
나	She is not in her office right now. Can I take your message?
상대방	I will call again. Thank you!

위와 같은 일상적인 전화 대화 내용도 있고, 학기 초와 학기 말에 기숙사로 입실하고 기숙사로부터 퇴실하는 학생들이 많이 있다. 입실하는 학생(들)이 있다면, 학생(들)이 기숙사에 입실하기 전에 캠퍼스의 모든 기숙사들을 총괄 운영하는 기숙사 사무실(The housing office)에서 내가 근무하는 기숙사 사무실로 전화를 한다. 이때 아래 사례 3)과 같이 입실하는 학생들의 이름과 사회보장번호(Social security numbers)를 알려준다. 혹시라도 잘못 듣거나 놓친 부분이 있다면, "Would you repeat?"라고 하면 된다. 이와 같이 전화를 이용한 말하기 의사소통에 필요한 표현도 아주 제한적이다.

사례 3:

나	Jones Tower! This is Seung Jung speaking.
상대방	This is Susan calling from the housing office. I am calling to let you know we have two students checking in Jones Tower tomorrow. One is Michael, and the other is Jane. Michael's social security number is 380-xx-xxxx, and Jane's is 123-xx-xxxx.
나	I see. Have a nice day!
상대방	Have a good day!

지금까지 확인한 기숙사 업무에 필요한 표현들을 아래와 같이 정리하였다. 정리한 내용을 보더라도, 한 두 시간을 이용하여 기숙사 업무와 필요한 표현을 확인하고 연습한다면, 누구든 미국의 기숙사 업무를 수행할 수 있다는 자신감을 얻을 것이다.

상황	기숙사 학생 (Resident)	기숙사 사무실 직원 (Office Assistant)
물품요구	Can I have some garbage bags?	Sure!
	Can I have a light bulb?	I'm sorry, but we are out of light bulbs. Please, come tomorrow!
우편물	Can I get my package?	Sure! Can I see your ID?
	Yes. Here you go!	Okay. Please, sign here!
서비스	Excuse me! My sink is leaking.	Please, fill out a service request form. The maintenance man will take care of it.
입실/퇴실	We have two students checking in tomorrow.	Can I have their names and social security numbers?

이 밖에도 사교 영어능력을 위해, 나의 기숙사 사무실에서 발생할 수 있는 일과를 표현할 필요가 있다면 아래와 같이 정리할 수 있다. 그리고 기숙사 사무실에서의 나의 업무에 관련된 표현도 아주 제한적이라는 것을 다시 한 번 확인할 수 있다. 아래에 정리된 표현이외에도 기숙사 사무실에서 업무를 수행하면서 경험하는 나의 일과에 관련된 표현은 더 많이 있을 수 있다. 그러나 사무실 업무 중에 경험할 수 있는 일들, 예를 들면 "커피 한 잔을 마셨다(I drank a cup of coffee.)." "책을 읽었다(I read a book.)." "라디오를 들었다(I listened to the radio.)."와 같은 표현들은 기숙사 사무실뿐만 아니라 나의 일상생활 어디에서든 경험하는 일들이다. 내가 경험했던 기숙사 사무실 생활에 관련된 일들이 지금 당장 생각이 나지 않더라도, 아래에 정리된 것 이외의 표현을 나중에 전부 확인한다고 하더라도, 20개 이상의 표현은 넘지 않을 것이라고 확신한다. 결론적으로, 기숙사 사무실에서 업무를 수행하면서 진행하는 의사소통에 필요한 표현들, 그리고 사교활동을 위해 기숙사 업무에 관한 나의 일과를 설명하기에 필요한 표현들은 아주 제한적이며, 그 제한된 표현들을 확인하고 이해하고 연습하기에 필요한 시간들은 1시간이면 충분하다고 나는 확신한다.

상황		표현
임대	열쇠	The resident in room 1228 checked out his spare room key.
	간이침대	The resident in room 1332 singed out a cot today.
업무	출근/퇴근	I clocked in at 3:00 p.m. / I clocked out at 5:00 p.m.
	우편물	I sorted the mail, and I put letters and postcards into residents' mailboxes.
	입실	Two students checked in Jones Tower today.
	퇴실	The resident in room 212 signed out of Jones Tower today.
	전화	I got three phone calls from the housing office.
	회의	I had a staff meeting at 8:00 p.m.

　　기숙사 사무실이라는 특정 상황에서 발생할 수 있는 의사소통 상황과 일과를 설명하기 위해 필요한 표현들은 아주 제한적이라고 하였다. 그렇다면 당신의 사무실 업무 중에 발생할 수 있는 의사소통 상황과 하루 일과를 설명하기 위해 필요한 표현들은 어느 정도라고 생각하는가? 20개? 40개? 60개? 당신의 사무실 의사소통 상황에 필요한 표현들 그리고 사무실에서의 일과를 설명하기에 필요한 표현들이 얼마나 되는지 한 번 차근차근 확인해보자. 일반적인 사무실에서 발생할 수 있는 일반적인 업무 활동에 필요한 표현들은 아래와 같을 것이다.

상황	표현
일반 업무	I do assignments for my boss(supervisors/clients).
	I write a report about sales (financial affairs/a project/).
	I have to write a report about my sick leave (maternity leave/business trip).
	I will give an oral presentation about sales strategies this afternoon.
서류 업무	I receive some documents (orders) by fax from clients.
	I file some documents (orders) from clients.
	I make some copies of a document (order/form/report).
	I send orders (documents) to my suppliers.
	I fax some documents (orders) to my suppliers (clients/documents).
전화 업무	I usually answer the phone calls from my boss (clients/customers).
	Sometimes I transfer phone calls to my boss (officemate/coworker).
	Sometimes I take phone messages for my boss (officemate/coworker).
	I got 12 phone calls from buyers.
회의	I had a meeting at 8:00 p.m.
	I attended the 2020 Trade Fair (the 2020 Auto Show) in Seoul yesterday.
	I will have a teleconference with my boss (co-workers/clients) at 2:00.
	I will discuss the details of the contract with my client.
	I will discuss the sales forecasts with my co-workers tomorrow.
거래 업무	I will send our clients some information about our new products.
	I received a catalogue of new products from our suppliers.
	I placed an order for five laptops, model number LGGRGR1234.
	I transferred the amount of $123,456 to your bank account in payment of your invoice dated April 30, 2020.
	I will pay you for the shipment within 30 days of receipt of your invoice.
	I regret to inform you that the report(the payment) was due yesterday.

　　당신이 근무하는 회사의 업종과 담당업무에 따라서, 위에서 소개한 일상적으로 경험하는 표현들보다 당신의 업무에 관련된 표현들이 더 많을 수도 있고 더 적을 수도 있을 것이다. 물론 휴식을 갖는다던가(I usually have a 10-minute break at 3:00 p.m.), 회식을 한다던가(We sometimes dine together after work), 또는 지하철로 출퇴근한다(I commute to work by subway.)라는 표현은 우리의 일상생활에서 발생하는 상황이기에

생존 영어능력과 좀 더 관련이 있다. 당신의 사무실에서 발생할 수 있는 대화에 필요한 표현들 그리고 업무 활동에 관련된 모든 표현을 정리하여 확인해보자. 확인하더라도 당신이 충분히 통제할 수 있는 정도의 표현들일 것이다. 혹시라도, 확인한 표현만으로 충분하지 않다면, 당신의 업무분야에 필요한 영어 말하기 의사소통 능력은, 당신의 업무와 관련된 서적(인터넷 정보) 또는 주변 사람들의 도움으로 발전시킬 수 있다. 또한 "목표 지향적 의사소통"에 바탕을 두어, 업무에 관련하여 의사소통하는 상황을 미리 확인하고 준비하면 효율적인 영어 학습이 될 수 있다. 그리고 회사생활에서 일상적으로 경험하는 표현들이기에, 버스나 컴퓨터처럼 한 번의 학습으로 오랫동안 기억할 수 있는 효과적인 영어 학습이 되는 것이다. 당신의 사무실에서 학습하여 얻은 영어 능력은, 친구 또는 지인과의 사교활동에서 당신의 업무에 관한 이야기를 할 수 있는 사교 영어능력으로 발전하는 것이다.

직장인이 아닌 학생이라면, 당신의 일과는 주로 교실 내에서 발생한다. 교실 내에서 당신이 할 수 있는 활동은 무엇일까? 책을 읽고 어떤 주제에 관해서 토론하고 발표하는 것이 주된 활동이 될 것이다. 토론과 발표를 영어로 진행하기 위해서는 학술 목적의 영어 능력(Academic English)이 필요하다. 자신의 사고를 자유롭게 표현할 수 있는 학술 영어능력은 영어 말하기 의사소통능력의 최종 목표이다. 언어발달의 자연적 순서에 따라, 사교활동에 필요한 영어 능력을 우선 완성하고 학술 영어능력 완성을 목표로 설정하는 것이 효율적인 영어 학습이라고 하였다. 사교 영어능력 다음으로, 학술 영어능력의 효율적인 영어 학습법을 확인하도록 하겠다. 학술 영어능력을 위한 효율적인 학습법을 확인하기 전에, 우선 학교 교정에서 그리고 교실 내에서 발생할 수 있는 상황들을 설명하기 위해 필요한 표현들은 무엇인지 확인하도록 하자. 아래는 대부분의 학교생활에서 학생들이 일상적으로 사용하는 표현일 것이다.

표현
I am taking three academic courses for this semester.
I usually attend two (three/four/five/six) **classes a day**.
I opened my book at page 68, and then my teacher said, "Turn to page 69!"
I asked my teacher some questions, and she answered my questions.
I meet and **talk** with my friends.
I have to do a group assignment with my group members.
I have to study hard to prepare for my mid-term (final-term) exam.
I have to prepare for my oral presentation.
I will attend my English class this afternoon.
I usually eat lunch at **a cafe** (**a restaurant/the cafeteria**).
I sometimes eat lunch at **a food stall** on the street.
I usually go to library after class.
I will meet **my academic advisor** at 3 pm.
I usually leave my school **at 4 pm**.

교정에서 그리고 교실 내에서 발생할 수 있는 상황을 의사소통 중에 당신이 설명하기 위해 필요한 표현들을 위와 같이 정리하였다. 당신이 생각하기에도 충분이 통제할 수 있는 정도의 표현들일 것이다. 이 밖에도 학교에서 개인의 여가활동이나 동아리 활동에 따라 더 많은 표현들이 있을 수 있다. 학교생활을 설명하기에 더 많은 표현들이 필요하다면, "목표 지향적 의사소통"에 따라 필요한 표현들을 영어교재, 유튜브(동영상자료), 또는 주변사람들의 도움으로 확인할 수 있다. 그리고 학술 목적의 의사소통 능력 완성을 위한 효과적인 방법을 설명할 때 다시 한 번 확인하겠지만, 사교 목적의 의사소통도 "목표 지향적 의사소통"이 되어야 한다. '오늘은 친구에게 나의 일과보다는 어제 처음으로 만들었던 잡채에 대해서 얘기해야지! 그런데 내가 잡채 만드는 법을 영어로 설명할 수 있을까?' 어떻게 영어로 표현하는지 준비가 안 된 상태에서 보다는 준비된 상태에서 좀 더 유창하게 영어로 표현할 수 있을 것이다. 다시 주제로 돌아와, 확인한 표현들은 학교라는 의사소통 상황에서 당신이 일상적으로 경험하는 표현들이기에, 한 번의 학습으로도 오래 기억할 수 있는 효과적인 영어 학습이 될 것이다. 당신이 학생이고, 학교에서의 당신의 일과를 영어로

표현할 수 있다면, 주변사람들과 교류하면서 영어로 의사소통 할 수 있는 사교 영어능력을 발전시키고 완성할 수 있을 것이다.

😊 학술 목적의 의사소통 능력(Academic English) 완성을 위한 영어 학습 ✏️

의사소통 "4개의 절차적 단계에 필요한 표현"과 "목표 지향적 의사소통" 그리고 "보편적 핵심"을 활용하여 생존 영어능력을 완성하고, 자신의 일과와 업무를 설명하며 의사소통할 수 있는 사교 영어능력을 완성하였다면, 이제 영어습득의 자연적 순서 마지막 단계인 학술 목적의 영어능력을 완성할 단계이다. 영어습득 마지막 단계로서의 학술 영어능력은 다른 두 영어능력과는 다르게, **1) 화자가 더 많은 대화의 책임으로 대화를 주도적으로 이끌어 가며 2) 자신의 사고(정보)를 자유롭게 표현할 수 있는 영어능력이 필요하다**. 생존 영어능력과 사교 영어능력은, "의사소통 상황"을 이용하고, 상대방에게 더 많은 대화의 책임을 허락함으로써, 그리고 전하고자 하는 의미를 나누어 전달함으로써, "최소한의 영어 능력"만으로도 충분히 성공적으로 의사소통이 가능하다고 하였다. 반면 학술 목적의 영어능력은 특정주제에 대한 토론과 발표에서 자신의 생각을 주도적으로 자유롭게 표현해야하기 때문에 두 영어능력보다는 더 많은 대화의 책임과 유창한 영어능력이 필요한 것은 당연하다.

학술 영어능력은 다른 두 영어능력과 공유하는 특징도 가지고 있다. 그 공유하는 특징은 세 영어능력 모두 "자신의 사고 또는 정보를 전달하는 것"이 가장 기본적인 기능이라는 것이다. 앞서 주장했듯이, 이러한 공통점 때문에, 한 언어능력이 다른 언어능력으로 전이되듯이, 생존 영어능력은 사교 영어능력으로 전이될 수 있으며, 반대로 사교 영어능력이 생존 영어능력으로 전이될 수 있는 것이다. 앞서 설명했듯이, 당신의 직장 또는 사무실 내에서 발생할 수 있는 모든 의사소통상황과 업무에 필요한 표현들을 다시 한 번 확인한다면, 대부분의 표현들이 당신의 직장 또는 사무실 밖에서 당신이 일상적으로 활용하는 표현들이라는 것을 알 수 있다. 다시 말해서, 당신의 일상생활 의사소통에 필요한 생존 영어를, 당신의 직장 또는 사무실에서 일상적으로 활용한다는 것이다. 또한 당신의 하루일과 중 사무실에서 발생했던 일들을 당신의 가족 구성원이나 주변사람들에게 말해줄 수 있다는 것은, 업무수행을 위한 당신 영역만의 영어 표현들을 일반사람들이 쉽게 이해할 수 있는 일상적인 표현으로 바꾸어 표현할 수 있기 때문이다. 예를 들면, 사무실 내에서는 "One of the suppliers sent us an invoice of $5,000 for the shipment of the laptops."라고 표현하고 있다면, 가정에서는 가족들이 쉽게 이해할 수 있게 "One of our suppliers asked our company for $5,000 for the delivery of eight laptops."라고 표현할 것이다. 혹시라도 가족들이 단어 "invoice"와 단어 "shipment"를 쉽게 이해할 수 있다면, 당신은 사무실 내에서 사용하는 표현을 그대로 사용할 것이다. 소개한 두 표현이 같은 의미를 나타낸다면, 생존 영어능력과 사교 영어능력 사이에 전이현상이 가능하다고 할 수 있는 것이다.

생존 영어능력과 사교 영어능력사이에 전이가 가능하다면, 두 영어능력과 학술 영어능력 사이에도 전이현상이 가능하다고 할 수 있다. 다시 말해 자신의 일과와 업무를 자유롭게 설명할 수 있는 사교 영어능력이 학술 영어능력이 될 수 있고, 그 반대로 학술 영어능력이 사교 영어능력 또는 생존 영어능력이 될 수 있다고도 할 수 있는 것이다. 예를 들면, 의학을 전공하면서 의학 분야의 전문용어(Jargons)와 표현을 사용하면서, 학술 영어능력을 갖춘 의사는 진료결과와 병증 그리고 어떠한 약품을 처방하였는지를 환자들이 이해할 수 있게 설명할 수 있을 것이다. 의학 분야의 전문용어와 표현을 일반사람인 "환자가 쉽게 이해할 수 있게 일상의 용어와 표현으로 설명(Paraphrase)"할 수 있기 때문이다. 또 다른 예로서, **물리분야의 전문용어와 전문지식으로 의사소통하며,**

학술 영어능력과 함께 학위를 받은 물리교사(교수)가 학생들과 성공적으로 의사소통하며 물리교육을 성공적으로 수행 할 수 있는 이유도, 전문 과학지식을 일반사람들이 이해할 수 있도록 쉽게 설명할 수 있기 때문이다. 호텔 업무에 관한 전문지식을 토론하고 발표하며 호텔분야의 전문 지식인이 되었지만, 호텔 업무에 관해 일반고객과 의사소통할 수 있는 것도 일반인이 쉽게 이해할 수 있는 용어와 표현으로 설명할 수 있기 때문이다. 이러한 특징은 모든 전문분야의 업무에서 공통적으로 나타나는 특징일 것이다.

언어전이현상이 있다면, 그래서 사교 영어능력만으로 충분히 학술 목적의 의사소통을 성공적으로 수행할 수 있다면, 학술 목적의 의사소통은 왜 어렵기만 느껴지는가? 학술 목적의 의사소통이 어렵게 느껴지는 이유는 영어능력이 부족해서가 아니다. 그 주된 이유는 "학술 목적의 의사소통능력"을 정확히 이해하지 못했기 때문이다. 대화를 주도적으로 이끌어가는 책임감과 자신의 사고를 유창하게 전달할 수 있는 언어능력과 함께, 학술 영어능력은 토론 또는 발표 주제에 대한 배경지식이 있어야만 한다. 즉 대화 상대방에게 전달할 수 있는 특정 주제에 관한 지식(정보)이 있어야만 그 주제에 관한 토론을 할 수 있고 발표를 할 수 있는 것이다. 이러한 견해를 뒷받침할 수 있는 예를 들어보겠다. 당신이 지금이라도 당장 대화를 주도하며 자신의 사고(지식)를 영어를 사용하여 성공적으로 전달할 수 있는 주제가 있다. 그 주제는 바로 "자기소개(Self-introduction)"이다. 아주 일반적인 자기소개는 아래와 같을 것이다.

> "My name is Seung Jung Kim. I'm 20 years old, and I was born in Seongnam, Korea. I'm a student, and my major is English education. I would like to become an English teacher. Now I live with my family in Seoul, and I like playing sports. If you want to know more about me, please ask me questions."

자신에 대해 아주 잘 알고 있기에, 그래서 충분한 지식과 정보가 있기에, 자신이 전달하고자 하는 정보를 대화 상대방에게 어려움 없이 전달할 수 있는 것이다.

또 다른 예를 들자면, 평소 자주 가는 두 식당에 대해 평가하는 토론을 친구와 진행한다고 가정하자. 두 식당의 음식맛과 가격 그리고 서비스와 분위기를 비교하며, 저녁을 어디서 먹을지를 결정하기 위해 토론하는 것이다. 당신이 사고 영어능력을 갖추고 이러한 주제에 대해 친구와 영어로 토론한다면 성공적으로 토론할 수 있을 것이다. 이 토론에서 당신이 필요로 하는 영어 표현은 아래와 같을 것이다.

"I agree with you that the food at restaurant B is better than that at restaurant A. But I don't want to eat dinner at restaurant B this evening because the food there is too expensive. I don't think we can afford it. Also their service is not that good. Very often, the service at restaurant B is very slow. I don't want to waste time waiting for my food. The servers are sometimes very rude too. Moreover, I don't like the place because it is very noisy and crowded. I suggest we go to restaurant A and enjoy the food, good service and exotic atmosphere while listening to good music."

이와 같이 당신이 일상생활에서 자주 경험하는 주제에 대해서는 특별한 준비 없이 바로 영어로 토론할 수 있을 것이다. 토론뿐만 아니라, 두 식당의 "음식 맛, 가격, 서비스, 분위기 그리고 접근성"을 비교하여 발표할 수도 있을 것이다. 이 밖에도 우리일상생활에서 자주 경험하는 버스와 택시 또는 짜장면과 짬뽕을 비교하여 토론하거나 발표할 수 있으며, 자신의 반료견의 특징에 대해서도 성공적으로 발표할 수 있을 것이다. 이 주제들의 공통점은 당신이 일상적으로 경험하기에 주제에 대한 충분한 지식(정보)을 가지고 있다는 것이다.

반면에, 당신이 만약 "자동차 자동항법 원리"에 대해서 토론하거나 발표한다면, 토론이나 발표를 할 수 있을까? 발표 또는 토론 전에 당신이 우선적으로 해야 할 일은 "자동차 자동항법 원리"에 대한 지식(정보)을 이해하는 것이다. 물론 이미 "자동차 자동항법 원리"에 대해 이미 많은 것을 알고 있다면, "자기소개(Self-introduction)" 할 때처럼 바로 토론이나 발표를 할 수 있을 것이다. 또 다른 주제를 예로 든다면, 최소 언어능력 가설(Threshold Hypothesis)과 모국어 읽기전략(L1 reading strategies) 사이의 관계에 대해서 토론 또는 발표를 한다면, 토론 또는 발표를 위해 당신이 가장 먼저 해야 할 일도 최소 언어능력 가설과 모국어 읽기 전략에 관한 정보와 지식을 수집하고 이해하는 것이다. 이와 같이 **당신이 사교 영어능력이 있다면, 사교 영어능력을 학술 영어능력으로 발전시키는 것은 언어능력의 문제**라기보다는 토론 또는 발표 주제에 대한 지식(정보)의 문제라고 할 수 있다. 이러한 견해를 좀 더 분명히 하기 위해, 다음의 사례를 비교해 보자. 만약 당신이 "아빠의 장점에 대해 설명하세요!"라는 주제로 발표한다면, 당신은 자기소개(Self-introduction)만큼 당신 아빠의 장점을 유창하게 발표할 수 있을 것이다. 같은 주제와 친구들과 토론하더라도 아빠에 대해 가장 많이 알고 있는 당신에게 토론의 우선권이 분명 있을 것이다. 반면 "친구 홍길동 아빠의 장점에 대해 설명하세요!"라는 발표 주제를 선택하였다면, 당신이 가장 먼저 해야 할 일은 친구 홍길동의 아빠의 장점에 관해 이해하는 것이다. 이와 같이 당신이 만약 사교활동을 위해 당신의 하루일과와 업무를 자유롭게 설명할 수 있는 "사교 영어능력"이 능력이 있다면, 자연스럽게 학술 영어능력을 갖췄다고 할 수 있다. 차이점이 있다면, 학술 영어능력은 언어능력뿐만 아니라 토론 또는 발표 주제에 관한 정보나 지식이 필요하다는 것이다. 따라서 토론이나 발표에 대한 자신이 없다면, 당신은 언어능력을 걱정하기 이전에 토론이나 발표 주제에 관한 충분한 지식이 있는지 우선 점검할 필요가 있다.

우리가 일상적으로 활용하는 생존 영어능력과 사교 영어능력과는 다르게, "학술 영어능력은 언어능력뿐만 아니라 토론 또는 발표 주제에 관한 정보나 지식이 필요하다."라는 견해에 관해 학생과 토론한 적이 있었다. 토론보다는 학생에게 두 영어능력 사이의 차이점을 설명하고 설득한 것이다. 학생의 이해를 돕기 위해, 학생에게 김밥을 만들 수 있는지 물었더니 만들 수 있다고 하였다. 그래서 김밥 만드는 법을 나에게 설명할 수 있느냐고 물었더니, 가능하다고 하였다. 그러면 잡채를 만들 수 있는지 물었더니, 만들 수 없다고 하였고 당연히 잡채 만드는 방법을 나한테 설명할 수도 없다고 하였다. 김밥과 잡채를 모두 만들어 보았던 나는, 김밥 만드는 법과 잡채 만드는 법은 준비된 재료를 (채)썰고, 삶거나 데치고 또는 볶는 과정이 공통적으로 필요하다는 것을 알고 있다. 김밥은 김 위에 펼친 밥 위에 준비된 재료를 얹어 돌돌 말아서 완성하고, 잡채는 준비된 자료를 섞어서 완성한다는 차이점이 있다. 그러나 이 차이점 때문에 김밥 만드는 법을 설명할 수 있고, 잡채 만드는 법을 설명할 수 없는 것이 아니라는 사실은 우리 모두는 알고 있다. 설명할 수 있고 없고의 차이는 언어 능력이 문제라기보다는, 만드는 방법에 관한 지식이나 정보를 가지고 있느냐 없느냐의 문제이다. 이와 같은 예를 들어 설명하고 설득하였더니, 그 학생은 나의 견해에 동의하였다. 앞서 잠깐 언급하였듯이, 사교 목적의 의사소통이 "목표 지향적 의사소통"이 되어야하는 이유도 바로 이러한 이유 때문이다. 오늘 친구에게 잡채 만드는 법에 대해서 토론하거나 이야기 하고 싶다면, 우선적으로 잡채 만드는 법에 대한 지식이나 정보가 필요하다. 따라서 학술 목적의 의사소통 능력은 언어능력뿐만 아니라, 토론 또는 발표 주제에 관련된 지식과 정보가 필요한 것이다. 이러한 견해와 함께, 잡채 만드는 법에 관한 지식과 정보가 있다면 일상생활에 필요한 언어능력으로 설명할 수 있듯이, 생존(사교) 영어능력은 학술 영어능력으로 전이될 수 있다는 가능성도 함께 설명할 수 있는 것이다.

사교 영어능력과 학술 영어능력 사이의 전이현상이 있는데, 영어 학습자는 왜 학술 영어능력 완성을 어렵게만 느낄까? 우선 특정 주제에 관한 지식(정보)이 부족할 수 있기 때문이라고 하였다. 같은 맥락으로 학술 영어능력이 어렵게 느껴지는 또 다른 이유는, 학술 영어능력은 특정 분야에서만 사용하는 용어(Jargons)가 있기 때문이다. 최소 언어능력 가설(Threshold Hypothesis)도 영어교육 분야에서 사용하는 전문 용어다. 다행인 것은 이 가설을 일반사람들이 이해할 수 있게 설명할 수 있다는 것이다. 모국어 읽기전략(L1 reading strategies)과 관련해서 최소 언어능력 가설은 "효과적인 모국어 독해 전략을 목표언어 독해에서 활용하기 위해서는, 어느 정도 수준의 목표언어 능력이 필요하다."라는 가설이다. 이와 같이 영어교육 전문분야에서 사용하는 용어를 일반사람들이 이해할 수 있게 쉽게 설명할 수 있다. 앞서 얘기한 것처럼 의약분야의 전문가인 의사가 일반인인 환자와 의사소통할 수 있는 것은 사교 언어능력과 학술 언어능력 사이의 언어전이 가능성 때문이다. 두 언어사이의 다른 점이 있다면, 학술 목적의 의사소통에서 해당 학술분야의 관련자들은 해당 전문분야에서 통용되는 전문용어를 사용한다는 것이다. 이와 같은 견해와 관련하여, 성공적인 영어 학습자인 서재희학생이 아래와 같이 제안하는 영문 에세이 쓰는 방법을 생각해 볼 필요도 있다. 서재희학생의 제안을 다른 각도로 이해하자면, 단어(용어)의 선택에 따라 일상생활에 필요한 영어능력(생존 영어능력 또는 사교 영어능력)이 될 수 있고 학술 영어능력이 될 수도 있는 것이다.

"에세이의 기본은 정확하고 다양한 표현이다. 같은 단어를 여러 번 반복해서 쓰는 것만은 반드시 피해야 한다. 재희양은 이를 위해 단어 지식, 특히 동의어를 공부하는 데 주력했다. 또 동의어를 상황에 따라 적절히 구분해서 사용해 에세이 수준을 높였다. 예컨대 학술적인 글에는 many 대신 numerous가, say보다는 declare나 avow가, unfriendly보다는 hostile이나 belligerent가 적합하다. 또 진심으로 마음에 와 닿는 표현이 있으면 메모를 해 자신의 것으로 만들었다. "Nothing can cure the soul but the senses, just as nothing can cure the senses but the soul.(감각만이 영혼을 치료할 수 있다. 감각도 영혼으로만 치료할 수 있는 것처럼. -오스카 와일드)"처럼 절제된 멋진 문장이 있으면 기억해뒀다가 다음 에세이에서 꼭 활용했다."

(출처:https://qkqkqkqk.tistory.com/2982).

특성분야에서 전문용어(Jargons)를 사용하는 수된 이유는, 단지 전문지식에 관한 설명을 간소화하기 위한 것이다. 예를 들면, 우리가 수업시간에 "2개의 사물을 직접적으로 비교하여 표현하는 방법이다."라고 설명하지 않고, 왜 "직유법"이라는 용어를 사용하는가? 최소 언어능력 가설처럼, 서로가 공유하는 용어에 대한 배경지식이 있다면, 용어를 사용하여 간결한 의사소통을 할 수 있기 때문이다. 내가 영어교육 전문가들에게 "영어 독해능력을 완성하기 위해 'Parsing skills'이 필요하다는 견해가 있습니다."라고 주장하면, 영어교육 전문가들은 나의 주장을 쉽게 이해할 수 있을 것이다. 그러나 영어 교육이론, 특히 영어 독해 교육이론에 대한 배경지식이 없다면, "영어 독해능력을 완성하기 위해 **문장을 의미 단락으로 나눌 수 있는 능력인** 'Parsing skills'이 필요하다는 견해가 있습니다."라고 설명하면서 **"문장을 의미 단락으로 나눌 수 있는 능력인"**라는 추가내용과 함께 부연 설명할 필요가 있다는 것이다. 이런 이유로 내가 영어교육 관련 학술발표에 참여한다면 발표 내용을 쉽게 이해할 수 있겠지만, 보건 관련 학술발표에는 그렇지 못하다는 것은 분명하다. 이와 같이 학술목적의 의사소통에서 사용하는 전문용어는 의사소통을 효율적으로 진행하기 위한 것이며, 일반 사람들이 충분히 이해할 수 있도록 쉽게 설명할 수도 있는 것이다. 즉 전문용어에 대한 배경지식만 있다면, 학술 목적의 의사소통에도 성공적으로 참여할 수 있는 것이다. 앞서 소개한 것처럼 서로 공유하는 배경지식이 있기에 단지 두 개의 부호 "?" "!"만으로 아주 간결하게 의사소통이 가능하며, 전문용어(? 와 !)에 관한 배경지식이 있기에 이제 당신도 두 서신의 내용을 이해할 수 있는 것이다.

지금까지의 내용을 정리하자면, 생존 영어능력과 사교 영어능력 그리고 학술 영어능력 사이에는 전이 가능성이 있다. 우리의 일상생활에 필요한 의사소통 능력이 있다면, 우리는 충분히 자신의 사고를 자유롭게 표현하며 토론에 참여할 수 있고 발표를 할 수 있는 것이다. 우리가 학술 목적의 영어 의사소통능력을 완성하기가 어렵다고 생각하는 이유는, 우리의 영어 의사소통 능력이 부족하기보다는 단지 특정 학술분야 주제에 관한 지식(정보)이 충분하지 않기 때문이다. 따라서 특정 주제에 대한 토론이나 발표를 해야 한다면, 언어능력을 걱정하기 보다는 그 주제에 대한 충분한 지식과 정보가 있는지부터 우선 확인할 필요가 있다.

😊 책을 활용한 학술 영어능력 완성방법 ✏️

학술 목적의 의사소통을 진행하기 위해서는 의사소통 주제에 관한 지식과 정보가 필요하다고 하였다. 그리고 우리는 토론과 발표를 위해 필요한 지식과 정보를 다양한 방법으로 수집할 수 있다는 것을 잘 알고 있다. 수업 또는 강의에 참석하여 지식(정보)을 수집할 수 있고, 텔레비전 시청이나 오디오 청취를 통해 필요한 지식(정보)을 수집할 수도 있을 것이다. 인터넷을 이용하여 정보를 수집할 수 있고, 동영상을 이용하여 필요한 정보를 수집할 수도 있다. **중요한 것은 필요한 정보를 효율적으로 수집하는 방법을 이해하는 것이다.** 효율적인 수집방법은 **첫째, "목표 지향적 의사소통"과 같이 자신에게 필요한 정보를 수집하는 것이 가장 기본**적이다. "효과적인 영어 독해전략"에 관한 지식(정보)을 수집하는데, 동물의 왕국 프로그램을 시청하는 사람은 없을 것이다. "자동차 자동 항법 원리"에 관한 지식(정보)을 원하는 사람이 영어교육 서적을 읽지는 않을 것이다. **둘째, 접근이 용이하고 사용이 용이한 자료를 이용하는 것**이다. 인터넷 접속이 되지 않는 곳에서, 인터넷 동영상 자료를 고집하는 사람은 없을 것이다. 어두운 장소에서는 책보다는 오디오 장치를 이용하는 것이 자료를 수집하는 현명한 방법일 것이다. **마지막으로, 자신의 (언어)능력범위 내에서 활용할 수 있는 방법을 선택해야할 것**이다. 영어 듣기 능력이 부족하다면 CNN 뉴스 청취나 동영상 청취 방법보다는, 뛰어난 영문 독해 능력과 함께 서적(책, 신문, 또는 잡지)을 이용하는 것이 좀 더 현명한 방법이라고 확신한다.

세 개의 견해를 종합할 때, 한국의 영어학습자에게 가장 효율적인 지식(정보)수집 방법은 관련 서적(인터넷 읽기 자료 포함)을 활용하는 것이다. 영어가 외국어인 한국의 영어교육환경에서 영어 학습은 주로 책을 가지고 진행하기 때문이다. 이 교재의 독자 대부분도 구어활동(Oral language activity)보다는 책과 함께하는 문어활동(Written language activity)으로 주로 영어 학습을 하였을 것이다. 물론 필요할 때마다 TV 시청이나 인터넷 동영상(유튜브)을 보조교재로 활용하며 영어 학습을 하였다고 믿는다. 주로 책과 함께 영어 학습을 하는 한국의 영어 학습자들은, 필요한 정보를 수집할 때 책을 이용하는 것이 좀 더 익숙한 방법이다. 그리고 문어활동으로 주로 영어 학습을 하였기에,

구어능력보다는 문어능력이 훨씬 더 뛰어난 것이다. 실제로 한국의 영어 독해능력은 세계적 수준이며, 영어 말하기 능력은 하위권에 속해있다. 당신도 시청각 자료를 이용하여 필요한 정보를 수집하는 것보다, 책을 활용하여 정보를 수집하는데 더 익숙하고 훨씬 더 용이하다고 느낄 것이다. 다시 말해 CNN 뉴스 청취를 통해 정보를 수집하는 것보다, 신문을 통해 정보를 수집하는 것이 아마도 당신에게는 훨씬 더 익숙하고 편리한 방법이라는 것이다. 그러므로 **한국의 영어학습자가 토론과 발표를 통해 학술 영어능력을 더욱 발전시키고자 한다면, 책을 활용하는 영어 학습이 효과적이라 할 수 있다.**

책을 활용하여 지식(정보)을 수집하는 근본적인 이유는, 우리가 일상적으로 직접 경험하며 지식과 정보를 얻을 수 없기 때문이다. 직접 경험하여 완성할 수 있는 생존 영어능력 그리고 사교 영어능력보다 학술 영어능력 완성이 어렵게 느껴지는 것도 이런 이유 때문일 것이다. 아이의 부모가 모국어를 가르칠 때 책을 활용하는 이유도, 아이가 가정 밖 사회를 직접 경험할 수 없기에, 책을 통하여 사회를 간접적으로 경험하면서 모국어를 습득할 수 있도록 도와주기 위한 것이다. 미국에 체류하면서 미국문화를 직접 경험하지 않더라도, 우리는 책을 통해서 미국문화를 이해할 수 있다. 우리가 직접 경험하지 않은 우리나라 역사에 관한 지식을 얻을 수 있는 것도 책을 이용할 수 있기 때문이다. 이와 같이 학술적 토론과 발표에 필요한 지식(정보)을 수집하는데 책을 유용하게 활용할 수 있다는 사실에 우리들 모두는 동의할 것이다.

학술 토론과 발표에 필요한 지식(정보)을 수집할 수 있는 장점과 함께, 영어 학습에서 책을 활용하면 얻을 수 있는 또 다른 장점이 있다. **책은 영어능력 발달에 필요한 영어의 문법성을 보여준다. 영어능력 습득은 어휘를 조합하여 문장으로 의사소통 할 수 있는 능력**이라고 하였다. 문장을 완성하기 위해서는, 문장을 완성하는 규칙인 문법을 이해할 필요가 있다. 앞서 설명한 것처럼, 구어(Oral language)에서는 "I'm student."라는 비문법적 발화를 암묵적으로 용인하지만, 문어(Written language)에서는 허용하지 않는다. 영어 학습자는 책속에 있는 많은 문법적인 문장을 모방하면서 자연스럽게 어휘력과 표현력을 발전시킬 수 있는 것이다. 우리가 책을 많이 읽는 이유 중 하나는 어휘와 표현력을 풍부하게 발달시키기 위한 것이며, 독서를 즐기는 사람은 풍부한 어휘와 표현력을 발전시킬 수 있다고 우리는 믿고 있다. 또한 많은 문법적인 문장을 경험하면서 자연스럽게 문법능력도 발전시킬 수 있다. 문법능력은 유한의 규칙으로 무한의 문장을 만들 수 있는 능력이라고 세계적인 언어학자 노엄 촘스키(Noam Chomsky)는 주장하였다(Parker & Riley, 2005). 즉, 문법능력은 언어의 창의력을 향상시키며, 언어능력 습득을 가속시킬 수 있다. 또한 문법능력은 구어활동을 통해 학습한 비문법적 언어능력이 고착화(Fossilization)되는 것을 최소화할 수 있어, 더욱 세련된 언어를 구사할 수 있도록 도와준다(Lightbown & Spada, 2008). 이와 같은 견해를 뒷받침할 수 있는 좋은 사례는 고 김대중 대통령의 자서전에서 찾아볼 수 있다. 48세에 영어를 시작하여 뛰어난 영어실력을 갖춘 고 김대중 대통령도 주로 책과 함께 영어 학습을 하였고, 영어능력에서 문법능력의 중요성을 아래와 같이 확인할 수 있다.

"76년과 80년에, 두 번에 걸쳐서 있었던 5년간의 옥중 생활은 영어 실력을 쌓는 결정적인 계기가 되었습니다. 나는 옥중에서 많은 책을 읽었고, 또 본격적인 영어 공부를 시작하기도 했습니다. '삼위일체'라는 영어책을 비롯하여 여러 권의 영문법 책을 되풀이해서 읽었습니다. 그 결과 상당한 문법실력을 갖추게 되었습니다. 그런데 흑자들은 문법을 아무리 잘한들 무슨 소용이 있느냐고 합니다. 불본 회화를 못 하는 문법이라면 틀린 말은 아닙니다. 그러나 회화를 유창하게 잘 하는 것도 중요하지만 거기에 문법에 맞는 영어를 구사한다면 금상첨화입니다. 나의 경우 회화는 그렇게 유창하지 못 하지만, 문법 공부를 제대로 한 결과 외국인들도 나의 영어를 높이 평가하는 것 같습니다. 미국 사람들은 문법에 약합니다. 뒤에 알게 된 이야기지만, 그들 앞에서 문법에 맞는 영어를 구사하면 그 사람의 '품위'까지 올라간다는 겁니다."

출처: https://greatksh.tistory.com/1940

영어 학습에서 책의 역할의 중요성을 강조하는 것은 영어교육 전문가도 마찬가지이다. 유명한 영어교육학자인 크라센(Krashen)은 언어습득에서 이해 가능한 언어자료(Comprehensible input)를 강조하였다. 크라센은 언어습득을 위해 언어자료를 장기기억으로 받아들여야(Intake)하는데, 이때 언어긴장감(Language anxiety)의 부정적인 영향이 없어야한다고 주장하였다. **영어 학습에 책을 활용한다면, 언어긴장감의 부정적인 영향을 최소화할 수 있어 언어습득의 가능성을 높일 수 있다는 것이 크라센의 주된 견해이다.** 크라센(Krashen, 1998)은 이해 가능한 언어자료가 풍부한 책을 읽는 것만으로도 충분히 언어습득이 가능하다고 주장하였다. 아래의 내용은 한국의 한 신문기자와의 인터뷰에서 크라센이 주장한, 영어습득을 위한 영어 학습에서 영어 책읽기의 중요성을 강조한 내용이다. "왜 책 읽기가 중요한가?"라는 기자의 질문에 크라센은 다음과 같이 주장하였다. 크라센의 주장에 따르면, 지식과 정보를 필요로 하는 학술 영어능력을 완성하기 위해 책 읽기가 아주 효율적이라는 것을 알 수 있다.

> "언어는 '학습(studying)'을 통해 '습득(acquisition)'하는 게 아니다. 문법을 배우고 단어를 외우며 고통스럽게 노력할 필요가 없다. 남이 말하는 것과 자신이 읽은 걸 이해하는 게 언어 습득이다. 이를 위해서는 언어 입력이 필요한데, 45년간 연구한 결과 책 읽기가 가장 효과적인 언어 입력 수단이었다. 모국어든 외국어든 많이 읽을수록 더 잘 쓰고 어휘력이 풍부해지며 문법도 잘한다. 지식을 쌓고 세상을 보는 시야를 넓히는 데에도 도움이 된다. 이때 중요한 건 읽고 싶은 걸 읽어야 하며, 책 읽기가 즐거워야 한다는 점이다."

(출처 http://www.donga.com/news/article/all/20180523/90212158/1)

영어 습득을 위해 책을 활용하는 것이 이렇게 유용하다면, 왜 많은 사람들은 영어 학습을 위해 기꺼이 책을 선택하지 않는 것인가? **첫 번째 이유는 우리의 고정관념 때문**일지도 모르겠다. 우리는 한국어 말하기 의사소통능력을 발전시키고자 하는 외국인에게, "책을 꾸준히 읽으세요! 그러면 한국어 말하기 능력이 자연스럽게 향상됩니다."라고 권유하지는 않을 것이다, 대신 한국 사람과 자주 대화할 수 있는 기회를 가지라고 할 것이다. 또한 한국어 읽기 능력을 향상시키고자 하는 외국인에게, 기회 있을 때마다 거리로 나가 한국 사람과 한국말로 대화하라고 권유하지 않을 것이다. 그보다는 책을 많이 읽으라고 권유할 것이다. 한국어 글쓰기 능력을 향상시키고자 하는 외국인에게 뉴스를 열심히 청취하라고 권유하지 않을 것이다. 어떤 학습이든 자신이 직접 경험하며 배우는 것이 가장 효과적인 학습이라는 것을 알고 있기에, 말하기 능력을 위해서는 말하기 활동을, 읽기 능력을 위해서는 읽기 활동을 권유하는 것이다.

그러나 우리가 직접 경험할 수 없는 활동이라면 어떻게 경험하며 학습하겠는가? **한국에서 아랍어를 배워야만 하는 친구에게 거리로 나가 아랍어로 대화할 수 있는 기회를 자주 경험하라고 하지는 않을 것**이다. 대신 아랍어 대화를 직접 경험할 수 없기에, 책이나 동영상 강의를 통해 의사소통을 간접적으로 경험하며 아랍어 능력을 발전시키라고 권유할 것이다. 직접 경험하며 얻을 수 없다면, 우리는 간접 경험이라는 대안으로 학습하면서 필요한 지식 또는 능력을 완성하는 것이다. 글을 읽을 수 없는 사람이 편지를 대신 읽어 달라고 하는 이유도, 읽는 능력 대신에 듣는 능력으로 원하는 정보를 확인하고자 하는 것이다. 영어듣기가 안되면 자막을 읽으며 내용을 이해하려는 노력도 같은 이유일 것이다. 같은 맥락으로, 아이가 직접 의사소통 하면서 말하기 능력을 발전시킬 수 없다는 것을 알고 있기에, 아이 부모는 아이를 사회에 내보내어 직접 의사소통하면서 말하기 능력을 발전시키려하지는 않을 것이다. 가정에서 책을 이용하여 사회를 간접적으로 경험하며 말하기 능력을 발전시킬 수 있다는 것을 잘 알고 있기 때문이다. 예를 들어, "사자" "기린" "원숭이"를 직접 보고 경험하며 배울 수도 있지만, 책속의 동물들 사진(그림)을 보면서 배울 수 있다는 것을 아이의 부모는 잘 알고 있다는 것이다. 모국어를 가르치기 위해 책을 활용하는 것은 한국의 부모뿐만 아니라 영어권 국가의 부모들도 영어그림책을 이용하여 같은 방식으로 영어를 가르친다.

영어 말하기 능력 완성을 위해 책을 선택하지 않는 **또 다른 이유는, 언어전이 가능성에 대한 확신이 없기 때문**이다. 앞서 통합식 언어교육에서도 설명하였지만, 의사소통 상황에서는 말하기나 듣기 등 하나의 언어능력만이 사용되는 것이 아니다. 상대방의 말을 듣고만 있는 사람도 있지만, (강의)내용을 듣고 종이에 적는 사람도 있을 것이다. 앞서 종합적인 언어활동의 예로 계약서 작성을 예로 들었다. **계약서를 작성할 때 어떠한 계약 조항을 포함해야 할지를 논의하는 과정에 말하기와 듣기를 포함하고, 합의된 내용을 계약서에 적은 다음에 합의된 사항을 다시 한 번 읽고 계약서에 서명한다면, 계약서 작성과정에 말하기, 듣기, 쓰기, 그리고 읽기의 모든 언어활동이 포함되었다**고 하였다. 화자의 말을 듣고 이해하였다면 듣기 능력이고, 화자의 말을 글로 받아 적고 이해하였다면 듣기능력뿐만 아니라 글쓰기 능력과 읽기능력이 되는 것이다. 즉 하나의 언어능력이 다른 언어능력으로 전이(Intralingual transfer)될 수 있는 것이다. 이해를 위해 앞서 제시한 예를 다시 한 번 확인하자면, 글을 읽지 못하는 노인에게 편지를 읽어준다면 이것은 듣기 활동이 되는 것인가? 아니면 읽기 활동이 되는 것인가? 편지를 읽은 사람은 말하기 활동인가? 아니면 읽기 활동인가? 같은 어휘와 문법을 공유하는 말하기, 듣기, 읽기 그리고 쓰기능력 사이에 언어전이 현상은 당연한 것이라고 할 수 있다.

언어전이 현상은 모국어와 외국어 모두에서 발생하는데, 그 방향은 다르다고 할 수 있다. 모국어는 음성언어(Oral language)부터 시작하기에 음성언어 능력이 문자언어 능력으로 전이가 되며, 외국어는 문자언어(Written language)부터 시작하기에 문자언어 능력이 음성언어 능력으로 전이된다. 내가 초등학교에서 단어 "아버지"를 처음으로 배웠을 때, 단어 "아버지"의 뜻이 무엇인지 확인할 필요도 없었으며 단어의 뜻을 기억하기 위해 반복학습을 할 필요도 없었다. 문자 "아버지"를 배우기 전에, 이미 난 구어활동을 통해 단어의 의미를 알고 있었기 때문이다. 그러나 영어단어 "Father"를 기억하기 위해 종이에 여러 번 써가면서 외웠던 기억이 있다. 읽기 위해 영어단어 "Father"를 배웠고, "Father"라는 단어를 읽고 쓸 수 있을 때 그 단어를 이용하여 말하기를 할 수 있었다. 이와 같이 **모국어는 구어활동을 먼저 시작하였기에, 구어능력이 문어능력으로 전이되는 것이고, 반대로 외국어는 구어활동보다는 문어활동을 먼저 시작하였기에 문어능력이 구어능력으로**

전이되는 것이다("In L1, orality leads to literacy, while in L2, literacy leads to and improve orality." Shrum & Glisan, 1994, p. 113). 따라서 영어 구어활동이 제한된 한국의 영어 학습 상황에서, 책을 활용하여 학술 영어능력을 발전시키고 완성하는 학습방법을 선택하는 것이 효율적일 수 있다는 것이다.

영어가 외국어인 한국의 영어 학습 환경에서 책을 이용하여 영어 말하기 능력을 성공적으로 완성한 영어학습자들이 있다. 2009년 문헌조사 연구방법(Archival Research Method)을 이용한 나의 2009년 연구에서 확인한 50명의 성공적인 영어학습자들은, 한국의 영어 학습 환경에서 책을 활용해 영어 말하기 의사소통 능력을 어떻게 완성할 수 있는지를 잘 보여준다. **이들의 영어 학습 특징을 이해한다면, 영어책을 이용하여 좀 더 효율적으로 영어 말하기 능력을 완성할 수 있을 것**이다. 다시 한 번 강조하자면, 영어 교육의 한 분야는 성공적인 영어 학습자의 특징을 이해하고 그들의 특징을 영어교육에 활용하여 영어학습자가 영어능력을 좀 더 성공적으로 완성할 수 있도록 도와주는 것이다. 문헌조사 연구방법으로 확인한 **50명 중 37명은 영어권 국가를 경험한 적이 없는, 순수하게 한국에서 성공적으로 영어 의사소통 능력을 완성하였다. 50명 중 4명은 1개월 이하로, 그리고 9명은 1년 미만 영어권 국가에 체류한 경험이 있는 영어 학습자이다.** 책을 활용하여 영어 구어의사소통을 성공적으로 습득하였다는 공통된 특징이외에, 나는 50명의 영어 학습자들에게 어떠한 공통적인 특징이 있는지 살펴보았다.

● **영어 읽기 활동에 음성을 도입한다**

이들 학습자들에서 나타난 **첫 번째 공통적인 특징은 읽기활동에 음성을 도입하였다**는 것이다. 대표적인 사례는 "정섭"이라는 한 성인 영어 학습자의 학습방법이다. 이 성공적인 영어학습자의 영어 학습방법을 요약하면 아래와 같다.

"10m 앞에 있는 사람에게 들릴 정도로 큰 목소리로 박자 맞춰 영어책 읽기를 시작했다고 한다. 얼마나 열심히 큰 소리로 영어책을 읽었는지 목이 아파 날마다 1.5리터짜리 물 두 병씩을 비워야했다고. 지루하지 않은 책을 골라야 한다는 말에 영어 성경을 읽기 시작했는데, 두 달을 그렇게 반복하고 나자 '영어가 이런 것이구나.'라는 감각이 몸으로 느껴졌다고 한다. 두 달이 지난 뒤 어느 날 교회 목사님이 영어 설교를 해달라고 하시더라고요. 과연 내가 쓸 수 있을까 미심쩍어하며 책상에 앉아 영어 문장을 쓰기 시작했는데, 놀랍게도 앉은 자리에서 A4 용지 10장이 채워지는 겁니다. 저도 모르는 새 제 안에 영어가 들어와 있었던 거에요. 정씨는 '**읽기 연습을 반복적으로 하면 말이 입에서 나오기 시작하고 듣기와 쓰기도 저절로 된다**'며 '**자기가 할 줄 아는 말을 못 알아듣는 사람은 없고, 입에서 나오는 말을 그대로 쓰면 그게 작문이 되는 것**'이라고 설명하였다. 자신의 영어 교육법에 확신을 얻게 된 그는 혜린이가 초등학교 6학년이 됐을 때 학원을 그만두게 하고 직접 영어를 가르치기 시작했다고 한다. **그가 사용한 방법은 매일 중학교 영어 교과서를 읽도록 하는 것**. 혜린이는 6학년 겨울방학 내내 중학교 1학년 교과서를 읽었고, 1학년이 된 지금은 2학년 교과서를 큰 소리로 읽고 있다고 한다."(송화선, 오진영, 그리고 조영철, 2008, 4월 9일)

첫 사례에서 학습자는 **영어 읽기에 음성을 도입하였고 영어의 리듬을 이해하려는 노력**을 기울였다고 볼 수 있다. 이는 책을 활용한 영어 학습에서 대화의 의미를 결정하는 모든 언어적 요소(운율자질: 발음, 억양, 강세, 운율, 지속, 멈춤)를 포함하려는 노력이라고 할 수 있다. 또 다른 특징은, "목표 지향적 의사소통"에 따라, 자신이 관심 있는 책 그리고 영어 설교라는 목표에 맞는 책을 활용하였다는 사실이다. 뿐만 아니라 학습자는 한 번의 읽기로 끝낸 것이 아니라, 선택한 책을 **반복적으로 읽었다는 사실을 주목할 필요**가 있다. 영어능력 완성을 위해, 언어자료(Input)가 필요하며 그 언어자료를 장기기억으로 저장(Intake)할 필요하다. 그리고 그 장기기억 속에 있는 언어자료를 의사소통에 따라 필요한 자료를 꺼내어(Retrieve) 생산(Output)할 수 있을 때, 영어능력을 완성할 수 있다는 사실을 학습자는 아주 잘 이해하고 있다고 할 수 있다. 한 번의 읽기라면, 영어 학습이 이해(Comprehension)만으로 끝났을 것이다. 이 교재에서 좀 더 자세하게 설명하겠지만, 언어습득을 위해서는 언어자료가 필요하며, 수집한 언어자료를 장기기억 속에 저장하고, 저장된 자료를 꺼내어 생산할 수 있어야 한다는 언어습득 모델이 있다. 마지막으로, 더욱 중요한 것은 학습자가 말하기와 글쓰기 사이의 언어 전이(Intralingual transfer)를 믿고

실제로 활용하였다는 사실도 주목할 필요가 있다.

    나의 연구에서는 5명의 사례를 추가로 소개하였는데, 이 중 두 명의 사례를 좀 더 살펴보자. 첫 번째 사례는, 미국 부모들처럼 아이에게 책을 읽어 주었다는 사실이다. 영어 말하기 의사소통 능력 발달을 위해서는, 영어의 운율자질(Prosodic features)을 이해할 필요가 있다는 사실을 아이의 어머니는 잘 이해하고 있었던 것이다. 또한 앞서 소개한 성인 영어학습자의 영어 학습 방법처럼, 한 번의 읽기로 끝나는 것이 아니라 책을 여러 번 반복적으로 읽으면서 책 속의 언어자료(Input)를 자연스럽게 장기 기억 속으로 저장(Intake)하려는 노력을 기울였다는 것이다. 또한 중요한 것은, 책을 선택할 때 자신이 관심 있는 책을 선택하는 것도 중요하지만, 자신의 영어능력에 맞는 책을 선택하는 것도 중요하다. 동화책은 시각적 도움(Visual aids)을 줄 수 있어, 어린이 학습자가 책의 내용을 쉽게 이해할 수 있다. 성인이라고 하더라도 자신의 영어 능력에 따라 시각적 도움을 포함한 책을 선택할 필요가 있고, 또는 초등학교 교재 아니면 중등과정의 교재를 선택하여 활용할 필요도 있는 것이다. 중요한 것은 **자신이 선택한 책의 내용을 자신이 이해할 수 있는 언어자료(Comprehensible input)가 될 수 있느냐**는 것이다. 어떠한 학습목적 없이 책을 선택하는 것도 문제일 수 있지만, 자신이 이해할 수 없는 책을 선택하는 것도 비효율적인 학습의 원인이 될 수 있는 것이다. 그리고 앞서 소개한 성인학습자처럼, 이 **어린이 학습자도 언어전이를 이해하고, 읽기 자료에 음성을 도입하면 말하기가 될 수 있다는 언어전이 가능성을 영어 학습에 잘 활용하였다**고 볼 수 있다.

    "이혜진양이 다섯 살 되던 무렵부터는 아이가 잠들 때까지 **침대 옆에 앉아 영어 동화책도 읽어줬다. 전체 분량이 10쪽 내외인 얇고 쉬운 책을 여러 번 반복해 읽어 주니 혜진양은 자신도 모르는 새 동화 내용을 외워, 나중에 (엄마인) 전씨가 읽기 시작하면 누운 채 따라 중얼거리곤 했다고 한다.**" (송화선, 2007년 6월 12일)

　　어린이 학습자의 또 다른 사례는 아래와 같다. 진시화학생의 **책을 활용한 영어 학습방법의 중요한 특징은 언어능력사이의 전이가능성을 적극 활용하였다는 사실**이다. 우리가 편지를 읽으면 읽기가 되는 것이고, 편지를 상대방에게 읽어주면 말하기가 되는 것이며, 읽어주는 편지의 내용을 듣고 있으면 듣기 활동이 되는 것이라고 하였다. 이와 같이 영어 의사소통 상황에서 말하기와 듣기활동뿐만 아니라, 경우에 따라서는 읽기와 쓰기활동도 포함되기 때문에 언어전이 가능성에 바탕을 둔 영어 학습이 중요한 것이다. 앞서 설명했듯이, "Do you know this song?"라는 문장은 읽을 수 있지만, 이 문장을 말하기 의사소통 상황에서 사용하지 못하는 이유는, 어쩌면 한 언어능력이 다른 언어능력으로 전이될 수 있다는 사실을 이해하지 못한 체 영어 학습을 진행하기 때문일 수 있다. 진시화학생의 학습방법을 정리하면, 읽어 준 편지를 듣듯이 이야기를 먼저 듣고(테이프 청취) 따라하며(말하기), 책의 내용을 이해(읽기)하였다는 것이다. 음성언어와 문자언어사이의 언어전이 가능성을 활용하였을 뿐만 아니라, 언어능력사이에서의 전이 가능성도 아주 잘 활용하였다고 볼 수 있다. 주목해야 할 또 다른 특징은, 학습내용이 이해 가능한 언어자료라는 사실이다.

> "(진시화학생에게) 스토리북 테이프를 수시로 듣게 했어요. 잠들기 전에도 틀어 줬더니 서서히 문장들을 따라 하더군요. 원어민의 대화속도가 상당히 느려 내용을 이해하는데 도움이 된 것 같아요. 그때부터 **책을 보면서 테이프를 들었는데 얼마 지나지 않아 하고 싶은 말을 영어로 하더라고요.**" (신상윤, 2008년 2월 12일)

지금까지 **책을 활용하여 영어 말하기 능력을 성공적으로 완성한 영어 학습자의 첫 번째 특징을 확인**하였다. 세 사례 모두에서 나타난 공통된 특징은, **영어 읽기 활동에 영어 음성을 도입**하였다는 것이다. 읽기 활동만으로 영어 말하기 의사소통을 발전시킬 수 없는 주된 이유 중 하나는, 음성이 배제된 읽기활동에는 의미를 결정짓는 운율자질(Prosodic features)이 포함되지 않았기 때문이다. 미국 학부모들이 책을 읽어 줄 때 운율자질들을 좀 더 과장되게 표현하여, 자녀들이 운율특질을 쉽게 이해하고 습득할 수 있도록 도와주는 이유도, 의미전달이라는 기본적인 기능을 가진 **영어 말하기 의사소통에서 운율자질 이해능력이 중요하다**는 사실을 잘 알고 있기 때문이다(Dowhower, 1991). 중요한 것은 읽기 활동에 음성(운율자질)을 도입함으로써, 읽기 활동이 말하기 활동이 될 수 있으며 듣기 활동도 될 수 있다는 사실을, 영어 학습자는 경험하며 스스로 깨달을 수 있다는 것이다. 다시 말해, 읽기 활동에 음성을 도입함으로써 통합식 영어 학습이 될 수 있다는 것을 학습자는 이해할 수 있다는 것이다. 영어 말하기 의사소통 능력 완성을 위해 영어 학습은 통합식 학습이 되어야한다고 하였다. 말하기 의사소통은 말하기 활동뿐만 아니라 듣기활동 그리고 상황에 따라서 쓰기와 읽기활동도 포함하기 때문이다. 또한 **통합식 영어 학습을 하면서, 학습자들은 4개의 언어능력 사이에 언어전이 가능성을 자연스럽게 이해할 수 있고, 언어전이 가능성을 활용하여 영어 말하기 능력을 효율적으로 발전시킬 수 있는 것이다**. 따라서 **책을 이용하여 영어 말하기 의사소통능력을 발전시키고자 한다면, 영어 학습자는 영어 읽기 활동에 영어 음성을 반드시 도입할 필요**가 있다.

- **언어자료(Intake)를 장기 기억 속에 저장(Intake)하려는 노력을 기울인다**

50명의 성공적인 영어학습자의 또 다른 특징은, 읽기활동을 통해서 **수집한 언어자료를 장기 기억 속에 저장하려는 노력을 기울였다**는 것이다. 앞서 소개한 세 명의 학습자 사례들에서 공통적으로 나타난 특징은 책을 한 번만 읽은 **것이 아니고, 여러 번 반복적으로 읽었다는 것이다**. 영어 습득을 위해서 언어자료가 필요하며, 수집한 언어자료를 장기 기억 속에 저장할 수 있어야한다는 것을 학습자들은 잘 이해하고 있었던 것이다. 영어습득 과정을 설명한 세 주요 학파들 모두 언어습득을 위해 언어자료를 장기 기억 속으로 저장하려는 노력의 중요성을 강조하였다. 언어습득을 위해 습관주의 학파들은 반복적인 학습을 통한 언어자료 암기(Memorization)의 중요성을 강조하였다. 인지주의 학파들(Cognitivists)은 언어자료가 언어습득 장치를 활성화하고, 활성화된 언어습득 장치가 새로운 언어지식을 기존의 지식과 관련지어 장기 기억 속으로 내재화(Internalization)할 때 언어습득이 발생하는 것이라고 하였다(Lightbown & Spada, 2008). 언어자료를 내재화하는 과정에서 언어긴장감의 부정적 영향이 없어야하며, 이러한 이유 때문에 크라센(Krashen: 1998)은 언어습득을 위한 언어자료 내재화를 위해 읽기 활동을 강조한 것이다.

한편, 사회주의언어 학파들(Sociolinguists)은 언어사용 상황 속에서 언어사용을 자주 경험함으로써 언어사용의 자동화(Automatization)를 강조하였다(Donato, 1994). 언어사용을 자동차 운전연습과 비교하여 설명하자면, 낯선 곳을 처음 운전할 때는 많은 의식(Attention/Consciousness)이 필요하지만, 자주 운전하면서 점차 자동적인 활동이 되어 필요로 하는 의식이 점차 줄어든다는 것이다. 예를 들면, 우리가 낯선 곳을 처음으로 운전할 때는, 신호등, 이정표, 도로 사정, 교통량 등등 모든 정보에 낯설어, 자동차 운전에 엄청난 주의집중을 하게 된다. **그 낯선 곳에서 반복적으로 운전을 경험하면, 그래서 도로위의 신호등, 이정표, 도로 사정, 교통량 정보 등에 점점 익숙해지면, 우리의 운전에 대한 주의집중은 점점 느슨해질 것**이다. 즉 낯선 곳에서의 첫 운전은 많은 주의집중(Attention/Consciousness)이 필요하지만, **반복적으로 경험한 운전은 습관적인 운전이 되며, 의식적인 운전보다는 잠재의식적인 운전이 된다. 따라서 반복적으로 자주 경험하는 의식적인 언어학습은 잠재의식적인 언어습득으로 전환(Automatization)될 수 있다는 것**이다. 당신도 영어를 처음 배울 때 "How are you?"라는 질문에 대답할 때는 많은 의식이 필요하였고, 자주 경험한 지금은 거의 무의식(잠재의식)적으로 대답할 수 있는 것이다.

위와 같이 언어습득 과정을 설명하는 주요 **세 학파들 모두 언어습득을 위해서 반복적 학습(경험)의 필요성과 중요성을 강조하였다.** 언어습득을 위해 언어학습자는 반복학습(경험)을 통해서 언어자료를 내재화(장기 기억 속으로의 저장)할 필요가 있다는

것이다. 이와 관련하여, 나의 연구에서 소개한 성공적인 영어 학습자들은 어떠한 방법으로 언어자료를 내재화하였는지, 여러 사례들 중 3개의 학습사례로 확인해보자.

> "이윤수양의 동영상 MP3에는 <해리포터> 시리즈, <하이스쿨 뮤지컬> 등 영어권 영화와 드라마가 여럿 저장돼 있는데 **수십 번 반복해 보며 주요 대사는 통째로 외워버렸다. 영어 동화책 20권은 토씨하나 틀리지 않고 전체 줄거리를 암기했다.**"
>
> (연합뉴스, 2008년 7월 4일)

이윤수학생도 문어 활동(대사외우기)에 구어 활동(드라마 듣기)을 결합시켰다. 통합식 영어 학습을 한 것이다. 언어자료를 내재화하기 위한 노력으로, 이윤수학생은 영화와 드라마를 수십 번 반복해 들으며 주요 대사는 통째로 외웠다. 책을 활용한 영어 학습에서는 언어자료를 내재화하려는 노력으로 동화책 전체 줄거리를 암기하였다. 앞서 주장했듯이, 의사소통 상황이 배제된 문장 암기만으로 의사소통 능력을 완성할 수 없다고 하였다. 언어학습은 상황을 포함하고 "목표 지향적"이어야 한다. 상황을 포함하고 목표 지향적인 책을 이용한 이윤수학생의 영어 학습은 효율적이라고 할 수 있다. 이윤수학생은 상황이 포함된 영화와 드라마를 시청하면서, 자신의 영어 학습에 필요한 표현들(주요 대사)을, 내재화하려는 노력으로, 주요 대사(표현)를 통째로 외웠다고 하였다. 또한 의사소통 상황이 포함된 동화책을 선택하였다는 사실에 주목할 필요가 있다. 전체 줄거리를 암기했다는 사실도, 단순히 문장만을 암기하였다기보다는 책 속의 상황을 이해하며 문장을 내재화하였다고 볼 수 있다.

이윤수학생처럼 아래의 이건주학생도 영어 읽기활동에 영어 음성(테이프)을 도입하였다. 테이프를 들으며, 주인공의 발음과 억양을 신경 쓰며 읽었다는 사실이 흥미롭다. 언어전이 가능성을 인정하고, 읽기 활동을 통해 말하기 능력 발전을 의도했을 것이라 생각된다. 또한 한 번의 읽기로 끝내기 보다는 **여러 번 반복적으로 읽음으로써, 책의 내용을 내재화하려는 노력을 기울였다**는 사실도 주목할 필요가 있다. 다른 학습자들과 비교되는 학습 특징은, 책을 읽기 전에 책의 내용을 미리 짐작해보는 능동적 읽기

활동(Active reading)을 하였다는 것이다. 자신이 주인공이 된 것처럼 발음과 억양까지 신경 썼다는 내용은, 책의 내용을 수동적으로 암기하였다기보다는 책 속의 내용 상황을 이해하고 의사소통상황 속에서 책의 내용을 이해하려는 노력이었다고 유추할 수 있다. 이건주학생의 이러한 학습방법 특징을 기억할 필요가 있다.

> "이건주 양은 먼저 테이프를 2, 3번 들으며 책의 내용을 미리 짐작해보고 본격적으로 소리 내어 읽기 시작한다. 특히 주인공들 사이의 대화는 자신이 직접 주인공이 된 것처럼 발음과 억양까지 신경 쓰며 읽는다. 테이프와 똑같이 5, 6번 들으며 따라 읽다 보면 주인공이 했던 대사들이 입에서 술술 나오기 시작한다." (이혜진, 2008, 6월 3일)

마지막으로, 아래 소개한 김찬근학생도 책 속의 언어자료를 내재화하려는 노력으로 책을 여러 번 반복해서 읽었다는 것을 확인할 수 있다. 상황을 이해하고 자신이 관심 있는 표현들을 중점적으로 확인하였다는 사실은 "목표 지향적 영어 학습"을 진행하였다고 볼 수 있다. 목표 지향적 영어 학습에 따라, 책을 읽으면서 **자신이 관심 있는 또는 필요한 표현들을 집중적으로 수집하여 내재화한다면, 모든 문장을 아무 목적 없이 수동적으로 암기하는 영어 학습보다 훨씬 더 효율적일 것**이다. 나의 영어 학습 경험에서도, "매를 벌어요.(You're cruising for a bruising.)"라는 표현은 미국 친구와의 대화를 통해 배웠지만, "엄마 말을 들으면 자다가도 떡이 생겨요.(It always pays to follow my mother's advice.)"라는 표현은 책을 읽는 중에 내가 관심 있어 선택적으로 기억한 유용한 영어 표현이다. 김찬근학생처럼 영어책 읽기 활동에 음성을 도입하여, 반복적으로 읽음으로써 영어 자료를 내재화한다면, 영어 말하기 의사소통을 완성할 수 있는 가능성은 분명 높아질 것이다.

> "김찬근학생은 3-4번째 읽을 땐 큰 사건이 터지는 부분이나 웃음을 자아내는 상황, 사건의 발생을 암시하는 대목 등만 읽는다. 또 맛깔 나는 말투나 멋있는 표현만 골라본다. **이는 같은 소설을 반복해 읽을 때 느끼는 지루함과 싫증을 막기 위한 나름의 노하우다. 이렇게 읽은 소설이 400여권, 모두 3번 이상 읽은 것들이다.**"
>
> (출처: https://blog.naver.com/ceschoi/100049323460)

　지금까지 확인한 세 사례에서 학습자들 모두 **읽기 활동에 영어 음성을 도입하여 영어 말하기 의사소통 능력을 발전시켰다는 특징**과 함께, 한 번의 학습으로 그치지 않고 **여러 번 반복하여 책 속의 언어자료를 내재화하려는 노력을 보여주었다**. 읽기 활동에 음성을 도입하고 반복적으로 읽다보니 자신도 모르게 영어 말하기 말문이 트였다는 영어 학습자들의 학습결과에 주목할 필요가 있다. **언어습득을 위해 언어자료를 내재화할 필요가 있다**는 사실을, 세 사례의 영어 학습자들의 영어 학습방법이 확인시켜 준 것이라 할 수 있다. 정보와 지식 수집을 위해 다양한 책을 읽는 것은 중요하다. 그리고 영어 듣기능력향상을 위해 다양한 책을 읽고 다양한 표현을 경험하는 것은 중요하다. 그러나 영어 능력 향상을 위해 언어자료를 내재화해야만 한다면, 자신의 흥미를 끌 수 있고 영어 학습 목적에 맞는 제한된 수의 영어책을 반복적으로 읽는 것도 생각해 볼 필요가 있다. 예를 들면, 영어교수법에 관련된 학술 영어능력을 발전시키고자 한다면, "자동차 항법 원리"에 관한 책 보다는 "영어 교수법" 관련 책이 훨씬 더 현명한 선택이다. 또한 "영어 교수법"에 관련된 지식과 정보를 확장하기 위해서는 다양한 교재를 읽는 것이 필요하지만, 학술 목적의 영어 말하기 능력을 위한 어휘 또는 표현을 위해 한 두 권의 교재를 반복적으로 소리 내어 읽는 것도 현명한 선택이라고 할 수 있다.

● 영어의 수용적 기술과 생산적 기술을 결합해야 한다

읽기학습에 음성을 도입하고 언어자료를 내재화하려는 노력을 기울였다는 특징과 함께, 나의 연구에서 분석한 50명의 성공적인 영어 학습자들에게서 발견된 **또 다른 특징은 수용적(receptive) 학습활동과 생산적(productive) 학습활동을 결합시켰다**는 것이다. 영어교육에서 읽기와 듣기는 언어자료를 받아들이는 수용적 학습활동이라 하며, 말하기와 쓰기는 언어자료를 생산하는 생산적 학습활동이라 한다. 통합식 영어 학습에서도 설명하였지만, 영어 말하기 의사소통에서 상대방 화자의 발화를 듣고만 있는 것이 아니며, 자신도 말할 필요가 있다고 하였다. 그리고 의사소통 상황에 따라서 읽기활동과 쓰기활동도 필요하다고 하였다. 읽기 또는 듣기활동을 통해서 많은 언어자료를 수집하고 내재화(수용)하였다 하더라도, 기억 속에 저장된 언어자료를 의사소통 상황에서 다시 꺼내어(Retrieve), 발화(생산)할 수 있어야 말하기 의사소통에 참여할 수 있는 것이다. 따라서 영어 말하기 의사소통 능력 완성을 위해, 저장된 언어자료를 생산하여 활용할 수 있는 영어 학습을 수행할 필요가 있는 것이다. 아래는 나의 연구에서 "수용적 영어 학습 활동과 생산적 영어 학습 활동을 결합"한 6개의 사례 중 3개의 학습사례를 통해, 성공적인 영어학습자의 영어 학습 특징을 확인하겠다.

첫 번째 사례에서, 이건주학생은 통합식 영어 학습을 하였다는 특징이 있다. **듣기와 읽기 활동을 통해 언어자료를 수집하여 기억 속에 저장하고, 말하기 활동을 하면서 영어 말하기 의사소통 능력을 완성하였다**는 특징이 있다. 언어자료를 수집하고 내재화한 후 생산적 영어 학습활동이 필요한 이유는, 언어자료를 장기 기억 속에 확실하게 내재화하였는지 확인하는 수단이 될 수 있기 때문이다. 영어발달단계에서 학습자가 읽기 구문을 읽고 이해하였다 하더라도, 실제로는 개별 단어 또는 개별 문장을 이해하였을 뿐 전체 내용을 이해하지 못할 수가 있다. 당신도 실제로 이러한 현상을 확인할 수 있다. 한 두 페이지 분량의 영문을 읽은 후에, 모국어이든 영어이든 그 내용에 대해 이야기할 수 있는지를 확인하는 것이다. 이러한 학습 활동은 영어 교육에서는 이야기 다시 말하기(Story retelling)라고 한다.

두 번째 사례의 한동진학생도 통합식 영어 학습을 하였다는 것을 우리는 알 수 있다. 한동진학생이 선택한 영어 학습방법은 읽기와 말하기를 통합한 영어 학습이다. 1년이 채 지나지도 않은 짧은 기간 동안 빠르게 영어 말하기 능력을 발전시켰다는 사실에 주목할 필요가 있다. 그리고 앞서 언급했듯이 토론을 위해서는 토론 주제에 관련된 (배경)지식과 정보가 필요하며, 한동진학생은 토론에 필요한 (배경)지식과 정보를 위해 많은 영어 서적을 활용했다는 사실도 주목할 필요가 있다. 정리하자면, 한동진학생은 책을 읽고 책의 내용을 이야기하고 토론하는 읽기(수용적)활동과 말하기(생산적)활동을 통합하는 통합식 영어 학습활동의 장점을 잘 활용하여, 영어 말하기 능력을 성공적으로 완성하였던 것이다. 물론 토론 중에 상대방의 말을 경청(듣기)하고 필요하다면 상대방의 의견을 메모하고 자신의 사고를 정리하는 쓰기활동도 함께 병행하는 토론의 특징은, 진정한 통합식 영어 학습의 특징을 잘 보여준다고 할 수 있다.

"이건주 양이 지금처럼 자유자재로 영어를 구사할 수 있게 된 건 스스로 터득한 '말하기 공부원칙'을 철저히 지켰기 때문이다. 이양은 '듣기, 읽기, 말하기를 따로 생각하지 않고 두 가지 이상을 동시에 연습할 수 있는 방법으로 공부한다.'" (이혜진, 2008년 6월 3일)

"스스로 영어를 못했다고 말하는 한동신학생이 세운 영어공부 전략은 영어토론. 2005년 고교 1학년에 입학해서 무작정 학내 영어토론 반을 찾아갔다. "영어 잘하는 친구들이 많아 항상 꼴등이었죠. 그러나 머릿속으로 상대방의 논거를 반박하고 이를 영어 표현으로 연습하다 보니 실력이 차츰 좋아졌습니다. 배경 지식을 넓히기 위해 영어 서적도 섭렵했다. 읽기 공부도 동시에 할 수 있어 일거양득이었다. 나중 SAT(미 수학능력시험) 고득점을 받았는데 이때부터 차곡차곡 쌓은 읽기 능력이 큰 힘을 발휘했다는 게 그의 설명이다. 불과 1년이 채 지나지 않은 2005년 12월. 외부 영어토론대회의 학교 대표를 선발하는 대회에서 우승을 할 만큼 영어가 빠른 속도로 성장했다. 2006년에는 외부 토론대회에 참석해 준우승을 하기도 했다."

(출처: https://blog.naver.com/hotmanp/30069150844)

아래 소개한 세 번째 사례의 천인우학생은 생산적 활동으로 영어 글쓰기 활동을 하였다. **읽기 활동 후에 읽은 내용에 대해 글쓰기를 한다면, 책의 지식(정보)뿐만 아니라 책 속의 어휘와 문장을 모방하면서 글쓰기 능력을 효율적으로 발전시킬 수 있다.** 책을 선택할 때는, "목표 지향적 학습"에 따라 자신의 학습 목적에 부합하고 자신의 영어능력에 적합한 책을 선택할 필요가 있다. 발표 또는 토론을 위한, 학술 영어능력 발달을 위한 주된 영어 학습활동도 읽은 후 쓰기 활동이라고 할 수 있다. **성인 영어학습자들도 성인이라는 "언어자아"를 버리고 자신의 흥미와 영어능력에 맞게 책을 선택하여, 읽기 후 글쓰기 활동(Reading to write)을 한다면 언어전이에 따라 영어 말하기 의사소통 능력을 발전시키고 완성할 수 있을 것**이다. 천인우학생처럼 일기 쓰기를 선택한다면, 어떠한 내용의 일기를 쓸지 모국어로 먼저 생각을 정리하고, 모국어를 영어로 전환하는 일기 쓰기 활동이 훨씬 더 효율적이다. 영어 발달단계에 있는 대부분의 영어 학습자들이, 일기 쓰기 활동을 중도에 포기하는 주된 이유는, 언어에 집중한 나머지 기록하고자 하는 일과를 의도한대로 일기로 남기지 못하는 이유 때문이다. 영어 일기 쓰기 활동이 어렵게만 느껴진다면, 모국어로 먼저 자신의 일과(표현)를 정리하고, 영어로 옮겨 적는 방법을 활용하기를 권고한다.

"천인우군은 7세 때 영어를 처음 배우기 시작했다. 어머니는 영어 동화 테이프를 매일 3시간 이상 들려줬고, 잠들기 전에도 그날 들려준 영어 동화를 반복해서 틀어줬다. **초등 1학년부터 중학교 2학년까지는 영어일기를 꾸준히 썼다. 처음에는 3문장 쓰는데 2시간 넘게 걸렸지만 학년이 올라가면서 실력이 늘기 시작했다.**"(신수정, 2006년 7월 11일)

　　지금까지의 내용을 정리하면, 영어 말하기 의사소통 능력의 완성이라 할 수 있는 학술 영어능력 습득은 사교 영어능력의 확장된 능력이라고 하였다. 그러므로 사교 영어능력을 갖추었지만, 학술 목적의 토론이나 발표에서 자신의 자유롭게 표현할 수 없다면, 그것은 영어능력이 부족한 문제라기보다는 토론이나 발표 주제에 관한 정보가 없기 때문일 것이다. 토론이나 발표에 앞서 많은 정보와 지식을 수집할 필요가 있는 것도 바로 이러한 이유 때문이다. **정보와 지식을 수집할 수 있고, 영어 말하기 능력 발달에 도움을 줄 수 있는 영어책은 좋은 학습 자료가 될 수 있다**. 특히 구어활동이 제한적인 영어가 외국어인 한국의 환경에서는, 영어책을 적절하게 활용한다면 학술목적의 영어능력을 완성하기 위한 훌륭한 교재가 될 것이다. 나의 연구에서 소개한 50명의 영어 학습자는 책을 활용하여 유창한 영어 말하기 의사소통 능력을 완성하였다. 이 학습자들이 보여준 영어 학습특징들은, **첫째, 읽기 활동에 영어 음성을 도입하였다는 사실과, 둘째 책에서 얻은 언어자료를 반복 학습으로 내재화하려는 노력**을 기울였다는 사실, 그리고 셋째 수용적 영어활동과 생산적 영어활동을 결합한 통합식 영어 학습을 진행하였다는 사실이다. 언어자료를 수집하고 내재화하려는 노력과 내재화된 언어자료를 생산하려는 노력은, 개스(Gass, 1988)가 제시한 제2언어 습득이론에 잘 부합한다. 개스에 따르면, **언어습득을 위해서는 언어자료(Input)가 필요하고, 그 언어자료를 내재화(Intake)하려는 노력이 필요하며, 내재된 언어자료를 생산(Output)하는 학습활동을 병행할 필요가 있다**는 것이다. 언어전이 가능성을 인정하고 성공적인 학습자들의 효과적인 영어 학습방법을 활용한다면, 영어 말하기 의사소통능력 완성의 가능성은 훨씬 더 높아질 것이다.

😊 실용 단계 결론 ✏️

　　모든 학습이 그러하듯이, 가장 효율적인 학습은 자신의 발달단계를 인정하고 발달단계에 맞는 학습방법을 선택하는 것이다. 우리가 수준별 학습 그리고 단계별 학습을 계획하고 실제로 실행하는 것은 이러한 학습방법이 가장 효율적인 방법이라는 것을 우리 모두는 아주 잘 알고 있기 때문이다. 영어학습도 마찬가지이다. 영어발달단계를 인정하고 자신의 발달단계에 맞는 영어 학습 목표를 설정하고 학습 목표에 맞는 학습을 진행해야한다. 이 교재에서는 영어발달단계를 생존 영어, 사교 영어, 그리고 학술 영어로 설정하였다. 이렇게 설정한 이유는, 성공적인 언어학습자인 아이들의 언어 발달과정에 바탕을 두었기 때문이다. 아이들이 언어를 배우기 시작할 때, 입고, 먹고, 자는 것에 중점을 두어 주변사람과 의사소통한다. 아이가 칭얼대거나 울면, 주변사람들은 아이가 배가고프거나 기저귀를 갈아달라거나, 아니면 졸려서 그런 것이라 이해한다. 일상생활 속에서 생존을 위한 의사소통을 하며 생존 의사소통능력이 완성이 되면, 이제 유치원에서 또래 아이들과 사교 활동을 하며 사교 의사소통능력을 발전시켜 나간다. 아이가 초등학교에 입학하면서 동료아이들과 토론을 하면서 그리고 이따금씩 발표를 하며, 학술 목적의 의사소통능력을 발전시켜 나간다. 아이가 이러한 언어발달 과정을 경험하면서 성공적으로 모국어능력을 완성하듯이, 성인 영어학습자들도 이러한 과정을 경험하면서 영어 말하기 의사소통 능력을 완성할 필요가 있는 것이다.

　　생존 영어능력 완성을 위해 첫 번째 교재에서는 의사소통에 필요한 1) 4개의 절차적 단계에 필요한 표현들, 2) 목표 지향적 의사소통, 그리고 3) 보편적 핵심의 개념을 활용하여 가장 효율적으로 생존 영어능력을 완성할 수 있는 방법을 소개하였다. 영어 말하기 의사소통능력 완성을 위한 두 번째 교재인 이 교재에서는, 사교 영어능력과 학술 영어능력을 효율적으로 완성하는 방법을 소개하였다. **사교 영어능력은 생존 영어능력이 확장된 능력**이라고 하였다. 우리가 사교 활동을 할 때 주로 우리의 일상에 관해 이야기하기 때문이다. 따라서 우리의 일상과 우리의 업무에 관해 영어로 자유롭게 표현할 수 있다면, 사교 영어능력을 완성할 수 있다고 하였다. 마지막으로 영어 말하기 의사소통 능력의 완성이라고 할 수 있는 **학술 영어능력은 사교 영어능력, 좀 더 근본적으로는 일상생활에 필요한 생존 영어능력을 바탕으로 자연스럽게 완성할 수 있다**고 하였다. 생존 영어능력과 사교 영어능력보다 학술 영어능력이 어렵게 느껴지는 이유는, 영어능력이 부족하기 때문이라기보다는 단지 토론 또는 발표 주제와 관한 지식이나 정보가 없기 때문이라고 할 수 있다. 따라서 학술 영어능력을 완성하기 위해 지식과 정보 그리고 모범적인 영어능력을 제공할 수 있는 책을 활용한다면, 사교 영어능력을 바탕으로 자연스럽게 학술 영어능력을 완성할 수 있을 것이다.

학술 영어능력 발달을 위한 책을 선택할 때 중요한 것은 자신의 영어 학습목적에 맞는 책을 선택하고 자신의 영어 능력에 맞는 책을 선택하는 것이다. "영어 독해 유창성(English reading fluency)"에 관한 토론 또는 발표 준비를 하는데, "5G와 자율주행 자동차의 안정성"에 관련된 책을 읽지는 않을 것이다. 자신의 영어능력이 기초단계인데, 성인이라고 해서 전공 서적을 이용하여 사교 영어능력을 발전시키려는 노력은 현명하지 못한 선택일 것이다. 전공서적 보다는 성인이라는 언어자아를 버리고 중학교 또는 초등학교 수준의 영어교재를 선택하는 것이 훨씬 더 현명한 선택일 것이다. 다시 말해, 영어습득을 위한 영어자료는 이해 가능한 영어자료(Comprehensible input)가 되어야만 하는 것이다. 영어권 국가의 부모들도 아이들에게 전공서적보다는 동화책을 읽어주는 것도 같은 이유 때문일 것이다. **선택한 영어책을 영어 학습에 효율적으로 활용하는 방법은 1) 읽기 활동에 음성을 도입하고, 2) 읽기 활동에서 얻은 영어자료를 내재화하려는 노력을 기울여야하며, 3) 통합식 영어 학습으로써 읽기활동과 생산적 활동(말하기와 쓰기)을 함께 진행할 필요가 있다.** 자신에게 적합한 영어 교재와 함께 성공적인 영어 학습자들의 효율적인 영어 학습법을 활용한다면, 한국의 영어 학습 환경에서도 성공적으로 영어 말하기 의사소통 능력을 성공적으로 완성할 수 있을 것이다.

심층단계

이 교재의 주된 교육/학습목표는 학습자들에게 효율적인 영어 학습방법을 소개하여 영어 학습자들이 성공적으로 영어 말하기 의사소통 능력을 완성할 수 있도록 도와주는 것이다. 이러한 목표와 함께 생존 영어능력, 사교 영어능력, 그리고 학술 영어능력을 자연스럽게 그리고 성공적으로 완성할 수 있는 방법을 소개하였다. 그리고 영어능력을 완성할 수 있는 효과적인 방법은 성공적인 언어 학습자인 어린이 언어학습방법 특징에 바탕을 두었다. 어린이는 언어발달의 자연적 순서에 순응하며, 한 두 단어로 의사소통 하는 능력에서 문장으로 의사소통 할 수 있는 능력으로 완성해 간다는 특징이 있다. 그리고 **아이들은 발달과정에서 대화의 책임을 상대방과 공유 또는 상대방에 더 많은 책임을 전가하는 특징, 그리고 전하고자 하는 의미를 나누어 전달하려는 특징이 있다고** 하였다. 성인에 비해 어린이 학습자가 언어학습에서 좀 더 좋은 결과를 얻는다면, 성인 학습자들도 어린이 학습자의 효율적인 학습방법을 활용할 필요가 있다. 또한 이 교재에서 소개한, 한국의 성공적인 영어 학습자들은 책을 활용한 영어 학습에서 1) 읽기 활동에 음성을 도입하고, 2) 반복적인 읽기 활동으로 언어자료를 내재화하려는 노력과 함께 3) 수용적 영어 학습과 생산적 영어 학습을 통합하여 성공적으로 영어 말하기 능력을 완성하는 특징이 있다고 하였다. 어린이 학습자의 효과적인 영어 학습의 특징과 책을 활용한 한국의 영어 학습자의 효과적인 영어 학습 방법을 활용한다면, 영어 말하기 의사소통 능력을 완성할 수 있는 가능성은 높아질 것이다. 이와 같이 성공적인 영어 학습자들의 효율적인 영어 학습 방법의 특징을 확인하고 이를 영어 교육에 적용하려는 노력이 영어 교육의 한 분야이다.

효율적인 영어 학습방법이 영어 학습결과에 영향을 주듯이, 영어 학습결과에 영향을 주는 다양한 요인들이 있다. 그 중 영어 교육자들의 많은 관심을 끄는 요인들은 **학습자들의 정서적 요인(Affective variables)이다.** 정서적 요인의 대표적인 것이 영어 학습 동기(English learning motivation)이다. 아무리 효율적인 영어 학습방법을 소개했다고 하더라도, 영어 학습자들에게 학습동기가 없다면, 영어 의사소통 활동에 적극적으로 참여하지 않을 것이며, 영어 학습에서도 수동적이고 소극적일 것이다. 이 교재는 영어 학습자에게 화려한 음식(영어 문장)을 제공하여 학습자들을 살찌우려는 것이 아니다. 대신 학습자들에게 요리법(효율적인 영어 학습법)을 소개하여 학습자들이 자신들의 필요에 의해 그리고 입맛에 맞는 음식을 스스로 조리하여 건강하게 먹을 수 있도록 도와주려는 것이다. 최고의 음식을 만들 수 있는 요리법(영어 학습법)이라 하더라도, 자신이 실제로 요리법을 연습하고 음식을 만들어보지 않는다면 요리법은 아무 쓸모없는 지식이 될 수 있다. 지금까지 **학습자들에게 요리법(영어 학습법)을 소개하였으니, 그 요리법을 실제로 경험할 수 있도록 동기를 부여하는 것도 중요**하다. 따라서 적극적인 영어수행(English performance) 참여와 성공적인 영어학습(English learning)에 영향을 줄 수 있는 정서적 요인들은 무엇인지 학습자들은 반드시 이해할 필요가 있다.

😊 영어 학습과 영어 습득에서의 정서적 요인(Affective variables) 이해 ✏️

5개 국어를 유창하게 말할 수 있는 사람이 있다면 당신은 분명 그 사람이 언어학습에 특별한 소질(Aptitude)이 있다고 할 것이다. 모든 학습이 그러하듯, 누구든 남보다 자신이 잘 하는 것이 있다면 좀 더 능동적으로 참여하고 적극적으로 실력을 향상시킬 것이다. 취미를 선택할 때도 우선적으로 선택하는 것은 자신이 즐기며 잘 할 수 있는 취미일 것이다. 언어학습도 마찬가지이다. 자신이 언어학습에 소질이 있다면, 언어수행과 학습에 좀 더 적극적으로 참여하여 결국에는 성공적으로 언어습득을 이뤄낼 것이다. 언어습득에서 언어학습 소질(Aptitude)이 결정적이라는 견해는, 가드너와 램버트(Gardner & Lambert, 1959)가 학습동기(Learning motivation)의 중요성을 강조하기 전까지는 언어교육에서 지배적이었다. 그러나 아무리 소질이 있다고 하여도, 그 소질을 연마하고 발전시키지 않는다면 언젠가는 서투른 소질이 될 것이다. 우리는 성장하면서 이런 얘기를 한번쯤은 들어봤을지 모른다, "넌 머리는 좋은데 공부를 안 해서 성적이 형편없다니까." 이 말 한마디로 영어 학습에서 소질(Aptitude)보다는 학습동기가 중요하다는 것을 알 수 있다. 같은 맥락으로 당신이 세상에서 가장 효율적인 영어 완성방법을 알고 있다하더라도, 영어 의사소통에 적극적으로 참여하지 않고 영어 학습에 소극적이라면 당신의 영어 학습결과는 만족스럽지 못할 것이다.

"의사소통 4개의 절차적 단계에 필요한 표현들, 목표 지향적 의사소통, 그리고 보편적 핵심"의 개념을 활용하여 일상생활에 필요한 말하기 의사소통능력을 1시간 만에 완성할 수 있는 가능성을 제시한 첫 교재에 대한 적지 않은 사람들의 반응은, "해외여행 중에 의사소통이 필요하면 번역기를 사용하면 된다."라는 것이다. 첫 교재에서도 언급하였듯이, 영어발달단계에서 "번역기"가 필요하면 사용하라고 하였다. 영어교육의 궁극적 목표는 학습자들의 독립성 성취이기 때문이다. 다시 말해, **번역기에 의존하는 발달과정을 거쳐 번역기 없이도 의사소통 할 수 있는 독립적 의사소통능력**이다. 더욱 중요한 것은, 영어 학습목표가 단순히 의사소통만을 위한 것이라면 처음부터 끝까지 번역기를 활용하면 될 것이다. 그러나 영어 학습동기가 학업에서 원하는 학습결과를 위한 것이거나 취업을 위한 영어면접에서 인상적인 영어실력을 뽐내기 위한 것이라면, 번역기의 도움만으로는 원하는 결과를 얻지는 못할 것이다. 또한 세계화 시대에 다양한 인종과 국가의 사람들을 만나 친분을 쌓고자 한다면, 세계 공용어라고 할 수 있는 영어 의사소통 능력은 필수적이다. 번역기를 이용하기보다는 직접 의사소통하는 사람들이 친분을 쌓기에는 훨씬 더 성공적이기 때문이다. 같은 맥락으로, 해외 구매자를 만나 번역기로 의사소통하기보다는, 직접 의사소통하며 친분을 쌓는다면 좀 더 성공적으로 거래를 성사시킬 수 있을 것이다. 이와 같이 영어 말하기 의사소통 능력은 단순히 의사소통이라는 목적이외에도, 학업에서의 만족스런 결과, 취업을 위한 영어능력, 그리고 친분 쌓기와 같은 다양한 학습동기가 있는 것이다.

영어 학습 동기는 성공적인 영어 말하기 의사소통능력 완성에 많은 영향을 줄 수 있기 때문에, 학습 동기의 성격을 이해하는 것은 매우 중요하다. 영어 교육 분야에서 널리 알려진 성격은 수단적 동기(Instrumental motivation)와 통합적 동기(Integrative motivation)이다. **수단적 동기는 실용적인 동기이며, 대학입학을 위해서 영어 학습을 하거나 취업을 위해서 또는 승진을 위해서 영어 학습을 한다면 이는 수단적 동기**라고 할 수 있다. **통합적 동기는 영어를 습득함으로써 영어권 문화를 이해하고 적응하며 영어 공동체 구성원으로서 통합되고자 하는 동기**이다. 일반적으로 통합적 동기가 수단적 동기에 비해 좀 더 성공적인 영어 습득의 결과를 가져올 수 있다고 한다. 그러나 일부 연구들은 "**한국처럼 영어가 외국어인 환경에서는 통합적 동기보다는 수단적 동기가 영어 학습에서 좀 더 성공적인 결과를 가져온다.**"라는 연구결과를 보여준다. 통합적 그리고 수단적 동기의 성격을 보더라도 영어 학습이 단순히 의사소통만을 위한 것이 아니란 것을 알 수 있다.

수단적 동기와 통합적 동기에 의한 분류가 영어 학습 목적에 의한 구별이며, 학습자의 학습 동기를 향상시키고 영어 학습에 적극 활용하기 위해서는 좀 더 구체적으로 동기(Motivation)의 성격을 설명할 필요가 있다. 많은 영어 교육자들이 끊임없이 연구를 진행하고 동기에 관한 견해를 밝히는 이유도, 학습 동기의 성격을 좀 더 구체적으로 설명하여 학습자들의 학습 동기를 증진시켜 좀 더 성공적인 영어 학습결과를 얻을 수 있도록 도와주기 위한 노력이라고 할 수 있다. 많은 견해와 이론들 중에 학습자들이 쉽게 이해할 수 있는 학습 동기의 성격은, 쿠르트 레빈(Kurt Lewin, 1951)의 기대-가치 이론(Expectancy-Value Theory)에서 잘 설명되었다고 생각한다. 레빈에 의하면, 영어 학습과 같은 어떤 행위를 시도하려는 노력은 행위결과에 대한 기대와 가치에 의해 결정된다는 것이다. **기대(Expectancy)는** 학습자의 능력과 자신감과 관련되었다. **자신의 능력이 어떤 행위의 결과를 성취해 낼 수 있다고 생각한다면 행위를 시작**할 것이며, 그 반대의 경우라면 행위를 시작하지 않을 수 있다는 것이다. **가치(Value)는 성취할만한 가치가 있다고 판단될 때, 행위를 시작**한다는 견해이다.

기대-가치 이론(Expectancy-Value Theory)을 일상생활과 관련지어 쉽게 설명하자면 다음과 같을 것이다. 학급에서 25등하는 학생에게 23등으로 성적을 향상시키면 보상(선물/용돈)을 하겠다는 사례와 1등으로 성적을 향상시키면 보상하겠다는 사례에서, 어떤 사례에서 학생의 학습 동기가 높아질 것이라 생각하는가? 자신의 능력으로 충분히 완성할 수 있는(Expectancy) 전자의 사례에서 학생의 학습 동기는 분명 높아질 것이다. 그리고 성적이 향상되면 사탕 한 봉지를 사주겠다는 제안과 용돈을 두 배로 올려주겠다는 제안이 있다면, 어떤 제안에서 학생의 학습 동기가 높아질 것이라고 생각하는가? 당연히 두 번째 제안(Value)에 학습자의 학습 동기는 높아질 것이라는 견해에 우리 대부분은 동의할 것이다. 어떤 행위(성적 향상)를 시도하려는 노력은 행위결과에 대한 기대와 가치 모두에 의해 결정된다는 것이다.

기대-가치 이론(Expectancy-Value Theory)을 영어 학습 그리고 영어수행(English performance)과 관련하여 설명하자면, 영어 말하기 의사소통 능력을 성공적으로 완성할 수 있다고 믿는다면 영어 학습을 시작할 것이며, 내가 성공적으로 의사소통을 할 수 있다고 믿는다면 영어 말하기 의사소통에 능동적으로 참여할 것이다. 또한 영어 말하기 의사소통 능력을 완성할 가치가 있다고 믿는다면, 영어 말하기 활동에 적극 참여하고 영어 학습에 좀 더 능동적으로 참여한다는 견해로 이해할 수 있다. 한국의 사회에서 상급학교 진학, 취업, 또는 승진을 위해 영어 말하기 능력은 아주 중요하다. 그러므로 영어 말하기 의사소통능력 완성을 위한 영어 학습은 그 가치가 높다고 할 수 있다. 영어 말하기 의사소통 능력을 완성할 수 있다는 자신감을 가진다면 영어 학습 동기는 높아질 것이며 결과적으로 영어 학습 목표를 성취할 수 있을 것이다. 이 교재의 목표도 영어 발달단계에 따라 학습자들이 쉽게 그리고 효율적으로 영어 말하기 의사소통 능력을 발전시켜 결국에는 영어 말하기 의사소통 능력을 완성할 수 있도록 도와주기 위한 것이다.

자신감과 관련하여, 영어 말하기 의사소통으로의 능동적 참여(Performance)에 영향을 주는 것은 인지된 영어능력(Perceived English competence)이다. 인지된 언어능력은 실제의 언어능력(Actual English competence)과 관련이 있다. 영어 의사소통 능력이 뛰어나다면 자신의 의사소통 능력을 높이 평가하는 것은 당연하다. 그러나 인지된 영어 의사소통 능력은 실제의 영어 의사소통 능력뿐만 아니라 다양한 요인들이 영향을 줄 수 있다. 예를 들면, "공식적 대화이니 문법에 맞는 완벽한 문장으로만 의사소통하셔야만 합니다."라는 대화의 조건이 주어졌을 때와, "유창성에 중점을 두어 편하게 묻는 말에만 대답하시면 됩니다."라는 대화 조건이 주어졌을 때 대화 참여자가 느끼는 의사소통 능력은 다를 것이다. 앞서 설명한 것처럼, "I would like to have a perm, please!"라고 표현할 때 보다, "Perm, please!"라고만 하더라도 의사소통이 가능하다면, 후자의 경우에 학습자가 느끼는 의사소통 능력은 훨씬 더 높을 것이다. 또한 대화의 모든 책임을 가지고 완벽한 문장으로 의사소통해야만 할 때보다 대화 상대방이 더 많은 대화의 책임을 가질 때 의사소통에 대한 자신감은 훨씬 더 높을 것이다. 이와 같이, 같은 수준의 영어 능력을 가지고 있다고 하더라도 영어 의사소통이 쉬울 것이라고 인지한다면 의사소통 자신감은 높아질 것이다. 영어 발달단계에서, 의사소통 상황을 활용하고, 대화의 책임을 공유하거나, 의미를 나누어 전달하는 의사소통 전략을 활용하며, 유창성에 중점을 두는 방식으로 자신감을 갖고 영어 의사소통에 적극 참여한다면 성공적으로 영어 말하기 의사소통 능력을 완성할 수 있을 것이다. 그래서 발달단계를 인정하고 자신의 발달단계에 맞게 적극적으로 의사소통하려는 노력이 중요한 것이다.

자신감이 적극적인 영어 의사소통 참여와 수행에 영향을 줄 수 있다고 하였다. 그러나 적극적인 의사소통 참여를 위해서는 자신감(Confidence)과 함께 언어 긴장감(Language anxiety)의 부정적 영향을 통제할 수 있어야한다. 매킨타이어와 카레(MacIntyre & Carre, 2000)의 연구에서 연구자들은 연구 참여자에게 학급 앞에서 목표 언어(Target language)로 1부터 10까지 세기를 요청하였다. 참여자들 모두 충분히 셀 수 있는 능력이 있음에도 불구하고, 여러 명의 학습자들은 이러한 과제를 성공적으로 수행하지 못하였다. 연구 결론은 "목표언어 수행을 위해서 목표언어 수행에 대한 자신감뿐만 아니라, 언어 긴장감을 통제할 수 있어야만 한다."고 하였다. 앞서 소개한 것처럼 언어 긴장감의 부정적 영향은 언어자료를 장기 기억 속에 저장하는데 장애요인으로 작용한다고 하였다. 이밖에도 언어수행(Language performance)에 대한 언어 긴장감의 부정적 영향으로는 "**언어수행**

중에 발음을 왜곡시키거나, 적절한 언어의 억양 또는 운율을 발생시킬 수 없게 하거나, 언어수행을 할 때 얼어붙게 할 수도 있다. 또는 방금 전 학습한 단어나 구 또는 문장이나 표현을 기억해내어 수행하는데 장애요인으로 작용할 수도 있으며, 언어수행 자체를 거부하며 침묵을 유지하도록 할 수도 있다" (Samimy, 1994). 언어 긴장감은 우리가 일상생활에서 흔히 경험할 수 있는 언어 현상이다. "떨려서 말 한마디 못했어…" "엄청나게 연습했는데도 왜 그렇게 말을 더듬었던지?…." 이와 같이 언어 수행에 장애가 되거나 언어 수행 자체를 불가능하게 할 수 있는 언어 긴장감을 통제할 수 있어야, 의사소통에 적극적으로 참여할 수 있다는 사실에 우리는 공감할 것이다. 이 교재에서 여러 차례 강조하였지만, 영어 말하기 의사소통 능력을 완성하기 위해서는 적극적인 의사소통 참여가 필요하다. 따라서 성공적인 영어 의사소통 능력 완성을 위해, 영어 학습자는 언어 긴장감의 성격을 이해하고 효율적으로 통제할 수 있어야만 하는 것이다.

● **언어 긴장감(Language Anxiety)과 언어 습득과의 관계**

언어 긴장감은 언어수행에 영향을 주고, 결국에는 언어 학습과 언어 습득에 영향을 줄 수 있다. 언어 학습에서 **언어 긴장감을 효율적으로 통제할 수 있는 학습자들이 그렇지 못한 학습자들보다 좀 더 성공적으로 언어습득을 할 수 있다**는 견해는, 언어 습득에서의 개인차(Individual differences in success of language acquisition)를 연구하는 영어교육 분야에서는 합의된 견해이다. 따라서 언어 긴장감의 성격을 이해하고, 통제할 수 있어야만 언어 학습에서 좀 더 성공적인 결과를 얻을 수 있다고 할 수 있다.

● **언어 긴장감의 성격**

언어 긴장감을 간략히 소개하자면, 언어 긴장감은 긍정적인 긴장감(Facilitating anxiety)이 될 수도 있고 부정적인 긴장감(Debilitating anxiety)이 될 수도 있다. 영어 학습과 관련하여, 언어 긴장감 성격은 중요한 영어 시험과 관련지어 설명할 수 있다. 인생을 결정할 수 있는 중요한 시험(High-stakes tests)이기에 응시자는 엄청난 스트레스를 이겨내며 많은 노력과 시간을 희생하며 준비해야만 한다. 예를 들면 미국 대학원으로 유학을 가기위해서는 토플(TOEFL) 시험 성적과 지알이(GRE) 성적이 필요하다. 나는 GRE 시험 준비 걱정에 밤에 잠을 자다 벌떡벌떡 일어나곤 했던 기억도 있다. 준비하기가 어려워 중도에 포기 싶은 생각도 자주 하였다. 유학이 꼭 가고 싶었기에 토플과 GRE 시험에서 원하는 성적을 얻고 싶었고, 목표를 성취하기 위해 아주 열심히 영어 공부를 하였다고 믿는다. 다시 말해, 영어 학습에서 언어 긴장감이 긍정적으로 작용하여 영어 실력향상에 큰 도움이 될 수도 있다고 할 수 있는 것이다. 이와 같이 긍정적인 언어 긴장감은 학습자들이 언어 긴장감을 이겨내기 위해 더 열심히 영어 학습을 하여 영어습득을 성취할 수 있는 동기를 부여하여, 결국에는 영어 습득으로 이끈다는 견해이다. 반면 **부정적 긴장감은 언어 학습자들이 영어 학습의 어려움을 회피하도록 하여, 학습할 수 있는 기회를 포기하도록 유도한다는 견해**이다. 취업을 위해 영어 면접시험을 준비하는 취업 준비생에게 언어 긴장감이 긍정적으로 작용한다면, 영어 말하기 의사소통 능력 완성을 위해 다른 준비생들보다 더욱 능동적으로 영어수행(English performance)에 참여하여 결국에는 유창한 영어 말하기 의사소통 능력과 함께 취업에 성공할 것이다.

영어수행(English performance)에서 언어 긴장감의 성격을 이해하는 것은 좀 더 까다로울 수 있다. 영어수행에서의 긍정적인 언어 긴장감은 **주의집중(attention) 또는 자각(alert)으로 작용해 성공적인 영어수행에 도움을 준다**. 예를 들면, 수업 중에 교사의 강의내용에 전혀 신경 쓰지 않는 학생의 마음은 편하겠지만(Anxiety free), 집중력은 떨어질 것이다. 반면 중요한 지식(정보)을 얻기 위해 수업에 집중하는 학생의 긴장감 그리고 피로감은 상당히 클 것이다. 이와 같이 영어수행에서 긍정적 언어 긴장감은 주의집중 형태로 나타난다. 이와는 다르게 **부정적 긴장감은 앞서 소개하였듯이 "언어수행 중에 발음을 왜곡시키거나, 적절한 언어의 억양 또는 운율을 발생시킬 수 없게 하거나, 언어수행을 할 때 얼어붙게 할 수도 있다**. 또는 방금 전 학습한 단어나 구 또는 문장이나 표현을 기억해내어 수행하는데 장애요인으로 작용할 수도 있다"고 하였다. 능동적인 영어수행 참여와 양질의 영어수행은 영어 말하기 의사소통 능력 향상에 도움이 되고 결국에는 영어 능력 완성을 성취할 수 있도록 도움을 주기에, 긍정적 긴장감을 극대화하고 부정적 긴장감은 통제하여 최소화하려는 노력을 기울여야 한다.

영어수행을 함에 있어 언어 긴장감의 부정적 영향을 통제하기 위해서는, 언어 긴장감이 언제 긍정적으로 작용하는지 또는 부정적으로 작용하는지 언어 긴장감의 성격을 이해할 필요가 있다. 언어 긴장감의 성격을 쉽게 이해할 수 있는 방법 중 하나는, 언어 긴장감을 언어수행에 대한 기대(Expectations)로 이해하는 것이다. 언어 긴장감의 성격이 언어수행에 대한 기대와 관련되었다고 생각한 것은 나의 영어 학습 경험에서 비롯되었다. 우선 아래와 같이 나의 영어 학습 경험담을 먼저 소개하겠다. 나의 경험담을 확인한 후 언어 긴장감이 언어수행에 대한 기대와 어떻게 관련되었는지, 언어수행에 대한 기대감과 관련지어 언어 긴장감의 성격을 유추해보자. 참고로 "언어 긴장감의 성격"에 관한 나의 견해를 국제 테슬 컨퍼런스(Inter national TESOL Conference)에서 발표하였으며, "자발적 영어 의사소통 의지(Willingness to communicate in English)"라는 주제의 나의 박사학위 논문의 주된 내용으로 정리되었다.

에피소드 7:

미국에서 대학원 과정으로 수업에 참여할 때였다. 미국의 교실수업은 강의식보다는 대부분 토론식 수업을 진행한다. 각 주마다 주어진 읽기 과제를 수업 전에 읽은 후, 짝을 지어서 또는 소집단으로 과제에 대해 토론을 하거나 발표를 한다. 소집단 토론 또는 발표 후 교실 전체 집단과의 토론 방식으로 수업을 진행하며 교수님의 코멘트와 함께 수업을 마감하는 방식이다. 문제는 소집단 토론은 어느 정도 자신감 있게 토론에 참여할 수 있었지만, 교실 전체집단의 토론에서는 나의 견해를 전혀 표현하지 못하였다. 교실 전체 집단과 토론하기에는 나의 성격이 너무나도 소심했기 때문이다. 떨리고 긴장되고 초조한 감정을 극복해야 내가 말문을 열고 토론에 참여할 수 있을 텐데, 매번 나는 언어 긴장감의 부정적 영향을 극복할 수 없었다. 언어 긴장감을 극복할 수 없었기에 토론에 참여할 수 없었고, 수업 전에 내가 읽기 과제를 충실히 수행했다는 사실을 알릴 수도 없었다. 부가적으로 영어수행을 통해 학술 목적의 영어능력을 더욱 발전시킬 수 있는 기회를 활용하지도 못하였다. 참으로 내 자신이 한심하기도 하고, 언어 긴장감을 극복하지 못한 내 자신이 원망스러웠다.

그러던 어느 날 수업시간에 이런 생각을 하게 되었다. '어머니가 이 교실에 계신다면, 나에게 큰 격려가 되어 좀 더 자신 있게 영어로 말할 수 있을 텐데. 그렇다면, 나는 좀 더 적극적으로 토론에 참여할 수 있을 텐데...' 이런 생각을 하며 '영어 말하기를 못하는 것은 내 영어 말하기 실력보다는 나에게 용기와 격려를 줄 수 있는 존재가 없다는 이유 때문이다.'라고 생각하며 나를 위로하곤 하였다. 하지만 어느 날 이런 생각도 하게 되었다. '어머니가 계신다고 해서, 내가 언어 긴장감을 극복하고 적극적으로 영어 토론에 참여할 수 있을까? 만약 내가 영어 말하기를 제대로 못하면, 발음이 형편없어서 어머니를 실망시켜드리면 어쩌지?' 이런 생각을 하면서, '어쩌면 나는 어머니가 이 교실 안에 계신다고 하더라도, 나의 영어 말하기 능력이 형편없다고 믿는다면, 영어로 말 한마디 못할 수도 있겠구나!'라는 생각도 하게 되었다.

그 때 나는 생각했다. '아하, 이것일 수 있겠다. 내가 영어 말하기를 어떻게 하든, 예를 들어, 떠듬떠듬 형편없이 말하더라도, 어머니가 기특하다고 생각하실 거야.'라며, 내가 나의 영어수행 결과에 대해 이렇게 긍정적인 기대를 하게 된다면, 교실 안의 어머니는 나에게는 큰 격려와 용기가 될 것이다. 그래서 나는 어머니에게 내 서투르지만 나의 실력을 뽐내기 위해 좀 더 적극적으로 영어 토론 수업에 참여할 것이다. 반면, '어머니는 내 서투른 영어실력에 실망하실 거야.'라고 나의 영어수행 결과에 대해 내가 부정적으로 기대한다면 나의 부정적인 언어 긴장감은 더욱 높아질 것이다. 그렇게 된다면 교실 안의 어머니는 내가 영어 토론에 참여하는데 있어 부정적으로 영향을 줄 것이다. 이와 같이, 자신의 영어수행 결과에 대해 긍정적으로 기대한다면 긍정적인 언어 긴장감이 작용할 것이고, 부정적으로 기대한다면 부정적인 언어 긴장감이 작용할 것이다.

우리가 영어수행(English performance)을 진행함에 있어, 우리들 모두 자신의 영어수행에 대한 기대를 한다. 이전 연구에서 확인한 내용을 보더라도 영어 학습자 누구든 영어 말하기 의사소통을 하면서 자신의 영어수행에 대한 어떠한 기대를 하게 된다. 이전 연구에서 확인한 사례들을 소개한다면, "문법에 맞게 완벽한 문장으로 의사소통해야만 한다." "완벽하지 못한 영어수행은 실패라고 할 수 있다." "상대방이 나의 영어수행에 대해 평가할 거야." "영어 학습 초기단계부터 영어 원어민처럼 발음하는 것이 가능하다." "나의 영어수행이 어쩌면 선생님을 실망시켜드릴 수 있다." "(언어자아와 관련해서) 나는 서투른 초보 영어학습자가 아니고 유창한 모국어화자이기에 영어도 유창하게 해야 한다." "완벽하게 영어로 표현할 수 있는 능력이 생기기 전까지는 아무 말도 하지 않는 게 좋을 거야." 이와 같이 자신의 영어수행에 관해 어떠한 기대를 하던, 나의 경험담에서 소개한 것처럼 자신의 영어수행결과에 대해 긍정적으로 기대하면 언어 긴장감은 긍정적으로 작용할 것이며, 부정적으로 기대하면 언어 긴장감은 부정적으로 작용할 것이다. 따라서 언어 긴장감의 부정적인 성격을 통제하고 긍정적인 성격을 극대화하기위해서는, **영어 학습자는 자신의 영어 수행에 대해 긍정적으로 기대해야한다.** 긍정적 기대감에 관한 예를 들자면, 영어 학습자는 자신의 영어수행에 대해, "나는 할 수 있다. 내 영어 발음은 상대방이 이해하는데 문제가 없다. 나보다 유창하게 영어 말하기를 할 수 있는 사람은 없다. 천천히 말해도 상대는 인내를 갖고 내 말에 귀 기울일 것이다"와 같은 기대들이 좋은 예가 될 수 있다.

영어수행에 대한 긍정적 기대와 함께, **언어 긴장감의 부정적 성격을 통제하기 위해서는 영어수행에 대해 현실적 기대(Realistic expectations)를 가져야만 한다.** 앞서 소개한 영어수행에 대한 기대들 중 "영어 발달초기부터 문법에 맞게 완벽한 문장으로 의사소통해야만 한다." "완벽하지 못한 영어수행은 실패라고 할 수 있다." "영어 학습 초기단계부터 영어 원어민처럼 발음하는 것이 가능하다." "나는 서투른 초보 영어학습자가 아니고 유창한 모국어화자이기에 영어도 유창하게 해야 한다."라는 기대들은 비현실적이다. 자신의 영어 말하기 의사소통 능력이 유창하지 못하여, 이와 같은 비현실적 기대를 충족하지 못한다면 언어 긴장감은 영어수행에 부정적으로 작용할 것이다. 지금 **영어 말하기 평가 시작 1분 전인데 "완벽한 발음과 억양으로 문법에 맞게 원어민 화자의 평균 발화 속도로 의사소통해야만 시험에 통과할 수 있습니다."라는 시험 평가표를 받았다면**, 당신이 느끼는 언어 긴장감은 분명 매우 부정적일 것이다. 그래서 용기 내어 영어 말하기 시험에 응시하여 자신의 영어 말하기 의사소통 능력을 뽐내려 하기보다는, 아마도 시험 응시 자체를 거부할 것이다. 그리고 실제로 시험에 응시한다고 하더라도, 언어 긴장감의 부정적 영향으로 만족스런 영어수행을 진행하지는 못할 것이다. 따라서 언어 긴장감의 부정적 영향을 통제하기 위해서는, 자신의 영어수행에 관해 현실적으로 기대할 필요가 있다.

위에서 소개한 비현실 기대에 관한 견해를 대부분의 영어 학습자들은 공감할 것이다. 그런데 영어수행에 관해 현실적으로 기대해야만 한다는 것을 알면서도 현실적으로 기대하는 것이 쉽지는 않다. 그 주된 원인으로는 우리가 일상적인 의사소통을 할 때 의사소통의 평가기준들을 대화 상대방에게 서로 알리지 않기 때문이다. 예를 들어 우리가 의사소통 할 때, "영어 발음이 정확한지 그렇지 못한지로 평가하겠습니다." "문법에 어긋난 문장을 말하시면 대화를 중단하겠습니다." "제가 바빠서 그러니 정상적인 발화속도보다 느리다면 대화를 거부하겠습니다." 이와 같이 의사소통에 대한 평가기준을 제시하며 대화를 시작하지는 않는다.

대화 참여자에게 의사소통 평가기준이 알려지지 않았기에, 대화 참여자들은 가능성 있는 모든 영어수행 평가기준을 생각해 내고, 이 모든 평가기준을 만족하려는 비현실적인 기대를 하게 되는 것이다. '아주 세련된 단어를 선택해서 정확한 발음으로 의사소통하면 되겠지? 아참 문법에 맞는 완벽한 문장으로 원어민 화자의 정상적인 발화 속도로 의사소통하면 아주 완벽하다고 할 거야!' 이렇게 영어수행에 대해 비현실적으로 기대할 때, 자신의 영어 능력이 충분하다면 언어 긴장감의 부정적 영향은 크지 않을 것이다. 하지만 영어 발달단계에서 그렇지 못하다면, 언어 긴장감의 부정적 영향으로 인하여 영어수행의 결과는 만족스럽지 못할 것이다. 따라서 당신은 당신의 영어수행에 대한 비현실적인 기대감을 버리고, **당신의 영어능력 발달단계에 적절한 당신만의 의사소통 평가기준을 설정할 필요가 있다. "음! 나는 아직 초보단계니까, 문법이 틀려도 좋고 어휘 수준이 낮아도 괜찮아. 그리고 아주 천천히 얘기해도 상대방은 이해할거야. 단지 내가 전하고자 하는 정보(의미)만 성공적으로 상대방에게 전해주면 되는 거야!"** 이렇게 당신의 발달단계에 맞게 당신만의 잠재적 평가기준을 설정한다면, 영어수행에 좀 더 자신감을 가지고 능동적으로 그리고 적극적으로 영어수행에 참여할 것이다.

그런데 **알려지지 않은 평가기준이라면, 자의적으로 해석할 수 있고 현실적으로 인지할 수도 있는데 왜 하필 특정방식(비현실적)으로 인지하는가?** 이러한 질문에 대한 답을 위해 우리는 사회주의 언어학파들이 주장하는 "상호 주관성(Intersubjectivity)"의 개념을 이해할 필요가 있다. 상호 주관성이란, 어떠한 현상에 대해 판단할 필요가 있을 때, 판단기준이 알려지지 않았다면 우리는 보통 사회에서 용인하는 보편적 참조기준(Common frame of reference)에 의존한다는 견해이다. 그들의 견해에 따르면, **영어 학습자가 알려지지 않은 평가 기준처럼 인지적 갈등(Cognitive conflicts)을 경험하면 갈등을 해결하기 위해, 영어 학습자는 보편적 참조기준에 의존한다는 견해이다**(Rogoff, 1990b). **이해를 돕기 위해** 예를 들자면, 당신이 미국의 저녁식사에 초대받았다고 하자. 당신이 미국의 식사 예절(Table manners)에 대해 학습한 경험이 없어 미국의 식사 예절에 대해 전혀 모른다면, 당신은 이 상황(인지적 갈등)을 어떻게 해결할 것인가? **당신은 아마도 한국의 식사 예절을 따를 것이다. 윗사람이 식기를 들 때까지 기다릴 것이며, 윗사람이 식사를 시작하기 전까지 당신은 기다릴 것이다. 다시 말하면, 미국 문화에 대해 알지 못한다면(인지적 갈등), 당신은 한국의 문화(Shared understanding: Common frame of reference)에 의존하여 당신의 인지적 갈등을 해결한다는 것이다**(Rogoff, 1990a).

상호 주관성에 바탕을 두어, 한국의 영어학습자들이 영어수행을 진행할 때 경험하는 언어 긴장감의 성격에 관해 예측할 수 있을 것이다. 앞서 잠깐 언급하였듯이, 영어가 외국어인 한국의 영어교육환경에서 대부분의 영어 수업은 교실에서 발생하며, 주로 책을 가지고 공부한다고 하였다. 그래서 한국의 영어 학습자는 영어수행을 함에 있어서 기본적으로 문법에 맞는 완벽한 문장으로 의사소통하려는 성향이 있을 것이라고 하였다. 영어의 유창성과 정확성에서도 설명하였듯이, "Where are you going?"라는 질문에 "Home!"이라고 대답하기 보다는 "I'm going home!"이라고 대답하는 것은 정확성에 중점을 두는 교실문화의 영향을 받았기 때문이라고 하였다. 영어발달 초기에 완벽한 문장으로 의사소통하려는 기대는 비현실적일 수 있다. 그리고 이러한 비현실적 기대는 언어 긴장감의 부정적 영향이 될 수가 있다. 정확성에 중점을 두어 발생할 수 있는 언어 긴장감의 부정적인 영향을 통제하기 위한 한 방법은, 자신이 영어 말하기 의사소통에 자신감이 생길 때까지, 계속적으로 유창성에 중점을 두어 자신의 영어 능력에 맞게 현실적으로 영어 의사소통하려는 노력을 기울이는 것이다.

또한 한국의 영어 학습자들은 청화식 교육방법(Audiolingual method)을 주로 활용한다고도 하였다. 청화식 교육방법은 "학습자들에게 문법적으로 완벽한 문장을 모델로 제시하여, 영어 학습자들이 영어 원어민 화자의 완벽한 발음으로 정상적인 발화속도로 반복적으로 따라하고 암기하여 영어식 습관을 형성하도록 유도하는 교육법이다." 따라서 청화식 교육법으로 학습하는 한국의 교실 문화(Shared understanding)를 경험한 한국의 영어 학습자들이, 영어 수행을 함에 있어, "**완벽한 발음과 억양, 완벽한 문법의 문장, 그리고 원어민의 정상적인 발화속도**"는 그들의 잠재적인 **영어수행의 평가기준이 되는 것**이다. 한국의 가정에서 식사예절을 강조하면, 미국의 가정에서도 초대 가족이 식사예절을 지킬 것을 요청하지 않더라도, 식사예절을 준수하려는 마음가짐과 같은 것이다. 그러나 이러한 평가기준은 영어 발달단계에서 영어수행에 관한 비현실적인 기대가 될 수 있다. 따라서 한국의 영어 학습자들이 느끼는 언어 긴장감은 부정적일 것이며 영어수행에 부정적인 영향을 줄 것이다. 청화식 교육방법과 언어 긴장감 부정적 영향 사이의 이러한 관련성을 이해하고, 처음부터 완벽한 영어능력으로 의사소통하겠다는 비현실적 기대보다는 영어 발달단계에 따라 자신의 영어 능력에 맞게 영어수행을 하겠다는 현실적 기대를 반드시 설정할 필요가 있다.

● 언어 자아(Language ego)와 언어 긴장감의 관계

한국의 교실문화와 청화식 교육법이 언어 긴장감의 성격을 결정할 수 있는 것처럼, 영어 학습자의 언어자아도 언어 긴장감 성격에 영향을 줄 수 있다. 언어자아와 언어 긴장감의 관련성을 설명하기 위해 가장 좋은 예가 될 수 있는 것은, 아마도 성인 학습자와 어린이 학습자를 비교하는 것이겠다. 언어 학습의 결정적 시기 가설(Critical Period Hypothesis)에서 보여주듯, 어린이는 성인에 비해 언어 학습에서 좀 더 성공적인 결과를 가져온다고 하였다. 성인이 어린이보다 인지능력이 더 뛰어나고, 모국어를 통해 발달시킨 문법능력도 뛰어난데, 언어학습에서 왜 이러한 결과가 나타날까? 뛰어난 인지능력과 모국어 문법능력을 갖춘 성인 학습자가 영어 학습 초기단계에는 어린이보다 훨씬 더 빠른 영어 발달 능력을 보여준다는 것은 영어교육에서의 일반적 견해이다. 어쩌면 앞서 소개한 것처럼 침묵기를 거치는 어린이 학습자와는 다르게 성인들은 학습초기부터 발화한다는 특징이 있어, 성인들이 학습 초기단계에서는 어린이 학습자보다 더 뛰어난 영어 화자라고 생각할 수도 있다. 그러나 침묵기를 거쳐 영어의 특징을 이해한 어린이 학습자가 결국에는 좀 더 성공적으로 영어 능력을 완성한다.

낮은 인지능력과 영어 이해(문법)능력에도 불구하고, 어린이 학습자가 영어 학습에서 좀 더 성공적인 결과를 얻을 수 있는 이유는, 침묵기 이후 좀 더 적극적으로 영어수행에 참여하기 때문일 수 있다. 결정적 시기 가설에 회의적인 영어교육자들이 주장하는 견해는, "어린이 학습자와 성인학습자의 영어 학습 환경이 다르기 때문이다."라고 한다. 그들이 주장하기를, 어린이는 주로 또래 아이들과 어울리며 사교 영어능력을 발전시킬 수 있는 환경에서 생활하는 반면에, 성인 학습자는 직장에서 홀로 자신만의 업무에 전념하는 환경에서 일상을 보내기에 의사소통 능력을 자연스럽게 발전시킬 수 있는 환경이 아니라고 한다. **이들이 주장하는 견해가 맞는다고 하더라도, 결국 성인학습자와 어린이 학습자의 영어습득 결과의 차이는 얼마나 적극적으로 영어수행을 진행하느냐로 결정된다고 할 수 있다.** 언어 긴장감이 영어수행의 참여와 질(Quality)에 영향을 주고, 성인과 어린이 사이에 언어자아 특성에 차이가 있다면, 언어자아와 언어 긴장감의 관계를 바탕으로 영어습득 결과에 대한 차이를 설명할 수 있는 것이다.

　　성인은 두 가지 언어자아를 가지고 있다고 하였다. 모국어 화자라는 언어자아와 성인이라는 언어자아이다. 다시 말해, 모국어를 완벽하게 구사할 수 있는 모국어 화자라는 것이다. 모국어라는 확고한 언어자아를 가진 성인이 영어라는 새로운 언어자아를 받아들이기는 쉽지 않다. **새로운 언어자아를 받아들이는 것이 쉽지 않다는 결과를 보여주는 대표적인 연구는 톰슨(Thompson, 1991)의 연구**이다. 결정적 시기 가설에 따르면 10살 이전에 미국으로 이민 온 영어 학습자는 좀 더 영어 원어민 수준의 영어식 억양(a native-like English accent)을 습득할 수 있다고 한다. 그런데 톰슨의 연구에서 4살에 미국으로 이민 온 러시아혈통의 두 영어 학습자에게는 여전히 러시아 억양이 남아있었다고 한다. 이러한 연구결과를 분석한 톰슨은 이 학습자들이 높은 수준의 러시아어 말하기 능력을 유지하고 있었기에 아직도 두 언어의 특징을 가진 언어정체성을 보여준다는 것이다. 이와 같이 모국어 언어자아(정체성)를 유지하려 한다면, 영어정체성을 온전하게 받아들여 영어능력을 완성하기가 쉽지 않다.

　　모국어 언어자아와 함께 성인은 성인이라는 또 하나의 언어자아를 가지고 있다. 모국어를 완벽하게 구사할 수 있는 성인이 새로운 언어인 영어를 학습하기 위해 다시 어린이의 언어자아로 돌아가기가 쉽지 않다. 모국어를 학습할 때처럼 언어발달의 자연적 순서에 순응하며 한 두 단어로 의사소통하기에는, 성인이라는 자존감이 이미 확고하게 자리 잡은 것이다. 앞서 간략히 언급하였듯이, 오늘 하루 동안 가까운 친구와 함께 한 두 개의 모국어 단어만으로 의사소통하려는 노력을 해보아라. 한 두 단어로 의사소통하는 것이 아주 불편할 뿐만 아니라, 성인이라는 자존감도 많이 떨어트릴 것이다. 다시 말해서, 성인이라는 언어자아와 함께 영어 발달 초기부터 영어수행을 함에 있어 문장으로 의사소통할 수 있고 문장으로 의사소통해야만 한다는 비현실 기대를 하게 되는 것이다. 그리고 앞서 설명했듯이 자신의 영어능력이 충분하다면, 완벽한 영어 문장으로 의사소통하는 것이 문제가 될 수 없겠지만, 그렇지 못하다면, 영어수행에 대한 비현실적 기대는 언어 긴장감의 부정적 성격이 되어 영어 학습자의 영어수행에 부정적인 영향을 줄 것이다.

발화 속도(Speech speed)도 마찬가지이다. 모국어를 정상적인 속도로 말할 수 있는 성인이, 어린아이처럼 또박또박 차근차근 천천히 말하는 것이 성인이라는 자존감과 함께 유쾌한 영어수행이 될 수는 없는 것이다. 반면 **아이들은 부정확한 발음으로 천천히 말을 하여도 주변사람들이 자신의 말을 이해하려고 노력하고 끝까지 들어줄 것(Motherese)이라는 믿음이 있기에 발음과 발화속도에도 크게 신경 쓰지는 않을 것이다.** 이와 같이, 영어수행에 대한 현실적 기대를 하는 어린이 영어학습자와는 다르게, 모국어를 능숙하게 할 수 있는 성인 영어학습자는 영어 학습 초기부터 원어민의 정상적인 발음과 발화 속도로 영어 수행을 하려고 노력하는 비현실적 기대를 하는 것이다. 이러한 영어수행에 대한 비현실적 기대는 영어수행에 부정적으로 작용하여, 낮은 영어수행의 원인이 되어 결국에는 영어 습득의 가능성을 떨어트릴 것이다.

언어자아와 관련해서 내가 경험했던 또 다른 사례가 있다. 나를 포함한 영어(교육) 전공자들도 유사한 경험을 했을지도 모르겠다. 내가 주변사람들에게 언어자아와 언어 긴장감의 관련성에 대해 얘기하면, 나의 견해에 동의하여 주변사람들이 나에게 들려주는 이야기가 있다. 영어(영문/교육)학을 전공한 사람과 그렇지 않은 사람들이 함께 해외여행을 하면, 놀랍게도 영어를 전공하지 않은 사람들이 **좀 더 적극적으로 영어 의사소통에 참여한다는 것이다.** 물론 영어능력이 유창한 영어 전공자들은 보다 적극적으로 영어 의사소통을 할 것이라고 확신한다. 아직은 유창한 영어 의사소통 능력을 갖추지 않은 영어 전공자들이 영어 의사소통에 소극적인 이유는, 상대방 그리고 동료가 **"자신이 영어로 완벽하게 의사소통할 것이라고 기대할 것"**이라는 생각 때문이라고 한다.

영어 전공자는 "완벽하게 영어로 의사소통할 수 있는 능력을 갖춘 사람"이라는 언어자아를 생각하는 것이다. 아직 완벽하지 않은 자신의 영어 의사소통 능력이, 상대방과 동료를 실망시킬 수 있다는 두려움으로, 영어 의사소통 기회를 회피하는 경우가 많다는 것이다. 반면 비전공자들은 손짓과 몸짓을 섞어가며, 어떻게든 자신이 전하고자 하는 의미를 성공적으로 전달하여 의사소통을 완성할 수 있었다는 것이 주변사람들이 나에게 들려 준 경험담이다. 영어 전공자라는 언어자아가 자신의 영어수행에 대해 부정적 또는 비현실적 기대를 하게 하여, 언어 긴장감의 부정적 영향을 받았다고 할 수 있다. 더 높은 인지능력과 언어이해능력(문법)을 갖춘 성인보다, 어린이는 보다 더 적극적으로 영어수행에 참여하여 결국에는 성인들보다 좀 더 성공적인 영어습득의 결과를 얻는다고 하였다. 같은 맥락으로, 영어에 대한 더 많은 지식과 영문법능력을 지녔을지 모르는 영어 전공자가 영어수행에 소극적이라면, 결국에는 적극적으로 영어 의사소통에 참여하는 여행 동료가 좀 더 성공적으로 영어 습득을 할 것이다. 영어 학습과 영어 습득에 부정적 영향을 줄 수 있는 특수한 언어자아(성인이라는 언어자아 또는 영어 전공자라는 언어자아)를 버리고, 새로운 언어인 영어를 배우는 초보 학습자라는 언어자아를 설정한다면, 언어 긴장감의 부정적 영향을 이겨내고 영어 학습에서 훨씬 더 성공적인 결과를 얻을 것이다.

특수한 언어자아를 잊고 영어 학습을 하면 좀 더 성공적인 결과를 얻을 수 있다는 견해를 뒷받침할 수 있는 또 다른 예를 들어보자. **당신이 영어능력이 아닌 다른 능력을 위해 학습한다면, 당신의 마음가짐은 영어 학습할 때와는 다를 것이다.** 예를 들면, 당신이 어린 자녀와 함께 자전거 타는 방법을 배운다고 하자. 당신이 자전거 페달을 한 번 돌리고 넘어지고, 두 번 돌리고 넘어진다고 해도 당신은 부끄럽다는 생각을 갖지는 않을 것이다. 처음 자전거를 배울 때는 그렇게 넘어지는 것이 당연한 것이라고 믿기 때문이다. 당신 자녀도 당신이 넘어지는 모습에 실망하지 않고 당신이 성공할 때까지 응원할 것이다. 성인이 인지능력과 언어 이해능력이 더 뛰어난 것처럼, 성인인 당신은 자녀보다 자전거를 타기에 좀 더 유리한 신체조건을 가지고 있기에, 자녀보다 더 빠르게 자전거 타는 방법을 배울 수 있을 것이다. 자전거 타는 방법을 배우는 것처럼, 성인이라는 언어자아를 버리고 영어수행에서 실패와 오류는 자연스러운 현상이며, 한 번의 페달 그리고 두 번의 페달로 시작하여 결국에는 넘어지지 않고 자전거를 자유롭게 탈 수 있는 것처럼, 현재의 영어 발달 초기단계에서 한 두 단어로 의사소통 하는 것이 부끄럽지 않다는 마음가짐으로, 뛰어난 인지능력과 언어이해능력으로 바탕으로 영어능력을 점진적으로 발전시킨다면, 신체조건이 뛰어난 성인이 자전거 타는 방법을 더욱 빠르게 발전시킬 수 있듯이, 어쩌면 어린이 영어학습자들보다 훨씬 더 빠르게 그리고 성공적으로 영어 말하기 의사소통능력을 완성할 수 있을 것이다.

언어 긴장감과 관련하여 지금까지의 내용을 정리하자면, 언어 긴장감은 영어수행에서 주의집중이라는 긍정적인 영향을 줄 수도 있고, 발음의 왜곡 또는 영어수행 회피와 같은 부정적인 영향을 줄 수도 있다. 적극적이고 능동적인 영어수행이 영어습득의 가능성을 높을 수 있다는 견해를 바탕으로, 언어 긴장감의 긍정적인 영향을 극대화하고 부정적인 영향을 최소화하려는 노력을 기울일 필요가 있는 것이다. 그리고 이러한 노력을 위해 언어 긴장감의 성격을 이해할 필요가 있으며, 언어 긴장감은 영어수행결과에 대한 기대와 관련이 있다고 하였다. 영어수행에 대해 긍정적으로 기대하면 좀 더 능동적으로 그리고 적극적으로 영어수행에 참여할 것이다. 그리고 언어 긴장감의 긍정적인 효과를 얻기 위해 영어 학습자는 영어수행에 대해 현실적으로 기대할 필요가 있다고 하였다. 영어발달 초기단계에서부터 **완벽한 영어능력으로 의사소통하기 보다는, 발달단계를 인정하고 발달단계에 따라** 자신의 영어능력에 맞는 적절한 영어수행 평가기준을 설정하는 것이 현실적 기대를 설정할 수 있는 한 방법이다. 예를 들면, "영어수행 중 오류 발생은 자연스런 것이며, 부족한 영어 실력이지만 의사소통 상황을 활용하고 대화의 책임을 공유하여, 문장의 정확성보다는 언어의 유창성에 중점을 둔다면 충분히 의미 전달할 수 있다"라는 마음가짐이 좋은 예가 될 수 있다. 언어 긴장감을 통제하고 능동적으로 영어수행을 한다면 영어 말하기 의사소통 능력 완성의 가능성은 훨씬 더 높아질 것이다.

영어로 의사소통하려는 자발적 의지 (Willingness to Communicate in English)

영어 말하기 의사소통 능력 완성을 위해 적극적인 영어수행(English performance)이 필요하며, 적극적인 영어수행을 위해서는 영어수행에 영향을 주는 정서적 요인들(Affective variables)의 성격을 이해하고 통제할 수 있어야한다고 하였다. 앞서 우리는 학습동기, 자신감, 그리고 언어 긴장감의 성격을 확인하고 통제할 수 있는 방법을 설명하였다. 그런데 영어 교육 분야에서, 좀 더 최근의 연구방향은 개별 정서적 요인보다는 정서적 요인들 사이의 유기적 관계를 살펴본다. 그리고 유기적 관계를 설명할 수 있는 대표적인 정서적 요인은 "자발적 영어 의사소통 의지(Willingness to communicate in English)"이다. 개별 정서적 요인을 살펴보기보다는 정서적 요인들의 종합적이고 유기적인 관계로 이해할 필요가 있는 이유는, 학습 동기가 있다고 해서 모든 영어 학습자들이 의사소통에 적극 참여하는 것이 아니다. 학습 동기뿐만 아니라 의사소통에 참여할 수 있는 (최소한의) 영어 의사소통 능력이 있어야 할 것이다. 또한 앞서 소개한 것처럼, 영어 의사소통 능력이 있다고 해서 의사소통에 적극적으로 참여하는 것이 아니다. 영어수행에 대한 의지나 동기가 있어야하고, 언어 긴장감을 통제할 수 있어야만 한다. 이와 같이 의사소통 참여에 영향을 주는 것은 개별 정서적 요인이 아니라는 것을 알 수 있다. 따라서 의사소통 참여에 영향을 주는 요인늘을 이해함에 있어, 정서적 요인늘의 송합적 그리고 유기적 관계를 설명하려는 노력이 필요하다는 것을 알 수 있다.

지금까지 연구로 확인된, 자발적 영어 의사소통 의지(WTC)에 영향을 주는 정서적 요인들은 많이 있다. 그리고 우리가 가장 쉽게 떠올리는 정서적 요인은 성격이다. 내성적인(Introvert) 사람보다 외향적인(Extrovert) 사람이 모국어뿐만 아니라 영어 의사소통에 적극 참여할 것이라고 우리는 믿고 있다. 성격뿐만 아니라, 영어권 국가의 사람이나 문화에 대한 마음가짐(Attitudes)에 의해서도 영어 의사소통 의지는 달라질 것이다. 영어권 국가 사람들과 그들의 문화에 대하여 우호적인 사람들이 그렇지 못한 사람들보다 영어 능력을 발전시키려는 노력과 함께 영어 의사소통에 좀 더 적극적으로 참여할 것이다. 그리고 앞서 소개한 것처럼 "학습 동기, (인지된) 의사소통 능력, 자신감,

언어 긴장감"과 같은 정서적 요인들도 영어 의사소통 참여에 영향을 준다. 영어 의사소통 참여에 영향을 주는 이 다양한 정서적 요인들이 영어 학습과 영어수행에 영향을 주어, 영어 능력 습득에 차별적 결과를 가져올 수 있다는 견해는 영어 교육에서 용인된 견해이다. 우리들 대부분도 "영어 의사소통에 적극 참여하는 영어 학습자가 좀 더 성공적으로 영어 의사소통 능력을 발전시키고 결국에는 습득할 것이다."라는 견해에 동의할 것이다. 그러므로 영어 습득에서 개인차(Individual differences)를 설명하려는 연구 분야에서 관심을 갖는 연구 주제도, "어떻게 하면 영어 학습자를 영어 의사소통에 적극 참여시킬 수 있을까?"이다. 이러한 이유로 최근 이 분야의 연구 움직임은 자발적 의사소통 의지 성격을 이해하려는 노력과 관련 있다.

자발적 의사소통 의지의 성격을 이해하려는 노력으로, 매킨타이어 외 3인의 연구자들(MacIntyre et al., 1998)은 정서적 요인들에 관련된 이전 연구들의 연구결과와 이론적 견해를 종합하여 WTC 모델을 제시하였다. 피라미드 형태의 6개 층으로 구성된 이 모델에서 아래쪽에 위치한 정서적 요인들은 WTC에 간접적으로 작용하고 위쪽으로 올라갈수록 WTC에 직접적으로 영향을 준다. 가장 아래쪽에 위치한 정서적 요인은 성격(Personality)이며, 가장 위쪽에 위치한 요인은 자신감(Self-confidence)이다. 이 모델에 따르면, **사회적 의사소통 상황 속에서 WTC에 관련된 정서적 요인들은 서로 상호 작용하면서, 학습자의 WTC에 영향을 준다**. 예를 들면, 성격은 영어권 국가와 문화에 대한 마음가짐(Attitudes)에 영향을 주고, 마음가짐은 다시 학습 동기에 영향을 주어 WTC에 간접적으로 영향을 준다. 다른 정서적 요인들에 의해 영향을 받는 의사소통 자신감은 WTC에 직접적인 영향을 준다는 것이다. 다시 말해, 외향적 성격의 학습자라고 해서 반드시 WTC가 높은 것은 아니며, 내성적 성격의 학습자도 의사소통 자신감을 갖는다면 WTC가 높을 수 있다는 견해이다. 또한, 자신의 실제 영어 능력이 뛰어나더라도, 의사소통 상황에서 자신의 의사소통 능력을 높게 (평가)인지하지 못한다면, WTC는 낮아질 수 있다는 것이다. 앞서 설명한 것처럼 영어전공자와 비전공자의 여행사례에서 영어전공자가 영어지식(정보)과 영어능력이 뛰어나다고 하더라도, 실제 의사소통에 대한 자신감이 없다면 의사소통에 능동적으로 참여하지는 않을 것이다. 반면, 앞서 **여러**

차례 강조하였듯이, 자신의 영어 말하기 의사소통 능력이 부족하다고 느끼더라도, 의사소통 상황을 활용하고 대화의 책임을 공유하며 전달하고자 하는 의미를 나누어 전달하는 방식으로 의사소통에 참여한다면, 의사소통은 쉽게 느껴질 것이며, 의사소통에 대한 자신감은 증가할 것이다. 결과적으로 부족한 영어능력이지만 WTC는 높아질 수 있다는 것이다.

맥인타이어 외 3인의 실험적 모델을 바탕으로, 야쉬마(Yashima, 2002)는 WTC에 좀 더 직접적으로 영향을 주는 정서적 요인들의 관계를 설명해주는 WTC의 구조 모델(The Structural Model)을 제시하였다. 이 모델에서, 학습자의 마음가짐(Attitudes)은 WTC에게 직접적으로 영향을 줄 수 있으며, 학습동기(Motivations)를 통해서 WTC에게 간접적으로 영향을 준다고 하였다. 학습 동기는 WTC에 직접적인 영향을 주며, 자신감(Confidence)을 통해 WTC에게 간접적으로 영향을 준다고 하였다. 그리고 자신감은 WTC에 직접적으로 영향을 주며, **자신감은 언어 긴장감(Language anxiety)을 성공적으로 통제하고, 자신의 언어 능력이 높다고 인지(Perceived competence)할수록 높아지며, 그 반대의 경우에는 자신감은 낮아진다**고 하였다. 야쉬마는 일본의 영어 학습자를 통해 자신의 구조 모델을 검증한 결과 마음가짐은 WTC에 직접적으로, 동기는 자신감을 통해서 간접적으로, 그리고 자신감은 직접적으로 WTC에 영향을 줄 수 있다는 결과를 얻었다. 따라서 **WTC를 높이기 위해 영어 학습자는 영어(문화)에 대한 긍정적인 마음가짐을 가질 필요가 있으며, 높은 학습 동기, 그리고 언어 긴장감은 통제할 수 있어야 하며, 자신의 영어능력은 높게 인지할 필요가 있다.**

맥인타이어 외 3인의 실험적 모델과 야시마의 구조 모델이 WTC의 성격을 이해하는데 큰 공헌을 한 것은 사실이다. 이 책의 저자인 나도 이들의 공로를 높게 평가한다. 하지만 이 모델들의 문제는, 영어교육 활용 면에서 실용적이지 못하다는 것이다. 예를 들면, **당신은 WTC를 높이기 위해, 영어(문화)에 대해 긍정적인 마음가짐을 가져야하고, 영어 학습 동기는 높아야하며, 언어 긴장감을 통제할 수 있어야하며, 자신의 영어능력은 높게 인지해야만 한다면, 과연 이 모든 정서적 요인들을 성공적으로 통제하여 WTC를 높일 수 있을까?**

분명 쉽지 않을 것이다. 이러한 문제점을 해결하기 위해, 나는 나의 박사학위 논문(Kim, 2004)에서 WTC를 현실적(실용적)으로 높이는 방법을 제시하였다. 나의 논문에서 나는 "이 모델에 포함된 모든 정서적 요인들에 영향을 줄 수 있는 공통요인(a common factor)을 확인한 후, 이 공통요인을 통제할 수 있다면 좀 더 현실적으로 쉽게 WTC를 향상시킬 수 있다"라는 견해를 제시하였다. 내가 제시한 공통요인은 "**학습자가 자신의 영어수행 결과에 대해 긍정적으로 그리고 현실적으로 기대하는 것**"이라고 하였다. 따라서 **영어 학습자가 자신의 영어 수행에 대해 긍정적으로 기대하고 현실적으로 기대한다면, 학습자의 WTC는 높아질 것**이다.

자발적 영어 의사소통 의지에 영향을 정서적 요인들의 공통요인은 영어 수행에 대한 기대라고 하였다. 그렇다면 중요 정서적 요인들이 기대(Expectations)와 어떻게 관련이 되었는지 확인할 필요가 있다. 먼저 마음가짐(Attitudes)과 기대에 대해, 구디쿤스트(Gudykunst, 2004)는 "마음가짐은 어떤 대상에 대해 평가방식으로 반응하는 학습된 성향이다. 따라서 마음가짐은 타인 행위에 대한 기대감을 발생시킨다."라고 주장하였다. 영어학습자가 **영어 학습과 영어권 문화에 대한 긍정적인 기대를 하는 것은 영어 학습과 영어권문화에 대한 긍정적인 마음가짐과 관련 있다**. 예를 들면, "한국어를 배우면 태권도를 좀 더 성공적으로 배울 수 있을 것이다."라는 긍정적인 기대를 한다면, 한국어 학습과 한국인에 대한 긍정적인 마음가짐을 가질 것이다. 기대와 학습동기(Motivation)

사이의 관련성에 대해서도 앞서 소개한 것처럼, 동기에 대한 다양한 견해와 이론이 있는데, 그 중 "기대(Expectancy)-가치(Value) 이론"이 가장 쉽게 이해할 수 있는 학습동기라고 하였다. 모든 행위는 행위자가 실현 **가능성이 있다는 기대(Expectancy)와 그 행위 결과에 대한 가치(Value)가 있다고 생각할 때 발생한다는** 이론이다. 즉 영어 학습자가 영어수행을 성공적으로 할 수 있다고 기대할 때 영어수행을 한다고 할 수 있다. 또한 자신감(Confidence)도 기대와 관련이 있는데, 자신감은 우선적으로 주어진 과제가 어렵지 않다고 기대할 때 높아진다. 언어 긴장감도 언어수행에 대한 긍정적 기대와 현실적 기대를 할 때 통제할 수 있다고 하였다. 이러한 선행연구와 이론에 근거하여, WTC를 높이기 위해서는 영어학습자는 자신의 영어수행에 대해 **긍정적으로 기대하고 현실적으로 기대할 필요가 있다.** 높은 WTC는 보다 적극적인 영어의사소통 참여로 이끌 것이며, 결과적으로 성공적인 영어습득으로 이어질 것이다.

😀 심층단계 결론 ✏️

모든 학습이 그러할 것이다. 훌륭한 지도자와 함께 뛰어난 기술이나 지식을 배운다하여도 자신의 꾸준한 노력 없이 그 기술이나 지식을 더욱 발전시킬 수는 없을 것이다. 피겨스타 김연아선수를 훌륭하게 이끌어준 지도자의 도움도 있었지만, 김연아선수의 피땀 어린 최선의 노력이 김연아선수를 최고의 실력을 갖춘 피겨스타로 만들었을 것이다. 같은 맥락으로 훌륭한 수학 선생님을 찾는 이유는, 수업에 참여만 하면 저절로 수학실력이 향상될 수 있을 것이라는 믿음 때문이라기보다는, 수학문제를 효율적으로 해결할 수 있는 접근법을 알려주기 때문이다. 그리고 그 효율적인 접근법을 이용해 많은 문제를 해결하는 경험을 하여야 수학실력을 발전시킬 수 있다는 사실을 수학 학습자도 잘 알고 있다. 영어 말하기 의사소통 완성을 위한 영어 학습법도 마찬가지이다. 최고의 효율적인 영어 학습법을 깨우쳤다하여도, 영어 학습자가 능동적으로 영어수행(English performance)에 참여하지 않는다면 영어 말하기 의사소통 능력을 완성할 수는 없는 것이다.

심층단계에서는 능동적인 영어수행에 영향을 줄 수 있는 정서적 요인들(Affective factors)의 성격과 정서적 요인들을 통제할 수 있는 실용적인 방법을 확인하였다. 영어 말하기 능력을 성공적으로 완성할 수 있는 영어 학습자는 영어를 효과적으로 배울 수 있는 특별한 소질(Aptitude)때문이라고 믿었던 때도 있었다. 그러나 언어를 배우는 특별한 소질보다는 능동적인 학습 동기가 더 중요하다는 것이 보다 최근에 영어교육 분야에서 용인되는 견해이다. 동기이외에도 학습자의 성격과 영어권 국가의 사람들과 문화에 대한 마음가짐도 영어 학습과 영어수행에 영향을 주는 정서적 요인들로 확인되었다. 뿐만 아니라, 영어수행에 능동적으로 참여하기 위해 학습자는 영어수행에 대한 자신감이 있어야하며, 부정적인 언어 긴장감을 통제할 수 있어야 한다. 이러한 정서적 요인들은 상호 작용하여 자발적 의사소통 의지에 영향을 준다. 일부 정서적 요인들은 다른 요인들을 통해 의사소통 의지에 간접적으로 영향을 주며, 어떤 정서적 요인들은 다른 정서적 요인들의 영향을 받아 의사소통 의지에 직접적으로 영향을 준다. **의사소통 의지에 영향을 주는 정서적 요인들의 성격을 이해하고, 정서적 요인들의 상호 작용 관계를 이해할 수 있다면 의사소통 의지를 높일 수 있을 것이다. 높은 의사소통 의지는 당연히 적극적인 영어수행 참여로 이끌 것이며, 적극적인 영어수행 참여는 영어 말하기 의사소통 완성의 가능성을 더욱 높일 것**이다.

"자발적 의사소통 의지"에 영향을 주는 다양한 정서적 요인의 성격을 이해하고 통제할 수 있는 가장 쉬운 방법 중 하나는, 자발적 의사소통 의지를 "영어수행(English performance)"에 대한 기대와 관련지어 이해하는 것이라고 하였다. 상호작용하여 "자발적 의사소통 의지"에 영향을 주는 정서적 요인들은 서로 공유하는 공통 요인(a common factor)이 있는데, 그 공통 요인은 학습자의 "영어수행"에 대한 기대라고 하였다. 영어 학습자가 자신의 영어수행을 긍정적으로 기대하면 의사소통 의지는 높아질 것이다. '부족한 영어 실력 때문에 의사소통이 서툴러도 나의 영어 의사소통 노력에 칭찬하고 기뻐할 거야.' 이렇게 긍정적으로 기대한다면 영어 학습자는 영어 의사소통에 좀 더 적극적으로 참여할 것이다. 또한 "자발적 의사소통 의지"는 학습자가 자신의 영어수행을 현실적으로 기대할 때 높아진다고 하였다. '나는 영어 초보자이니까 발음이 형편없어도 상관없어, 문법에 맞지 않고 한 두 단어로만 의사소통 하더라도 내가 전하고자 하는 의미를 성공적으로 전달하면 되는 거야!' 이와 같이 현실적으로 기대한다면, 오류를 두려워하며 의사소통을 회피하기보다는 좀 더 적극적으로 의사소통에 참여할 것이다. 중요한 것은, 자발적 의사소통 의지는 심리적인 것이다. 영어학습자인 당신이 이 교재의 심화단계와 심층단계를 명확하게 이해한다면, 당신의 영어수행을 긍정적으로 그리고 현실적으로 기대하는데 도움이 될 것이다. 결론으로, 이 교재의 효과적인 영어 학습법을 이해하고, 효과적인 영어 학습법과 함께 영어수행에 적극적으로 참여한다면, 당신은 영어 말하기 의사소통 능력을 성공적으로 완성할 수 있을 것이다.

책을 마치면서

　당신이 지금 '책을 마치면서'를 읽고 있다면, 그래서 이 교재의 내용을 전부 읽고 이해하였다면, "영어 말하기 의사소통 능력"을 8시간 만에 완성할 수 있다는 가능성을 믿을 것이라고 확신한다. 그리고 교재내용 중에서, 생존 영어능력(Survival English)은 사교 영어능력(Social English)과 학술 목적의 영어능력(Academic English)의 밑바탕이 되며, 생존 영어능력을 발전시켜 사교 영어능력과 학술 영어능력을 완성할 수 있다고 하였다. 이 교재를 통해 당신이 이러한 영어 말하기 능력 발달과정을 이해하였다면, 당신은 어쩌면 영어 말하기 의사소통 능력을 완성하는데 1시간만으로도 충분히 가능할 것이라는 믿음을 가질지도 모르겠다. 첫 번째 교재 "해외여행을 위한 영어 말하기 능력 1시간 완성"에서 이러한 가능성을 독자들에게 충분히 설명하였다면, 첫 번째 교재만으로도 "영어 말하기 의사소통 능력"을 1시간 만에 완성할 수 있다는 가능성을 독자들에게 확신시킬 수 있었을지도 모른다. 이 교재의 핵심내용을 정리하면서, "영어 말하기 의사소통 능력 완성"은 8시간(어쩌면 1시간)만으로도 충분할 수 있다는 가능성을 다시 한 번 확인하고자 한다. "영어 말하기 의사소통 능력 완성"은 8시간(어쩌면 1시간)만으로도 충분할 수 있다는 가능성을 다시 한 번 설명하자면 다음과 같다.

　첫 교재 그리고 이 교재에서도 설명하였듯이, "4개의 의사소통 절차에 필요한 표현들," "목표 지향적 의사소통," 그리고 "보편적 핵심"을 이해하고 영어 학습에 활용한다면, 일상생활에 필요한 의사소통 능력인 생존 영어능력을 1시간만으로도 완성할 수 있다고 하였다. 또한 생존 영어능력을 더욱 발전시켜 사교활동에 필요한 영어능력을 완성할 수 있다고 하였다. 이러한 견해의 논리적 근거는, 우리가 사교활동을 위한 의사소통을 할 때, 우리의 대화주제는 주로 우리의 일상적으로 경험하는 우리의 일과이기 때문이다. 따라서 생존 영어능력을 바탕으로 자신의 일과와 업무에 관련된 표현들을 확인하고 연습하여 발화할 수 있다면 사교 영어능력을 완성할 수 있는 것이다. 이 교재에서도 확인하였듯이, 업무라는 제한된 공간에서 발생할 수 있는 의사소통에 필요한 표현들도 제한적이기에 짧은 시간 내에 완성할 수 있다고 하였다.

생존 영어능력과 사교 영어능력을 우선적으로 발전시키는 영어 학습이 효율적인 이유는, 우리가 두 능력을 일상적으로 경험하기에, 한 번의 학습 또는 한 번의 경험만으로도 평생의 지식(능력)으로 유지할 수 있기 때문이다. 내가 마트에서 "Paper or plastic?"라는 표현을 직접 경험하였고 일상적으로 경험할 수 있기에 지금까지도 기억하는 것이다. 당신이 "버스, 택시, 빠이빠이(Bye-bye), 그리고 키(Key)와 같은 단어들을 아주 오래전에 학습하였지만, 지금까지 기억하는 이유도 일상적으로 경험하고 사용하기 때문이다. 이러한 경험적 교육(Experiential education)의 효과를 부정할 수 있는 사람은 없을 것이다. 직접 경험하여 학습하는 효과가 뛰어나기에, 우리는 직원을 채용하기 전에 인턴과정(Internship)을 통해서 실무를 경험하게 하는 것이다. 또한 생존 영어를 우선석으로 완성할 필요가 있는 또 다른 이유는, **우리가 일상의 의사소통 상황 속에서 생존 영어를 사용하고 경험하기 때문이다.** 의사소통의 가장 기본적인 기능은 **의미전달이며 의사소통 상황도 의미를 결정하기에, 영어 의사소통 능력을 위한 학습은 반드시 의사소통 상황을 포함해야만 한다.** 또한 의사소통 상황이 의미를 결정한다는 것은, 초보 영어학습자가 의사소통 상황을 적절하게 활용한다면 부족한 영어능력으로도 성공적으로 의사소통할 수 있다는 것이다. 갓난아기가 부모의 손이나 보행기의 도움을 받으며 걸음마를 완성할 수 있는 것처럼, 초보 영어학습자도 의사소통 상황의 도움을 받으며 효율적으로 생존 영어능력을 발전시킬 필요가 있는 것이다. 상황을 반드시 포함해야하는 또 다른 중요한 이유는, 기억 속에 있는 표현을 꺼내어 의사소통 상황에 맞게 적절하게 다시 사용하기 위해서는, 상황 속에서 의사소통을 경험해야하기 때문이다.

일상적으로 경험하는 생존 영어능력을 바탕으로 사교 영어능력을 발전시켜 학술목적의 영어능력으로 완성할 수 있다고 하였다. 사교 영어능력을 더욱 발전시켜 학술 영어능력으로 완성할 수 있다는 논리적 견해를, 이 교재에서는 전문분야인 의학을 전공한 의사가 일반사람인 환자와 성공적으로 의사소통할 수 있는 현상을 예로 들어 설명하였다. 의사가 전문 의학 지식을 환자가 이해할 수 있도록 쉽게 설명할 수 있다는 것은, 반대로 환자가 일상생활에 필요한 언어능력으로 자신의 병증을 설명할 수도 있는 것이라고 하였다. 그런데 일반인이 환자가 의사와 의학에 대해 토론할 수 없는 이유는, 언어능력이 부족해서라기보다는 의학에 대한 배경지식(정보)이 없기 때문이며, 의학 분야에서 사용하는 전문용어(Jargons)를 모르기 때문이다. 이 교재에서도 설명하였지만 "직유법"과 "Parsing skills"와 같이 특정학문분야에서 사용하는 전문용어는, 단지 지식의 교류와 토론 또는 설명을 용이하게 진행하기 위한 것이다. 그러나 이 교재에서도 충분히 설명하였듯이, 특정분야의 전문용어를 일반사람들이 쉽게 이해할 수 있도록 일반용어로 설명할 수 있다(Paraphrase)고 하였다. 따라서 사교활동에 필요한 영어 의사소통 능력이 있다면, 특정 주제에 관한 자신의 사고를 자유롭게 표현(토론)하고 발표할 수 있는 것이다. 다시 말해서 토론이나 발표에 관한 지식(정보)이 있다면, 사교 영어능력으로 학술 영어능력을 구사할 수 있다는 것이다. 이러한 견해를 논리적으로 설득하기 위해, 이 교재에서는 자기소개(Self-introduction)와 자주 이용하는 식당에 관한 토론을 예로 들었다. 또한 재료 준비와 조리과정이 유사한 김밥 만들기와 잡채 만들기를 비교하여 설명하였다. 김밥 만드는 법을 설명할 수 있지만 잡채 만드는 법을 설명할 수 없는 이유는, 언어능력의 문제라기보다는 잡채 만드는 법에 관한 지식(정보)이 없기 때문이라고 하였다.

사교 영어능력을 발전시켜 자연스럽게 학술 영어능력으로 완성하기 위해서는, 학술 목적의 토론이나 발표에 필요한 지식과 정보가 필요하다. 토론과 발표에 필요한 지식(정보)을 수집하기 위해, 영어가 외국어인 한국의 영어 학습 환경에서는 책을 활용하는 것이 효과적이다. 유명한 영어교육자 크라센도 "영어 말하기 의사소통 능력 완성을 위한 영어 학습에서 책 활용의 중요성과 유용성을 강조하였다." 책 읽기를 통해 필요한 지식(정보)을 수집할 수 있을 뿐만 아니라, 책 속의 문장(표현)들을 자주 경험함으로써, 자연스럽게 영어 문법능력도 발전시킬 수 있다고 하였다. 사교 영어능력을 바탕으로 책을 활용하여 학술 영어능력으로 완성할 수 있다는 좋은 예로, 이 교재에서는 고 김대중 대통령의 사례를 소개하였다. 뿐만 아니라 세계적인 대문호인 셰익스피어도 정규교육을 받았다는 기록이 없지만(물론 이에 대한 논쟁은 있다.), 독학으로 세계적인 극작가가 되었다. 셰익스피어의 사례만 보더라도, 일상생활에 필요한 사교 영어능력을 바탕으로, 토론과 발표에 필요한 지식과 정보를 수집한다면 뛰어난 학술 영어능력으로 발전시킬 수 있는 것이다. 이 교재에서 소개한 나의 연구에서도 50명의 한국 영어학습자들도 영어책을 활용하여 영어 말하기 의사소통 능력을 성공적으로 완성하였다. 책을 활용하였다는 특징과 함께 그들의 영어 학습 특징들은, 1) 읽기 활동에 음성을 도입하였다는 특징, 2) 한 번의 읽기가 아닌 반복적인 읽기 활동으로 책의 내용을 내재화하려는 노력을 기울였다는 특징, 그리고 3) 수용적 영어 학습활동과 생산적 영어 학습활동을 결합한 통합식 영어 학습을 활용하였다는 특징을 보여주었다. 성공적인 한국의 영어학습자들의 영어 학습 특징을 활용한다면, 사교 영어를 더욱 발전시켜 학술 영어능력으로 완성할 수 있을 것이다.

정리하자면, 영어 말하기 의사소통을 가장 효율적으로 완성할 수 있는 방법은, 영어의 발달단계를 인정하고 발달단계에 따라 영어 능력을 순차적으로 자연스럽게 발전시켜 완성하는 방법이다. 일상생활 의사소통 상황 속에서 일상적으로 경험하는 생존 영어능력을 우선적으로 완성한다면, 자연스럽게 사교 영어능력 그리고 학술 영어능력으로 완성할 수 있을 것이다. 지금까지 이러한 견해의 가능성을 설명하였는데, 이러한 가능성을 이 교재의 독자들에게 충분한 논리로 설득하였다고 믿고 싶다. 뛰어난 언어학습자인 어린이 학습자들도 이러한 발달과정을 거쳐 모국어 능력을 완성한다. 생존 영어능력을 바탕으로 사교 영어능력 그리고 학술 영어능력 완성한다면 영어 학습은 훨씬 쉬워지고 효율적일 것이다. 여러 차례 강조하였지만, 의사소통 상황을 포함한 생존 영어는 자신의 영어능력에 따라, 의사소통 상황을 이용하여 부족한 영어 능력을 보완하며 의사소통에 참여할 수 있다. 또한 대화의 책임을 상대방에게 더 많이 허락함으로써 그리고 전하고자 하는 의미를 나누어 전달함으로써 한 두 단어만으로도 성공적으로 의사소통할 수 있는 것이다. 성공적인 언어학습자인 어린이도 이러한 모국어 발달단계를 경험하면서 모국어

능력을 완성한다. 아이가 지금 한 두 단어로 의사소통 한다고 해서, 모국어 능력을 완성할 수 없을 것이라고 걱정하는 부모가 없듯이, 당신이 지금 한 두 단어로 의사소통 한다하여 영어 의사소통 능력을 완성할 수 없다고 걱정할 이유는 절대 없는 것이다.

순차적으로 영어 말하기 의사소통 능력을 발달시킨다면 아주 효율적으로 완성할 수 있을 텐데, 왜 성인들은 어렵고 비효율적인 영어 학습방법을 선택하는 것일까? 이 교재에서 충분히 설명하였듯이, 다양한 이유(원인) 때문에, 특히 성인이라는 언어자아 때문에, 대부분의 성인 영어학습자들은 영어발달 초기부터 "자신의 사고를 자유롭게 표현할 수 있는 영어능력 완성"을 목표로 설정하는 성향이 있다. 그리고 이러한 학습목표를 위해, 영어 발달초기부터 대화의 모든 책임을 가지며 완벽한 영어 문장(패턴)으로 의사소통 연습을 하는 것이다. 그러나 어떠한 학습에서든 처음부터 완벽한 실력을 완성할 수 없기에, 처음부터 완벽을 추구한다면 부족한 영어능력으로 인하여 계속되는 실패를 경험하며 좌절감을 느낄 것이다. 그리고 실패와 좌절감으로 인해 결국에는 영어 학습을 포기하는 것이다. 새해만 되면 어김없이 나타나는 "올해는 꼭 영어 말하기 능력을 완성하세요!"라는 광고는, 이러한 좌절과 실패를 반복적으로 경험하는 성인 영어학습자들이 많다는 사실을 반증하는 것이라고 확신한다. 또한 이러한 비현실적 학습목표와 학습방법은, 이 교재에서 설명하였듯이, 당신이 영어수행 결과에 대해 부정적 그리고 비현실적 기대를 하도록 할 것이다. 또한 이러한 부정적 그리고 비현실적 기대는 당신의 영어 의사소통 참여를 방해할 것이며, 결과적으로 영어 의사소통에 참여하여 자연스럽게 영어 능력을 발전시키고 완성할 수 있는 가능성도 떨어트릴 것이다. 다시 한 번 강조하자면, "수준별 학습" 그리고 "눈높이 교육"에서 확인할 수 있는 것처럼, 가장 효율적인 학습은 자신의 현재 능력에 적합한 학습목표를 설정하고 적절한 학습방법을 활용하는 것이다. 이러한 모든 견해들과 함께 결론을 내리자면, 영어 발달단계를 인정하고 각 단계마다 자신이 발전하고 있는 모습을 보여주어 학습동기를 더욱 향상시킬 필요가 있다. 높은 영어 학습동기와 함께 "목표 지향적" 영어 학습 그리고 "목표 지향적" 의사소통에 적극적으로 참여한다면, 당신은 한국의 일상생활 속에서 영어 말하기 의사소통 능력을 성공적으로 완성할 수 있을 것이다.

참고 문헌

- 김성중. (2009). 제2언어 문어능력 활용을 통한 제2 구어능력 향상: 성공적인 한국 영어 학습자 사례 소개. *헤밍웨이와 세계 어문학 연구*, 12, 7-33.
- 송화선. 학원 한번 보내지 않고 영어영재 만든 가정 학습법. *여성동아*. Retrieved April 1, 2008, from http://woman.donga.com/3/all/12/137461/1 2007년 6월 12일.
- 송화선, 오진영, 조영철. 책 소리내 읽기로 영어 실력 키우기. *여성동아*. Retrieved July 21, 2008, from https://woman.donga.com/3/all/12/138909/1 2008년 4월 9일.
- 신수정. 진짜 영어왕은 말짱 … 이젠 영어 말하기 대회다. *동아일보*. Retrieved May 29, 2008, from http://www.donga.com/news/article/all/20060711/8328045/1 2006년 7월 11일
- 연합뉴스. 초등생 영어대회 우승왕의 영어 잘하는 방법. *연합뉴스*. Retried August 28, 2008, from https://news.naver.com/main/read.nhn?mode=LSD&mid=sec&sid1=102&oid=001&aid=0002159455 2008년 7월 4일.
- 이혜진. 신나는 공부: 영어소설 매일 읽으며 쓸 만한 문장 외우죠. *동아일보*. Retrieved August 28, 2008, from http://www.donga.com/news/article/all/20080603/8585572/1 2008년 6월 3일.

- Brown, H. D. (2007). *Principles of language learning and teaching*. White Plains, NY: Pearson
- Chick, K. (1996). Safe-talk: Collusion in apartheid education. In H. Coleman (ed.), *Society and the Language Classroom* (pp. 21-39). Cambridge: Cambridge University.
- Donato, R. (1994). Collective scaffolding in second language learning. In G. Appel, & J. Lantolf (Eds.), *Vygotskian approaches to second language research* (pp. 33-56). Norword, NJ: Ablex Publishing Corporation.
- Dowhower, S. (1991). Speaking of prosody: Fluency's unattended bedfellow. *Theory into Practice*, 30(3), 165-175.

- Ellis, R. (1994). *The study of second language acquisition*. Oxford: Oxford University.
- Gardner, R. C., & Lambert, W. E. (1959). Motivational variables in second-language acquisition. *Canadian Journal of Psychology*, 13(4), 266-272.
- Gass, S. M. (1988). Integrating research areas: A framework of second language studies. *Applied Linguistics*, 9(2), 198-217.
- Gudykunst, W. G. (2004). Bridging differences. Newbury Park, CA: Sage.
- Johnson, R., & Moore, R. (1997). A link between reading proficiency and native-like use of pausing in speaking. *Applied Language Learning*, 8(1), 25-42.
- Kim, S. J. (2004). *Exploring willingness to communicate (WTC) in English among Korean EFL (English as a foreign language) students in Korea: WTC as a predictor of success in second language acquisition.* Unpublished doctorial dissertation. The Ohio State University.
- Krashen, S. (1998). Comprehensible output? System, *26*, 175-182.
- Lewin, K. (1951). Intention, will and need. In D. Rapaport (Ed.), *Organization and pathology of thought: Selected sources* (p. 95–153). Columbia University Press.
- Lightbown, P. M., & Spada, N. (2008). *How languages are learned*. Oxford: Oxford University.
- MacIntyre, P. D., & Carre, G. (2000, July). *Personality and willingness to communicate in a second language: A critique of the communibiological approach*. Paper presented at the seventh International Congress on Language and Social Psychology, Cardiff, Wales.
- MacIntyre, P. D., Clément, R., Dörnyei, Z., & Noels, K. A. (1998). Conceptualizing willingness to communicate in a L2: A situational model of L2 confidence and affiliation. *The Modern Language Jouranl*, 82(4), 545-562.
- Parker, F., & Riley, K. (2005). *Linguistics for non-linguists*. Boston: Pearson.
- Pienemann, M. (1989). Is language teachable?: Psycholinguistic experiments and hypotheses. *Applied Linguistics, 10*(1), 52-79.
- Rogoff, B. (1990a). Explanations of cognitive development through social interaction: Vygotsky and Piaget. In B. Rogoff (Ed.), *Apprenticeship in thinking: Cognitive development in social context* (pp. 137-150).
- Rogoff, B. (1990b). Peer interaction and cognitive development. In B. Rogoff (Ed.), *Apprenticeship in thinking: Cognitive development in social context* (pp. 171-188).
- Samimy, K. K. (1994). Teaching Japanese: Consideration of learners' affective variables. *Theory into Practice*, 33(1), 29-33.

- Skinner, B. F. (1974). *About behaviorism*. New York: Alfred A. Knopf.
- Shrum, J. L., & Glisan, E. W. (1994). *Teacher's handbook: Contextualized language instruction*. Boston: Heinle and Heinle Publishers.
- Thompson, E. (1991). Foreign accents revisited: The English pronunciation of Russian immigrants'. *Language Learning*, 41, 177-204.
- Yashima, T. (2002). Willingness to communicate in a second language: The Japanese EFL context. *The Modern Language Journal, 86*(1), 54-66.

김성중

오하이오 주립대학교 교육대학원 TESOL(제2언어로서의 영어교육) 박사

경력

현 고려대학교 글로벌 비즈니스대학 글로벌학부 재직 중

전 한국중원언어학회 <언어학연구> 영문초록 감수위원장 & 한국중원언어학회 총무이사

전 오하이오 주립대학교 교육대학 연구조교 & 행정조교

전 오하이오 주립대학교 외국어 센터 연구조교

연구 활동

Kim, S. J. (2004). *Exploring willingness to communicate (WTC) in English among Korean EFL (English as a Foreign Language) students in Korea: WTC as a predictor of success in second language acquisition. Unpublished doctorial dissertation. The Ohio State University.*

Kim, S. J. (2016). A study explicating the relationship between L2 listening and L2 reading competence. Studies in Linguistics 41, 71-93.

김성중. 정은. (2016). 대학영어교육 설계를 위한 요구분석. 언어학연구, 39, 67-90.

김성중. (2011). 영어 독해과제와 영어 독해전략 선택간의 관련성 조사. 언어학연구, 21, 45-71

김성중. (2011). 초등학교에서의 원어민 교사와의 효과적인 협동수업: 우수학교 사례 중심으로. 영어 영문학 연구, 53(2), 33-58.

Kim, S. J. (2010). Investigating the relationship between L2 parsing skills and L2 reading fluency. *The Jungang Journal of English Language and Literature, 52(3), 111-135.*

김성중. (2010). 영어 청해 능력과 독해 능력간의 언어 전이 가능성 조사. 언어학연구 16, 99-116.

Kim, S. J., & Nam, J. M. (2009). A discourse analysis of a KFL classroom using English in America. *The Language and Culture, 5(3), 161-191.*

김성중. (2009). 영어 운율 읽기와 영어 듣기 능력과의 상관관계 조사. 영어영문학연구 51(4), 139-155.

김성중. (2009). 제2언어 문어능력 활용을 통한 제2구어능력 향상: 성공적인 한국 영어 학습자 사례 소개. 훼밍웨이와 세계어문학연구 16, 7-33.

Kim, S. J. (2009). Surveys on L2 readers' perspective on L2 reading competence at developmental stages. *The Jungang Journal of English Language and Literature, 51(1), 59-85.*

김성중. (2007). 한국 대학생의 영어 의사소통 긴장감 연구. 영어어문교육 13(4), 211-231.

Kim, S. J. (2007). The importance of L2 parsing skills for L2 reading fluency. *English Teaching, 62(2), 31-46.*

출판

영어 말하기 능력 8시간 완성방법: 학습자용

해외여행을 위한 영어 말하기 능력 1시간 완성

영어단어능력 8주 완성: 기초반

영어단어능력 8주 완성1: 초급반

영어단어능력 8주 완성2: 중급반

수상경력

2004 L2 Special Interest Group Outstanding Dissertation Award in L2 Research AERA(우수 논문상 *AERA: American Educational Research Association)

고려대학교 우수강의상 (3회), 고려대학교 석탑강의상 (1회)